交通强国系列丛书

交通强国建设专项研究成果汇编

交通运输部推进交通强国建设领导小组　编

人民交通出版社股份有限公司

北　京

图书在版编目（CIP）数据

交通强国建设专项研究成果汇编 / 交通运输部推进交通强国建设领导小组编. — 北京：人民交通出版社股份有限公司，2020. 3

ISBN 978-7-114-16281-7

Ⅰ. ①交… Ⅱ. ①交… Ⅲ. ①交通运输发展—中国—文集 Ⅳ. ①F512. 3-53

中国版本图书馆 CIP 数据核字（2020）第 037757 号

交通强国系列丛书

Jiaotong Qiangguo Jianshe Zhuanxiang Yanjiu Chengguo Huibian

书　　名：交通强国建设专项研究成果汇编

著 作 者：交通运输部推进交通强国建设领导小组

责任编辑：韩亚楠　崔　建

责任校对：孙国靖　魏佳宁

责任印制：刘高彤

出版发行：人民交通出版社股份有限公司

地　　址：（100011）北京市朝阳区安定门外外馆斜街 3 号

网　　址：http：//www. ccpress. com. cn

销售电话：（010）59757973

总 经 销：人民交通出版社股份有限公司发行部

经　　销：各地新华书店

印　　刷：中国电影出版社印刷厂

开　　本：720 × 960　1/16

印　　张：24. 5

字　　数：392 千

版　　次：2020 年 3 月　第 1 版

印　　次：2020 年 3 月　第 1 次印刷

书　　号：ISBN 978-7-114-16281-7

定　　价：69. 00 元

编　委　会

凝聚智慧　加快建设交通强国

交通事关民生福祉增进，事关经济高质量发展，事关国家竞争力提升。加快建设交通强国，满足人民群众追求质量更高、内涵更丰富的美好生活需要，满足出行模式和流通方式的最新需求，显著提升交通的效率、品质和经济性，促进交通发展成果更多更公平地惠及全体人民，将极大地增强人民群众的获得感、幸福感、安全感。交通发达程度是一个国家现代化水平的重要标志，加快建设交通强国，推动交通高质量发展，打造现代化综合交通运输体系，建设覆盖国土、连通世界的交通运输网络，更好地保障国土安全、经济安全和人民生命财产安全，将为实施国家战略、建立美丽中国、促进社会进步等提供坚强保障。历次科技革命与交通相伴致远，加快建设交通强国，抢抓世界科技革命机遇，促进交通产业与现代信息技术、新能源新材料技术的深度融合，努力改变部分关键核心技术受制于人的局面，将推动交通综合实力和国际竞争力达到世界前列，助力国家全球竞争力提升。

新中国成立以来，特别是改革开放以来，我国交通运输发展取得巨大进步。十八大以来，在以习近平同志为核心的党中央坚强领导下，我国交通运输发展取得了历史性成就。综合交通运输体系日趋完善，基础设施总体规模位居世界前列。装备设备水平快速提高，运输服务能力显著增强，科技创新不断取得突破，智慧绿色平安交通建设成效显著，开放合作程度不断扩大，国际影响力显著增强，与世界一流水平的差距快速缩小。我国铁路、公路、水运、民航等交通运输方式在规模、客货运量及周转量方面已经位居世界前列。中国高铁、中国路、中国桥、中国港口、中国机场等成为国家靓丽的名片，形成了一批规模居世界前列、具有国际影响力的交通企业。交通基本适应了经济社会发展，有力增强了国家综合实力和国际影响力，已经具备了建设交通强国的基础。

然而，与满足经济社会发展需要、满足人民美好生活需要相比，与世界先进水平相比，交通发展还有相当差距，主要是基础设施互联互通网络化不够，运输结构不合理、不平衡，区域发展不协调、不充分，服务能力和水平有待提高，多种方式统筹协调需要加强，综合运输效率有待提升，很多毛细血管性质的“第一公里”和“最后一公里”没有打通，关键技术装备创新能力不足，还存在不可忽视的安全隐患等。中国特色社会主义进入新时代，我国社会主要矛盾在交通领域主要表现为交通发展不平衡不充分，供给能力、供给质量、供给效率不能满足人民日益增长的美好交通需要。必须加快交通强国建设，推动交通发展由追求速度规模向更加注重质量效益转变，由各种交通方式相对独立发展向更加注重融合发展转变，由依靠传统要素驱动向更加注重创新驱动转变，实现交通更高质量、更有效率、更加公平、更可持续发展。

党的十九大提出建设交通强国，是以习近平同志为核心的党中央立足国情、着眼全局、面向未来做出的重大战略决策，是新时代赋予中国交通运输事业的崇高使命。交通运输部高度重视，会同国家发展改革委等20个部门和单位成立了交通强国建设纲要起草组，共同起草《交通强国建设纲要》，以高度的历史责任感和严谨的科学态度，认真谋划推进交通强国建设。开展交通强国建设30项专题研究，旨在为《交通强国建设纲要》的编写提供支撑。这些研究成果，将为中国走出一条有中国特色的交通强国建设之路提供系统思想、理论、实践和政策支撑，为构建安全、便捷、高效、绿色、经济的现代化综合交通体系，打造一流设施、一流技术、一流管理、一流服务，为加快我国从交通大国迈向交通强国的伟大历史进程，建设人民满意、保障有力、世界前列的交通强国，为全面建成社会主义现代化强国、实现中华民族伟大复兴中国梦当好先行。

杨传堂 李小鹏

2019年12月17日

前　言

党的十九大提出建设交通强国，是以习近平同志为核心的党中央立足国情、着眼全局、面向未来做出的重大战略决策。交通强国是建设现代化经济体系的先行领域，是全面建成社会主义现代化强国的重要支撑，是新时代做好交通工作的总抓手。为了统筹推进交通强国建设，深入贯彻习近平新时代中国特色社会主义思想和党的十九大精神，交通运输部和铁路局、民航局、邮政局于2017年11月16日成立了推进交通强国建设领导小组，作为推进交通强国建设的议事协调机构。为构建适应交通强国建设要求的框架体系，科学编制《交通强国建设纲要》，交通运输部印发了《交通强国建设研究体系、规划体系及分工方案》（交办规划函〔2017〕1762号），明确交通强国建设研究体系包括30项专项研究，在部推进交通强国建设领导小组办公室的统一组织下，委托相关单位开展研究，交通运输部和铁路局、民航局、邮政局有关司局做好指导工作，其中部分专项研究充分与中国工程院《交通强国战略研究》的相关课题深化合作、成果共享。

为确保研究成果能够有效支撑《交通强国建设纲要》的编制，在交通运输部和铁路局、民航局、邮政局有关司局的指导下，各专项研究承担单位精心组织实施，立足综合交通运输发展，准确研判未来的发展形势，深化对交通强国的认识，充分吸收行业内外的意见建议，开展深入研究，经过多次讨论、对接，研究成果经过专家审核，一致认为观点明确、文字精练、数据翔实，具有前瞻性、针对性和指导性，对于支撑《交通强国建设纲要》和指导交通强国建设具有较高的价值。特将专题研究成果进行提炼、汇编成书，以期为学习贯彻《交通强国建设纲要》做好支撑，并指导交通强国建设。

本书汇编了交通强国建设研究体系中的28项研究，主要包括习近平同志关于交通运输重要论述，党的十八大以来交通运输发展理论成果与实践成就，交通运输国内外经验、理论和标准，交通运输发展战略环境与发展要求，交通运输系统全面从严治党向纵深发展，新时代交通运输领域全面深化改革，法制交通建设，现代交通文明建设，交通运输基本公共服务均等化，交通运输支撑国家总体安全，交通运输科技创新体系，交通运输市场规制，交通运输支撑区域协调发展，交通运输政府治理体系，交通运输企业治理体系，交通运输社会治理体系，交通运输宏观管理和政策体系创新，交通运输政务运行体系，交通运输战略规划体系，交通运输标准规范体系，交通运输人力资源保障体系，交通客运体系，交通运输物流体系，城市群和中小城市交通发展战略，交通运输财务审计保障体系，海上大通道立体管控与服务保障网络，智能航运安全监管体系和服务保障体系，交通运输应急体制机制改革创新，共28章。

交通强国建设专项研究成果是近两年来交通运输部和铁路局、民航局、邮政局以及项目承担单位、相关专家智慧和心血的结晶，是项目承担单位多年来研究成果的积淀。在《交通强国建设专项研究成果汇编》即将付梓之际，交通强国建设领导小组感谢交通强国建设纲要起草组成员单位对《交通强国建设纲要》编制的支持与帮助，并深切希望本书能够为各地政府部门、企业、科研院所和业内人士的研究工作提供有益的参考，同时也敬请读者对不足之处予以指正。

交通运输部推进交通强国建设领导小组

2019 年 12 月 17 日

目　　录

第一章　习近平同志关于交通运输重要论述研究

大连海事大学

交通运输是国民经济重要的基础产业，是经济社会发展的先行官。党的十八大以来，习近平总书记高度重视交通运输工作，对交通运输发展作出了一系列重要论述和指示批示，深刻回答了新时代交通运输的重大理论和实践问题。这些重要论述和指示批示是习近平新时代中国特色社会主义思想的有机组成部分，是习近平新时代中国特色社会主义思想在交通运输领域的集中体现，为新时代做好交通运输工作和开启交通强国建设新征程指明了方向，提供了根本遵循。交通强国建设必须以习近平新时代中国特色社会主义思想武装头脑，特别是用习近平同志关于交通运输重要论述指导实践、推动建设。

一、习近平同志关于交通运输重要论述的形成条件

习近平同志关于交通运输重要论述是对马克思主义经典作家和中国共产党主要领导人关于交通运输重要论述的继承、丰富和发展，是在对我国经济社会发展所处的世情、国情、交通情准确把握的基础上形成的。

（一）习近平同志关于交通运输重要论述的思想渊源

马克思、恩格斯、列宁和以毛泽东、邓小平、江泽民、胡锦涛为代表的中国共产党人关于交通运输重要论述，是习近平同志关于交通运输重要论述的重要思想渊源。

马克思、恩格斯立足于 18 到 19 世纪人类社会第一次工业革命所带来的

资本主义迅速发展的时代高度关注交通运输业的地位、作用及其发展问题，对运输经济的一般规律及在资本主义条件下的具体表现作了论述。

列宁立足于19世纪末、20世纪初人类社会第二次工业革命所带来的资本主义空前发展从而进入到帝国主义时代，高度关注俄国和苏联的交通运输发展问题，就交通运输在人类社会发展变迁以及社会再生产过程中的重要作用等方面作了一系列重要论述。

中国共产党主要领导人毛泽东、邓小平、江泽民、胡锦涛在领导中国特色社会主义建设和改革的实践中，从中国基本国情出发，充分重视交通运输在国民经济发展中的作用，始终将交通运输作为国民经济发展的优先领域，采取多种措施推动交通运输发展。伴随着从新中国成立到21世纪初我国交通运输实践的不断推进，交通运输事业不断发展壮大，党对交通运输发展规律的认识不断深化，党的主要领导人形成许多关于交通运输的重要论述。这些重要论述一脉相承、与时俱进，为习近平同志关于交通运输重要论述的形成提供了丰富深刻的实践基础和坚实厚重的理论基础。

（二）习近平同志关于交通运输重要论述形成的现实基础

伟大的时代呼唤伟大理论。习近平同志关于交通运输重要论述，是基于世情、国情、交通情发生重大变化的客观环境逐渐形成的，是立足交通运输发展的时代之基，回答了交通运输发展的时代之问。

习近平同志关于交通运输重要论述正是基于新一轮科技革命和产业革命浪潮的基础上形成的。当今世界正处于百年未有之大变局，迎来了新一轮信息革命浪潮，并对生产方式产生深刻影响，表现为生产方式智能化、产业形态数字化、产业组织平台化，极大地提升生产效率和全社会资源配置效率。科技革命和产业革命促使交通运输发生重大变化，智能交通、绿色交通、共享交通等新业态新模式新技术不断涌现。世界科技革命和产业革命的进步对交通运输发展提供了更高平台并提出了更高的要求。

习近平同志关于交通运输重要论述是基于新时代我国社会主要矛盾转变和建设社会主义现代化强国宏伟目标的形势下形成的。党的十九大郑重宣示中国特色社会主义进入新时代。我国社会主要矛盾已经转化为人民日益增长的美好生活需要和不平衡不充分的发展之间的矛盾。党的十九大提出了到本世纪中叶全面建成社会主义现代化强国的宏伟目标。建设交通强国，是全面建设社会主义现代化国家的一部分，也是先行领域和战略支撑。这一切要求交通运输必须高质量发展，为满足人民美好生活需要和社会主义现代化强国建设提供条件，当好先行。

习近平同志关于交通运输重要论述是对我国交通运输发展历史方位准确把握的基础上形成的。交通运输是经济发展的重要基础和先决条件。改革开放四十年来，交通运输业抓住机遇、加快建设、快速发展，基本满足了经济社会发展需求，在全社会形成了“经济发展、交通先行”的广泛共识，我国交通发展取得历史性成就，公路成网，铁路密布，高铁飞驰，巨轮远航，飞机翱翔，天堑变通途。我国交通运输正在经历着从交通大国向交通强国转变。

二、习近平同志关于交通运输重要论述的主要内容

习近平同志关于交通运输重要论述，从坚持和发展中国特色社会主义全局出发，围绕着建设一个什么样的交通运输体系、怎样建设交通运输体系这一问题，深刻回答新时代发展交通运输问题，进一步深化了我们党对交通运输发展问题的重要认识。

（一）发展战略目标：奋力开启建设交通强国新征程

党的十九大立足新时代新征程，作出了建设交通强国的重大决策部署，这是以习近平同志为核心的党中央对交通运输事业发展阶段特点和规律的深刻把握，是全国人民对交通运输工作的殷切期望，也是新时代全体交通人为之奋斗的新使命。

建设交通强国，是全面建设社会主义现代化国家的一部分，也是先行领域和战略支撑。我们要以党的十九大精神为指引，奋力开启建设交通强国的新征程，为全面建设社会主义现代化国家提供战略支撑。

（二）发展根本目的：以人民为中心建设人民满意交通

习近平总书记指出：“人民对美好生活的向往，就是我们的奋斗目标。”交通运输要把实现人民幸福作为发展的目的和归宿。党的十八大以来，在农村，习近平总书记明确指出，特别是在一些贫困地区，改一条溜索、修一段

公路就能给群众打开一扇脱贫致富的大门。习近平总书记特别关注“四好农村路”建设，他强调：近年来，“四好农村路”建设取得了实实在在的成效，为农村特别是贫困地区带去了人气、财气，也为党在基层凝聚了民心。交通运输部等有关部门和各地区要认真贯彻落实党的十九大精神，从实施乡村振兴战略、打赢脱贫攻坚战的高度，进一步深化对建设农村公路重要意义的认识，聚焦突出问题，完善政策机制，既要把农村公路建好，更要管好、护好、运营好，为广大农民致富奔小康、为加快推进农业农村现代化提供更好保障。在城市，面对老百姓的出行和雾霾天气，习近平总书记指出，发展公共交通是现代城市发展的方向。前一段出现的雾霾天气，对市民工作和生活造成了较大影响。治理雾霾天气要多管齐下，发展公共交通、减少汽车尾气排放就是其中很重要的一个 举措。

交通强国建设，要着力践行以人民为中心的思想，认真贯彻和落实习近平总书记的“四好农村路”、大力发展公共交通等重要论述和指示批示精神，做到发展为了人民、发展依靠人民、发展成果由人民共享，不断增强人民群众的获得感、幸福感、安全感。

（三）发展指导理念：以新发展理念引领交通运输科学发展

党的十九大报告指出：“坚持新发展理念。发展是解决我国一切问题的基础和关键，发展必须是科学发展，必须坚定不移贯彻创新、协调、绿色、开放、共享的发展理念。”习近平总书记特别注重创新，指出：“把创新摆在第一位，是因为创新是引领发展的第一动力。发展的动力决定发展速度、效能、可持续性。对我国这么大体量的经济体来讲，如果动力问题解决不好，要实现经济持续健康发展和两个‘翻番’是难以做到的。当然，协调发展、绿色发展、开放发展、共享发展都有利于增强发展动力，但核心在创新。”习近平总书记强调：“实践反复告诉我们，关键核心技术是要不来、买不来、讨不来的。只有把关键核心技术掌握在自己手中，才能从根本上保障国家经济安全、国防安全和其他安全。”习近平总书记还多次就协调、绿色、开放、共享作出重要论述和指示批示。在《推动我国生态文明建设迈上新台阶》一文中，他强调：“绿色发展是新发展理念的重要组成部分，与创新发展、协调发展、开放发展、共享发展相辅相成、相互作用，是全方位变革，是构建高质量现代化经济体系的必然要求，目的是改变传统的‘大量生产、大量消耗、大量排放’的生产模式和消费模式，使资源、生产、消费等要素相匹配相适应，实现经济社会发展和生态环境保护协调统一、人与自然和谐共处。”

交通运输科学发展必须以新发展理念为引领，构建交通运输发展新格局。交通强国建设必须坚持新发展理念，坚持走生态优先、绿色发展之路，构建高质量现代综合交通体系，推动交通运输科学发展。

（四）发展功能定位：交通运输在服务国家发展战略中当好先行

交通运输作为国民经济基础性、先导性、战略性和服务性行业，对国民经济发展有着至关重要地位和作用，交通基础设施建设具有很强的先导作用，交通运输在稳增长、服务国家发展战略、促改革、惠民生中当好先行。习近平总书记在广西考察时指出，我们常说“要想富，先修路”，在沿海地区要想富也要先建港。习近平总书记一直关心洋山港建设和发展，他指出，经济强国必定是海洋强国、航运强国。洋山港建成和运营，为上海加快国际航运中心和自由贸易试验区建设、扩大对外开放创造了更好条件。要有勇创世界一流的志气和勇气，要做就做最好的，努力创造更多世界第一。他希望上海把洋山港建设好、管理好、发展好，加强软环境建设，不断提高港口运营管理能力、综合服务能力，在我国全面扩大开放、共建“一带一路”中发挥更大作用。在服务京津冀协同发展战略、长江经济带发展战略、粤港澳大湾区建设等国家战略中交通运输必须先行。在京津冀协同发展中，把交通一体化作为先行领域；在长江经济经济带建设中，把长江经济带建成生态更优美、交通更顺畅、经济更协调、市场更统一、机制更科学的黄金经济带。

交通强国建设是中国特色社会主义现代化建设的先行者，在服务国家发展战略中，交通要找准位置，不辱使命，有所作为，发挥先行作用。

（五）发展主要方向：加快形成现代综合交通运输体系

综合交通运输体系是现代交通运输业的重要标志。习近平总书记一直关注现代综合交通运输发展问题，他在北京考察时指出，交通拥堵是“城市病”的典型表现，也是大城市发展中最难以治理的突出问题。北京要把解决交通拥堵问题放在城市发展的重要位置，加快形成安全、便捷、高效、绿色、经济的综合交通体系。对中心城区交通运输，也要善用人性化的办法，更加巧妙地疏解。习近平总书记面对我们国家物流费用成本偏高，运输效率不高问题，在深入推动长江经济带发展座谈会上的讲话中强调："要完善省际协商合作机制，协调解决跨区域基础设施互联互通、流域管理统筹协调的重大问题，如各种交通运输方式怎样统筹协调发展、降低运输成本、提高综合运输效益，如何优化已有岸线使用效率、破解沿江工业和港口岸线无序发展问题，等等。"

交通强国是现代化经济体系的重要支撑，必须把现代化作为交通强国建设的基本目标。着力推进交通运输智慧化、绿色化、品质化、融合化、全球化发展，打造开放融合、共治共享、绿色智慧、文明守信的现代化综合交通运输体系。

（六）发展路径选择：以创新驱动推动交通运输供给侧结构性改革

在经济发展新常态和经济社会转型升级的关键时期，交通运输必须以创新为动力，以结构调整为着力点，推动交通运输供给侧结构性改革。党的十九大报告为交通运输供给侧结构性改革指明了方向，指出："加强水利、铁路、公路、水运、航空、管道、电网、信息、物流等基础设施网络建设。坚持去产能、去库存、去杠杆、降成本、补短板，优化存量资源配置，扩大优质增量供给，实现供需动态平衡。"而要实现这一转变，必须要创新，"创新是引领发展的第一动力，是建设现代化经济体系的战略支撑。"要加强应用基础研究，拓展实施国家重大科技项目，突出关键共性技术、前沿引领技术、现代工程技术，颠覆性技术创新，为建设交通强国提供有力支撑。

交通强国建设要牢牢把握高质量发展这个根本要求，推动交通运输的质量变革、效率变革、动力变革，以创新驱动为动力，以结构调整为着力点，推动交通运输高质量发展。

（七）发展合作空间：参与全球治理深化交通运输对外开放

交通运输必须要坚定不移推进对外开放，加强互联互通，把中国和世界紧密地联系在一起。习近平总书记指出："互联互通是一条脚下之路，无论是公路、铁路、航路还是网络，路通到哪里，我们的合作就在哪里。"他强调：

"设施联通是合作发展的基础。我们要着力推动陆上、海上、天上、网上四位一体的联通，聚焦关键通道、关键城市、关键项目，联结陆上公路、铁路道路网络和海上港口网络。"在第二届"一带一路"国际合作高峰论坛上习近平总书记再次强调："基础设施是互联互通的基石，也是许多国家发展面临的瓶颈。建设高质量、可持续、抗风险、价格合理、包容可及的基础设施，有利于各国充分发挥资源禀赋，更好融入全球供应链、产业链、价值链，实现联动发展。"他表示："我们期待同各方一道，明确合作重点，着力加强全方位互联互通。我们要继续聚焦基础设施互联互通。"习近平总书记不仅高度关注基础设施的互联互通，而且充分肯定远洋运输在对外开放中的作用，他在考察巴拿马运河新船闸并同"玫瑰轮"船长和船员们通话时指出，很高兴在巴拿马运河同"玫瑰轮"的船长和船员们通话。希望你们善用巴拿马运河，不断优化物流运输，为促进国家航运事业和全球贸易繁荣作出更大贡献。

交通强国建设要扩大开放拓展空间，以世界眼光和战略思维，加强交通基础设施的互联互通，推动形成陆海内外联动、东西双向互济的开放格局，提高我国在全球交通运输治理中的影响力和话语权，在全面开放中拓展交通运输发展新境界。

（八）发展安全保障：守住红线底线确保交通运输安全发展

交通运输安全发展是建设"平安中国"的重要组成部分，交通运输行业是安全生产的重点领域。习近平总书记多次对安全生产作出重要讲话和指示批示，他强调指出，人命关天，发展绝不能以牺牲人的生命为代价。这必须作为一条不可逾越的红线。要始终把人民生命安全放在首位，以对党和人民高度负责的精神，完善制度、强化责任、加强管理、严格监管，把安全生产责任制落到实处，切实防范重特大安全生产事故的发生。习近平总书记在会见四川航空"中国民航英雄机组"全体成员时强调，安全是民航业的生命线，任何时候任何环节都不能麻痹大意。民航主管部门和有关地方、企业要牢固树立以人民为中心的思想，正确处理安全与发展、安全与效益的关系，始终把安全作为头等大事来抓。要加大隐患排查和整治力度，完善风险防控体系，健全监管工作机制，加强队伍作风和能力建设，切实把安全责任落实到岗位、落实到人头，确保民航安全运行平稳可控。

这一系列重要论述充分体现了党中央对保障人民生命安全的高度重视，深刻阐明了安全生产工作的极端重要性，揭示了现阶段安全生产的规律性特点，为做好交通安全生产工作指明了方向，交通运输安全为交通强国建设保驾护航。

（九）发展精神动力：弘扬交通精神凝聚交通运输发展的精神力量

交通精神是中国精神的重要组成部分。“两路”精神、中国民航机组英雄精神、港珠澳大桥建设者奋斗精神等是交通精神的杰出代表。在纪念川藏、青藏公路建成通车60周年时，习近平总书记指出，当年，10多万军民在极其艰苦的条件下团结奋斗，创造了世界公路史上的奇迹，结束了西藏没有公路的历史。60年来，在建设和养护公路的过程中，形成和发扬了一不怕苦、二不怕死，顽强拼搏、甘当路石，军民一家、民族团结的“两路”精神。习近平总书记强调，新形势下，要继续弘扬“两路”精神，养好两路，保障畅通，使川藏、青藏公路始终成为民族团结之路、西藏文明进步之路、西藏各族同胞共同富裕之路。在会见四川航空“中国民航英雄机组”全体成员时，习近平总书记强调，伟大出自平凡，英雄来自人民。把每一项平凡工作做好就是不平凡。新时代中国特色社会主义伟大事业需要千千万万个英雄群体、英雄人物。学习英雄事迹，弘扬英雄精神，就是要把非凡英雄精神体现在平凡工作岗位上，体现在对人民生命安全高度负责的责任意识上。在港珠澳大桥开通仪式上的讲话中，习近平总书记充分肯定了交通人的奋斗精神，他指出，港珠澳大桥的建设创下多项世界之最，非常了不起，体现了一个国家逢山开路、遇水架桥的奋斗精神，体现了我国综合国力、自主创新能力，体现了勇创世界一流的民族志气。这是一座圆梦桥、同心桥、自信桥、复兴桥。大桥建成通车，进一步坚定了我们对中国特色社会主义的道路自信、理论自信、制度自信、文化自信，充分说明社会主义是干出来的，新时代也是干出来的！

伟大梦想召唤奋斗，伟大精神激励前行。新中国成立70年来，无数交通人正是凭着“两路”精神、英雄精神、奋斗精神等汇聚成的交通精神，创造了一个又一个人间奇迹。交通强国建设必须继续弘扬和践行交通精神，为全面建设社会主义现代化强国当好先行。

（十）发展根本保证：坚定不移推进党的建设新的伟大工程

党的十九大报告指出："坚持党对一切工作的领导。党政军民学，东西南北中，党是领导一切的。必须增强政治意识、大局意识、核心意识、看齐意识，自觉维护党中央权威和集中统一领导，自觉在思想上政治上行动上同党中央保持高度一致，完善坚持党的领导的体制机制，坚持稳中求进工作总基调，统筹推进'五位一体'总体布局，协调推进'四个全面'战略布局，提高党把方向、谋大局、定政策、促改革的能力和定力，确保党始终总揽全局、协调各方。"习近平强调："打铁必须自身硬。办好中国的事情，关键在党，关键在坚持党要管党、全面从严治党。"他指出："前进道路上，我们必须按照新时代党的建设总要求，以政治建设为统领，不断推进党的建设新的伟大工程，不断增强全党团结统一和创造活力，不断增强全党执政本领，把党建设得更加坚强、更加有力。我们要坚持用时代发展要求审视自己，以强烈忧患意识警醒自己，以改革创新精神加强和完善自己，在应对风险挑战中锻炼提高，在解决党内存在的突出矛盾和问题中净化纯洁，不断提高管党治党水平。我们要坚持德才兼备、以德为先、任人唯贤，着力培养忠诚干净担当的高素质干部队伍和宏大的人才队伍。我们要以反腐败永远在路上的坚韧和执着，深化标本兼治，坚决清除一切腐败分子，保证干部清正、政府清廉、政治清明，为继续推进改革开放营造海晏河清的政治生态。"

建设交通强国，必须毫不动摇坚持和加强党的领导，毫不动摇坚持和加强党的建设，不断提高党的建设质量，为建设交通强国提供根本政治保证。

三、习近平同志关于交通运输重要论述的基本特点和指导意义

习近平同志关于交通运输的重要论述，具有鲜明的理论特点，体现出习近平总书记深厚的哲学功底、先进的治国理念，对于推动交通强国建设具有重要的指导意义。

（一）习近平同志关于交通运输重要论述的基本特点

1. 明确的价值追求：富于人民性

习近平同志关于交通运输重要论述富有浓厚的人民情怀，始终把人民对

美好交通的期待和向往作为奋斗目标，强调中国交通运输发展必须始终坚持以人民为中心，满足人民群众对交通发展的需求和向往。

2. 辩证统一的哲学思维：富于思想性

习近平同志关于交通运输重要论述体现了习近平总书记高超的领导艺术和哲学思维，具有深刻的思想性。体现了理论与实践的辩证统一；整体与局部的辩证统一；继承与创新的辩证统一。

3. 宽广的时代视野：富于危机感

习近平同志关于交通运输的重要论述，是以宽广的时代视野、强烈的危机意识谋划交通运输事业发展，推动交通强国建设。一方面，面对世界百年未有之大变局的新挑战，为我国交通运输发展谋篇布局。另一方面，面对我国经济社会发展出现的新问题新矛盾，来定位规划交通运输发展。

4. 强烈的问题意识：富于指导性

习近平同志关于交通运输重要论述以强烈的问题导向和实践需求，为交通运输事业发展指明方向。一方面，从交通运输发展面临的突出问题和实践需要为出发点。另一方面，以指导交通运输发展实践、推动工作、解决问题为落脚点。

（二）习近平同志关于交通运输重要论述的指导意义

1. 理论意义

（1）习近平同志关于交通运输重要论述，是习近平新时代中国特色社会主义思想的有机组成部分。党的十八大以来，习近平总书记统筹国内国际两个大局，科学把握世情、国情、党情的新变化，毫不动摇坚持和发展中国特色社会主义，提出一系列治国理政新理念新思想新战略，党的十九大概括为习近平新时代中国特色社会主义思想。习近平总书记高度关注交通运输业发展，对交通运输事业的发展作出了一系列重要论述，这些重要论述从属于习近平新时代中国特色社会主义思想范畴，是习近平新时代中国特色社会主义思想有机组成部分，丰富了习近平新时代中国特色社会主义思想。

（2）习近平同志关于交通运输重要论述，深化和提升了党对国家重大发展问题规律的新认识。我们党执政 70 年的历史，就是对共产党执政规律、社会主义建设规律和人类社会发展规律认识不断提高的历史，不断达到新理论高度的历史，不断开辟马克思主义发展新境界的历史。习近平同志关于交通运输的重要论述，是中国共产党关于三大规律认识在交通运输领域里的体现，在指导交通运输发展过程中证明了中国共产党对三大规律的把握和认识，并深化和提升了这三大规律。

2. 实践意义

（1）习近平同志关于交通运输重要论述，是新时代推动我国交通运输高质量发展和开启交通强国建设新征程的指导方针和根本遵循。党的十九大提出建设交通强国。建设交通强国是中国特色社会主义现代化强国建设的题中之义，是以习近平同志为核心的党中央对交通运输发展的期盼和英明决策，为新时代交通发展指明了方向。我们要以习近平新时代中国特色社会主义思想为指导，认真贯彻落实习近平同志关于交通运输重要论述，明确交通运输承载的重要历史使命，立足当前工作，充分发挥交通运输先行作用，瞄准30年的宏伟蓝图来统筹推进、加快建设，奋力从交通大国向交通强国迈进。

（2）习近平同志关于交通运输重要论述，是交通运输助力“两个一百年”奋斗目标和“中国梦”战略目标实现的指导方针和根本遵循。党的十九大报告指出：从十九大到二十大，是“两个一百年”奋斗目标的历史交汇期。我们既要全面建成小康社会、实现第一个百年奋斗目标，又要乘势而上开启全面建设社会主义现代化国家新征程，向第二个百年奋斗目标进军。交通强国是现代化国家建设的应有之义，是现代化强国建设的先导和先行领域。交通运输系统要认真贯彻习近平同志关于交通运输重要论述，推动我国交通运输高质量发展，为“两个一百年”奋斗目标和中国梦的实现贡献交通人的力量。

四、坚决贯彻落实习近平同志关于交通运输重要论述建设交通强国

理论来源于实践，指导实践并推动实践发展。交通运输系统必须以习近平新时代中国特色社会主义思想为指导，认真学习领会并深入贯彻落实习近平同志关于交通运输重要论述，推动新时代交通运输各项工作高质量发展，开启交通强国建设新征程。

（一）准确把握习近平同志关于交通运输重要论述的核心要义

贯彻落实习近平同志关于交通运输重要论述，必须准确把握其核心要义：以人民为中心，坚持走中国特色交通运输发展之路，建设交通强国，为全面建成小康社会、全面建成社会主义现代化强国、实现中华民族伟大复兴中国梦当好先行。习近平同志关于交通运输重要论述，深刻揭示了新时代交通运输发展的本质特征、发展规律和建设路径，为在新的时代条件下推动交通运输发展，建设交通强国提供了科学的理论指导。

（二）建成人民满意、保障有力、世界前列的交通强国

1. 准确把握交通强国的内涵

党的十九大提出建设交通强国。建设交通强国必须把握交通强国的准确内涵。这就是：要建成人民满意、保障有力、世界前列的交通强国，为全面建成社会主义现代化强国、实现中华民族伟大复兴中国梦当好先行。要坚持服务大局、当好先行；坚持创新引领、深化改革；坚持强化协同、深度融合；坚持全球视野、中国特色。

2. 准确把握我国交通强国建设的战略目标

到 2020 年，完成决胜全面建成小康社会交通任务和“十三五”现代综合交通运输体系发展规划任务，为交通强国建设奠定坚实基础。

从 2021 年到本世纪中叶，分两个阶段推进交通强国建设。

到 2035 年，基本建成交通强国。现代化综合交通体系基本形成，人民满意度明显提高，支撑国家现代化建设能力显著增强。

到本世纪中叶，全面建成人民满意、保障有力、世界前列的交通强国。基础设施规模质量、技术装备、科技创新能力、智能化和绿色化水平位居世界前列，交通安全水平、治理能力、文明程度、国际竞争力及影响力达到国际先进水平，全面服务和保障社会主义现代化强国建设，人民享有美好交通服务。

（三）着力构建与交通强国相适应的框架体系

建设交通强国，要以习近平新时代中国特色社会主义思想为指导，贯彻新发展理念，认真落实习近平同志关于交通运输重要论述，要紧紧抓住高质

量发展这个关键，在“三个转变”“四个一流”上狠下功夫，紧紧围绕建设安全、便捷、高效、绿色、经济的现代化综合交通体系的要求，着力构建与交通强国相适应的框架体系：打造布局完善、立体互联的基础设施体系；构建先进适用、完备可控的交通装备体系；构建便捷舒适、经济高效的运输服务体系；建立富有活力、智慧引领的科技创新体系；构筑完善可靠、反应快速的安全保障体系；构建节约集约、低碳环保的绿色交通体系；构建面向全球、互利共赢的开放合作体系；建立精良专业、创新奉献的人才队伍体系；实现治理体系完善、治理能力提升。

（四）坚持和加强党的全面领导为建设交通强国提供坚强有力政治保证

坚持和加强党的全面领导是夺取交通强国建设全面胜利的根本保证。建设交通强国，必须以习近平新时代中国特色社会主义思想为指导，毫不动摇坚持和完善党的领导，毫不动摇把党建设得更加坚强有力。坚持党的全面领导，必须把政治建设放在首位，紧紧围绕“守初心、担使命、找差距、抓落实”开展“不忘初心，牢记使命”主题教育，增强“四个意识”，坚定“四个自信”，做到“两个维护”，把党的领导贯彻和体现到促进交通运输高质量发展和建设交通强国的各个方面。坚持党的全面领导必须把党建设得坚强有力。必须要全面推进党的政治建设、思想建设、组织建设、作风建设、纪律建设，把制度建设贯穿其中，深入推进反腐败斗争，不断提高党的执政能力和领导水平，不断提高党把方向、谋大局、定政策、促改革的能力和定力，确保交通运输事业和交通强国建设沿着正确航向破浪前行。

大连海事大学课题组

主要执笔人：许民强　于　霞　邵芳强　孔朝霞　高　飞

第二章　党的十八大以来交通运输发展理论成果与实践成就研究

交通运输部科学研究院

一、对交通运输发展的认识

（一）交通运输发展的实质

1. 交通运输的基本属性

交通运输的基本属性揭示的是交通运输作为一种经济活动参与社会经济运行而具有的性质和特点。它主要包括三个方面：生产属性、产业属性和社会属性。

（1）生产属性。马克思指出："除了开采业、农业和加工制造业，还有第四个物质生产部门，……这就是运输业。那或是运输人，或是运输商品"。在哲学范畴内，由于运输劳动能使运输对象发生一种空间位置的变化，因而属于物质生产范畴。

（2）产业属性。作为第三产业的交通运输，其劳动与第一、二产业劳动不同，表现出服务性的特点。交通运输的产品就是位移服务，其使用价值是能够满足人们的空间位移需要，由提供客货运输服务所需要的社会平均必要劳动时间决定。

（3）社会属性。交通运输是经济社会发展的基础性、先导性产业，具有明显的社会公共属性。一方面，交通基础设施受益者为公众，贡献者为政府，故运输基础设施是为全社会使用及拥有的社会公益性产品。另一方面，交通运输业不仅是国民经济发展的一般条件，而且还是社会制度、精神文明发展的一般条件。

2. 交通运输发展的内涵

生产力方面。交通运输发展的实质就是交通运输生产力的增长。一是交通运输生产规模的扩大，包括交通基础设施规模的增加、交通运输运载工具数量的提升等。二是交通运输生产质效的提升，包括运输成本的降低、运输排放的降低、运输安全性的提升等。

生产关系方面。在交通运输发展的目的上，我国交通运输发展的根本目的在于以人民为中心，这是我国交通运输发展区别于西方交通运输发展的最本质特征。在交通运输发展机制上，市场对交通运输发展的调节体现在择优汰劣，激励创新，政府对交通运输发展的调节体现在宏观资源的配置和战略方向的引导。

3. 交通运输发展的一般规律

交通支撑大国崛起规律。世界大国的崛起往往伴随着交通强国的建设，从美国、德国、日本等发达国家的发展历程来看，均拥有遍布全球的交通网络体系、高质量的运输服务保障能力、世界领先的科技创新水平、强大的国际运输标准与规则制定话语权。

交通支撑国家竞争力规律。交通行业在历次科技革命浪潮中都是新技术的优先拓展领域，历次科技革命都带来了交通运输方式的根本变革，带动了社会生产力的巨大飞跃，实现了国家竞争力的突飞猛进。

交通发展结构性调整规律。世界各国的交通运输体系都经历了从较单一的运输方式向综合交通运输的转变，这与国家经济发展的阶段性需求是密不可分的。

交通管理模式变革规律。交通运输行业由分散管理走向综合管理是世界交通运输发展的共同趋势。世界上绝大多数国家，例如美国、日本、法国等都形成了大交通管理体制，由统一的部门统筹管理各种交通运输方式。

（二）新时代社会主要矛盾变化在交通运输领域的体现

1. 需求端：人民日益增长的美好生活需要对交通运输提出更高层次的需求

落后的交通生产力问题已经基本解决。新中国成立以来，交通运输发展从“瓶颈制约”阶段，到“初步缓解”阶级，再到“适应阶段”，交通生产规模基本满足了各项生产和生活的需要。我国交通运输短缺的年代早已结束，供给不足的状况也发生根本性转变。

新时代人民群众的交通需求更具全面性。一方面是中西部贫困和乡村地区的群众对基本公共服务更大范围、更深程度覆盖的需求；另一方面是发达地区和城市居民对多样化、高端化、个性化客货运输需求，从过去“走得了”到现在“走得好”，从过去“运得出”到现在“运得畅”，人民群众希望得到更加安全、便捷、高效、绿色、经济的交通运输服务。

2. 供给端：正确看待交通运输发展不平衡与不充分的关系

正确认识交通运输发展不平衡不充分的内涵。从交通运输发展水平来看，发展不平衡不充分问题依然突出，突出表现为结构性矛盾和总量性矛盾并存。交通运输总体发展质量和效益还不高，区域间、城乡间、运输方式间、软硬实力间、建管养运间不平衡问题依然突出。

正确看待交通不平衡与不充分的辩证关系。一方面，交通不充分发展是不平衡产生的客观基础，正是由于交通运输发展的水平还没有达到世界交通强国标准，才造成了发展不平衡的现象出现。另一方面，不平衡反过来又会加剧不充分发展，加剧处于发展劣势一端交通运输资源分配的劣势，使总体交通运输系统边际效益下降，制约交通运输可持续发展。

（三）新时代交通运输发展认识

1. 发展要求

（1）发展环境转变对交通运输发展的要求。土地、资源、环境等刚性约束进一步增强，建设成本快速增长，资金筹措难度加大，行业债务风险增加，要求交通运输从“粗放经营”转为“精耕细作”。

（2）发展基础转变对交通运输发展的要求。我国交通运输实现了从“总体缓解”向“基本适应”的重大跃升。要求交通运输从注重总量增加向提高质量效益转变。

（3）发展动力转变对交通运输发展的要求。交通运输生产正在由过去的高速增长向中高速增长转变，必须深化改革、创新驱动，促进新动能发展壮大，推动传统动能焕发生机。

2. 发展目标

新时代交通运输发展要更加体现以人民为中心的发展思想，建设人民满意交通。一是满足人民群众对于日益增长美好生活的需求，不断升级综合运输服务质量和水平。二是提升交通运输基本公共服务水平，促进交通公平和共享。

3. 发展特征

发展方位方面，由“交通大国”迈向“交通强国”。发展阶段方面，由“适应发展”迈向“引领发展”。发展方式方面，由“高速度增长”转向“高质量发展”。发展空间方面，由“国内发展”转向“全球拓展”。

二、交通运输发展理论

（一）理论界定

1. 理论内涵

交通运输发展理论是指一个国家或地区交通运输的发展机制、发展效率及发展模式选择的理论。交通运输发展理论是根据国家形势变化，针对一些新的环境、新的机遇、新的问题，不断进行演变和创新，而开展的应用型理论研究。

2. 理论特征

（1）影响重大。交通运输发展理论涉及交通运输行业的宏观发展战略，事关人民群众基本公共服务，事关国家战略支撑，事关现代化经济体系构建。

（2）偏应用对策。交通运输理论成果往往是落实中央重大决策部署、解决行业实际问题的具体战略和政策，具有很强的针对性和实效性。

（3）指导性强。一直以来，尤其是党的十八大以来，交通运输实践成就都是在相关理论指导下完成的，体现了理论与实践的相互推动、相互提升。

（二）理论渊源

1. 近现代交通理论的本源

马克思主义政治经济学，是研究在一定生产力状况基础上的社会生产关系及其发展规律的理论，是社会主义经济体系的基础。交通作为整体经济体系的一个重要组成部分，马克思主义政治经济学是其发展理论的本源。

2. 新时代我国交通运输发展理论的基本遵循

十八大以来习近平总书记关于综合交通运输体系、交通服务国家战略、交通脱贫攻坚、“四好农村路”、交通供给侧结构性改革、交通精神等有一系列重要论述，阐述了现阶段交通运输的功能定位是什么、朝什么方向发展、发展为了谁、如何发展、需要什么样的精神力量支撑等重要问题，是交通运输一切理论成果的依据和遵循。

（三）理论阶段

新中国成立 70 年来，中国交通运输总体上经历了从“瓶颈制约”到“初步缓解”，再到“基本适应”经济社会发展需求的奋斗历程。交通运输发展理论在不同交通运输发展阶段，重点解决的问题不同。

“瓶颈制约”阶段，交通运输发展理论集中解决实际建设问题，宏观性、战略性思考较少。“初步缓解”阶段，交通运输理论重点解决的是交通运输生产力快速提升的问题，形成了以交通运输布局为重点的交通运输发展理论。“基本适应阶段”，交通运输从规模扩张转向提质增效，形成以交通系统分析理论、运输结构调整理论等。“引领发展”阶段，交通运输发展理论将以交通外部性研究、全球战略运输为重点。

三、党的十八大以来交通运输发展理论成果

（一）理论成果根源

中国特色社会主义政治经济学是马克思主义政治经济学与中国的具体国情相结合的产物，是照耀中国经济前行的指路明灯，是交通运输理论成果的根源，包括七大学说：

第一，关于树立和落实创新、协调、绿色、开放、共享的发展理念的理论。

第二，关于发展社会主义市场经济、使市场在资源配置中起决定性作用和更好发挥政府作用的理论。

第三，关于我国经济发展进入新常态的理论。

第四，关于推动新型工业化、信息化、城镇化、农业现代化相互协调的理论。

第五，关于用好国际国内两个市场、两种资源的理论。

第六，关于促进社会公平正义、逐步实现全体人民共同富裕的理论。

第七，关于供给侧结构性改革的理论。

（二）交通运输发展理论成果

1. 以人民为中心的交通运输发展思想

习近平总书记指出："让老百姓过上好日子是我们一切工作的出发点和落脚点。"交通运输行业是发展的先行官，必须以高度的价值自觉，以实现好、维护好、发展好人民群众根本利益为宗旨，以保障和改善民生作为交通运输工作的出发点和落脚点。一是当好扶贫先行官，破解制约贫困地区经济社会发展的瓶颈。二是加快提升交通运输便利化水平，推进基本公共服务均等化。三是把保障人民群众生命财产安全放在首位，提升交通应急能力。

2. 用五大发展理念引领交通运输新发展

面对复杂的国际国内新形势，面对新常态下加快推进结构性改革的新要求，在新的起点上推进交通运输持续健康发展，必须牢固树立和贯彻落实创新、协调、绿色、开放、共享的发展理念。一是坚持创新发展，培育交通运输发展的新动力。二是坚持协调发展，形成交通运输平衡发展的新格局。三是坚持绿色发展，探索交通运输可持续发展的新模式。四是坚持开放发展，开拓交通运输发展的新空间。五是坚持共享发展，让人民群众共享交通运输发展的新成果。

3. 主动适应新常态，推动交通运输科学发展

认识新常态、适应新常态、引领新常态，是当前和今后一个时期一段时间我国经济发展的大逻辑，也是交通运输判断发展大势、进行战略布局、安排当前和今后一个时期一段时间工作的基本前提。坚持以全面深化改革统领交通运输工作全局；坚持把推进法治建设作为交通运输加快发展的根本保障；坚持以经济建设为中心充分发挥交通运输发展对稳增长的关键作用。更加注

重服务国家战略；更加注重转方式调结构；更加注重依靠创新驱动；更加注重可持续发展；更加注重保障改善民生。

4. 在新常态下大力推进供给侧结构性改革

交通运输是连接生产和消费的重要环节，交通运输供给的优劣，会传导到经济供给侧，进而影响经济发展质量和效益。推进交通运输供给侧结构性改革，就是要提高供给质量效率、降低运输服务成本。这既是服务国家供给侧结构性改革的应有之义，也是扩大交通运输有效供给的内在要求，两者是紧密关联、辩证统一的。重点推进“五个更加注重”：更加注重补齐交通基础设施短板；更加注重提升运输服务品质；更加注重运输装备提档升级；更加注重各种运输方式协调发展；更加注重推进放权降费。

5. 坚持稳中求进工作总基调，正确理解和切实用好黄金时期

习近平总书记明确指出，“十三五”是交通运输基础设施发展、服务水平提高和转型发展的黄金时期，要抓住这一时期，加快发展，不辱使命，为实现中华民族伟大复兴的中国梦发挥更大的作用。黄金时期内涵和外延都发生了很大变化，并不是交通运输大建设时期的简单延续，必须既要充分考虑现阶段的发展要求，更要考虑长远时期的发展，加快形成适应经济发展新常态的交通运输发展新路径。关键要抓住以下 4 个方面：这是交通运输基础设施加速成网的黄金时期，这是现代综合交通运输体系加快构建的黄金时期，这是交通运输行业加快转型升级的黄金时期，这是交通运输现代治理能力持续提升的黄金时期。

6. 交通运输治理体系和治理能力现代化

交通运输发展以“四个全面”总体战略布局为统领，以建成交通运输法治政府部门为总目标，以法治考核为主要抓手，着力形成完备的综合交通运输法规体系、高效的交通运输法治实施体系、严密的交通运输法治监督体系、有力的交通运输法治保障体系，加快推进行业治理体系和治理能力现代化。一是加快形成完备的综合交通运输法规体系。二是加快形成高效的交通运输法治实施体系。三是加快形成严密的交通运输法治监督体系。四是加快形成有力的交通运输法治保障体系。

7. 构建交通运输对外开放新格局

交通运输对外开放重点是加强互联互通，充分发挥交通运输在“一带一路”建设中的基础性作用，为我国在全球治理中发挥更加重要作用提供有力支持。一是服务国家对外开放新格局。二是推动交通运输“走出去”。三是积极参与国际交通运输治理。四是修好脚下之路更要修好心灵之路。

四、党的十八大以来交通运输发展实践成就

（一）宏观经济形势与要求

1. 宏观形势

党的十八大以来我国宏观经济形势变化主要体现在以下四个方面：一是“三期叠加”凸显中国经济阶段性特征。二是认识新常态、适应新常态、引领新常态，这是当前以及未来相当长的一段时间里我国经济发展的大逻辑。三是供给侧结构性改革明确了我国经济发展的战略重点和主攻方向。四是“稳中求进”工作总基调成为治国理政的重要原则。

2. 发展要求

交通运输是重要的基础性、先导性、战略性、服务性产业，交通运输发展要符合国民经济和社会发展的需要，要为党中央、国务院制定的一系列国家重大战略和宏观布局做好支撑和保障，结合国家经济发展形势的变化，交通运输重点发挥以下三个方面的重要作用：一是进一步巩固交通运输对经济增长的关键作用。二是加强交通运输对国家战略的支撑作用。三是加强交通运输对社会民生的保障作用。

（二）交通运输发展实践成就

一是服务国家战略效果更加突出。“一带一路”交通基础设施互联互通水平显著提升。对外运输大通道不断完善，中巴经济走廊“两大”公路开工建设，蒙内铁路建成通车，43 个口岸通二级公路，与沿线 43 个国家实现空中直航。国际运输便利化水平显著提升，中欧班列累计开行近 7000 列，国际道路客货运输线路达到 356 条。海外战略支点建设进程加快，瓜达尔港、科伦坡港口城等项目有序推进。交通运输在京津冀一体化中实现先行发展。京津冀

区域综合交通网络加速构建，京张高铁、延崇高速等项目加速推进，京唐城际铁路、京秦高速、北京新机场等项目启动实施。京津冀运输服务一体化取得突破，省域道路客运联网售票系统基本建成，70 个客运站完成联网。区域客运班线公交化改造加速推进。交通“一卡通”互联互通加速推行。长江经济带综合立体交通走廊基本形成。沪昆高铁全线通车，沪蓉、沪渝、沪昆、杭瑞 4 条主骨架高速公路全线贯通，长江南京以下 12.5 米深水航道建成，沿江机场布局进一步完善。交通脱贫扶贫攻坚实现率先突破。城乡交通运输基本公共服务均等化加快推进，乡镇和建制村通客车率分别达到 99.1% 和 96.5% 以上，城乡运输一体化水平接近 80%，县乡村三级物流体系不断健全。交通运输军民融合发展进入新阶段。国防交通基础设施更加完善，高速公路服务区等交通基础设施建设更加注重国防军事功能，军民融合、军地合作体制机制不断健全，国防运输保障能力显著提升。

二是交通基础设施建设实现跨越式发展。综合交通运输体系建设初步形成。“五纵五横”综合运输大通道基本贯通，106 个综合客运枢纽和 186 个综合货运枢纽（物流园区）建成运营。各种运输方式网络规模和通达程度大幅提升。铁路营业里程五年增长 2.7 万公里，高速铁路运营里程从 9000 多公里增加到 2.5 万公里、占世界三分之二，覆盖 65% 以上的百万人口城市。高速公路里程从 9.6 万公里增加到 13.6 万公里，覆盖到 97% 的 20 万人口城市和地级行政中心。新建民航机场 46 个，服务覆盖全国 88.5% 的地市、76.5% 的县。快递公共投递服务站近 2.9 万个，快递乡镇网点覆盖率达到 87.3%。高铁、高速公路、城市轨道交通运营里程和港口深水泊位数量均居世界第一。具备一定数量的基础设施规模，是交通大国的重要标志，也是交通大国迈向交通强国的重要保障。

三是运输服务保障能力显著增强。客运方面，铁路、民航客运量年均增长率达到 10% 左右。高铁动车组年发送旅客突破 70 亿人次。全国 29 个省、90% 以上二级道路客运站初步实现省域联网售票。公共交通年客运量超过 900 亿人次，34 个城市开通运营城市轨道交通。旅客综合运输结构更加优化，效率显著提升。货运方面，港口货物和集装箱吞吐量连续 10 多年保持世界第一。航空货邮运量比 2012 年增加 23%。邮政业市场规模超过全球份额五分之一，快递业务量年均增长 50% 以上，稳居世界第一。多式联运、甩挂运输、冷链物流、江海直达运输等加快发展。货运新模式新业态不断涌现，成为支撑货运发展的新动能。安全应急方面，交通运输事故起数和死亡失踪人数实现双下降，应急管理体系进一步完善，交通运输应急保障能力得到提高，在海上搜救、海上溢油、公路等突发事件应对中处置能力显著增强。交通运输在保障人民群众生命财产安全和维护社会稳定方面，作用凸显。

四是行业治理体系不断完善。综合交通运输管理体制机制基本形成。国家层面“一部三局”架构基本建立，省级层面已有 17 个省区（市）基本建立了综合交通管理体制或运行协调机制。交通运输标准化体系基本建立，成立 22 个专业标准化委员会，现有国家和行业标准 3800 余项，国际标准参与度逐步提升。法规制度体系不断完善。铁路、公路、水路、民航 188 件部门规章颁布实施，综合交通运输法律体系初步形成。简政放权力度不断加大。行政审批事项大幅精简，部本级取消下放幅度达 61.5%。行业社会共治格局日趋完善。行业信用体系建设稳步推进，政府、社会、企业共同参与的行业治理格局初步形成。

五是行业创新发展水平不断提高。交通设施装备技术水平进入世界前列。高性能铁路装备、大型客机、自动化码头、卫星导航等技术，均达到世界先进水平，成为世界上少数几个掌握相关领域核心技术的国家。智慧交通蓬勃发展。车辆自动驾驶、交通大数据等新技术应用不断推广，无车承运、网约车、分时租赁、共享单车等新业态蓬勃发展，“互联网＋交通”为交通运输发展增添了新的动能。绿色交通建设持续推进。绿色公路、港口、航道等绿色交通示范工程稳步推进，液化天然气（LNG）等清洁能源不断加大推广，交通运输越来越注重与生态环境的融合发展。

五、对策建议

1. 加强交通运输基础理论研究

围绕中央重大决策部署和行业发展的难点热点问题，组织研究机构开展专项研究，着力研究解决关系交通运输长远发展的重大战略问题，重在出思想、出思路，加强理论性、前瞻性、战略性课题的支持保障。

2. 加强重大工程成果转化

加强总结交通运输重大工程的科技创新成果，推动形成系统理论学说。建立完善产学研一体的成果转化体系，拓宽重大成果的转化渠道，进一步提升科技成果的经济效益和社会效益。

3. 充分利用行业内外研究资源

鼓励部属科研单位采取与国家智库结对子、共承担的模式开展理论政策研究，取长补短、形成合力、做出精品，提升研究成果的深度、广度，为交通强国建设提供更加有力的技术支撑。

4. 着力培养行业科技领军人才

依托重大科技工程，在交通运输基础研究和前沿技术领域，培养和发掘青年科技骨干。建立完善人才激励机制，确保青年科技人才留得住。加强交流培训，不断提升交通运输行业科技领军人才的国内外影响力。

交通运输部科学研究院课题组

主要执笔人：姜彩良　庞清阁　王先进　郑维清　汪　健　李　乾

第三章　交通运输国内外经验、理论和标准研究

交通运输部科学研究院

一、国内外交通运输发展经验与启示

（一）国内外交通发展阶段特征

纵观欧、美、日等发达国家和地区交通运输发展轨迹，大多经历了三个阶段：一是以技术为主要驱动力的起步发展阶段，目的是满足人民出行和国家安全的基本需要，交通运输发挥了重要基础保障、战略保障作用；二是以建设投资为主要驱动力的加速发展阶段，主要目标是适应并促进国民经济发展。人民出行和货物交换需求空前旺盛对交通运输基础设施建设提出了更高要求，财政资金和社会资本大量投入交通运输市场，交通运输对国家发展的基础性、服务性作用得以增强；三是以完善治理和发展高新技术为主要驱动力的高质量发展阶段，发展侧重是实现交通运输与社会的协调可持续发展。通过合理规划、体制改革等手段提高交通运输治理水平，加快高新技术利用和创新发展模式，降低交通发展带来的安全、环境、资源等方面的负外部性，满足社会发展更高要求，交通运输的先导性、战略性、服务性作用在此阶段体现得更为突出。

从以科学技术为主要驱动力满足人民出行和国家安全基本需要，到逐渐以规划和投资为主要动力促进国家经济社会发展，再到以改革、技术和治理为主要驱动力实现可持续、高质量发展，充分体现了交通运输发展在经济社

会体系中的定位和发展路径动态变化的特征。交通运输在推动经济社会发展中所起到的基础性、先导性、服务性和战略性作用贯穿始终，各国不断追求更高层次交通文明的价值理念从未改变。

《中国交通运输发展》白皮书认为我国交通运输发展大致经历了从“瓶颈制约”到“初步缓解”，再到“基本适应”三个奋斗历程。站在全球角度来看我国交通运输发展当前所处的发展阶段，由“加速发展”向“高质量发展”转变的特点非常突出。

（二）发达国家交通发展方向

面对当前经济全球化、社会老龄化、气候变化、交通基础设施资产老化等一系列问题和挑战，美、日、英等发达国家开始将交通发展的重点转向以下六个方面：

一是一如既往地将安全作为首要关注和发展前提，并努力实现交通运输的“零死亡”。

二是开启新一轮的基础设施建设，维持高质量基础设施保障能力，重点解决设施升级和维护所需资金的问题。

三是追求便捷高效的运输组织，完善综合运输系统，以支撑经济空间的重新布局、城镇体系的有序发展和消费结构的转型升级。

四是充分重视新一轮科技革命带来的连锁效应。面对大数据、人工智能等新一轮技术革命，加快实施技术转化，抢占新一轮技术制高点，着眼未来关键领域的国际话语权。

五是充分考量人口规模和结构的变化调整交通发展策略。各国已经将逐步严重的人口老龄化、少子化、生育率下降等问题纳入重点应对范畴，普遍采取建设相适应的设施、提高服务水平、调整交通需求管理等策略。

六是跟踪全球变暖，坚持交通可持续发展。通过顶层设计，制定可持续发展战略，建立政府、企业、消费者合力推动的绿色交通发展长效机制。

（三）经验与启示

1. 发展启示

一是“大国”不是成为“强国”的必要条件。历史经验告诉我们，“大国”非“强国”，“大”不是“强”的先决条件。古罗马帝国崛起和扩张本质在于其制度的进步、科学的先进和军事的强大，大西洋岛国英国的崛起在于利用工业革命抢占了海上贸易航线的资源，日本近现代的日渐强大在于明治维新奉行更加开放的国策……，这些后来的“强国”的“强”均与“大”无关。制度革新、科技引领、对外开放等才是它们“强大”的关键要素。

二是准确的前瞻性战略谋划是交通强国的重要保障。发达国家开展准确和极具前瞻性的战略研究是巩固其交通强国地位的重要手段。美国运输部通过第一次“趋势与选择”研究准确指导了其面向千禧年前20多年的交通发展，巩固了美国全球交通领先的地位，2015年美国重启“趋势与选择”研究来应对未来30年新的交通发展矛盾和国际竞争。

三是交通运输是国家战略体系中的重要组成。鼎盛时期的古罗马帝国通过建设超过5万英里庞大的道路系统支撑了其快速的军事扩张；利用轨道交通引导城市布局，日本将人口和财富集中至三大都市圈，支撑其“一极集中”策略；欧、美、日均将海运视为国家战略，日本将其视为“日本的生命线”，欧盟认为其是“欧洲经济增长和繁荣的重要基石”。可见，交通发展在各国战略布局中的分量。

2. 发展经验

通过总结，发达国家持续推进交通运输发展的主要做法有：

一是着眼综合交通发展，注重规划先行以人为本。发达国家重点关注从规划层面优化交通运输结构，引导各种运输方式综合开发，推动客运枢纽有效衔接，发挥运输方式融合服务效能，积极推进旅客联程联运发展水平，遵循以人为本理念，提升运输服务质量。

二是关注科技发展，鼓励创新驱动行业进步。美、德、日、英等交通强国无一例外抓住了前三次工业革命的历史机遇，利用技术进步占领当今全球交通发展制高点。其一方面注重创新管理机制，通过颁布法规政策、组建管理机构等手段统领智慧交通建设，另一方面注重推进技术创新以及新技术与交通运输业的融合发展，充分利用科技进步挖掘交通运输系统潜力，提升综合运输系统运行能力。

三是秉承安全至上，多方协作强化安全保障。发达国家着重将“安全第一”作为国家发展的首要战略目标，强调多方合作意识，通过制定国家交通安全发展规划，建立协调稳定的部门协作机制，强化交通对国土安全的保障能力，同时通过交通运输安全监管机制的建设，多管齐下加大治理，降低交通安全事故伤亡率。

四是强调可持续发展，推动绿色交通建设。发达国家重视绿色交通发展对国家可持续发展的重要作用，通过加强顶层设计，出台节能法规、多式联运法规、财税激励政策、燃油排放标准等一系列措施，推动节能减排、新能源、污染防治等领域的技术研发，充分发挥市场调节机制作用，形成行业协会、科研机构、非政府组织、消费者等多方参与的良好局面，引导全社会绿色交通运输体系的形成。

五是争夺国际话语权，扩大全球影响力。发达国家重视强调海运对于国家安全与经济发展的战略意义，特别关注全球重要战略通道和节点掌控能力。国际事务方面注重把握话语权，通过主导或深度参与国际事务，占领技术、专利、标准制高点，引领国际交通运输发展方向，向交通发展落后国家输出技术、产品等，培育占领全球市场。

六是优化治理能力，保障交通运输有序发展。发达国家一方面注重法制先行，依法推进重大决策、政策实施和体系建设；另一方面通过体制机制改革，建立综合运输管理体制，实现资源的优化配置和高效利用。同时注重交通信用体系建设，建立跨地区、跨部门、跨领域的综合性信用管理体系，规范交通参与者行为，多筹并举推进社会、行业和市场的合理共治。

二、国内外交通运输发展理论研究

（一）交通运输的基本认识

自 19 世纪至今，经济学家们对交通运输在社会经济体系中发挥的作用有着较为系统的论述。亚当·斯密在强调分工作用时，认为良好的道路、运河或可通航河流，可以开拓更大市场，进而推动劳动分工，“一切改良中，以交通改良最为有效”；李斯特提出“这些国家[1]使世界看到了运输便利对生产力

[1] 英国、法国、美国。

的增长可以发生如何有力的影响，从而促成国家财富、人口与政治力量的增长”。交通运输在经济发展和社会发展中的作用逐步明晰。

交通运输作为国民经济产业之一，具有鲜明的产业、社会和经济属性：从产业属性上看，交通运输属于第三产业和典型的网络型产业；从社会属性来看，具有很强的外部性，属于战略基础性产业；从经济属性来看，在经济发展中又具有先导性作用，并具有准公益属性。

科技进步和工业革命是影响交通运输发展阶段划分的两个重要因素：从科技进步维度来看，技术进步是推动力，推动交通运输发展重点的转移和运输方式的改变；从经济发展维度来看，运输化是工业化发展的重要特征，交通发展是伴随工业化发生的一种经济过程。

（二）我国交通运输发展的理论实践

新中国成立的几十年间我国逐渐形成了具有中国特色的交通运输发展理论体系，并不断加以实践。

一是明确了交通运输业在我国经济社会发展体系中的性质、地位和作用。如《中国交通运输发展》白皮书所述，“中国政府坚持把交通运输摆在先行发展的重要位置，交通运输在推动经济社会发展、服务和改善民生以及促进生态文明建设方面，发挥了基础性先导性服务性作用”。正是我国几十年的建设实践，奠定了以上的理论基础。

二是肯定了交通运输基础先行的规律，形成了以人为本，安全第一，服务至上的交通运输发展理念框架，吸纳了国外经验并提倡运输方式综合发展的新理念，构建了绿色交通发展的新理念。

三是不断摸索发展模式，并逐步实践。从运输方式孤立、分散发展的模式向综合协调发展的模式转变，从外延扩展型向外延扩展与内涵集约、技术创新相结合模式转变，从资源粗放发展向资源集约、节约、高效、高质量方向发展，交通运输的管理模式由分散管理体制向集中管理体制转变。

我国交通运输从简单的模仿和借鉴，到逐步认识我国交通发展与国外的客观差异，再到目前开始跟踪世界交通运输发展的周期性和规律性的特征来定位自身发展轨迹，是我国从认识世界、强化自身、被世界认识、再到引领世界，逐步实现现代化的一个必然过程。

（三）新时代下对交通运输的新认识

1. 面临的新情况

（1）进入新发展阶段。我国经济已由高速增长阶段转向高质量发展阶段，正处转变发展方式、优化经济结构、转换增长动力的攻关期。在此背景下，作为经济体系下重要组成，我国交通运输发展也正经历由“高速发展”向“全面高质量发展”的历史转折，这一方面是由我国社会主义现代化建设阶段性要求决定的，另一方面也是交通运输自身发展规律使然。

（2）交通发展的主要矛盾发生了变化，以人民为中心的核心思想得到进一步巩固。我国交通运输发展的主要矛盾已经转化为交通供给体系质量和效率不能满足人民群众对高品质交通需求的矛盾。十九大明确了以人民为中心的发展核心思想，是对交通运输需求中“人”的要素的进一步强调。建设让人民满意、便捷高效的交通，共创生态宜居的社会环境是交通发展的最终目标。

（3）交通发展动力发生了变化。由依靠传统要素驱动向更多依靠改革创新开放驱动转变，由各种交通方式并联发展向融合发展转变，由注重提升供给能力向注重提升供给质量效率转变。

（4）交通服务国家战略和区域经济的定位得到强化。交通支撑中国走向世界，促进国家对外开放，构建世界话语体系的政治需求达到前所未有的高度。同时，交通支持经济转型、区域经济布局、引导城市健康发展的作用进一步增强。

2. 对交通强国的认识

党的十九大提出建设交通强国，是以习近平同志为核心的党中央做出的重大战略部署，是新时代赋予交通行业的历史使命，为交通发展指明了方向。建设交通强国赋予我国交通运输发展的新定位，一方面其是实现中国梦的基础保障，另一方面是以高质量发展为根本要求追求更高层次交通文明的价值取向。

建设交通强国的价值取向：习近平总书记多次强调“交通基础设施建设具有很强的先导作用”，并明确指出要把交通一体化作为先行领域，加快形成安全、便捷、高效、绿色、经济的综合交通运输体系，这是从交通运输发展的本质属性角度明确并阐明了建设交通强国的指导思想和价值前提。

建设交通强国的基本内涵："人民满意、保障有力、世界前列"。"人民满意"是立足于解决人民群众最关心最直接最现实的交通问题，满足人民日益增长的美好生活需要。"保障有力"是立足于全面建设社会主义现代化国家的发展需求，充分发挥交通运输行业在国民经济中的基础性、先导性、战略性产业和重要的服务性行业的作用。"世界前列"是顺应世界交通发展大势，实现交通综合实力领先世界。

3. 交通发展机制

交通运输作为经济社会发展复杂巨系统中的一部分，通过系统学对其发展动力机制（图3-1）进行描述。系统学对交通的发展综合考虑了"约束性要素"和"目标性要素"的作用。从经济学的角度，交通运输系统的发展进程是增加正外部性，减少负外部性的过程。增强交通可持续发展的能力是现阶段我国交通运输系统在外部资源环境约束下必须做出的抉择，资源环境的约束也倒逼了交通运输系统的科技创新和结构优化。

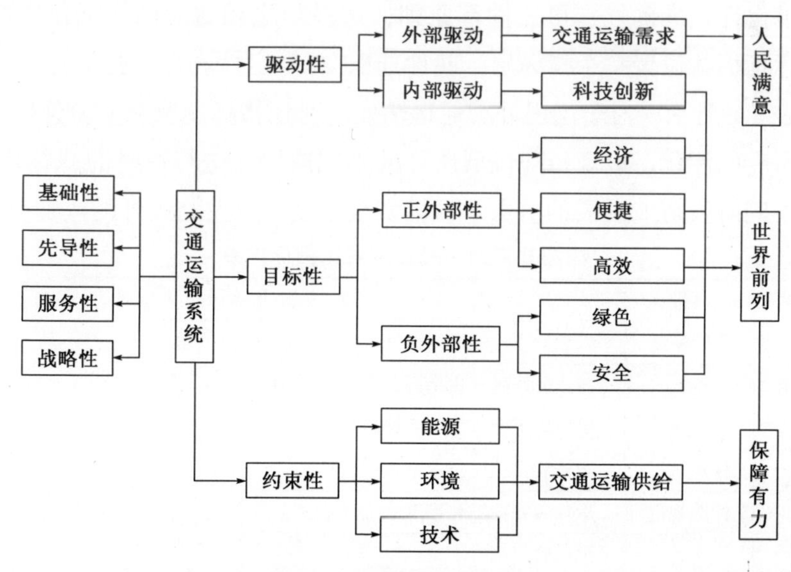

图3-1 交通运输发展机制

整体来看，当前和未来一段时间，我国交通运输正向着多种运输方式协调配合、多功能、方便节约、高效率、绿色和经济的方向前进，交通发展将以科技创新和制度（改革）创新为驱动，通过供给侧结构性改革实现资源的优化配置，提高交通运输发展对土地、水域、岸线、空域资源的利用效率，环境影响以及能源消耗所带来的负外部性，充分发挥水运的生态优势和综合交通运输的整体优势，促进形成节约资源、环境保护的空间布局、产业结构、生产方式和生活方式，大幅度提升现代交通运输的治理能力与水平，打造人民满意、保障有力、世界前列的现代化交通运输系统。

三、交通强国对标研究

（一）对标指标体系

为客观把握当前我国交通运输发展水平，需要通过建立对标指标体系，找出与国外先进国家的差距，为科学合理确定交通强国的目标任务提供基础参考。因此，指标体系的构建要以交通强国的内涵为基本考虑，以基础设施、交通装备、运输服务、创新驱动、安全保障、绿色交通、开放合作、交通文化、交通治理等内容为导向建立相应的指标体系框架，充分考虑导向性、代表性、可得性、准确性、可比性等原则，选择与之相适应的指标作为比较指标。对标指标共设置三个指标层，共计选取29个定性和定量指标作为比较指标，如表3-1所示。对于国内外交通运输发展对比指标选取和取值分析，还需要根据研究的深化，以及行业发展所处的不同阶段，进行适时的调整和优化，以体现不同阶段行业发展的重点、目标实现程度，以及与国外的差别。

国内外交通运输发展对比指标体系 表3-1

一级指标	二级指标	三级指标
基础设施	路网密度	综合交通运输网络密度（公里/人·平方公里）
	高级设施	高速公路里程占全国公路里程比例（%）
		单位国土面积民用运输机场数（个）
交通装备	技术水平	运输装备关键技术掌握率（%）
	标准规范	运输装备标准化率（%）
运输服务	运输效率	民航航班正常率（%）
		货物多式联运比例（%）
		铁路集装箱运量占比（%）
		综合客运枢纽平均换乘时间（分钟）

续上表

一级指标	二级指标	三级指标
运输服务	运输成本	社会物流总成本占 GDP 比重（%）
		人均交通消费占个人全年收入比例（%）
	管理服务	许可事项服务效率
创新驱动	创新水平	交通科技成果转化率（%）
		高新技术研发水平
	创新条件	国际知名交通研究机构和团体数量（个）
安全保障	生命安全	道路交通万车死亡率（人/万车）
	应急保障	单位国土（水域）面积应急设备拥有数（个）
绿色交通	能源消耗	交通运输可再生能源占比（%）
	低碳环保	交通运输业碳排放占比（%）
		城市公交出行比例（%）
开放合作	全球链接	海运全球连接度
		航空枢纽连接度
	国际影响	海运服务贸易平衡度（亿美元）
		世界 500 强企业中交通运输企业数（个）
		国际标准制定数（个）
交通文化	思想意识	文明出行程度
	规范管理	诚信体系建设程度
交通治理	保障手段	交通运输法制建设水平
	行业管理	综合交通运输管理水平

（二）国内外交通运输发展比较分析

1. 对比世界交通强国，我国交通基础设施在综合交通网络密度、各交通方式协调、建设质量等方面仍与先进国家存在差距

（1）我国综合交通网络总规模虽居世界前列，但是美国、德国、日本综合交通网络的综合密度分别是我国的 5 倍、21 倍和 59 倍。德国高速公路占全国公路里程比重高于我国 3 个百分点，美国机场数量约为我国 22 倍，高速公路、机场等高效率交通基础设施覆盖程度仍有提升空间。

（2）我国公路、铁路、水路、民航协同发展的“大交通”管理体制尚未完全建立，统筹各交通基础设施网络规划的步伐明显滞后于欧洲、美国、日本等国。

(3) 我国交通基础设施建设体现了“中国速度”，但在建得好、质量优、用得久等方面与国外差距巨大，建设项目全生命周期的发展理念匮乏，建设质量还尚需发力。

2. 我国在各类载运工具的核心研发团队，核心制造技术，装备规模化生产和标准化配给等方面尚有待提升

我国汽车、大型船舶和飞机的发动机、电控系统等战略性装备的自主创新能力仍然不足，相比发达国家，存在“核心技术空心化”现象。

3. 我国在增强运输服务安全性、经济性、便捷性，推进应用先进运输组织模式，提供较高的运输生产力和生产效率等方面仍需努力

(1) 我国航班正常率较美国、日本、德国等国有约5%的差距。

(2) 多式联运比例与美国相差7个百分点，铁路集装箱运量占铁路货运总量比重比欧美低30%。

(3) 与发达国家相比，我国货物运输流程割裂、运输环节联动差、产业作业效率低、运输车辆空驶率高、信息化水平低、物流集散中心布局不合理等问题突出，物流活动环节多、周转期长、效率不高，总体物流效益与国外有较大差距。

(4) 农民出行费用的压力高出国际平均水平约3个百分点。

(5) 综合客运枢纽换乘水平差距明显，仍未实现旅客联程联运服务。

4. 我国的交通科技成果转化能力、前沿技术引领能力不足，缺乏高水平交通领军人才和全球领先的技术专利

(1) 全球综合实力排名前17的无人驾驶技术的公司中，我国公司还进入不了第一集团。

(2) 较发达国家，我国在商业化、专利获取方面缺乏法律框架支持，交通科技的商业化推广应用难度更大。

(3) 我国缺少如美国交通运输研究委员会（TRB）、日本的交通政策研究会等具有国际影响力的科研机构，专业化的研究队伍和高端智囊相对匮乏。

5. 我国在巩固交通安全，拥有先进完备的交通应急保障设施和成熟的国家安全保障体系等方面发展不足

（1）我国仍属全球交通安全事故多发国家，道路交通万车死亡率约为美国的2.6倍、日本的7倍、德国的5.6倍。

（2）交通安全应急保障能力与发达国家有明显差距，以单位国土（水域）面积应急设备拥有数来看，我国应急设备与美日等强国仍有较大差距。

6. 我国尚未形成健全的绿色交通发展经济体系、绿色技术创新体系、能源开发应用体系以及交通生态环境保护体系

（1）我国交通行业碳排放总量仅次于美国居世界第二位，交通运输碳排放形势仍然较为严峻。

（2）德国交通运输可再生能源利用占比是我国的3倍，我国还有较大提升空间。

（3）北京、上海等超大型城市公共交通出行比例仍远低于东京、中国香港等城市86%、90%的公交分担率，交通拥堵问题制约绿色交通发展水平的情况依然严峻。

（4）美国、日本、德国等国均建立了完善的法律和标准体系，在大气污染物的排放控制、污染应急和损害赔偿等方面均提出了高于国际公约的标准要求。我国在相关技术和管理等方面的差距明显。

7. 我国在积极参与国际事务，主导国际运输规则标准制定，以及在国际话语权和影响力等能力方面相对薄弱

（1）我国海运全球连接度虽高，但服务贸易长期逆差，巨额逆差高达350亿美元。

（2）全球航空枢纽连接度排名第一的美国亚特兰大机场，其连接度是上海浦东机场的5倍，是首都机场的7倍。

（3）英国、德国在航运业依托IMO不断制定系列规范、公约和议定，几乎涵盖海事活动的各领域，我国在数量和影响力上还无法与欧洲国家抗衡。

（4）2017年世界500强企业中，我国交通运输企业只有3家，国际市场影响力和竞争力不足。

8. 我国在培育和加强行业文化软实力，提升全体交通参与者法制、道德、责任意识，建立完备的社会诚信体系等方面起步偏晚

（1）与发达国家相比，我国在国民文明出行意识的培育、社会文明出行环境的营造等方面仍存在短板。

（2）发达国家已经实现将交通违章记录作为公共信息记录的一部分被纳入信用体系。相比之下，我国尚未形成跨地区、跨部门的综合性信用管理体系，约束范围和效力、保障手段均有待提升。

9. 我国在改革创新综合交通管理体制机制，构建平等规范的交通治理体系和多方共建共治共享的治理格局等方面仍需深化

（1）发达国家重视法制先行以保障交通建设的有效开展，通过法案的形式来保障相关政策的实施。

（2）世界90%的国家采用综合交通管理体制，而我国综合交通体制尚未完全建立起来，仍存在规划不统筹、建设不同步、信息不联通、标准不统一等问题。

基于现有指标以及相应的数据，与发达国家的指标进行比较分析，我国交通发展仍存在结构不优、发展方式粗放，面临城乡间、区域间、方式间发展不平衡的问题，交通运输的服务水平、智慧发展、绿色发展、治理能力均有待提升。

四、对策建议

通过对国内外交通运输发展历程和经验、交通运输理论以及国内外对标研究，对交通强国建设提出如下建议：

（1）尽快制定与交通强国建设纲要相适应的总体规划和与之匹配的专项规划，制定支撑纲要实施以及规划落实的政策、法规、标准，全面、前瞻、务实地做好顶层设计，促进强国战略落地，充分发挥交通运输业于国家经济发展的先导性、战略性作用。

（2）积极发挥改革开放创新驱动行业发展的作用。实现发展理念的创新，重视交通与产业的深度融合，完善公共服务供给方式，满足多元主体需求；

实现技术创新，深挖数字和人工智能等新技术，抢抓新一轮科技革命机遇，助推行业转型升级；实现机制创新，推动放管服结合，强化供给侧服务改革，向改革要红利，向创新要动力。

（3）加强并完善交通运输的法治环境。我国应不断强化行业法制体系建设，完善各领域规章制度，加强行业相关法规、标准的明确性、具体性、实用性，推进行业治理能力现代化，为交通强国建设提供法律和制度保障。

（4）强化交通运输国际事务的话语权。我国应进一步强化交通运输发展的国际意识，加强国际组织服务能力，参与国际规范的制定，不断提升国际事务主导能力和国际运输保障能力，助力“一带一路”、全球命运共同体建设。

交通运输部科学研究院课题组

主要执笔人：徐　萍　路敖青　刘晓雷　周紫君　付一方

第四章　交通运输发展战略环境与发展要求研究

交通运输部规划研究院

一、交通运输发展面临的战略环境

当今世界正在经历百年未有之大变局。世界多极化、经济全球化、社会信息化、文化多样化深入发展，全球治理体系和国际秩序变革加速推进，新兴市场国家快速崛起。世界经济正处于一个新周期的起点上，但增长乏力，贸易保护主义、孤立主义、民粹主义等思潮不断抬头，地区热点问题此起彼伏，恐怖主义、网络安全、气候变化等非传统安全威胁持续蔓延。

经过长期努力，中国特色社会主义进入了新时代，这是我国发展新的历史方位。当代中国正处于近代以来最好的发展时期，国家经济实力、科技实力、国防实力、综合国力、国际影响力显著提升，中国日益发挥着世界和平建设者、全球发展贡献者、国际秩序维护者的重要作用，前所未有地走近世界舞台中央。综合分析国际国内形势和我国发展条件，党的十九大提出要乘势而上开启全面建设社会主义现代化国家新征程，向第二个百年奋斗目标进军，把我国建成富强民主文明和谐美丽的社会主义现代化强国。新时代，新征程，对交通运输发展提出了新的更高要求。

（一）交通运输发展面临的宏观需求

1. 经济发展及其对交通运输发展的需求

我国经济已由高速增长阶段转向高质量发展阶段，正处在转变发展方式、优化经济结构、转换增长动力的攻关期。一是从经济增速来看，1979—2012年我国经济年均增长 9.9%，近年来降至 6.5% 左右[1]，已经由高速增长转为中高速增长。国内外主流观点认为，我国经济的潜在增长率总体上处于 6% ~ 7% 区间，呈现稳中向好态势。按照年均增长 6.5% 测算，到 2020 年，人均 GDP 将达到 1 万美元。2021—2030 年按照年均增速 5.5% 测算，之后 10 年按照 4% 测算，最后 10 年按照 3% 测算，到 2035 年人均 GDP 将达到按 2011 年不变价计算的 2.5 万 ~ 3 万美元之间，届时可以达到中等发达国家水平，到 2050 年，中国将迈入全球最发达的大中型国家的前列。

二是从经济结构来看，我国经济发展进入新常态后，低端供给能力过剩与高端供给不足的结构性矛盾日益突出，一方面，我国 220 多种工业产品产量已经高居世界第一，大量产品产能过剩；另一方面，高端装备、高端材料、高端消费品等却不得不依赖进口。以供给侧结构性改革为主线，提高供给体系质量，优化存量资源配置，扩大优质增量供给，加快发展先进制造业、现代服务业，使我国产业迈向全球价值链中高端，是未来的重要趋势。

三是从增长动能来看，人口红利是中国经济增长的主要动力，但从 2012 年开始，我国的劳动力（15 ~ 59 岁）人数进入拐点，劳动力低成本的优势正在减弱，以往以劳动密集型产业为主的出口高速增长难以为继，未来经济增长将转向更多地依靠消费、服务业和国内需求，更多地依靠劳动者素质提高、技术进步和全要素生产率改进。

四是从空间布局来看，我国正在推动形成陆海内外联动、东西双向互济的全面开放新格局，推进贸易强国建设；实施区域协调发展战略和乡村振兴战略，以城市群为主体构建大中小城市和小城镇协调发展的城镇格局。未来我国将形成多元、多极、网络化的城市化格局，经济增长空间由东向西、由南向北拓展。大城市群内将形成相对完整的产业体系，市场指向型产品的运距缩短。

上述经济发展态势将对交通运输发展带来以下需求及影响：交通运输总量仍将稳步增长，但受经济结构优化和产业转型升级影响，货运增速低于经

[1] 摘自《十九大报告辅导读本》。

济增速、货运强度下降将成为未来重要趋势；中国货运结构将发生趋势性变化，低附加值大宗物资运输逐步下降，高附加值轻小物资运输快速增长，准时、快捷、可靠、全域全程无障碍流通等高端运输需求日益增长。我国长期以来在出口导向战略下形成的对外交通运输体系面临调整，对外运输总量依然增长，但增速放缓乃至低于对外贸易增速成为未来重要趋势；随着全方位对外开放格局推进，中国对外运输在空间上将呈现东部稳定增长、其他方向快速增长态势；对外大宗物资运输将逐渐到达峰值，对外集装箱运输仍将快速增长；能源、粮食等战略资源对外运输通道日益重要。随着区域协调发展战略推进，区域分工日趋精细，产业梯度转移加快，区域各大板块之间，尤其是产业集群内部的货运联系更加紧密，中西部地区的货运增速将高于东部地区。

2. 社会进步及其对交通运输发展的需求

一是从人口总量来看，根据国内主流观点，我国人口预计将在 2030 年前后达到高峰，为 14. 6 亿 ~ 15 亿，随后转入负增长，2050 年降至 14 亿左右[❶]。

二是从人口结构来看，按国际通行标准（即 65 岁以上人口所占比重），我国将在 2020 年前后迈入老龄化社会，到 2040 年，我国老年人口总数将达到 4. 1 亿，占到总人口的 29%，将超过法国、德国、意大利、日本和英国目前人口的总和，届时每 3 ~ 4 人中就有 1 名老年人。

三是从空间分布来看，根据世界城镇化发展普遍规律，我国仍处于城镇化率 30% ~ 70% 的快速发展区间。到 2030 年，32 个城市群有望建设成熟。根据《中国流动人口发展报告 2017》，在今后较长一段时期，大规模的人口流动迁移仍将是我国人口发展的重要现象，但人口流动规模持续下降，跨区域大规模流动将出现拐点。

四是从人民生活水平来看，2016 年我国人均 GDP 约合 8126 美元，达到中等偏上收入国家水平，到 2035 年，我国将可以达到中等发达国家水平。随着人民生活水平不断提高，人民群众的出行需求呈现多频次、多样化、多层次、高质量等特点。

---

❶ 联合国人口展望。

上述社会发展趋势将对交通运输发展带来以下需求及影响：中国客运总量仍将持续快速增长，预计2035年前后趋稳。人们在出行强度（包括出行频率、出行距离等）持续提高的同时，对出行质量（便捷、经济、安全、舒适和自由）的要求不断提高。远程办公、虚拟现实、网上购物等科技带来的生活方式变化，将对人们出行目的、出行行为产生结构性影响，未来购物、商务等出行将会大幅减少，休闲旅游度假等出行将会不断提高，自驾出行将达到可观规模。老龄化社会需要提供更人性化的交通运输服务，如何确保日益庞大的老年人群体仍能继续使用关键性运输服务是重要挑战。从空间上看，随着产业梯度转移加快及职住平衡战略推进，人口跨区域大规模流动将出现拐点；人口持续流入的一二线城市特别是东部地区，出行需求仍将迅猛增长，交通拥堵将是严峻挑战。

（二）交通运输发展面临的外部条件

1. 科技进步及其对交通运输发展的影响

科技发展日新月异，既会给交通运输发展注入新动力，也会带来运输需求的新变化。一方面，大数据、智能化、自动化、机器人等科技发展有望颠覆我们的生产生活方式，从而改变我们的出行方式以及运输需求；另一方面，新技术、新能源、新材料、新工艺的突破，将使我们的交通运输系统变得更加安全可靠、高效便捷，更加绿色低碳环保。

人类对速度、出行质量的追求永无止境。时速2000公里以上飞机、真空管道、时速600公里以上高铁、重载列车、自动驾驶等技术的突破，将改变未来交通运输格局，需要提前谋划、未雨绸缪。自动驾驶、共享交通等技术的普及将极大释放存量交通基础设施及运输装备的能力，为解决日益加剧的交通拥堵问题提供新的路径，将对未来交通基础设施发展导向带来深远影响。新能源汽车成为世界各国加快推进交通能源战略转型、实现低碳绿色发展的重要举措。数字化、智能化、万物互联、虚拟现实等正在深刻改变交通运输发展轨迹，无效出行大幅缩减，人们出行过程变得更加自由、可控、便捷、舒适。新的支付技术将彻底改变现有的收费模式。随着科技发展及社会治理水平的提高，未来节假日集中出行、城市地区早晚出行高峰等周期性波动将有所缓解。

2. 国土空间及其对交通运输发展的影响

我国陆地国土空间面积广大，居世界第三位，但山地多，平地少，约60%的陆地国土空间为山地和高原。适宜工业化城镇化开发的面积有180余万平方公里，但扣除必须保护的耕地和已有建设用地，今后可用于工业化城镇化开发及其他方面建设的面积只有28万平方公里左右，约占全国陆地国土总面积的3%[1]。适宜开发的国土面积较少，决定了我国必须走空间节约集约的发展道路。未来大部分人口的就业和居住以及经济集聚于大城市群地区和城市化地区，需要发展大容量节能型轨道交通。我国能源和矿产资源主要分布与主要消费地呈逆向分布，决定了大规模长距离运煤、送电、输气的格局将长期存在，需要加强低成本复合型运输通道建设，发挥不同运输方式技术经济比较优势。国家正着力构建全国统一、责权清晰、科学高效的国土空间规划体系，谋划新时代国土空间开发保护格局，划定生态保护红线、永久基本农田、城镇开发边界等空间管控边界以及各类海域保护线，强化国土空间规划对各专项规划的指导约束作用，交通运输发展必须更加集约。

3. 资源环境及其对交通运输发展的影响

我国生态脆弱区域面积广大，中度以上生态脆弱区域占全国陆地国土空间的55%，其中极度脆弱区域占9.7%，重度脆弱区域占19.8%。脆弱的生态环境，使大规模高强度的工业化城镇化开发只能在适宜开发的有限区域集中展开。我国环境承载能力已经达到或接近上限，环境污染重、生态受损大、环境风险高。2017年，全国338个地级及以上城市，空气质量达标的仅占1/4。全国中度以上生态脆弱区域占陆地国土面积的55%，荒漠化和石漠化土地占国土面积近20%[2]。中国人均耕地面积、人均水资源量只有世界平均水平的四分之一左右。中国2016年正式批准《巴黎协定》，明确到2030年左右CO_2排放达到峰值并争取尽早达到峰值的目标。交通运输行业作为三大能源消耗及碳排放源之一，是应对气候变化的重点领域。根据相关研究，中国交

---

❶ 摘自全国主体功能区规划。

❷ 摘自《十九大报告辅导读本》。

通运输行业 CO_2 排放到 2030 年难以达到峰值。为支撑国家 2030 年达峰目标的实现，交通运输需要承担艰巨的减排任务。交通运输过程中产生的废渣、废气、噪声等，会造成大气、水和噪声污染，行业污染治理任务十分艰巨。

（三）交通运输发展面临的现实基础及主要矛盾

改革开放以来，我国交通运输发展取得了巨大成就，基础设施总体规模位居世界前列，运输服务水平明显提高，初步形成了综合运输体系基础框架，有力支撑了经济社会的快速发展。中国交通运输总体上经历了从“瓶颈制约”到“初步缓解”，再到“基本适应”经济社会发展要求的奋斗历程，与世界一流水平的差距快速缩小，部分领域已经实现超越。随着中国特色社会主义进入新时代，我国交通运输发展面临的主要矛盾也在发生历史性变化。

1. 基础设施方面

一是从总量上看，我国已经位居世界前列。我国公路通车总里程位居世界第二，面积密度为 49 公里/平方公里左右，与美国相近；其中高速公路通车里程达到 13.6 万公里，位居世界第一，覆盖 97% 的 20 万人口以上城市和地级行政中心。从每万辆车拥有高速公路里程来看，我国为 8.04，超过美国的 2.99、日本的 1.04 和德国的 2.4[1]。

我国铁路营业里程位居世界第二，其中：复线里程位居世界第一，电气化里程超过 8 万公里；高速铁路运营里程达到 2.5 万公里，占世界三分之二，覆盖我国 65% 以上的百万人口城市。我国铁路承担的货运总周转量及单位里程完成的货运周转量远高于美国、日本和德国。

我国机场数量、等级和人口覆盖等方面与世界交通强国相比还有一定差距。截至 2017 年底，我国共有颁证民用航空机场 229 个，覆盖全国 88% 以上地市、76% 以上区县。根据美国运输部《2018 年美国交通口袋指南》，截至 2015 年底，美国共有颁证民用航空机场 531 个，通用机场 19005 个。

我国内河航道里程为 12.7 万公里。生产性码头泊位数量为 30388 个，其中万吨级以上深水泊位数量达到 2317 个，位居世界第一。

二是从发展速度上看。我国用数十年的时间走过了发达国家上百年的发

---

[1] 摘自世界主要国家交通运输统计资料。

展历程，未来不可能再保持这样的发展节奏，而是进入增速变轨，优化存量资产、扩大优质供给的阶段，当前已经到了发挥综合交通优势，提高发展质量、优化各类交通资源配置的关键时期。

2. 运输服务方面

2017 年全社会完成客运量 185 亿人、旅客周转量 3.3 万亿人公里、货运量 472 亿吨、货物周转量 20 万亿吨公里。我国铁路旅客周转量、货运量、公路货运量及周转量均居世界第一，航空运输总周转量（不含港澳台地区）已连续 13 年排名世界第二，港口货物和集装箱吞吐量连续 10 多年保持世界第一，快递业务量完成 400 多亿件，连续多年稳居世界第一。城市公共交通完成客运量 1273 亿人次。中欧班列累计开行近 7000 列。乡镇和建制村通客车率分别达到 99.1% 和 96.5% 以上。

我国在便捷、经济、可靠等方面存在不足。客运体系服务品质有待提高；城市交通拥堵日趋严重；乡村居民出行相对落后；我国民航航班正常率为 71.7%，低于美国 76%、日本 89%、德国 85%。各交通方式一体化衔接不够，换乘换装时间长，联程运输、多式联运发展滞后。我国物流成本、居民出行成本偏高，2016 年我国人均交通消费占个人全年收入比例为 9.8%，高于国际平均水平 8%，我国乡村居民个人交通消费占可支配收入比例为 11%。

3. 交通科技方面

一是在基础设施领域。我国交通基础设施建设总体技术水平已进入世界先进行列，长大桥梁、隧道、大型离岸深水港等建设技术已达到国际领先水平，但自主创新不够，在材料和机械方面存在差距。高速铁路总体设计、施工、运营、快速建设技术已处于国际领先水平。

二是在交通装备领域。我国高速列车技术世界领先，中国标准动车组具有完全自主知识产权。2017 年“复兴号”动车组率先实现 350 公里时速运营，使我国成为世界上高铁商业运营速度最高的国家。我国大功率货运重载牵引机车已跻身世界先进行列；磁浮运输系统技术创新和装备自主化取得重大进展。我国船舶设计制造和设备总成自主创新能力显著提高，全面掌握三大主流船型（集、散、油）的系统化设计技术。我国特种重型车装备设计制造技术取得重大突破，在汽车起重机、履带起重机等已处于国际领先水平。

我国已成为交通装备大国，与国际先进技术水平的差距逐步缩小。但我国高精尖技术依然受制于人，发动机、数控系统、高端材料等自主创新能力不足，关键技术和基础零部件主要依靠国外引入。在前沿引领技术方面，如超级高铁、自动驾驶、太阳能路面、智能化、清洁化等方面仍处于跟随状态。原始创新、集成创新能力薄弱，创新激励机制不足。交通科技创新不足，导致我国在交通国际规则制定、世界交通治理等方面处于被动局面。

4. 交通安全与绿色发展方面

我国交通安全水平与发达国家相比仍有差距。2016 年我国道路交通万车死亡率高达 3. 56 人/万车，远高于美国 1. 35 人/万车、日本 0. 51 人/万车和德国 0. 64 人/万车。

根据国际能源机构（IEA）有关数据显示，我国交通运输碳排放总量排名世界第二，如果继续按照现行发展模式，未来仍将快速增长。我国交通运输结构不尽合理，低碳交通运输方式发展相对滞后。从交通运输能源消费结构来看，我国交通运输可再生能源、清洁能源消耗占比较低，落后于美国、德国等发达国家。我国城市公交出行比例偏低，新加坡、日本东京、中国香港等国家或城市的公交分担率分别为 63%、86%、90%，我国北京、上海等大型城市公交出行比例仅为 50% 左右。

综上，当前我国交通运输发展的主要矛盾已经转化为人民日益增长的美好生活需要与交通运输发展不平衡不充分，供给能力、供给质量、供给效率不能适应之间的矛盾，主要表现为：各种交通运输方式之间、各区域之间、城乡之间发展不平衡，结构不优，整体效率偏低；交通运输发展方式相对比较粗放，对各类资源的集约节约利用不够；多样化、个性化、高品质等高端供给能力不足；交通运输治理能力有待提升。

二、交通运输面临的发展要求

综合分析我国交通运输发展面临的宏观需求、外部条件及现实基础，着眼于实现“两个一百年”奋斗目标，顺应中国特色社会主义进入新时代的新要求，需使交通服务水平和治理水平大幅跃升，科技实力明显提高，为我国建成社会主义现代化强国提供有力支撑。

（一）打造世界一流交通运输系统，为社会主义现代化强国建设当好先行

（1）打造世界一流出行服务系统，实现都市区 1 小时通勤、城市群 2 小时通达、全国主要城市 3 小时覆盖。高效连通全球主要政治、经济、贸易、旅游节点，构建各城市群中心城市之间立体快捷交通廊道，实现任意中心城市之间当天往返，相邻中心城市之间 3 小时通达；全国任意两点之间实现当天到达，构建全国一日交通圈。构建以轨道、航空为主体的大容量、高效率、多层次区际城际出行服务体系，提升航班正常率，进一步增强铁路快速服务供给能力，创新城际道路运输服务模式。建设综合枢纽，发展联程运输系统，实现多种交通方式在时空上的一体化衔接。实施城市公交优先发展战略，提升公交出行分担率，加强城市交通拥堵治理及交通需求管理。构建"快进 + 慢游"高品质旅游交通网络。推进城乡客运均等化，打造更加普惠的城乡公共客运体系。实现更高质量的通勤、社区（上学、就医等）交通服务。推进无障碍化交通服务设施全覆盖，为老龄化社会提供有力保障。构建社区步行、自行车等慢行交通系统，鼓励绿色出行。

（2）打造具有全球竞争力的货运服务体系，覆盖全球重要城市和经济节点，确保货物在全球范围内经济、高效、可靠运输。大力发展国际航运网络、铁路国际班列及运输枢纽、航空货运机队及枢纽、国际邮政快递服务网络。快货运输实现国内 1 天送达、周边国家 2 天送达、全球主要城市 3 天送达。发展先进运输组织方式，构建发达多式联运系统，统一多式联运规则和标准。利用北斗、物联网、移动互联等技术，建立高效城乡配送和快递服务体系。以"零库存"为导向，促进物流业与制造业、商贸流通业联动融合发展，构筑交通物流信息互通共享平台。推进农村物流现代化。

（3）打造新一代综合立体交通网络。推进与周边国家交通基础设施互联互通，积极参建海外重要港口、机场等重要支点，维护国际通道安全，拓展陆路通道及北极航道，打造面向全球的国际交通网络。统筹各方式基础设施

网络规划建设，优化存量资源配置，扩大优质增量供给，实现地上、地下、水上、空中的立体互联。强化跨区域交通骨架网络，支撑国家区域协调发展战略和新型城镇化战略；建设广覆盖基础交通网，服务乡村振兴战略。构筑多层级、一体化综合交通枢纽体系。推动基础设施数字化、网联化、智能化升级改造，适应全球数字化发展。

（二）转变发展方式，提高发展质量，走中国特色交通强国之路

坚持以供给侧结构性改革为主线，要合理控制发展节奏，从注重规模和速度转向更加注重质量和效益，加快推动交通由高速度增长向高质量发展转变，由依靠传统要素驱动向更多依靠改革开放创新驱动转变，由注重提高供给能力向注重提升供给质量效率转变，统筹交通发展规模、质量、效益，实现更高质量、更有效率、更加公平、更可持续发展。坚持把优化交通运输结构和布局作为加快转变交通运输发展方式的主攻方向。坚持把提升运输效率、保障经济社会发展和改善民生作为加快转变交通运输发展方式的根本出发点和落脚点。坚持把科技进步和人力资本作为加快转变交通运输发展方式的重要支撑。坚持把发展绿色交通，促进交通运输与资源环境的和谐发展作为加快转变交通运输发展方式的重要着力点。坚持把深入推进体制机制改革作为加快转变交通运输发展方式的根本动力。

交通运输发展从数量扩张的粗放型向质量效率的集约型转变，最重要的一个标志是资源的有效配置和高效利用。实质是用什么手段来实现资源的优化配置，这是一切发展问题的核心所在。制度是影响交通运输发展方式转变的根本因素。要进一步明晰政府与市场的边界，以公共服务为导向重新组织和构建交通运输行政组织结构，加快职能转变，加大简政放权力度，打造“有限政府”，从管理者转变为规制者、监督者和服务者角色，解决越位问题，退出一些可以通过市场机制解决的领域，充分发挥市场在资源配置中的决定性作用，清除市场壁垒和区域分割，完善价格形成机制，建设统一开放、竞争有序的现代市场体系。实施全国统一市场准入负面清单制度。加强全链条、跨部门信用监管体系建设。推进政企、政资、政事、政府与社会中介组织分开。减少项目审批、运输市场准入事项设置。深化交通投融资改革、综合执法改革、收费公路制度改革。建立交通领域责权清晰、财力协调、区域均衡

的财政事权与支出责任制度体系。深化综合交通运输管理体制机制改革，构建跨区域、跨部门综合协调机制。

（三）面向未来，打造自主可控、富有活力的创新驱动体系

创新是引领发展的第一动力。要形成面向未来发展、迎接科技革命、促进交通变革的创新布局，全面实施“科技强交”和“人才强交”战略，扭转关键核心技术长期受制于人的被动局面，在若干战略必争领域形成独特优势，由并行走向领跑。

充分发挥科技创新的支撑引领作用，突破牵动性技术，攻克关键性技术，储备前瞻性技术，以点带面，全面推进。瞄准新一代信息技术、人工智能、智能制造等世界科技前沿，加强对可能引发交通产业变革的前瞻性技术研究。在时速600公里级高速磁悬浮系统、时速400公里可变轨距高速轮轨列车等实现重大突破。研发智能网联汽车，形成自主可控完整产业链。发展智能船舶和新能源船舶。在大型民用飞机、重型直升机、民用无人机等方面实现重大突破。强化动车、汽车、船舶、民航飞行器等装备动力传统系统研发，突破高端轴承及高效率、大推力发动机装备设备关键技术。开发人车路协同系统、轨道列车控制系统、空管系统等新一代智能交通管理系统。加强节能与新能源等技术研究，促进能源多元化、排放清洁化。推动出行全程安检互认和便捷支付。推动大数据、互联网、人工智能、区块链等与交通行业深度融合，构建泛在先进的交通信息基础设施，促进车联网产业发展。突进数据资源整合和开放共享。大力推进交通运输各领域信息化建设，推动信息技术与交通运输管理和服务全面融合。积极创新业态与模式，创新数据服务产品供给。

更好发挥政府作用和市场在资源配置中的决定性作用，建立以市场化为主体、以市场为导向、产学研深度融合的交通技术创新体系，健全和完善协同创新体制和机制，落实和完善资金投入与人才培养的相关政策措施，为科技创新提供良好的条件和环境。构建更加高效的科技成果转化机制。建立健全标准体系。

交通运输部规划研究院课题组

主要执笔人： 蒋　斌　张小文　左天立　马衍军　何佳媛

第五章　推进交通运输系统全面从严治党向纵深发展研究

交通运输部党校

一、全面从严治党的基本情况

（一）推进全面从严治党的主要做法

1. 旗帜鲜明讲政治，着力加强政治建设

中共交通运输部党组（以下简称部党组）率先在中央国家机关中出台关于维护党中央集中统一领导的有关规定，坚决做到“两个维护”。部党组和各级党组织严格执行《关于新形势下党内政治生活的若干准则》，严肃党内政治生活，制定《党员领导干部民主生活会整改落实工作暂行办法》等制度，坚持把中央决策部署全面贯彻落实到交通运输工作全过程、各领域，确保交通运输各项工作始终沿着正确政治方向前进。

2. 强化理论武装，着力加强思想建设

部党组进一步强化理论学习，认真组织实施部党组《贯彻落实〈中国共产党党委（党组）理论学习中心组学习规则〉实施办法》，组织开展习近平新时代中国特色社会主义思想专题轮训，深入开展党员干部专题学习教育，引导党员干部增强“四个意识”，坚定“四个自信”，做到“两个维护”，不断提高思想政治觉悟。

3. 提升党员和干部队伍活力，着力加强组织建设

严格干部选拔使用标准，强化基层党组织负责人的责任担当，严把发展党员“入口关”、严把“教育管理关”、严把“廉政关”，建立一系列支部建设制度，总结提炼支部工作法，创建示范性创先争优载体，把党的基层组织建设得坚强有力。

4. 密切联系群众，着力加强作风建设

各级党组织积极引领群众，党员干部带头转变作风，以良好形象影响和带动群众。部党组出台从严管理监督干部有关制度，强化群众对各级党组织及党员干部的监督，有效遏制了“四风”的滋生蔓延。

5. 全面运用监督执纪“四种形态”，着力加强纪律建设

各级党组织和纪检机构准确把握运用“四种形态”，使咬耳扯袖、红脸出汗成为常态，加强纪律审查，切实把监督执纪问责落到实处。制定负面清单，强化监督执纪，通过层层传导压力，推动形成了党风廉政建设的闭环管理。

6. 不断织密织牢制度笼子，着力加强制度建设

部党组审议印发实施《关于落实各级领导班子党风廉政建设主体责任的意见》等全面从严治党制度性文件。有的单位出台工作规则、巡视工作办法、班子成员“七不准”规定等制度，严格执行民主集中制的各项具体制度，交通运输系统从严治党制度之笼越扎越紧。

7. 高压惩治腐败，着力推进反腐败斗争

加强日常监督，强化警示教育，把违规违纪案件曝光。对党的十九大后仍然不收敛、不收手、不知止的，重拳打击，形成了“不敢腐”的震慑。完善党风廉政建设专项部署、约谈、函询和责任追究制度，建立健全了反腐败内控预防长效机制。

（二）推进全面从严治党存在的主要问题

1. 思想理论武装力度持续加强但入脑入心不够

现实中仍存在理论学习不走心、学用“两张皮”现象。部分党员干部头脑中还存在着轻视和忽视理论学习的思想，被动参加理论学习，缺乏学习的主动性和自觉性；有的学了但没有做到真懂真信真用，还不能自觉用习近平新时代中国特色社会主义思想指导工作实践，学用“两张皮”。少数党员理想信念教育成效不明显，仅仅把理想信念挂在口头上、写在文件中，而没有真正应用到实践中。

2. 管党治党责任全面明确但深入落实不到位

少数部门和单位管党治党宽松软问题仍一定程度上存在。个别单位党的领导弱化，责任落实还不到位。一些单位落实责任的认识有待提升，存在重业务、轻党建的倾向。有些领导干部落实责任的能力有待提高，管党治党能力还不强、本领还不高。有的单位管党治党责任压力传导层层递减，存在“上头热中间温基层冷”现象。

3. 基层党组织建设不断加强但发挥作用不充分

有些基层党组织的政治功能不突出，贯彻落实上级党组织决策部署存在打折扣、搞变通的现象，党内政治生活走过场、批评与自我批评力度不够、领导班子民主集中制执行还不到位。一些基层党组织的凝聚力战斗力不强，少数党员的党员意识淡薄，把自己等同于普通群众，先锋模范作用发挥不够好。一些基层党组织党建引领作用发挥不明显，消极被动地跟在群众后面无所作为，不能有效组织群众推进工作。

4.“四风”问题得到有效遏制但顶风违纪行为仍有发生

有的领导干部做工作不严不实，不抓主要矛盾解决实际问题，甚至回避问题，表态多、调门高但行动少、落实差。有的单位学风文风会风不扎实，公文、制度文件等重材料美化，会议仍然过多、过长，影响抓具体落实。个别党员干部顶风违纪行为仍时有发生，一些“四风”穿上隐形衣，形式主义、官僚主义还不同程度存在，纠治“四风”问题任重道远。

5. 腐败现象明显减少但反腐败斗争形势依然严峻复杂

个别领导干部、部分党员干部“不想腐”的思想防线仍未筑牢，仍然心存侥幸心理。“不能腐”体制机制还不够完善，一些重点领域、关键岗位及环节权力监督制约仍不到位。有的纪检部门对单位或部门“一把手”存在“不敢”“不会”和“不愿”监督的问题。减少存量、遏制增量的任务还很繁重。

6. 党建工作制度体系建设力度不断加强但还不完善

交通运输系统党建制度体系建设与推进全面从严治党向纵深发展要求仍有一定的差距。中央和国家机关工委、部直属机关党委、国家局机关党委的关系有待进一步理顺。交通运输部机关党建领导管理体制、部直属机关党委与国家局（直属）机关党委工作机制有待健全完善。京外直属单位党组织的管理体制、党建工作标准要求需要进一步明确和完善。个别单位还存在制度空白、空转和执行不到位现象，有的党组织制定的一些党建制度不接地气，运行效果较差。

二、全面从严治党向纵深发展面临的形势

（一）推进全面从严治党向纵深发展的时代必然性

坚持马克思主义政党的政治属性，始终保持党的先进性和纯洁性，决定了必须推进全面从严治党向纵深发展。先进性和纯洁性构成了中国共产党的领导核心和执政党地位的逻辑起点和历史基础，推进全面从严治党向纵深发展，从政党治理的角度看，有其内在的理论逻辑和历史逻辑。

中国特色社会主义进入新时代，完成新时代党的历史使命，迫切需要全面从严治党向纵深发展。进入新时代，我们面临的国内外环境、社会主要矛盾、发展阶段和发展任务、工作对象和工作条件均发生了深刻变化，各种矛盾风险挑战相互交织叠加，这对我们党长期执政能力和领导水平是新的考验。

巩固党的十八大以来管党治党阶段性成果，逐步解决党内存在的问题，迫切需要全面从严治党向纵深发展。从发展阶段看，党的十八大以来全面从严治党成效卓著，反腐败斗争已经取得压倒性胜利，但形势依然严峻复杂。从党的自身建设看，我们党面临的执政环境是复杂的，面临的“四大考验”“四种危险”是长期的、复杂的、严峻的。逐步解决党内存在的这些突出问题，都需要全面从严治党向纵深发展。

实现建设交通强国的宏伟目标，迫切需要全面从严治党向纵深发展。推动交通运输高质量发展，完成交通强国建设的历史使命，首要前提必须是加强党的领导，实现党对交通强国建设的全面领导。党和人民事业发展到什么阶段，党的建设就要推进到什么阶段。推动交通运输高质量发展，加快推进交通强国建设，必须加强交通运输部系统党的建设。

（二）推进全面从严治党向纵深发展具有现实的可行性

党中央坚定不移全面从严治党。党的十八大以来，党中央推进全面从严

治党成效卓著。党的十九大做出了全面从严治党的重大战略部署，以习近平新时代中国特色社会主义思想为指导，坚定不移推进全面从严治党向纵深发展。

人民群众坚决拥护全面从严治党。党的十八大以来，党中央坚定信心，有腐必反、有贪必肃，减少存量、遏制增量，净化政治生态，以实际成效取信于民，赢得了人民群众的信心、信任和信赖。交通运输部党组以维护群众切身利益为重点，努力抓好反腐倡廉工作，着力解决发生在群众身边的腐败问题，坚决维护人民群众利益和合法权益。交通运输部系统的干部群众对党风廉政建设和反腐败工作成效的满意度日益提高，极大地提振了党心民心。

交通运输部系统推进全面从严治党已经取得重大成就和重要经验。交通运输部党组以维护群众切身利益为重点，努力抓好反腐倡廉工作，着力解决了一些发生在群众身边的腐败问题，取得了推进全面从严治党的宝贵经验。

（三）推进全面从严治党向纵深发展具有一定的挑战性

推进全面从严治党向纵深发展面临的挑战是多方面的，既有外部条件，又有内部环境；既有客观条件，又有主观因素。特别从推进全面从严治党的主体力量分析来看，一些党员干部缺乏担当，敷衍推诿，成为全面从严治党向纵深发展的障碍。

有的动力不足不愿推进。目前仍有少数党员干部存在不太理解、不太适应，甚至有抵触情绪，在推进全面从严治党这个问题上玩虚的，敷衍应付，企图蒙混过关。

有的担当不足不敢推进。有的党员干部不敢担当，落实两个责任轻描淡写，害怕得罪人，不敢推进全面从严管党治党。一些党员干部对全面从严治党有表面态度的所谓支持配合，但其内心缺乏信仰上的坚定不移，一些党组织在全面从严治党高压态势下被动工作，但其内心担当作为动力不足。

有的能力不足不能推进。有的单位、有的主要领导干部本领能力难以适应全面从严治党的要求，导致推进全面从严治党工作重点不突出、要求不明确、效果不明显。

三、从严治党向纵深发展的总体要求

（一）把握全面从严治党向纵深发展的内涵

全面从严治党，核心是加强党的领导，基础在全面，关键在严，要害在治。“全面”体现为“治党”主体、客体以及内容的全覆盖，意味着靠全党、管全党、治全党。“严”就是真管真严、敢管敢严、长管长严。“治”就是标本兼治。全面从严治党向纵深发展，从理论上说，关键在于理解这一重要思想中“纵深”的内涵。

推动管党治党由标到本，固化经验形成制度。在新的发展阶段，全面从严治党向纵深发展，就是要由过去以治标为主，更加突出和强化治本，步步深入、善作善成，通过正心修身，涵养文化，守住为政之本，坚持思想建党和制度治党同向发力，把好的经验做法完善为制度，不断开创管党治党新境界。

推动管党治党由浅入深，解决深层次问题。经过党的十八大以来管党治党、全面从严治党，一些容易解决的、浅显的问题已经得到解决。随着全面从严治党的推进，需要解决一些深层次矛盾和问题，防止已经初步解决的问题死灰复燃、反弹回潮。

推动管党治党自上而下，延伸到最基层。基层党组织本身具有分布的广泛性、组织的严密性、特定的政治性的特点，决定了要推动全面从严治党向纵深发展，就必须发挥好基层党组织的战斗堡垒作用。全面从严治党向基层延伸，解决最接近群众的腐败问题，使全面从严治党获得更持久的动力。

推动管党治党破旧立新，加大创新力度。“破”就是要破除旧的不适应新时代发展的理念、体制、机制、方式方法，“立”就是把新的理念、体制、机制、方式方法重新确立起来。要把继承和创新统一起来，在继承中坚持、在创新中发展，善于从党的优良传统中汲取营养、增添力量，善于在创新实践中总结经验、开拓新路，不断研究解决新情况新问题。

（二）明确全面从严治党向纵深发展的目标

稳固管党治党之魂，增强政治引领力。用习近平新时代中国特色社会主义思想武装头脑，做到“两个维护”，确保党中央重大决策部署在交通运输部系统落地生根，拥有最强的政治引领能力、最高的政治引领水平。

广聚管党治党之源，增强民心感召力。切实做到发展为了人民，发展依靠人民，发展成果由人民共享，在生动具体的实践中为人民创造幸福美好生活，拥有强大的感召力。

夯实管党治党之基，增强组织动员力。突出基层党组织政治功能和组织力建设，充分发挥党组织的领导核心、战斗堡垒和广大党员先锋模范作用，增强组织优势、组织功能、组织力量，保持强有力的组织动员力。

厚植管党治党之本，增强发展推动力。将基层党组织的组织资源转化为推动发展资源、组织优势转化为推动发展优势、组织活力转化为推动发展活力，把党的正确主张变成群众的自觉行动，组织引领群众听党话、跟党走。

坚守管党治党之要，增强自我革新力。以改革创新精神加强党的建设，以勇于自我革命精神推动交通运输部系统全面改革，努力提高党的建设质量，形成强大的自我净化、自我完善、自我革新、自我提高能力。

（三）明晰全面从严治党向纵深发展的基本思路

交通运输部系统推进全面从严治党向纵深发展要以习近平新时代中国特色社会主义思想为指导，全面贯彻党的十九大和十九届一中、二中、三中、四中全会精神，深入落实新时代党的建设总要求和全面从严治党战略部署，坚持和加强党的全面领导，坚持党要管党、全面从严治党，以加强党的长期执政能力建设、先进性和纯洁性建设为主线，坚持以党的政治建设为统领，以坚定理想信念宗旨为根基，以调动党的积极性、主动性、创造性为着力点，全面推进党的政治建设、思想建设、组织建设、作风建设、纪律建设，把制度建设贯穿其中，深入推进反腐败斗争，不断提高交通运输部系统党的建设质量，为交通运输服务决胜全面建成小康社会、开启新时代交通强国建设新征程提供坚强政治保证，为建设社会主义现代化强国当好先行。

坚持问题导向与目标导向有机结合，统筹当前与长远。围绕交通改革发展稳定，围绕建设交通强国，牢固树立问题意识，解决好党内存在的思想不纯、组织不纯、作风不纯等问题，解决好一些单位存在的党的领导弱化、党的建设缺失、全面从严治党不力等问题，解决好少数基层党组织在党不建党、在党不管党的问题，解决好个别党员在党不爱党、在党不为党的问题。立足交通运输部实际，明确确立“稳固管党治党之魂，增强政治引领力；广聚管党治党之源，增强民心感召力；夯实管党治党之基，增强组织动员力；厚植管党治党之本，增强发展推动力；坚守管党治党之要，增强自我革新力”的发展目标，以强有力的党组织引领交通运输事业的长久发展。

坚持思想建党与制度治党有机结合，统筹治于“心”与依于“规”。把学习贯彻习近平新时代中国特色社会主义思想不断引向深入，帮助广大党员干部做到真学真懂真信真用，补足精神之钙，牢固树立“四个意识”，增强“四个自信”，做到“两个维护”。严格落实《关于新形势下党内政治生活的若干准则》和《中国共产党党内监督条例》。把制度建设与国家法治建设相联系，加强党纪法规教育，使广大党员干部增强党章意识、纪律意识、规矩意识，形成尊崇制度、遵守制度、捍卫制度的良好氛围和习惯。

坚持抓“关键少数”与管“绝大多数”有机结合，统筹重点与全局。推进全面从严治党向纵深发展，要抓实领导干部这个“关键少数”，强化问责机制，倒逼各级领导干部强化担当意识，真正发挥出“关键作用”。推动全面从严治党向基层延伸，使基层管党治党从宽松软走向严紧硬，把各级党组织真正建成坚强战斗堡垒。

坚持从严要求与注重激励有机结合，统筹严管与厚爱。落实全面从严治党战略部署，从严选拔任用、从严教育培训、从严管理监督、从严追究责任，解决一些干部不担当不作为问题，营造风清气正的政治生态。切实加大干部正向激励机制，通过建立激励机制和容错纠错机制，旗帜鲜明为那些敢于担当、踏实做事、不谋私利的干部撑腰鼓劲，激发广大党员干部实在实干、想为善为的内在积极性。

坚持继承传统与改革创新有机结合，统筹守成与开创。继承和弘扬好已经被证明是符合交通运输部实际、符合党的建设规律的优良传统，教育引导广大党员干部切实把党的优良传统继承下去。积极适应新时代的发展，以新的理念、新的方法、新的制度推进全面从严治党理论创新、制度创新、实践创新，使党的建设新的伟大工程持续焕发新的生机活力。

四、全面从严治党的重点措施建议

（一）突出统领全局，搞好政治建设这一根本性建设

坚决执行《中共交通运输部党组贯彻落实〈中共中央关于加强党的政治建设的意见〉的实施意见》《中共交通运输部党组贯彻落实中共中央〈关于加强和改进中央和国家机关党的建设的意见〉的实施意见》。坚定执行党的政治路线，坚决落实“两个维护”，确保党的领导贯彻到交通运输工作的各方面全过程。严格执行《中共交通运输部党组关于维护党中央集中统一领导的规定》，健全完善党中央重大决策部署和习近平总书记重要指示批示贯彻落实情况的督查问责机制。严肃政治生活、严明党的政治纪律和政治规矩。严格执行新形势下党内政治生活若干准则，创新党组织活动内容方式，健全民主生活会相关制度，严肃查处违反政治纪律的行为，坚决抵制庸俗腐朽的政治文化。完善体制机制，发挥整体合力。健全完善部属有关企事业单位基层党组织发挥领导作用的制度规定。坚持民主集中制这一根本领导制度，严格落实党组（党委）工作规则和领导班子议事规则，完善“三重一大”决策机制。

（二）突出深化教育，拧好理想信念这个总开关

聚焦理想信念教育，把中国特色社会主义理论体系特别是习近平新时代中国特色社会主义思想作为核心学习内容，把党领导人民的奋斗史、创业史、新中国发展史作为理想信念教育的必修课，开展分类别、多层次、全覆盖的党员干部理论培训。创新教育方式，推进理论学习真正入脑入心。充分发掘和利用红色教育资源，增强党性教育的生动性和触动性。要充分利用现代媒体，比如搭建信息化教育平台、创建理想信念教育专题网站、开办理想信念教育专题“移动课堂”等，让主流价值观充分占领网络阵地。设计一系列能够“打动人心”的理想信念教育仪式，唤起情感、升华理想、重塑信念。开发行业廉政教育案例库，充分发挥行业内身边人的警醒教育作用。完善教育机制，结合“两学一做”常态化制度化，扎实开展“不忘初心、牢记使命”主题教育，健全完善党内经常性教育工作机制。建立学习考核评价机制，将党员干部的学习能力作为干部提拔的考核内容之一，把学习评价效果作为评

先评优、晋职晋级的主要依据。建立学习教育工作领导责任制，各级组织人事部门把理想信念教育情况纳入相关部门年度考核中，形成理想信念教育和干事创业齐抓共管的工作合力。

（三）突出从严要求，管好党员干部队伍这个主体

严把入口，探索实施发展党员预审制、票决制、公示制等，要严格发展党员的标准和程序，始终把政治标准放在首位。通过个别谈话、走访群众、民意测评、审阅档案资料等多种形式，把“严格”体现在对发展对象的确定和考察，预备党员的接收、教育、考察和转正等每一个环节。严格干部选拔动议审查、任前把关两个关键，健全完善干部日常联系通报机制，深入了解干部的日常品行和表现，通过调研、平时考核、年度考核、任期考核、民主生活会、述职述廉等渠道，及时掌握干部的德才表现、重要情况和群众口碑，注重了解干部在重大事件、重要关头、关键时刻的表现。完善干部监督信息档案，严防“带病提拔”。探索创新党员考评管理体系，以评价模型的建立为突破口制定考核标准。严格党员组织关系和党籍管理，坚持民主评议党员制度，探索党员干部“8 小时以外”的监督方法和监督途径。建立健全党员干部清退机制，结合年度民主评议党员工作，对于不合格党员按照有关办法进行处理。制定干部能上能下的具体办法，与任期制、交流轮岗和回避制度等相结合，完善能上能下的长效机制。

（四）突出持久发力，抓好改进作风这个切入点

对一些改进作风中有用有效的做法要进行完善和固化，四大系统和科研单位要结合实际制定落实八项规定的配套制度，推进作风建设“一把手抓、抓一把手”的机制。建立机关联系基层、党员联系群众的“双联系”制度。密切关注系统内“四风”问题新动向，要坚持明察暗访，创新监督方式，加强专项检查和日常督查相结合的常态化监督机制。坚持暗访与纪律作风整顿相结合，形成多级联动的纠风暗访机制，着力打造查纠“四风”问题的前哨站。落实中央纪委办公厅《关于贯彻落实习近平总书记重要指示精神　集中整治形式主义、官僚主义的工作意见》，聚焦行业内存在的形式主义、官僚主义现象，进行集中整治，出台专项指导意见，严格行文规则和办文程序，控

制文件规格及印发传阅范围，压缩文件篇幅，提高文件质量和文件传输效率，严格精简压缩会议，减少会议数量，提高会议质量和效率。聚焦推诿扯皮、不作为不尽责、官僚主义、衙门作风，开展集中整顿。同时，完善激励广大干部担当作为的意见，从制度层面推动党员干部作风转变。

（五）突出持续高压，打好反腐败这个攻坚战

强化教育警示的力度，各级党组织深入开展警示教育，及时通报曝光典型案件，用身边的事教育身边的人，在思想上始终绷紧反腐败这根弦，时刻处于警醒状态。完善日常监督机制，认真开展提醒谈话、诫勉谈话，抓住干部选拔、项目审批、行政许可、出国出境出差等节点，对党员干部及时加压提醒，抓早抓小、防微杜渐。加大惩治腐败的力度，认真贯彻落实《中共交通运输部党组关于贯彻落实中央八项规定精神的实施细则》，对一些隐形变异的“四风”问题要严肃查处、坚决纠正、坚决问责、形成威慑。充分利用好巡视利器，结合交通运输改革发展实际需要，针对日常监督检查、巡视巡察中发现的突出问题，继续开展专项治理。探索尝试交叉巡视，加快专职巡视队伍建设。加强制度建设的力度，结合监察体制改革，制定廉政工作和业务工作同报告的管理办法，完善党风廉政建设专项工作签字背书、约谈、函询和责任追究制度。深入开展廉政文化创建活动，教育引导广大党员干部正确对待和使用手中权力，增强不想腐的自觉。

（六）突出务实管用，把好监督这个重要环节

强化党内监督，重点管住“关键少数”，上级党组织要加强对下级“一把手”的监督，上级纪委不仅要把下级“一把手”纳入监督重点，而且发现问题线索必须及时予以处置。畅通反映渠道，强化组织内对“一把手”自下而上的民主监督。从制度层面，强化监督问责。要建立健全监督制度，比如完善领导班子议事制度，使“一把手”监督“有章可依”。要严肃问责相关制度，建立干部选拔任用问责制度、领导干部插手重大事项记录制度等，用全方位的、刚性的制度机制真正抓牢“关键少数”。科学发挥舆论监督作用。充分利用网络信息化手段，在人民群众身边设立微信公众平台、开通随手拍一键举报，让人民群众监督更加方便快捷，让不正之风和腐败现象无处藏身。

大力推广信访微信公众号、手机客户端信访应用和远程视频接访，方便人民群众网上投诉、评价，进一步打造开放、动态、透明、便民的“阳光信访”新模式。建立健全网络舆情收集、研判、处置机制，对人民群众和媒体反映的重要信息和线索及时跟进，不断聚集和提升网络监督正能量。

（七）突出规范有力，筑好基层党组织这个堡垒

强化各级党组织抓基层党建主体责任和党组织书记第一责任人责任。完善承诺、述职、评议、考核、问责等基层党建工作制度，推进“三级联述联评联考”。完善领导联系点制度，畅通民主管理的渠道。对于管理交界区域，可以打破依托区域划分、工作地点设立党组织的传统做法，探索设立临时党支部、联合党支部，进一步扩大基层党组织的有效覆盖面。落实《中国共产党支部工作条例（试行)》，编制“党建标准化建设工作手册”，建立科学完善的考核评价体系。以阵地标准化建设为抓手，推进支部标准化建设。以构建先锋文化为引领，实施党员先锋指数管理办法，构建党员先锋文化体系。健全党内激励关怀帮扶制度，健全谈心谈话制度和“六必谈、六必访”机制，开展经常性“党员议党事”活动，建立和完善基层党组织“双联系、双服务”机制，开展“书记解难题”等活动，切实建立“困难帮扶直通车”等机制。

（八）突出压紧压实，用好“两个责任”这个抓手

强化党风廉政主体责任落实，列出党组织领导集体责任清单、主要负责人的“第一责任人”责任清单以及班子成员的责任清单，建立党风廉政建设横向责任体系。加强组织领导，定期召开党风廉政建设专题会议，制定责任落实的工作计划和目标要求。强化党风廉政监督责任落实，列出纪检监察机构的责任清单、纪检监察机构主要负责人的责任清单以及纪检监察班子成员责任清单。通过完善制度，增强严格规范纪委履行监督责任制度的保障力。研究出台关于不同主体监督纪委履行监督责任的制度，确保各种主体监督纪委履行监督责任时做到规范化、制度化、长效化。根据权责对等原则，建议出台关于“纪委落实监督责任的问责办法”“纪委落实党风廉政建设监督责任考核办法”等制度文件。进一步加强对系统内涉及纪委（纪检组）监督责任

制度的“废改立释”工作。落实失责追究，制定责任追究实施细则，以责任清单正向明责，责任追究反向问责，把责任追究贯穿于责任制检查的全过程。

（九）突出全面完善，建好体制机制这个重要保障

深化建立“一部三局”大党建工作格局，建立机关党建工作一个口对外、各负其责、协调统一的领导体制机制。明确部直属机关党委及“一部三局”机关党的建设领导责任，明确机关党委班子成员分工责任，细化各级机关党委职能部门职责，建立健全“一部三局”机关党建工作述职评议考核制度。理顺党建工作机制，建立部直属机关党委牵头、“三局”直属机关党委（机关党委）协调统一、相融互通工作机制，完善“一部三局”年度党建工作会、重大党建工作专题会制度，建立内设处室党建工作对口常态沟通机制。完善交通运输部党建工作信息化平台，建立“部局党建工作交流”机制，建立“部局党建交流会议”制度，建立“党内生活观摩学习”制度，建立部属单位和所在地党组织的交流机制。制定党员干部培训教育制度，制定党员考核制度，完善专项检查和日常监督制度。

交通运输部党校课题组

主要执笔人：刘　韬　周万枝　杨久华　苏青场　李　凤

第六章 关于新时代交通运输领域全面深化改革研究

交通运输部科学研究院

一、全面深化改革的现状及问题

（一）对交通运输全面深化改革的认识

全面深化改革是新一届中央领导集体治国理政“四个全面”战略布局框架的重要组成部分，是经实践反复证明了的中国发展的强大动力，各方面成绩的取得都与全面深化改革有密切关系。建设交通强国是党的十九大报告提出的重要任务，这是党和人民赋予交通运输行业的新的历史使命，开启了新时代交通运输伟大事业新征程。新时代全面深化交通运输改革是贯彻党中央的决策部署、推进交通强国建设的重要战略举措。推动新时代交通运输全面深化改革是建设社会主义现代化强国的客观需要，是推进交通强国建设的必由之路，是解决交通运输发展主要矛盾的重要法宝，是迎接全球新一轮科技革命的重要途径。交通强国是交通运输领域全面深化改革成效的集中体现，交通运输领域全面深化改革是交通强国建设的动力源泉。

新时代，全面深化交通运输领域改革，应立足交通运输发展阶段，聚焦交通强国建设目标和交通运输发展主要矛盾，以提升服务、改善民生为出发点和落脚点，坚决破除各方面体制机制弊端，进一步解放和发展交通运输生产力，最终实现交通运输治理体系和治理能力现代化。其内涵体现在以下方面：

（1）从定位看，新时代交通运输全面深化改革要加强顶层制度设计，统筹谋划、有序推进，有力促进交通运输行业由“被动”适应到“主动”服务国民经济发展转变，充分发挥行业在国民经济中的基础性、先导性、战略性、服务性作用，切实实现交通运输治理体系和治理能力现代化，更有力支撑交通强国建设。

（2）从方式看，新时代交通运输全面深化改革要满足交通运输正由“规模速度型发展”转为“质量效益型发展”的需要，促进交通运输行业在质量效益方面“上台阶”，走高质量发展之路。

（3）从需求看，新时代交通运输全面深化改革要着力解决人民日益增长的美好生活需要和交通运输不平衡不充分发展之间的矛盾，满足人民日益增长的多层次、多样化交通运输需求。

（4）从路径看，新时代交通运输全面深化改革要促进交通运输由“单一发展”转向“融合发展”，破除一切不合时宜的思想观念和体制机制弊端，全面推进现代综合交通运输体系建设，以新的发展理念引领现代综合交通运输先行发展。

（5）从空间看，新时代交通运输全面深化改革必须立足全球，主动参与国际市场竞争，拓展交通运输由“国内发展”转向“国际拓展”，不断提升交通运输在国际上的话语权。

（二）全面深化改革的现状及问题

交通运输行业认真贯彻落实党的十八届三中全会以来党中央关于全面深化改革的决策部署，在交通运输部全面深化改革领导小组坚强领导下，坚持统筹推进与重点突破相结合，扎实推进全面深化改革工作。

1. 发展成效

交通运输行业重大改革稳步推进，改革工作扎实深入，改革合力逐步增强，交通运输全面深化改革取得显著成效。

（1）政府职能转变进程不断加快。一是综合交通运输体系更加完善。在国家层面，“一部三局”交通运输大部门制管理体制框架初步建立，形成综合交通运输运行协调、规划编制机制；在地方层面，据统计，全国 6 个省（区、市）已基本建立综合交通运输管理体制，11 个省（区、市）建立了省级层面综合交通运输协调机制，30 个省份编制了综合交通运输规划，综合交通管理体制正在逐步有序形成。二是政府服务效率更加高效。简政放权的力度不断加大，分批取消下放部级审批事项 40 项，取消下放占比 61.5%；取消中央指定地方实施审批事项 15 项，取消占比 25%；实现了投资审批中央事权项目零核准，除跨境项目外零审批；取消了全部非行政许可审批。“服”的能力水平不断提高，推行交通运输部行政许可网上办理、“互联网 + 政务服务”，实现了行政审批“一个窗口”网上办理。三是法治政府治理更加规范。制定交通运输部权力和责任清单，明晰各部门职责边界，自觉接受社会监督。加强行政审批改革，加强事中事后监管创新，全面推进“双随机、一公开”监管(即在监管过程中随机抽取检查对象，随机选派执法检查人员，抽查情况及查处结果及时向社会公开)，公布交通运输部“双随机”抽查事项清单。建立交通运输行政执法公示、执法全过程记录、重大执法决定法治审核制度，交通运输综合行政执法规范化建设新局面。

（2）交通运输市场环境得到优化。一是完善了市场规则。配合制定《市场准入负面清单草案（试点版)》，公布涉及交通运输领域的禁止准入类和限制准入类事项 13 项。全面规范交通运输领域行政处罚、行政检查和涉企收费，清理船舶登记费等行政事业性收费。推动建立健全港口、道路运输、出租汽车等市场形成价格机制，放开竞争服务性收费。降低企业制度性交易成本，推进跨省大件运输并联许可全国联网，“一站申报、全程响应”。二是激发了市场活力。大力推进供给侧结构性改革，促进物流业“降本增效”，降低企业成本。清理规范水上涉企行政事业性收费，取消船舶港务费等 7 项中央级设立的收费项目；停征船舶登记费、船舶及船用产品设施检验费，改革拖轮费计费方式，减轻企业负担。全面取消蒙甘青宁 4 省（区）政府还贷二级公路收费。三是创新了市场监管机制。全面推进交通运输信用体系建设，不断加强信用记录和评价结果在涉及行政审批、行政检查、建设工程招投标等方面应用。建立信用联合奖惩机制，加大跨部门信用联合惩戒力度，交通运输部门累计限制逾 1114 万人次购买飞机票，限制 425 万人次购买高铁动车票；通过全国交通运输信用信息共享平台，汇集各类信用信息约 1.63 亿条，公开部级行政许可和行政处罚信息 80627 条，公布失信黑名单信息 271 条。建立信用联合激励机制，加大跨部门信用联合激励力度，公布首批公路水运工程建设领域守信典型企业目录（红名单）。

（3）交通服务民生保障能力得到增强。一是提升公共服务均等化水平。大力推进城乡交通运输一体化发展，启动了 52 个示范县（区、市）建设；在 181 个城市实现了交通“一卡通”互联互通，不断提升公共服务均等化水平。2015—2017 年连续 3 年将建制村通客车工作作为部民生实事推进，累计新增通客车建制村 2.2 万余个。二是培育新业态提升服务品质。完善网络预约出租汽车经营服务管理和运营服务，140 家网约车平台公司在部分城市获得经营许可，发放网约车驾驶员证 123 万多本，车辆运输证 65 万多本。加快无车承运物流创新发展，推动 28 个省（区、市）共 229 家企业开展无车承运试点工作，整合社会零散运力 54 万辆，完成运量 1.3 亿吨，车辆里程利用率提高约 60%，驾驶员月收入增加 30% ~40%。三是强化运输服务增强获得感。深化城市交通拥堵综合治理，在 87 个城市开展了公交都市创建。推进旅客联程运输发展和道路客运接驳运输，最新资料显示，30 个省（区、市）已建成或基本建成省城道路客运联网售票系统，全国二级及以上客运站联网售票覆盖超过 95%。推进机动车驾驶培训先学后付、计时收费模式服务创新，全国提供“计时培训、按学时收费、先培训后付费”服务的驾培机构达 13238 家，覆盖率达 78%。

（4）交通运输行业发展水平进一步提升。一是加快推进行业转型升级。实施智慧交通发展行动计划，推进“互联网 +”便捷交通，启动 9 个省份的新一代国家交通控制网和智慧公路试点。实施“十三五”节能环保规划顶层设计，加大行业重点节能低碳技术推广，全面深入推进绿色交通发展。加快更新改造老旧载运装备，淘汰不合规车辆运输车约 1.2 万辆，拆解单壳液货危险品船和老旧运输船 4381 艘。建立健全公路水路行业安全生产责任体系及考核机制，开展交通运输重点领域的安全监管与专项治理行动。二是不断巩固行业资金保障。制定大交通口径的交通运输领域中央与地方财政事权和支出责任划分改革方案，研究建立收费公路专项债券、交通发展基金、防范化解债务风险、推广政府和社会资本合作（Public-Private-Partnership，PPP）模式等一系列制度，初步形成了新时期与交通运输发展相适应的资金保障机制。三是治理顽疾构建发展长效机制。集中开展行业发展重点难点问题专项整治，完成了工程项目未批先建、围标串标及工程设计变更、企业与从业人员信用缺失、出租汽车、行业信息数据资源共享开放、交通运输行政执法、危险品货物运输等十大行业难点问题治理，并转为常态化工作。

2. 主要问题

交通运输全面深化改革面临的问题，主要表现在以下几个方面。

（1）在行业治理上尚未成熟定型。交通运输治理与行业改革、发展是交互推动的。深化改革激发发展动能，促进经济社会快速发展，并进一步带动产生更大交通运输需求；同时，行业高速发展对行业治理提出了更高要求，加快推动了行业治理能力的提升。新时代，与交通运输转型升级发展的要求相比，与人民群众对交通运输的期待相比，我国交通运输治理体系和治理能力还存在一些不容忽视的问题，主要是：在治理理念上，还有重规模轻效率，行业增长和管理粗放等问题。在治理路径上，还存在重政府主导、轻市场治理，行业发展内生动力不足等问题。在治理手段上，仍然存在重审批轻监管，治理手段单一、监管力量单薄等问题。

（2）在发展结构上还待优化完善。长期以来，在各子交通运输领域内形成的体内循环管理体制机制，造成在交通运输发展中，政府与市场、中央与地方、行业内各领域及行业横向部门之间的统筹协调不够，资源未完全按照全局最优化进行配置，形成发展结构性不平衡。主要表现在：空间区域结构上不平衡。城市与农村、东部与中西部交通运输公共服务的均等化尚未实现，城乡客运一体化、区域交通一体化水平总体滞后。综合运输体系建设待完善。各种运输方式的技术经济特点和比较优势尚未得到充分有效发挥，各种运输方式之间的优化布局、“无缝衔接”和“零换乘”的发展相对滞后，衔接不够顺畅。

（3）在发展动力上亟须增强动能。全面改革亟待深化。亟待通过改革破除一切障碍发展的体制机制性障碍，亟须深化法治政府部门建设，进一步加大“放管服”改革，维护和营造良好的市场环境。创新驱动亟待加强。当前，交通运输科技创新还缺乏系统性、协同性，行业科技创新体制机制需进一步健全；基础性、前瞻性技术创新不足，核心技术受制于人，支撑行业转型升级的技术储备亟待加强等。开放交流亟须加大。开放是开拓发展新空间、加快实现交通运输现代化的必由之路。在交通运输领域内，还存在着对外开放交流不够、政府与市场协调不畅问题。

（4）在服务供给上还未适应需求。推动交通运输高质量发展，建设人民满意的交通，无论从质量还是效益方面，都对交通运输发展提出了更高的要求。面对人民群众对高品质交通运输服务需求日益增长的需要，交通运输在基础设施建设和运输服务供给等方面存在诸多不足或不适应。在服务供给上，社会公众对交通运输产品的需求越来越难以通过行业部门刚性的、规模化的服务供给来满足。在服务管理上，突出问题是难以适应行业新业态快速发展。比如，“网约车”进军约租车市场，正在改变传统运输服务体系，亟须行业管理服务方式创新。

二、发展形势与总体要求

（一）发展形势

1. 新时代党中央对全面深化改革有新要求

改革是我们进行具有新的历史特点的伟大斗争的重要方面，改革只有进行时、没有完成时。站在新的起点，党的十九大及新成立的中央深化改革委员会对新时代的改革提出了更高的要求。

（1）全面深化改革要从更高要求着眼。党的十九大会议指出，破解我国社会主要矛盾，还必须继续全面深化改革，并将在全国范围内长期坚持并持续推进，以改革激发全面建设社会主义现代化国家的不竭动力，以改革解放生产力、发展生产力，实现伟大的中国梦。将坚持全面深化改革作为新时代坚持和发展中国特色社会主义的十四条基本方略之一，对新时代全面深化交通运输改革提出了新的更高要求，要求在既往改革的基础上，聚焦新时代新任务，全面开启新一轮改革，推动改革在新的起点上不断实现新突破。

（2）全面深化改革要一张蓝图绘到底。十九大重申，全面深化改革总目标就是完善和发展中国特色社会主义制度，推进国家治理体系和治理能力现代化。中央全面深化改革委员会会议要求，要坚持一张蓝图绘到底，要继续高举改革旗帜，坚定改革定力，增强改革勇气，总结运用好党的十八大以来形成的改革新经验，坚定不移地将改革进行到底，对已经出台的改革举措，要对落实情况进行总体评估，尚未落地或落实效果未达到预期的改革任务，要继续做实。《党的十九大报告重要改革举措实施规划（2018—2022 年）》形成了未来 5 年全面深化改革的“大施工图”，立下“确保到 2022 年全面完成党的十九大提出的目标任务”的军令状。

（3）全面深化改革要突出全面和深化。习近平总书记指出，“全面深化改革，全面者，就是要统筹推进各领域改革”“改革已进入深水区，可以说，容易的、皆大欢喜的改革已经完成了，好吃的肉都吃掉了，剩下的都是难啃的硬骨头”。新时期推进改革，强调各领域改革是一个整体，要重视各领域各环节改革相互配套、协调，加强各领域改革的联动和集成，推进改革就必须敢于啃硬骨头、敢于涉险滩。

随着全面深化改革的不断深入，矛盾日益凸显，迫切需要从更高层面开启全面深化改革新征程。面对挑战，习近平总书记要求，必须准备付出更为艰巨、更为艰苦的努力，接力探索、接续奋斗，要弘扬改革创新精神，推动思想再解放、改革再深入、工作再抓实，凝聚起全面深化改革的强大力量，在新起点上实现新突破。

2. 当前全面深化改革肩负行业发展新使命

（1）深化供给侧结构性改革提出新要求。十九大报告明确提出，“深化供给侧结构性改革，要加强水利、铁路、公路、水运、航空、管道、电网、信息、物流等基础设施网络建设”；建设现代化经济体系，要“以供给侧结构性改革为主线，推动经济发展质量变革、效率变革、动力变革，提高全要素生产率，着力加快建设实体经济、科技创新、现代金融、人力资源协同发展的产业体系”。交通基础设施投资是拉动内需的重点领域，运输服务效率直接影响经济运行成本，适应经济发展新常态，支撑经济稳步增长，需要交通运输继续发挥有效投资对冲经济下行压力的关键作用；推动第三产业发展，满足人民群众多样化的出行需求，需要交通提供大运量、高品质、差异化的运输服务。通过改革全面提升交通总体供给能力和综合服务水平，通过改革进行体制机制创新和技术创新，形成供给侧结构性改革的强大动力。

（2）推进交通强国建设需全面深化改革支撑保障。十九大提出要加快建设创新型国家，并进一步明确要建设交通强国。坚持全面深化改革是改革开放40年来获得的宝贵实践经验，是推进交通强国建设的必由之路和动力源泉。交通强国意味着我国交通运输发展的整体水平进入世界领先行列，不仅仅是量的领先，更加强调的是质的超越，包括可靠的质量、先进的科技、优质的服务、高效的运行等。在这个跨越的过程中，交通运输将面临诸多制约，主要是我国交通发展的不平衡不充分问题，主要矛盾已经转化为交通供给体系质量和效率不能满足人民群众对高品质交通需求的矛盾。破解交通运输发展的主要矛盾，必须牢牢把握全面深化改革这把金钥匙，把握好全面深化改革在交通强国中的战略定位，明确全面深化改革内涵与规律，对全面深化改革的方式方向有新的认识提高，对过去的改革在评估继承上有新提升，在推进改革的策略举措上有新突破。

（3）攻坚克难引领行业发展需深化改革提供动力。交通运输发展正面临一些新情况新形势，如国际经贸环境日趋复杂，全球经济复苏缓慢，贸易保护主义有所抬头，加剧了双边经贸摩擦；进一步支撑国家战略实施，交通要继续当好先行；支持海南全岛建设自由贸易试验区，要稳步推进中国特色自由贸易港建设；迎接新一轮的科技革命和产业变革，需要强化科技创新驱动；要进一步深化投融资改革，破解行业发展资金难题；要推动行业高质量发展，进一步加大降本增效；要进一步完善交通统筹发展机制，推动建设现代化交通运输体系等。面对这些新情况新形势，要求交通运输行业要进一步全面深化改革，深入解放思想，加大攻坚克难，促进交通运输高质量发展，实现更高质量、更有效率、更加公平、更可持续发展。

（二）总体要求

1. 指导思想与基本原则

全面贯彻落实党的十九大精神和中央全面深化改革委的总体部署要求，以习近平新时代中国特色社会主义思想为指导，坚持党对改革的集中统一领导，坚持国家治理体系和治理能力现代化的总目标，坚持以人民为中心的改革价值取向，从国内外经济社会发展全局和交通运输行业自身两个视角出发，在新的起点上全面深化交通运输改革，坚决破除一切不合时宜的思想观念和体制机制弊端，更加注重结构调整和方式转变，更加注重激发市场主体活力，更好解决交通运输发展深层次矛盾和问题，构建适应交通强国建设的交通运输现代治理体系，促进政府、市场、社会协调共治，全力推进交通运输治理体系和治理能力现代化，建成世界前列、人民满意、有效支撑社会主义现代化建设的交通强国。

遵循的基本原则包括：坚持党的领导、坚持统筹兼顾、坚持因地制宜、坚持依法行政、鼓励探索创新。

2. 战略目标

根据党的十九大对全面建成社会主义现代化强国的阶段划分和目标设定，以及交通强国建设“三步走”的阶段要求，设定新时代交通运输全面深化改革的发展目标及步骤。

（1）近期发展目标。到 2020 年，是服务决胜全面建成小康社会的攻坚期，也是新时代交通强国建设新征程的启动期。这一阶段将全面完成 2014 年以来交通运输全面深化改革任务以及新增任务，在政府职能转变、市场环境优化、民生保障能力、行业服务效率等方面取得突破性进展。进一步统筹谋划新时代交通运输全面深化改革的总体设计，为指导新时代交通运输中长期全面深化改革提供战略指导。

（2）中长期发展目标。到 2035 年，基本建成适应交通强国建设要求的交通运输现代治理体系。在交通运输重要领域和关键环节改革上取得决定性成果，综合交通运输管理体制机制基本健全，交通发展质量和服务水平显著提升，实现政府、市场、社会协调共治，支撑和保障国民经济、社会发展、民生改善能力显著增强，人民日益增长的美好生活需要和交通运输不平衡不充分发展之间的矛盾基本解决，为建成人民满意、保障有力、世界前列的交通强国提供重要保障。

（3）远景目标展望。到 2050 年，全面建成适应交通强国建设要求的交通运输现代治理体系。人民日益增长的美好生活需要和交通运输不平衡不充分发展之间的矛盾全面解决，综合交通运输管理体制机制更加健全，交通发展质量和服务水平达到国际领先，全面建成适应交通强国建设要求的交通运输现代治理体系，切实实现交通运输治理体系和治理能力现代化，为建成人民满意、保障有力、世界前列的交通强国提供有力保障。

三、重点任务

着眼于全球视野和中国特色，研究提出以下重点任务。

（一）深化交通运输供给侧结构性改革

聚焦交通基础设施薄弱环节和瓶颈制约，保持合理有效投资，加快推动基础设施联网优化，更好地支撑服务国家重大战略。继续提升运输服务能力，提高保障和改善民生水平，着力优化服务、畅通运输组织链条、提升重点领域服务能力，改善旅客出行体验，切实增强人民获得感、幸福感和安全感。优化交通运输发展环境。通过推进“放管服”改革、投融资体制改革、完善现代市场体系等工作，增强交通运输可持续发展能力，激发市场活力，不断优化投资和市场环境。

（二）深入推进新时代交通运输管理体制机制改革

深化交通运输大部制改革，健全与综合交通运输体系相适应的大部门管理架构格局。建立责权清晰的中央和地方交通管理体制，建立健全区域交通协调发展机制。统筹考虑综合交通机构设置，科学配置交通部门及内设机构，建立科学合理的交通管理体制。构建科学有效的决策支持体系、坚实有力的支撑保障体系。推进交通政企分开、政事分开，深化事业单位改革。

（三）完善交通运输现代市场体系

建立公平开放、统一透明的交通运输市场，全面清理交通运输领域妨碍统一市场和公平竞争的规定和做法，健全交通运输法规与政策体系，完善市场准入制度，分类建立负面清单，完善交通运输价格形成机制，建立健全交通运输行业信用体系。

（四）加快转变交通运输政府职能

一是加强公共服务职责。加快实施政社分开，完善交通运输行业社会组织管理体制，实现行业协会商会与行政机关真正脱钩。二是加强市场监管职责。加强交通运输过程监管和后续管理。应用信息化等手段创新监管方式，推进监管信息的归集和共享。三是推进事业单位改革，指导地方有序推进承担行政职能事业单位改革。

（五）推进交通运输法治建设

一是完善交通运输法规体系，加强综合交通运输法规体系建设，引导和支持地方加强交通运输立法工作，深入推进科学立法、民主立法。二是推进交通运输综合执法，深化行政执法体制改革，完善行政执法程序，加强行政执法信息化建设，加强行政执法监督。三是健全交通运输依法决策机制，健全行政决策程序，加强科学民主决策，扩大行政决策公众参与度。

（六）深化交通运输投融资改革

一是构建新型投融资体制，发挥投资对优化供给结构的关键性作用，加快构建新的符合国家财税改革要求和交通运输发展实际的投融资体制机制，加快形成“政府主导、分级负责、多元筹资、规范高效”的投融资体制机制。二是深化财税体制改革，推进交通运输领域中央与地方财政事权和支出责任划分改革，深入推进预算管理改革，防范债务风险。

（七）完善现代运输服务体系

推进城市综合交通体制改革，深化公共交通体制机制改革，健全区域交通协调发展机制，深化道路客运市场化改革，深化出租汽车行业改革等。以公共客运为主导，大力推进城际、城市、城乡客运协调发展，稳步推进公共客运结构调整，提升客运服务均等化、便捷化、多样化服务水平，更好满足公众出行需求。

（八）推进交通运输优化升级

完善智慧交通体制机制，建立完善的综合交通运输体系下开放共享机制，充分利用社会力量和市场机制推进智慧交通建设，完善与智慧交通发展相适应的法律框架，强化监督，确保智慧交通合规发展和安全应用。完善交通科技创新体制机制，按照中央决策部署，着力构建以政府为引导、企业为主体、市场为导向、高校和科研院所为支撑的政产学研用一体的科技创新体系。建立完善应用基础研究与行业技术研发统筹与支撑机制，加大重大项目科技攻关力度，完善创新激励、协调、资金、转化、合作交流等保障机制。健全绿色交通发展方式，建立绿色交通生产、消费的法律制度和政策导向，全方位、全地域、全过程推进交通生态文明建设。完善平安交通体制机制，健全交通运输安全生产责任体系。

四、措施建议

（一）加强组织领导，注重统筹协调

认真贯彻落实党中央关于全面深化改革的决策部署，切实加强对全面深化改革的组织领导，把各项改革举措落到实处。注重统筹协调，处理好解放思想和实事求是的关系、整体推进和重点突破的关系，统筹谋划改革的各个方面、各个环节、各个要素。加强与中央改革办等部门的对接，统筹协调跨部委间、跨司局的改革，促进部委间工作沟通和经验交流。谋划制定交通运输领域全面深化改革重大政策制度，落实各部门改革主体责任。进一步强化担当意识责任意识，坚定不移地将新时代交通全面深化改革推向前进，为交通强国建设提供有力支撑。

（二）加强总体设计，深入推进实施

加强新时代交通运输领域全面深化改革总体设计和整体谋划，为中长期全面深化改革工作做好总体设计。构建适应交通强国建设的交通运输现代治理体系。推动交通高质量发展服务现代化经济体系。

（三）推动改革创新，强化示范带动

为全面深入推进行业改革，建议遴选改革基础好、改革积极性高的地区，开展改革试点建设工作。制定方案统筹部署，形成全面推进改革强大合力。建立行业改革试点跟踪评价制度及机制，及时掌握试点改革进展情况。总结经验，强化示范带动，以点带面，推动行业全面深化改革再上新台阶。

（四）服务全面开放，推动交通“走出去”

服务我国对外开放新格局，加快推进交通基础设施互联互通，不断拓展国际发展的新空间。加强交通基础设施网络与全球交通网络的联通，促进政策沟通、贸易畅通、资金融通和民心相通，提升对“一带一路”倡议的支撑

作用。加强交通运输对外开放和国际合作，以“一带一路”建设为重点，促进交通运输全产业链、全方位、组团式“走出去”，培育具有国际竞争力的交通运输大企业。积极参与国际交通运输治理，逐步扩大中国交通在世界舞台的影响力和话语权，为我国参与全球治理，推动交通强国建设提供有力支撑。

（五）强化宣传推广，凝聚社会共识

做好改革的总结宣传工作，科学研判社会预期，及时回应社会关切，有效引导舆论导向，营造公平正义的改革环境，促进改革成果共享，着力凝聚全面深化交通运输改革的社会共识。

交通运输部科学研究院、交通运输部水运科学研究院联合课题组

主要执笔人：王先进　褚春超　高爱颖　赵新惠　张晓利　金　明　刘　颖　路敖青

第七章　法治交通建设研究

交通运输部管理干部学院

一、交通运输法治现状及问题

（一）关于法治交通

1. 法治交通的内涵

法治作为人类文明的共同成果，强调法在调整各种社会关系中的正当性、权威性，是迄今为止最先进最有效的治理体系和治理方式。法律是否至上，特别是权力的运行有没有纳入法律设定的轨道，是区分法治与非法治的主要标志。概括地说，法治是指以民主为前提和基础，以严格依法办事为核心，以制约权力为关键的社会治理机制、社会活动方式和社会秩序状态。

法治交通就是在交通运输领域坚持法治原则，严格依法办事，交通运输规划、建设、管理、运营服务和安全生产等各项事务都在法治轨道上运行的治理体系和治理秩序。

2. 法治交通的主要特点

法治交通是建设社会主义法治国家、法治政府、法治社会的重要组成部分，并且自成体系。这个体系具有以下六个特征。

（1）完整性。法治交通包括交通运输法规体系、交通运输法治实施体系、交通运输法治监督体系、交通运输法治文化体系、交通运输法治支撑体系、交通运输法治保障体系，它们是相互融通、相互促进、不可分割的有机整体，共同构成交通运输法治体系。

（2）科学性。法治交通的六个子体系依次对应的是立法、执法、监督、守法、支撑、保障，环环相扣、相互配套、有机衔接。交通运输法规体系是制度基础，交通运输法治实施体系是履职担当，交通运输法治监督体系是权力制约，交通运输法治文化体系是思想保证，交通运输法治支撑体系是技术支持，交通运输法治保障体系是长效机制。

(3) 有效性。法治交通坚持务实管用、严谨规范的原则建设，各项法治规范严密严谨、切实可行，各项法治工作措施依法依规制定，符合交通运输实际。

(4) 专业性。法治交通涵盖铁路、公路、水路、民航、邮政等各个领域的规划、建设、管理、运营服务和安全生产，意味着这些领域的各个环节都应在法治轨道上运行，专业性强。

(5) 保障性。法治具有固根本、稳预期、利长远的保障作用。法治交通建设使法律成为交通运输建设、运营和维护的基本准则，整个交通运输建设、运营和维护按照法律规范运行，进而实现交通运输高质量发展。

(6) 复杂性。法治交通不仅涉及政府部门、交通运输行业，还涉及社会公众、行业协会、中介组织等相关主体。只有所有的交通运输管理、运营、使用以及其他相关主体都做到坚持法治原则，依法办事，才能真正实现法治交通，缺失其中任何一个主体，法治交通都难以真正实现。

(7) 长期性。法治交通建设是交通运输领域的一场深刻革命，是一项长期而重大的历史任务。必须遵循其自身发展规律，谋划长远，统筹全局，逐步推进，不断完善，不能一蹴而就。

(二) 现状及问题

1. 我国法治交通建设的现状

党的十八大以来，各级交通运输部门在以习近平同志为核心的党中央坚强领导下，认真贯彻落实《中共中央关于全面推进依法治国若干重大问题的决定》，始终把法治建设放在交通运输改革发展大局中去谋划和推进，把法治要求贯穿到交通运输规划、建设、管理、运营服务和安全生产等各领域，推动法治交通建设取得明显成效。

(1) 交通运输法规制度体系框架初步形成。交通运输部印发《关于完善综合交通运输法规体系的实施意见》（交法发〔2016〕195 号），加强综合交通运输法规体系设计，聚焦国家重大战略实施、行业安全生产、管理体制改革、新业态监管等重点领域，积极推动供给侧结构性改革和降低物流费用，加快行业发展急需的立法项目的制修订步伐，交通运输法规制度体系初步形成。截至 2019 年 7 月，国家共颁布交通运输领域的法律 8 部、行政法规 43 部、部门规章 295 件。全国各地积极推动农村公路、城市公交、出租汽车、轨道交通、港口海事等方面立法，成为国家交通运输立法的重要补充。截至目前，交通运输领域地方性法规、政府规章共有 403 部，其中省级地方性法规 128 部、政府规章 140 部；市级地方性法规 73 部、政府规章 62 部。

（2）交通运输部门政府职能加快转变。着眼于推进供给侧结构性改革，紧紧围绕处理好政府与市场的关系，不断深化“放管服”改革，不断改善营商环境。交通运输部共取消下放部级审批事项 40 项，占部审批事项的 61.5%；取消中央指定地方实施审批事项 15 项、审批中介服务事项 7 项、职业资格事项 15 项，将 16 项工商登记前置审批改为后置，取消全部非行政许可审批事项。交通运输部印发《交通运输部关于全面推行“双随机、一公开”监管工作的实施意见》（交法发〔2017〕120 号），对全面推行“双随机、一公开”（随机抽取检查对象，随机选派执法检查人员，抽查情况及查处结果及时向社会公开）监管工作进行周密部署，公布“双随机”抽查事项清单，建立“网格化、标准化、痕迹化”监管机制，推行隐患排查治理和风险分级管控双重预防机制，事中事后监管有效加强。建设运行全国大件运输许可平台，实现了跨省大件运输许可网上办理、并联审批，积极推行“互联网 + 政务服务”，改革审批服务窗口布局，取消简化证明证照和琐碎手续，积极探索推进“多证合一”“多证联办”“一门式一网式政务服务”，推动实现从“群众跑”向“数据跑”、从“跑多次”向“最多跑一次”的深刻变革。强化信用监管，开通“信用交通”网站，在治理超限运输、出租汽车监管等领域会同相关部门推进守信联合激励和失信联合惩戒机制。

（3）交通运输行政权力运行逐步规范透明。坚持强化对行政权力的制约和监督，深入推进权力公开运行机制建设。制定交通运输部重大行政决策的工作流程，优化重大行政决策工作流程，拓宽重大决策公开范围，积极回应社会关切，依法决策机制不断健全。交通运输部出台规范性文件合法性审查办法，建立规范性文件审查长效机制，规范性文件审查制度日益完善。交通运输部编制55项权责清单，公布22项处罚事项清单、23项检查事项清单和涉企收费清单。组织开展暗访，通报暗访情况和典型违规案例，严肃查处乱罚款、滥收费、任性检查等乱作为和不作为问题。加大重大项目建设、公共资源配置、行业管理政策等方面的信息公开力度，以公开促规范、促服务取得初步成效。及时回应社会关切，自觉接受纪检监察、人大、政协、司法、审计等监督，强化社会监督效果。

（4）交通运输规范文明执法水平稳步提高。中共中央办公厅国务院办公厅印发《关于深化交通运输综合行政执法改革的指导意见》（中办发〔2018〕63号），明确了交通运输综合执法改革的方向和实施路径，各地方以高度的责任感和使命感，积极稳妥推进交通运输综合行政执法改革工作。全面推行行政执法公示、执法全过程记录、重大执法决定法制审核“三项制度”，交通运输综合行政执法更加公开透明、规范有序、公平高效。以基层执法队伍职业化、基层执法站所标准化、基础管理制度规范化为内容的“四基四化”建设，推动了基层交通执法队伍素质提升、执法能力增强、服务水平提高、整体形象改观。加快交通运输行政执法综合管理信息系统建设，交通运输行政执法信息化建设取得长足进步，交通运输行政执法人员的办案效能和执法监督能力明显提高。

（5）交通运输多元化纠纷解决机制逐步形成。坚持把依法保障人民群众根本利益和合法权益作为交通运输各项工作的出发点和落脚点，多元化纠纷解决机制逐步形成并发挥积极作用。交通运输部出台行政复议和应诉工作规则，健全复议应诉流程，建立典型案例分析研判和通报指导制度。各级交通运输部门积极履行出庭应诉职责和法院生效裁判。过去五年多来，交通运输部共依法办理行政复议案件209件、行政应诉案件77件，各省级交通运输主管部门共依法办理复议案件1541件，行政应诉案件573件。交通运输部印发交通运输领域通过法定途径分类处理信访投诉请求清单，完善法定途径处理信访人诉求相关制度，交通运输信访案件逐年下降，案件办结率逐年提升。强化舆情监测和群体性事件预警监测，提高行业治理和应急处置能力。

（6）交通运输法治意识和能力明显提高。各级交通运输部门党政主要负责人积极履行推进法治建设的第一责任人责任，始终坚持将法治工作与交通运输中心工作同部署、同推进。广泛深入持续开展宪法宣传教育，开展领导干部宪法宣誓活动。坚持和完善党组（委）中心组学法制度，开展常态化法治学习，将法治素质能力培养作为干部培训的必修课，推行干部职务晋升法律知识考试，领导干部运用法治思维、法治方式的能力实现新提升。交通运输部出台交通运输法治政府部门建设评价制度，评价指标体系不断健全完善。各地将法治建设纳入绩效考核体系，对考核发现的问题进行整改，有效增强了法治工作实效。

2. 我国法治交通建设需要解决的主要问题

法治交通建设与交通运输事业持续健康发展的要求、全面推进依法治国的要求、人民群众的期盼相比，还存在一定差距，主要表现在以下几个方面。

（1）法治政府部门建设的思想认识不到位。在发展和法治的关系上，有的同志还存在“发展要上、法治要让”的误区，有的同志认为法治建设只是法制工作机构的事，没有从事关交通运输发展的基础性、全局性、长远性工作的高度来认识和推进，有的地方和单位对法治政府部门建设的组织领导还比较薄弱，缺乏将法治工作与交通运输改革发展中心工作统筹规划和狠抓落实的能力。

（2）交通运输法律法规体系有待进一步完善。交通运输立法质量还需要继续提高，综合交通运输法规尚属空白，综合交通运输基础设施与枢纽建设法律制度尚未建立，交通运输新业态立法比较滞后。

（3）交通运输行政执法体制没有理顺。基层执法水平亟待提升，执法行为不规范，乱罚款、滥收费、任性检查问题有待进一步解决。执法条件不能满足实际执法需要，执法效能不高。

（4）交通运输行业尊法、守法氛围待形成。普法的载体不多、形式比较单一、缺乏针对性和实效性，行业遵法守法、诚实守信的意识和氛围还有待进一步形成。

（5）法治工作队伍正规化、专业化、职业化建设需要进一步加强。法治工作队伍的整体素质能力还不能完全适应当前日益繁重的法治建设任务要求。比如交通运输行政执法队伍建设的基础还比较薄弱，执法队伍整体素质不高，专业人才匮乏。

（三）经验借鉴

美德日等国家在交通运输发展过程中，都极为重视交通法治建设，依法管理已成为国外交通运输管理中的一个鲜明特征。无论是国家的运输政策和规划，还是管理机构的设置和变更，权利与义务的划分以及资金来源与分配，都以立法形式予以规定。根据不同时期的交通运输特点和问题，制定了一系列的交通运输法律法规，逐步建立和完善各自的交通运输法律体系，把交通运输管理纳入法治的轨道，从而保证了交通运输的健康发展。这些国家在法治交通建设上的经验非常值得借鉴。

1. 典型国家的交通法治建设情况

（1）美国。自近代以来，随着科学技术的不断革新和发展，交通运输得到了大发展，美国政府通过颁布大量的法律法规逐步加强了对交通运输的管理，实现了交通运输管理的法治化。比如在航运方面，有 1916 年颁布的《航运法》、1984 年颁布的《航运法》、1998 年颁布的《航运改革法》等。在民航方面，有 1926 年颁布的《航空商务法》、1938 年颁布的《民用航空法》、1976 年颁布的《航空货邮放松规制法》、1978 颁布的《航空公司放松规制法》、1977 年修正的《联邦航空法》。在公路方面，有 1956 年颁布的《联邦公路资助法案》，1962 年颁布的《联邦支持高速公路法》（FAHA-1962）。在道路运输方面，有 1980 年颁布的《汽车承运人法》、1994 年颁布的《汽车货运规制改革法》。在公共交通方面，有 1964 年颁布的《公共交通法》（UMTA-1964），1964 年颁布的《城市公共交通法》。在铁路方面，有 1976 年颁布的《铁路复兴与规制改革法》和《铁路运输改良法》《铁路复兴与管制改革法》等。综合交通方面，有 1991 年颁布的《陆上综合运输效率法》、1998 年颁布的《二十一世纪交通衡平法》、2005 年颁布的《露茶法案》等。

（2）德国。在德国，实行社会市场经济，国家对包括交通运输在内的经济活动的干预较多。作为一个法治国家，德国高度重视法治交通建设，重视对交通运输领域中的公权力的规范和限制。通过科学立法、严格执法等，实现了交通运输管理的法治化。德国的交通运输法律法规非常完备。无论是在调整涉及运输市场的纵向社会关系方面，包括政府在宏观方面对交通运输市场实行宏观调控，在微观方面对运输经营者的各项管理，还是在调整横向社会关系方面，包括运输经营者与货主、旅客之间的关系等，都制定了详细法律。如在公路方面，有 1953 年颁布的《联邦干线公路法》，1955 年颁布的《交通财政法》，1960 年颁布的《公路建设财政法》等。在道路运输方面，有 1969 年修订了《机动车货运法》。在道路交通方面，有 1909 年颁布的《德国机动车交通法》，1952 年修改为《德国道路交通法》，其后又陆续进行了若干次修改。在水路交通方面，先后颁布《联邦航道法》《水法》《内河航运法》等法律规范共同保护航道资源的综合开发利用。铁路运输方面，制定的法律主要包括 1938 年的《铁路交通法》、1993 年的《德国通用铁路法》和 1993 年的《联邦铁路线路改扩建法》，还有 1998 年 7 月 1 日实施的《德国运输法改革法案》。航空运输方面，主要的法律包括《联邦航空法》和《联邦民航管理法》等。此外，还有相关的法律、法规、规章，欧盟的法规和指令以及《欧洲航空条例》中适合德国的规定。综合交通方面，主要有 1967 年颁布的《乡镇交通筹资法》、1971 年颁布的《地方交通改善法》、1999 年颁布的《推进生态学税收改革法》等。

（3）日本。日本的法治交通建设主要包括法律法规体系建立、管理体制构建、执法、权力监督等方面的内容。在法律法规体系建立方面，国土交通省对日本交通实施管理的过程中，法律的制定和完善是交通政策得以实施的重要保证，也是日本政府对交通运输业实行积极管理的重要措施。近 50 年来，日本针对交通运输领域作出了细致的划分，而针对每个领域也颁布了相应的法律、法规，包括《道路运输法》《海上运输法》《日本国有铁路法》《港湾法》《航空法》《仓库业法》等；而针对交通运输安全生产工作，日本政府高度重视，先后颁布了《交通安全法》《道路整备紧急措置法》《有关交通安全紧急措置法》等，为交通运输安全应急提供了上位法依据；针对相应政策的出台规程，日本在 2013 年颁布了《交通政策基本法》，为交通运输政策的起草与颁布明确了相应的原则，强化了政策与法规的兼容性。

2. 典型国家的交通法治的主要经验

（1）注重综合交通运输立法。如日本2013年颁布了《交通政策基本法》，明确了国家、地方政府、交通企业和普通国民的相关责任与义务，其中国家负有制定综合交通政策措施和推进实施的责任义务，地方政府负有制定与本地区自然经济社会条件相适应的政策措施并实施的责任义务；交通企业和交通设施管理者在基本理念实现过程中也负有重要责任，在努力实施自身业务的同时，必须对国家以及地方政府所实施的交通政策措施给予协作；国民则要努力对国家及地方政府实施的性格政策措施给予协作。

（2）注重强化对国民生活的保障作用。日本交通运输相关政策及法律法规，突出强调了交通运输对国民生活的保障作用。以《交通政策基本法》为例，其要求在保障国民日常生活运输基础上，尽可能实现人民必不可少的通勤、通学、就医及其他人与货物的顺畅交通，采取必要的政策措施确保交通条件落实，并提出针对老年人、残障人士、孕妇等特殊群体，应实现顺畅的交通，推进相关设施的改善和优化，同时提出提高交通便利性与便捷性，包括准时性、速达性、舒适性、顺畅性及交通节点机能集约化和合理化。

（3）重视建立交通运输财政资助制度。如美国的财政资助是联邦政府推进其发展战略规划等实施的基本手段。通过建立立法，确立发展战略规划，规定推动其实施的资助方案。交通运输部根据制度对各州提出的项目进行系统评估，决定是否对各州项目进行财政支持，从而推动其发展战略规划的实施。

（4）注重利用科技手段实施交通运输执法。如德国联邦政府设立货运管理局，负责对公路运输市场的运输行为和执行法律的情况进行检查、监督。联邦货运管理局主要采取定点、机动检查相结合以及与其他监督部门联合检查的方式。例如，所有的危险货物运输车辆都安装了行驶记录仪和卫星定位系统。行驶记录仪详细记载了车辆出发时间、行驶时间和停顿时间，纪录保持2年。执法人员可随时抽检驾驶员的行驶记录仪，一旦查出驾驶员违反相关规定，会被记分，达到一定程度就会受相应的处罚。

（5）注重交通运输行政执法监督。如日本设立了行政层级监督体系，主要包括对各级交通运输行政机关的监督、对交通运输执法人员的监督、对行政行为的监督等内容，包括执法人员的考核等。日本还在中央及地方均设立了行政评价局、公平贸易委员会、人事院等机构，形成了较为完备的行政监察制度，旨在对行政机关及其工作人员进行多方位的监督。

二、发展形势与总体要求

（一）发展形势

当前，交通运输正处于基础设施发展、服务水平提高和转型发展的黄金时期，也处于法治交通建设的黄金时期。党的十九大提出建设交通强国，是以习近平同志为核心的党中央站在党和国家事业全局的高度做出的重大战略部署，是新时代赋予交通行业的历史使命，为交通发展指明了方向。法治交通建设作为交通强国战略的基础和支撑，是交通强国软实力的重要组成部分，是实现强体系、强保障、强治理、强服务的基础和支撑。因此，法治交通建设各项工作的出发点和落脚点，都必须紧紧围绕交通强国建设这个中心任务，把法治交通建设真正摆在交通运输全局工作的突出位置扎实推进，更好发挥法治固根本、稳预期、利长远的保障作用。

（1）建设法治交通是建设现代化交通运输体系的必然要求。建设交通强国，就是要建成安全、便捷、高效、绿色、经济的现代化综合交通运输体系，为建设社会主义现代化强国、实现中华民族伟大复兴的中国梦当好先行。因此，法治交通建设必须适应新技术新模式新业态的发展需要，针对交通运输基础设施建设、运输装备、技术创新、管理和服务等方面的薄弱环节和突出矛盾，积极推动交通运输发展改革急需的法律法规制修订进程，制定完善配套规章制度和标准体系，不断改善行政执法，为建设交通强国发挥引领、规范和保障作用。

（2）建设法治交通是推动交通运输高质量发展的客观要求。建设交通强国，就是要以供给侧结构性改革为主线，以改革、创新、开放为动力，着力推动交通运输发展质量变革、效率变革、动力变革，推动交通运输高质量发展。推动高质量发展是当前和今后一个时期确定发展思路、制定经济政策、实现宏观调控的根本要求。推动交通运输高质量发展，必须要处理好政府与市场的关系、供给与需求的关系，促进产业结构优化重组，实现交通运输提质增效。法治是市场经济的本质属性，也是高质量发展的内在要求。推进法治建设，能够促进商品和要素的自由流动，降低制度性交易成本，释放市场主体活力，有利于打造统一开放、竞争有序、公平公正、诚信规范的市场体系，有利于推进运输资源高效整合和优化配置，提高运输系统整体效能，提升综合运输竞争力，为推进交通运输高质量发展提供坚实法治保障。

（3）建设法治交通是建设人民满意交通运输的必由之路。建设人民满意、保障有力、世界领先的交通强国，是新时代赋予交通运输行业的重大使命，也是推进交通运输法治政府部门建设的根本价值取向。交通运输是国民经济的基础性、先导性、服务性行业，与人民群众的生活息息相关。交通运输要当好先行官、服务好千家万户，必须坚持运用法治思维和法治方式调节经济、规范行为、协调利益，以法治的力量凝聚发展共识、统筹发展力量、打破发展瓶颈、化解发展矛盾、保障发展秩序；就是要把保障人民根本利益作为法治政府部门建设的根本目标，严格依法行政，让人民群众在每一项法律制度、每一个执法决定、每一次公共服务中都充分感受到公平正义，让交通运输发展成果更多更好惠及全体人民。

（4）建设法治交通是实现交通运输治理体系和治理能力现代化的内在要求。治理体系和治理能力现代化是交通强国的重要标志，也是法治交通建设的根本目标。交通运输是国民经济重要的基础产业，是深化依法治国实践的重要环节，是实现良法善治的先行领域。只有建设交通法治，坚持抓好交通立法、坚持严格执法、支持公正司法、推动全民守法，始终用法治思维和法治方式深化改革、推动发展、化解矛盾、维护稳定，协调各方力量资源解决当前法治建设中存在的薄弱环节，推动在法治的轨道上啃硬骨头、涉险滩、闯难关，才能为交通运输治理体系和治理能力现代化提供可靠的法治保障，才能真正在法治轨道上有序推进治理体系和治理能力现代化现代化，实现交通运输各项事务治理制度化、规范化、程序化，促进交通运输法治迈向良法善治的新境界，加快形成与交通强国相适应的行业治理新格局。

（二）总体要求

1. 指导思想与基本原则

（1）指导思想。深入贯彻落实党的十九大精神，坚持以习近平新时代中国特色社会主义思想为指导，以习近平总书记全面依法治国新理念新思想新战略为根本遵循和行动指南，以实现交通运输治理体系和治理能力现代化为目的，以全面深化交通运输法治政府部门建设为重点任务和主体工程，以加快形成完备的交通运输法规体系、高效的交通运输法治实施体系、严密的交通运输法治监督体系、有效地交通运输法治支撑体系、丰富的交通运输法治文化体系、有力的交通运输法治保障体系为着力点，更好发挥法治固根本、稳预期、利长远的保障作用，为全面建成人民满意、保障有力、世界领先的交通强国提供坚实的法治保障。

（2）基本原则。建设法治交通，要遵循以下基本原则。必须坚持以习近平新时代中国特色社会主义思想为指引，坚持加强党对依法治国的领导，坚决贯彻落实党的路线方针政策和决策部署。

必须坚持把服务交通运输中心工作、引领和推动交通强国建设作为法治交通建设的根本使命，以法治促改革、促转型、促发展、保稳定。

必须坚持把法治交通建设作为推进交通运输行业现代治理体系的骨干工程，把厉行法治与加强行业治理结合起来把握，把法治思维和法治方式贯穿到行业治理的全过程。

必须坚持顶层设计和地方实践相结合、目标导向和问题导向相结合，既要谋划长远工作，科学布局、统筹兼顾，又要立足当下，以重点领域、重大战略实施和关键环节为突破口，主动服务支撑交通运输改革发展各项重点任务提供法治保障。

必须坚持抓住领导干部这个“关键少数”，带头尊法学法守法用法，以实际行动推动全行业树立法治信仰。

必须坚持一张蓝图绘到底，把法治交通建设的长远目标和阶段性任务结合起来，从具体工作抓起，从群众关心的事情做起，常抓不懈、久久为功，切实让人民群众看到成效和变化。

2. 发展方向

交通运输法治政府部门建设的总体目标既要符合党中央、国务院关于法治政府建设的总体目标，也要与交通强国建设的战略安排相协调。

从现在到 2020 年，是全面建成小康社会的决胜期，要按照《法治政府建设实施纲要（2015—2020年）》的要求，基本建成职能科学、权责法定、执法严明、公正公开、廉洁高效、守法诚信的交通运输法治政府部门，为开启交通强国建设新征程打好法治基础。

从2020年起，要进一步深化、完善交通运输法治政府部门建设，把法治要求贯穿到交通运输建设、运营、管理、安全生产的各个领域，并引领协同保障交通强国建设。

到2035年，交通运输行业治理全面实现良法善治，交通运输治理体系和治理能力现代化基本实现。

到2050年，法治理念和法治要求贯穿到交通运输各领域和全过程，交通运输治理体系和治理能力现代化全面实现，交通运输行业治理、国际竞争力达到世界领先水平。

三、重点任务

（一）加快完善交通运输法规体系

（1）加快重点立法项目进程。适应交通强国建设需要，修订颁布《交通运输部关于完善综合交通运输法规体系的实施意见》，推动建立完善与交通强国相适应的法规制度体系。

（2）统筹安排铁路、公路、水路、民航、邮政等领域的法律、行政法规项目，积极推进综合交通运输立法。

（3）坚持问题导向，围绕解决综合交通运输体系建设、新业态规范发展、安全监管等实际问题立法。鼓励地方积极探索推动综合交通运输、农村公路、城市公共交通、出租汽车等方面的立法工作。

（4）进一步健全立法体制机制，提高立法质量。坚持在法治轨道上持续推进交通改革，实现立法和改革决策相统一、相衔接。加强交通运输部对地方立法起草工作的指导，建立行业立法互动交流机制。加强规范性文件制定的规范。

（二）持续深化交通运输“放管服”改革

（1）依法履职和转变政府职能。推动完善不同层级交通运输部门事权法律制度，强化交通运输部宏观管理、制度设定职责和必要的执法权，强化省级交通运输部门统筹推进区域内交通运输基本公共服务均等化等职责，强化市县交通运输部门执行职责。按照中共中央办公厅、国务院办公厅《关于推行地方各级政府工作部门权力清单制度的指导意见》（中办发〔2015〕21号）的要求，建立和完善管理权力清单制度，积极探索责任清单和负面清单。

（2）围绕行政审批制度改革、“证照分离”改革、安全发展新要求等方面工作，继续精简交通运输部本级和中央指定地方实施行政审批事项，清理整合规范各类认证、评估、检查、检测等中介服务事项，取消没有法定依据的行政审批中介服务事项及收费。深入推进投资审批改革，对国家重点公路建设项目立项和初步设计审批，推行部、省“两评合一”。大力开展“减证便民”活动，全面彻底清理交通运输领域各类证明，对没有法律法规依据的证明事项一律予以取消。

（3）健全事中事后监管长效工作机制。加快制定和完善交通运输各项业务监管工作标准和制度，使监管有章可循、有规可依。深入推进“双随机、一公开”监管，建立跨部门联合抽查工作机制，强化对建设市场和运输市场的风险监测。加强监管工作与互联网、大数据、云计算等新技术的融合应用，构建动态运行监测信息指标体系及信息采集机制，实现重点物资运输、基础设施运行、运输市场动态等交通运行状态的实时监测和预警。

（4）梳理交通运输领域“最多跑一次”清单，打破部门壁垒，优化流程、减少材料、缩短期限，编制建立统一标准规范的办事指南体系。强化系统内部和部门间统筹协同，全面推行“多证合一”“多证联办”。

（5）进一步深化“互联网+政务服务”，建立健全行业数据资源开放共享体制机制，统一数据资源开放共享标准，打通部省、部际、省际政务信息壁垒，推进信息资源开放共享，大力推进交通运输政务服务“一网通办”、企业群众办事“只进一扇门”“最多跑一次”。

（三）推进行政决策科学化、民主化、法治化

（1）规范交通运输重大行政决策工作程序。明确交通运输重大行政决策事项范围，把公众参与、专家论证、风险评估、合法性审查、集体讨论决定确定为交通运输重大行政决策必经程序。推行交通运输重大行政决策后评估制度。

（2）扩大行政决策公众参与度。逐步拓宽交通运输行政决策公开的领域和范围，扩大和畅通公众参与渠道，广泛听取社会意见。对涉及社会公众重大利益、各方面存在较大分歧的，通过召开座谈会、听证会等形式听取公众意见。

（3）提高专家论证和风险评估工作质量。对专业性、技术性强的决策事项，应当组织专家或专业机构进行论证。选择论证专家要注重专业性、代表性、均衡性，支持其独立开展工作，逐步实行专家信息和论证意见公开。完善交通运输决策风险评估工作机制，把评估结果作为决策重要依据。

（4）坚持合法性审查和集体讨论决定制度。建立交通运输部门内部重大行政决策合法性审查机制，重大行政决策提请审议前必须通过法制机构合法性审查。

（5）完善内部民主决策机制，严格执行重大行政决策的会议集体讨论决定制度。作出重大行政决策必须经部门领导班子会议集体讨论决定，建立领导班子会议记录和存档制度。

（6）妥善处理改革决策与立法决策的关系。坚持法治引领、推动和保障交通运输改革，确保交通运输重大改革于法有据，实现交通运输改革与法治良性互动。交通运输实践证明行之有效的，要及时上升为法律或行政法规。对不适应发展改革要求的交通运输法律、法规或规章，要及时申请或予以修改和废止。

（7）严格行政决策后评价和责任追究。对重大行政决策要跟踪执行情况，及时发现问题，纠正偏差，必要时作出停止执行的决定。严格执行决策责任追究制度，对超越法定权限、违反法定程序的决策行为以及行政决策失误造成严重后果的行为，都要依法依纪追究有关领导和直接责任人的责任。

（四）严格规范公正文明执法

（1）加大安全生产、运输市场、工程质量等关系群众切身利益的重点领域的执法力度，依法及时查处交通运输各类违法行为，切实维护交通运输市场秩序。健全行政裁量权基准制度，树立交通运输执法权威，提升执法公信力。

（2）进一步完善交通运输行政执法程序，全面推行行政执法公示、执法全过程记录、重大执法决定法制审核“三项制度”，提高交通行政执法水平。

（3）加快推进全国交通运输执法综合管理系统建设，大力推进网络监测、视频监控等非现场执法方式，解决执法信息跨区域、跨部门、跨门类共享难题，切实提升交通运输综合行政执法能力和水平。

（4）加快“信用交通省”创建，健全交通运输领域公民和组织守法信用记录，完善守法诚信褒奖机制和违法失信行为惩戒机制。健全跨部门跨区域执法联动联合协作机制，形成执法监管合力。

（5）深入推进以“基层执法队伍职业化建设、基层执法站所标准化建设、基础管理制度规范化建设、基层执法工作信息化建设”为内容的交通运输行政执法“四基四化”建设，建立健全与综合执法体制相适应的执法装备管理、执法人员管理、基层站所管理等相关政策制度标准体系，切实加强交通运输行政执法队伍，提升基层行政执法工作效能。

（6）完善行政执法评议考核机制，强化评议考核结果的运用，在全行业通报评议考核结果，切实发挥评议考核的激励和鞭策作用。建立交通运输行政执法督察制度，各级交通运输部门要组建行政执法督察队伍。全面落实交通运输行政执法责任制，严格确定不同部门及机构、岗位执法人员执法责任和责任追究机制。完善违法执法举报投诉制度，及时查处群众举报、媒体曝光的典型案件。建立交通运输行政执法社会监督员制度。

（五）持续强化对行政权力的制约和监督

（1）全面推进政务公开。坚持以公开为常态、不公开为例外原则，推进交通运输决策公开、执行公开、管理公开、服务公开、结果公开，自觉接受党委、人大和社会群众监督。继续完善社会监督和舆论监督，通过网站专栏、微信公众号、12328 热线电话等监督渠道，方便群众投诉举报、反映问题，依法及时调查处理违法行政行为。

（2）强化内部监督机制。进一步规范交通运输领域行政处罚、行政检查和涉企收费。对财政资金分配使用、国有资产监管、政府投资、政府采购、公共资源转让、公共工程建设等权力集中的部门和岗位实行分事行权、分岗设权、分级授权，定期轮岗，强化内部流程控制，防止权力滥用。改进上级机关对下级机关的监督，建立明察暗访常态化工作机制。落实行政执法监督责任，健全纠错问责机制，将交通运输行政权力关进制度的笼子。

（3）自觉接受外部监督。自觉接受人大监督、民主监督、司法监督、审计监督、纪检监察监督、舆论监督等外部监督。健全交通运输部门支持法院受理、审理行政案件、尊重并执行法院生效裁判的制度。通过设置举报箱、电子信箱、热线电话、政务微博、公众微信等方式方便群众投诉举报、反映问题，并及时调查处理。

（4）完善行政问责机制。加大违法违纪案件查办和责任追究力度。健全责令公开道歉、停职检查、引咎辞职、责令辞职、免职等问责方式和程序。建立交通运输重大决策终身责任追究制度及责任倒查机制，对决策严重失误或者依法应该及时作出决策但久拖不决造成重大损失、恶劣影响的，严格追究相关领导和人员的纪律或法律责任。

（六）健全依法化解纠纷机制

（1）构建交通运输行业矛盾纠纷化解体系，建立健全预警机制、利益表达机制、协商沟通机制、救济救助机制。

（2）规范交通信访工作程序，优化传统信访途径，实行网上受理信访制度，引导群众在法治框架内解决矛盾纠纷，完善涉法涉诉信访依法终结制度。

（3）加强行政复议能力建设，推动相关机构设置、人员配备与所承担的工作任务相适应，健全行政复议案件审理机制，加大公开听证审理力度，增强行政复议的专业性、透明度和公信力。

（4）建立健全交通行政应诉制度，适应新修改的《行政诉讼法》的要求，各级交通运输部门应当依法应诉，被诉交通运输部门负责人应当积极出庭应诉，自觉履行人民法院作出的生效判决、裁定。

（5）强化依法应对和处置群体性事件机制和能力，及时收集分析出租车、货运等领域热点、敏感、复杂的矛盾纠纷信息，加强群体性、突发性事件预警监测，对可能引发矛盾纠纷的苗头和隐患及时分析研判制定应对措施。

（七）全面提高法治思维和依法行政能力

（1）抓住领导干部这个“关键少数”，把法治观念强不强、法治素养好不好作为衡量干部德才的重要标准，把能不能遵守法律、依法办事作为考察干部的重要内容。

（2）完善法治能力考查测试制度，加强对领导干部任职前法律知识考查和依法行政能力测试，将考查和测试结果作为领导干部任职的重要参考。

（3）完善学法和法治培训工作机制。完善学法制度，交通运输部每年至少举办一期领导干部法治专题培训班，地方各级交通运输主管部门领导班子每年应当举办两期以上法治专题讲座。健全执法人员岗位培训制度，每年组织开展行政执法人员通用法律知识、专门法律知识、新法律法规等专题培训。

（八）深入开展行业普法工作

（1）坚持法治国家、法治政府、法治社会一体建设，坚持把社会主义核心价值观融入新时代法治交通建设，树立社会主义法治信仰，弘扬社会主义法治精神，培育交通法治文化，全行业尊法、学法、守法、用法氛围更加浓厚。

（2）坚持集中宣传与经常宣传相结合，落实“谁执法谁普法”责任制。建立交通运输行政执法人员以案释法制度，不断增强干部群众和交通运输生产经营者守法用法的意识和能力。

（3）健全法律顾问和公职律师制度，加强交通运输系统普法讲师团、普法志愿者队伍建设。

（4）充分利用交通运输部门网站及新闻宣传媒体、培训机构和信息发布平台，扩大交通运输普法宣传的受众面和影响力，进一步深化交通法律法规进机关、进企业、进工地、进港站、进车船，为交通运输改革发展营造良好法治氛围。

（5）大力开展群众性法治文化活动。把交通运输法治教育纳入行业精神文明创建内容，加强公民道德建设，增强法治的道德底蕴。鼓励创作反映交通法治建设的文艺作品，提升交通法治文化的吸引力，让社会公众在潜移默化中接受交通法治教育，提高交通法治素养。

（6）加强交通企业法治建设指导工作。指导和支持交通企业依法治理、依法经营，任何政府部门和机构不得非法干预企业正常生产经营活动。指导交通企业完善企业法律工作体系和企业法律顾问制度，突出重点改革领域的法律风险防范，切实为企业的发展保驾护航。

（7）深入开展多层次多形式法治交通创建活动。支持行业外部门、社会组织和公众参与交通治理，调动各方面积极因素推进法治交通建设。深化交通运输行业依法治理，支持交通运输行业各类社会主体自我约束、自我管理。支持交通运输行业协会类社会组织发挥行业自律和专业服务功能。

四、对策建议

1. 适时出台《关于深化交通运输法治政府部门建设 推进交通强国战略实施的实施方案》

紧紧围绕实施建设交通强国战略，明确法治交通建设的总要求和目标，明确法治交通建设的主要任务及政策措施，使法治交通建设落在实处，为充分发挥法治在交通强国建设中的引领、支撑和保障作用提供强有力的政策指引。

2. 推进制定《交通运输法》

明确交通运输体系的功能定位和法律地位，确立综合统筹协调与各运输方式专项规划的关系，建立综合性枢纽规划、投资、建设、运营和管理制度，明确综合交通运输体系的基本原则、技术标准、规划编制、投融资政策、建设养护、营运服务、监督管理等，完善多式联运的各项法律制度，形成一整套科学的、跨运输方式的基本法律制度，促进各运输方式相互融合，为建设交通强国提供直接的法律支撑。

3. 适时推动修订制定重点法律法规

根据国家立法进程，结合交通运输改革发展需要，适时修订制定条件相对成熟、改革实践急需、社会各界关切的《海上交通安全法》《铁路法》《民用航空法》《公路法》《港口法》《道路运输法》等各领域“龙头法”及《收费公路管理条例》《城市公共交通管理条例》《农村公路条例》《道路运输条例》《铁路交通事故应急救援和调查处理条例》等行政法规，为建设交通强国营造良好的法治环境。

4. 稳步推进交通运输综合行政执法改革

按照中办、国办印发的《关于深化交通运输综合行政执法改革的指导意见》（中办发〔2018〕63号），处理好综合行政执法与权力清单制度、监管和处罚、属地管理和垂直管理的关系，合理配置交通运输执法资源，推行执法重心和执法力量向市县级部门下沉，彻底解决多层执法、多头执法，执法成本高、执法效能低等问题，实现权力配置更科学、执法效率更高效的改革目标。

5. 制定“三基三化”建设规范标准体系

扎实推进基层执法队伍职业化建设、基层执法站所标准化建设、基础管理制度规范化建设、基层执法工作信息化建设取得实效。

6. 完善行政复议诉讼分析研判及通报指导制度

依法受理行政复议案件，注重案件分析研究。通过对受理的案件进行大数据分析，总结特点、查找原因，并向案件发生比率较高的各司局、各省厅提出建议。加强通报指导制度。加强对基层交通部门行政复议和应诉工作的指导和监督，提高基层复议和应诉人员的能力。

7. 健全落实法治政府部门建设评价机制

认真落实国务院印发的《法治政府建设实施纲要（2015—2020年）》关于要把法治建设成效“纳入政绩考核指标体系”的要求，开展年度考评、建设周期中期考评等形式，采用量化打分的方式引导和推动交通运输法治政府部门建设，充分发挥考核评价对交通运输法治政府部门建设的重要推动作用。

8. 加强交通运输法治工作的研究

组织开展综合交通运输法规体系、收费公路、道路运输等重要管理制度、海商法后评估等课题研究工作，为重点法律、行政法规重要制度的确立提供理论支撑。

9. 推进法治交通建设必须切实健全相关工作机制

建立由主要负责人牵头、各部门分工落实的领导协调机制，形成统一领导、分工负责、相互配合、上下联动、有序推进的工作机制和齐抓共管、协同推进的工作合力。建立健全工作目标责任制，把法治政府部门建设纳入交通运输发展的总体规划，分解落实有关机构和单位的任务和责任，明确责任领导和具体责任人。加强对交通运输法治政府部门建设的行业指导，完善法治政府部门建设工作定期会议制度，就全局性工作和专题性工作进行部署和研讨。积极搭建地方法治建设的交流平台，定期进行经验交流，推广先进典型经验，共同就立法、执法等领域的热点、难点问题进行研讨。

10. 推进法治交通建设必须切实加强组织保障

各级交通运输部门党政主要负责人必须履行好推进交通运输法治政府部门建设第一责任人职责，将建设交通运输法治政府部门摆在全局工作的重要位置，对于法治建设中遇到的矛盾和困难，要亲自研究部署、亲自协调处理，要督促领导班子其他成员依法行政，加强对重点岗位的制约和监督。其他负责同志要按照分工和“一岗双责”的要求，履行好法治政府部门建设分管的职责。

交通运输部管理干部学院、交通运输部科学研究院联合课题组

主要执笔人： 黄克清　李振斌　李晓峰　张榕榕　徐凯桥　李燕霞　王　慧　霍艳丽　丁芝华

第八章　现代交通文明建设研究

交通运输部科学研究院

一、交通文明建设的现状及问题

（一）现代交通文明的内涵

文明是与“蛮荒”相对的概念，是人类在改造世界的实践基础上创造的物质财富和精神财富的总和，一般分为物质文明和精神文明以及由此衍生出来的政治文明、社会文明、生态文明等。交通文明是与工业文明、农业文明相类似的概念，是人类在交通实践中创造的物质财富和精神财富的总和。人类推动交通运输发展的历史就是交通文明不断进步、臻于至善的历史。现代交通文明就是在建设交通强国的新的历史条件下，加快建设网络发达、设备先进、保障有力、国际领先的高度现代化交通运输体系，是在传承中华传统文化和吸收世界现代文明优秀成果基础上，不断丰富中华文明内涵、提升中华文明高度的重要内容。

根据交通强国战略研究的需要，本专项研究现代交通文明主要聚焦于交通运输行业精神文明（含文化）、交通参与者文明两个方面。现代交通文明建设在交通强国建设中具有重要的地位与作用，它是交通强国建设的“精神内核”，是交通强国建设的“软实力”支撑，是交通强国建设形象的重要体现，是交通强国建设“全民参与”的有效载体。

（二）现状及问题

1. 交通运输行业精神文明建设情况

近年来，交通运输行业认真贯彻落实党中央国务院关于推进精神文明建设的各项部署，推动行业精神文明建设不断向纵深发展。

（1）加强顶层设计，出台相关政策。印发《中共交通运输部党组关于加强交通运输行业宣传思想文化工作的意见》，明确了新形势下加强宣传思想文化工作的五大工程——思想政治教育工程、核心价值践行工程、宣传舆论引导工程、文化建设示范工程、行业文明创建工程。认真贯彻落实中央关于培育践行社会主义核心价值观的工作部署，印发《交通运输行业核心价值体系建设实施纲要》（交政法发〔2011〕316 号）《交通运输行业培育践行核心价值体系行动方案》（厅政法发〔2013〕124 号）。加强新闻宣传工作，印发《交通运输部关于进一步加强交通运输新闻宣传工作的意见》，努力讲好交通故事，不断增强交通运输新闻舆论传播力、引导力、影响力、公信力。

（2）深化实践养成，开展文明创建活动。深入开展文明生产、文明服务、文明执法各项工作，并落实到行业文明创建活动中，开展了文明工地、文明服务区、文明执法示范窗口等建设评选。“十二五”以来，交通运输行业有 231 家单位荣获全国文明单位，1471 个集体、1013 名个人获得部级先进荣誉称号，每年推选 10 名“感动交通十大年度人物”，40 名“感动交通年度人物”，群众性精神文明创建活动蓬勃开展。

（3）推动多方发力，精神文明建设特色纷呈。公路水路行业积极推进核心价值倡导行动、道德模范引领行动、文明主题创建行动、文化品牌培育行动和行业形象塑造行动，“最美港口人”“最美客运班线”“最美驾校”等“最美”形象如雨后春笋，在行业内生发、向社会上传递。铁路行业着力提升文明服务水平，加强文明出行宣传，提升铁路行业文明形象。民航行业大力弘扬和践行当代民航精神，加大宣传力度，强化实践和典型示范引领，致力于使当代民航精神成为全体民航人的思想自觉和行为准则。邮政行业以建设与小康社会相适应的现代邮政为目标，深入推进行业精神文明建设，全面践行社会主义核心价值观和邮政行业“4S”核心价值理念，树立和打造了一批具有邮政行业特色的优秀品牌。各地以提高交通职工素质为根本，坚持围绕中心，服务大局，深入开展“学先进、树新风、创一流”活动，大力加强思想道德建设，广泛开展群众性精神文明创建活动，不断提升行业文明程度，开创了地方交通运输精神文明建设工作新局面。

交通运输行业精神文明建设取得了一系列丰硕成果，但同时也存在一些问题。

（1）交通运输行业精神文明建设尚存短板。在不同地区、不同领域、不同部门的精神文明建设还存在发展不均衡的问题，行业精神文明建设的体制机制尚不完善，载体创新不足，手段途径还较为单一。

（2）交通运输对人民群众文明出行的有效供给还不够充足。在交通运输基础设施规划、设计、建设和运营阶段，还欠缺从人性化、便利化等角度充分考虑广大人民群众文明、高品质、个性化出行的需求，缺少有针对性地设置和系统的解决方案。大数据、物联网、人工智能等信息化智能化技术在文明出行方面的应用相对滞后。

（3）交通运输行业服务水平尚不能有效满足人民群众文明出行要求。交通运输行业对于全社会文明出行的倡导性工作还有待进一步完善，细节性、品质化、全程式服务水平还有待提升。

2. 交通参与者文明水平情况

在交通参与者文明方面，主要是交通参与者在交通中的行为规范，它包括驾驶文明、出行文明等。文明交通行为的实现，离不开法律的约束，更离不开广大交通参与者文明素养的提高。

近年来，国家高度重视，公安、交通等多部门不断加强组织领导、加大投入力度，以交通安全宣传“五进”为载体，以现代交通文明观念、道路交通法规和交通安全常识为主要内容，针对不同群体，开展了一系列宣传教育普及活动，收到了良好效果。同时积极回应、快速处置诸如高铁霸座等社会热点关切问题，以法律法规手段规范交通参与者文明行为。总体看，我国交通参与者文明水平近年来得到了大幅提升。

但是，受历史文化传统、经济社会发展水平等多方面因素的影响，与发达国家相比，与现代文明建设要求相比，交通参与者文明水平还存在较大差距。我国尚未形成比较成熟的交通文明体系，地区间、城乡间交通文明水平差距较大，交通出行中守法、礼让、互助、文明的氛围尚未形成，文明出行的道德规范还不健全，全社会交通安全宣传教育尚待加强，文明交通的习惯养成和文化熏陶还不充分，法治尚不完善，不文明甚至违法行为的成本相对较低。乘坐交通工具时不排队或插队、抢座抢位、吸烟、大声喧哗、逃票、人为损坏交通公共设施、出行途中乱扔垃圾、超速驾驶、闯红灯、强行超车、超员超载、不主动礼让斑马线、不文明使用车灯、占用应急车道、高速行车中随意抛物、路边乱停车、不遵守规定开应急舱门等不文明、不守法的现象常有发生，公民交通文明意识和素质的养成仍需要一个过程。

（三）经验借鉴

欧美和亚洲一些国家在交通文明建设方面对我国具有较大的借鉴意义。这些国家交通文明建设是伴随着交通大发展进行的，尤其 20 世纪六七十年代以来，英国、德国、美国、日本、新加坡等国，交通运输事业发展较快，基础设施建设突飞猛进，交通文明发展也渐成体系，形成了系统化的理念和制度体系。

在交通运输行业精神文明建设方面，国外经验包括：一是重视行业价值观宣传，建立行业话语体系，为交通行业树立了良好的社会形象。二是落实制度对行业文化的支撑，行业文化构建与行业制度建设紧密相连。三是重视传统交通文化遗产的维护和历史再现，通过建造博物馆、保存交通遗迹等方式展现交通运输文化的生命力。四是在交通供给方面，注重人性化智能化设计，引入高科技辅助交通文明管理，通过科技手段形成制度约束，从而提升交通文明水平。

在交通参与者文明建设方面，国外经验包括：一是重视公民素质教育，通过各种方式向国民传播交通安全的法律、规则与知识。二是注重交通文明建设与法治结合，将礼让等文明行为作为基本交通规则，触犯交通法规会受到严厉处罚。三是注重文化熏陶，国外一些交通文明发达的国家或地区国民交通文明素质的形成多是受其整体文化潜移默化影响的结果。

二、发展形势与总体要求

（一）发展形势

交通文明未来的发展形势，从行业外看，面临着新时代国家对文明工作的外在要求；从行业内看，面临着交通强国建设对交通文明的内在要求。

（1）从新时代我国文明建设的新形势看，党的十八大以来，党中央不断加强文明建设工作力度，出台了一系列指导性文件，把我们党对文明工作的规律性认识提升到新的高度，主要精神体现在以下几个方面：一是强调坚定理想信念，推进马克思主义中国化时代化大众化，深入学习贯彻习近平新时代中国特色社会主义思想，建设具有强大凝聚力和引领力的社会主义意识形态。二是培育和践行社会主义核心价值观，强化教育引导、实践养成、制度保障，把社会主义核心价值观融入社会发展各方面，转化为人们的情感认同和行为习惯。三是大力弘扬中国精神，深入挖掘中华优秀传统文化蕴含的思想观念、人文精神、道德规范，结合时代要求继承创新。四是加强思想道德建设，弘扬民族精神和时代精神，加强爱国主义、集体主义、社会主义教育，推进社会公德、职业道德、家庭美德、个人品德建设。五是繁荣发展社会主义文艺，坚持以人民为中心的创作导向，加强现实题材创作，不断推出讴歌党、讴歌祖国、讴歌人民、讴歌英雄的精品力作。六是推动文化事业和文化产业发展，加快构建把社会效益放在首位、社会效益和经济效益相统一的体制机制。七是深入开展群众性精神文明创建活动，发挥先进典型的示范引领作用，推动群众性精神文明创建活动向纵深发展。八是加强新闻宣传工作，创新理念、内容、体裁、形式、方法、手段、业态、体制、机制，增强针对性和实效性，提高新闻舆论传播力、引导力、影响力、公信力。

（2）从交通强国建设对交通文明的要求看，文明繁荣兴盛是行业繁荣兴盛的鲜明标志和重要支撑，推动交通强国建设需要行业文明大发展大繁荣。交通强国建设是在推动行业质量变革、效率变革和动力变革的基础上，形成与时俱进的优良供给体系，满足国民经济和社会发展需求并引领其发展，建立人民满意、保障有力、世界前列的现代交通运输体系。要实现这一宏伟且落在实处的发展目标，需要全行业从软件到硬件的全面发展。由交通强国建设的目标回溯，要求交通文明发展从认知水平到软实力建设，再到国际对标先进进行全方位支撑。具体来说，交通强国建设要求全面增强行业文化软实力、持续提升交通文明认同感、充分对标国外交通先进文明理念。

（二）总体要求

1. 指导思想与基本原则

现代交通文明建设的指导思想是：以习近平新时代中国特色社会主义思想为指导，坚定文化自信，践行社会主义核心价值观，发动行业和社会各方力量，着眼交通运输行业精神文明与交通参与者文明两个维度，以提升全行业和全社会交通文明水平为目标，将交通文明建设贯穿于交通强国建设始终，强化文明建设与法治建设、素质教育的协同，充分发挥文明建设在交通强国建设中的支撑和引领作用。

现代交通文明建设的基本原则包括以下几个方面。

（1）坚持服务中心、共建共享。围绕交通强国建设这一中心工作，立足提升全社会交通文明水平的目标，站位综合交通，发动各方力量构建共建共享的现代交通文明，为交通强国建设发挥有力支撑和引领作用。

（2）把握客观规律、科学规划。深刻把握文明建设中的客观规律，实现道德建设、激励机制、约束机制有机融合。科学制定文明建设规划，明确重点任务及资金、制度等保障条件。

（3）坚持与时俱进、传承创新。贯彻新发展理念，传承交通运输行业精神文明建设优良传统和成功经验，把握时代性、体现先进性，不断丰富实质内涵和载体平台，增强工作的针对性和有效性。

2. 建设框架与总体目标

（1）建设框架

根据文明对象不同，从交通运输行业精神文明、交通参与者文明两个方面，搭建现代交通文明建设的总体框架（图 8-1）。

交通运输行业精神文明：主要围绕思想政治建设、培育和践行社会主义核心价值观、弘扬交通文化、开展文明创建活动、加强宣传舆论工作等进行建设。

交通参与者文明：主要围绕守法、礼让、互助、诚信的交通体系进行建设，由于涉及法治建设、国民素质，因此交通参与者文明建设需由交通、公安、司法、教育等多部门联动开展。交通部门主要从开展宣传培训、完善交通基础设施、改善交通通行环境、提升服务质量等方面引导交通参与者文明出行。

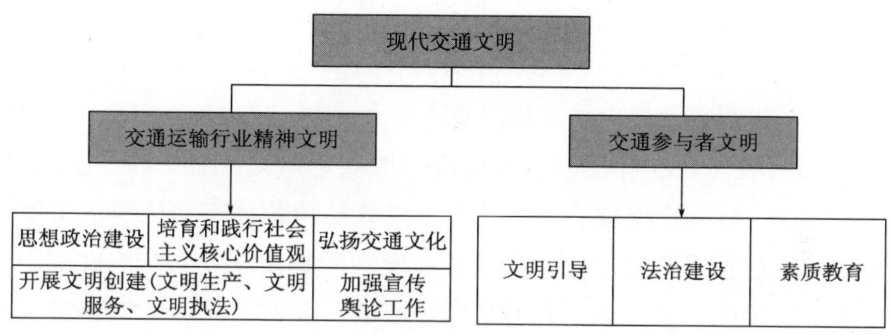

图 8-1　现代交通文明建设框架

当交通运输行业精神文明、交通参与者出行文明建设发展到一定高度，上升到中国特色文化、“中国故事”，能够作为优秀文化在国际上进行展示和传播时，交通文明将成为国家软实力的重要组成部分。

（2）总体目标

从 2020 年到 21 世纪中叶将分成两个阶段建设现代交通文明。

到 2035 年，基本形成与进入世界交通强国行列相匹配的新时代交通文明，实现文明建设与法治建设、素质教育的协同联动，初步在全社会构建起文明出行的交通环境，交通运输行业文明生产、文明服务、文明执法实现常态化、标准化、制度化，社会主义核心价值观在全行业深入践行，新时代交通精神凝心聚力，交通文化传播力、影响力显著增强，人民满意度、社会美誉度显著提高。

到 2050 年，全面实现与进入世界交通强国前列相匹配的现代交通文明，交通文明的文化内涵和文化熏陶深入民心，交通文明程度达到国际先进水平，全面实现守法、礼让、互助和诚信的现代交通文明建设目标。

三、重点任务

（一）交通运输行业精神文明建设

（1）加强思想政治建设。深化理想信念教育，坚持用习近平新时代中国特色社会主义思想武装行业，增强“四个意识”，坚定“四个自信”，深化中国梦学习宣传教育，引导行业广大干部职工把个人理想、行业追求融入国家和民族的伟大梦想之中，汇聚同心共筑中国梦的强大力量。牢牢掌握意识形态工作领导权，建设具有强大凝聚力和引领力的社会主义意识形态，建强管好交通运输意识形态阵地，确保意识形态安全。

（2）深入培育和践行社会主义核心价值观。强化教育引导、实践养成，结合行业特点，凝练价值理念，把社会主义核心价值体系总体要求贯穿于行业干部职工教育管理全过程，体现到行业发展的政策制度和行为准则中，融入交通发展各领域、各方面。大力弘扬“两路”精神、青藏铁路精神、港珠澳大桥建设者奋斗精神、民航英雄机组英雄精神和海事、救捞精神。升华“艰苦奋斗、勇于创新、不畏艰险、默默奉献”的交通精神，凝练新时代交通精神。加强交通职业文明教育，完善职业道德规范、文明服务标准，推进文明生产、文明服务、文明执法，发挥先进典型示范引领作用，树立交通行业良好形象。

（3）大力传承和创新交通优秀文化。持续打造内涵丰富、特点突出、体系完备、质量过硬、享誉行业内外、辐射带动力强的交通文化品牌，加强宣传推广，深化行业文化品牌建设示范工程。加强物质文化建设，加大交通博物馆、展览馆建设力度，强化陆上与海上丝绸之路、茶马古道、京张铁路、京杭大运河等重要交通文化遗迹遗存保护与利用；创新交通设施、枢纽的建筑设计，深入挖掘现代交通工程蕴含的思想理念、人文精神，植入文化内涵。积极推进铁路、公路、水运、民航、邮政、城市交通等领域特色文化建设。推进交通文艺发展，积极创作交通运输题材文艺作品，围绕交通强国建设，打造反映和宣传交通发展成就、彰显行业精神风貌、弘扬新时代交通精神的精品力作。

（4）完善交通运输对人民群众文明出行的有效供给。在交通运输基础设施规划、设计、建设和运营阶段，从人性化、便利化等角度提出有针对性的设计和系统的解决方案，通过硬件设施的完善引导人民群众文明出行。推动大数据、物联网、人工智能等信息化智能化技术在行业文明出行服务方面的应用，提高交通文明建设的科技含量。

（5）加强宣传传播和舆论引导能力建设。坚持正确政治方向、舆论导向、价值取向，坚持正本清源、守正创新，把握时效度，唱响主旋律，弘扬正能量，提升交通宣传的传播力和影响力。做好主题宣传、形势宣传、政策宣传、成就宣传和典型宣传，讲好交通故事。创新宣传手段和方式，搭建包括新兴媒介在内的各类宣传平台。推进国际传播能力建设，加强国际交通文化交流与合作。提升舆论引导能力，做好热点难点问题政策解读，营造良好舆论氛围，推进政务公开，加强与社会公众互信互动。

（二）交通参与者文明建设

（1）注重文明引导。深化交通文明宣传活动，主动适应交通参与者群体的多样性和差异性，以传授安全出行知识、传播文明出行常识、传扬交通社会公德为重点，积极推进交通文明宣传计划。充分利用文明城市、文明村镇创建活动，建立健全文明交通宣传机制，创新宣传手段方法，使宣传活动贴近实际、贴近群众、喜闻乐见，更具针对性和实效性，全面提升交通参与者守法意识和安全、礼让、互助、文明的交通理念。组建文明交通公益宣传志愿者队伍，积极开展文明交通志愿服务活动，在交通节点进行交通服务引导，向广大交通参与者宣传文明出行常识、劝阻不文明行为。以青少年人群为重点，开展“文明交通承诺”志愿实践活动，在全社会带头倡导文明交通新风尚。

（2）加强法治、信用与标准建设。深入开展全社会普法活动，突出权利义务教育，强化社会公众对自己、他人、社会所应承担的交通法律责任的认知。完善交通违法违规查处和奖励机制，完善对破坏交通公共基础设施行为、交通违法违规等行为的查处机制，制定并落实群众举报奖励机制。推动新闻媒体曝光严重交通违法行为和典型案例，形成全社会共同监督交通文明的合力和浓厚氛围。建立文明交通信用体系，推出信用黑名单，强化信用评价结果应用；建立文明办、公安、教育、人力资源和社会保障、交通运输、银行、保险公司等相关部门、单位联动实施文明失信惩戒机制。健全标准规范，强化文明交通源头管理。健全完善科学严格的驾驶人培训、考试标准体系；以长途客车、旅游客车、卧铺客车、校车为重点，健全安全文明行车规范；健全完善与我国道路交通实际状况相匹配的道路安全防护设施和车辆安全标准体系。

（3）夯实素质教育。培养中小学生交通文明素质，开展形式多样的交通安全、礼让、互助、文明教育，组织模拟体验活动，促进青少年文明出行习惯养成。加强公众文明交通教育，依托市民学校、市民中心、乡镇文化站等，通过举办讲座培训、座谈评议和宣传栏、展览等方式，加强对大众文明交通教育，提升公众交通文明意识。推动文明交通进驾校，通过优秀驾驶员经验宣讲、典型事故案例警示教育、绿色驾驶技能培训、3D 实景模拟训练、实地观摩等多种方式，增强新驾驶员守法、礼让、互助、文明驾驶观念，提升社会责任意识。深化客货运输企业驾驶员再教育，充分运用网络远程教育等先进手段，加强典型案例警示教育，规范驾驶员驾驶行为，提升文明驾驶意识。

（4）厚植文化底蕴。提升交通文明的社会公德意识，充分利用各种传播介质，在车站、港口、码头等旅客集散地和汽车、列车、轮船等交通运输工具上，刊播文明交通公益广告，发放文明出行倡议书，强化大众对守法、礼让、互助、文明交通的感官认知，提升大众对文明交通的社会公德意识。创作文明交通文艺宣传作品，拓展文明交通宣传教育的文化内涵。

四、政策建议与措施

（1）加强组织领导。充分发挥交通运输部精神文明建设指导委员会作用，突出部省（企）联动、区域联动、部门联动，建立健全现代交通文明建设工作机构。各级领导干部率先垂范行业文明建设，成为行业文明建设的坚定推行者、实践者和先行者。将现代交通文明建设列入本地区、本单位发展总体规划，统筹谋划实施路径，制定具体实施计划，分解建设目标，明确主要任务和具体措施。深入调研，结合实际，加强对基层一线行业文明建设工作的分类指导。

（2）完善体制机制。加快构建把社会效益放在首位、社会效益和经济效益相统一的体制机制。积极争取中央文明办和中宣部对现代交通文明建设工作的指导与支持，形成政府部门统筹协调、企事业单位多方参与、广大交通运输职工积极响应的工作运行机制。持续对建设工作进行审视、完善和创新，形成现代交通文明建设接续提升机制。注重建立科学的管理制度、严格的绩效评估办法和有效的激励机制，实现对文明建设工作计划、实施、检查、考核、整改、评估的闭环管理。

(3) 注重队伍建设。完善选人用人机制，为现代交通文明建设工作高效开展提供更加充足的人力支撑。充实专职人员，加快培养一支讲政治、懂交通、有热情、会宣传、肯奉献的行业文明宣传工作骨干队伍。打造现代交通文明建设专家库，注重理论研究专家队伍建设。加强新闻发言人、新闻宣传专家队伍建设，提升新闻发布工作水平。加快行业网络评论员队伍建设，发挥网络评论员的积极作用，提升通讯员队伍媒介素养。

(4) 强化科技支撑。树立新兴媒体服务现代交通文明建设的理念，不断提升交通运输行业媒体影响力。统筹协调部网站、部政务微信以及行业主流媒体、部属单位、各地交通运输部门新媒体，加强和规范以“两微一端”为代表的行业政务新媒体矩阵建设。创新新媒体环境下新闻发布的形式，建设适应新媒体要求的全媒体新闻发布厅。升级舆情监测系统，全面强化网络舆情监测预警机制。全方位利用自媒体等新兴媒体，做好政策的权威解读与热点问题的舆情回应。

(5) 夯实资金保障。各级交通运输主管部门进一步加强对各单位各部门行业文明建设工作的投入保障力度，从资金、补助等方面予以足够支持和切实保障。保证常态化行业文明建设工作，如新闻宣传等的工作经费和重大主题、重大活动的专题经费，将经费纳入单位年度预算，并加大经费管理和执行力度，杜绝由于资金不足影响现代交通文明建设推进的现象发生。

交通运输部科学研究院课题组

主要执笔人：王先进　李晓峰　刘　洋　赵新惠　徐　婧

第九章　交通运输基本公共服务均等化研究

交通运输部规划研究院

一、对交通运输基本公共服务的认识

（一）概念认识

1. 交通运输基本公共服务的概念

交通运输基本公共服务是指由政府主导提供的、与经济社会发展水平和阶段相适应，保障全体公民出行基本需求的公共服务。与国家基本公共服务“学有所教、劳有所得、病有所医、老有所养、住有所居、困有所帮、残有所助等”相对应，交通运输基本公共服务的目标是实现“交通可达”，即实现“出门有路、上路有车、传递有邮”，并为实现其他基本公共服务提供支撑和服务（图9-1）。

交通运输具有基础性、先导性、服务性和战略性的特点，交通运输基本公共服务是满足公民对于交通公共资源最低需求的公共服务，其特点是保障基本出行需求，与发展阶段相适应，由政府主导。

2. 交通运输基本公共服务的内容与范围

交通运输基本公共服务范围的确定原则是，根据当前经济社会发展阶段，把人民群众最期盼解决的，可量化、有明确发展规划和资金预算的相关项目纳入交通运输基本公共服务事项；随着经济社会发展和人民需求变化，逐步扩大交通运输基本公共服务的范围。

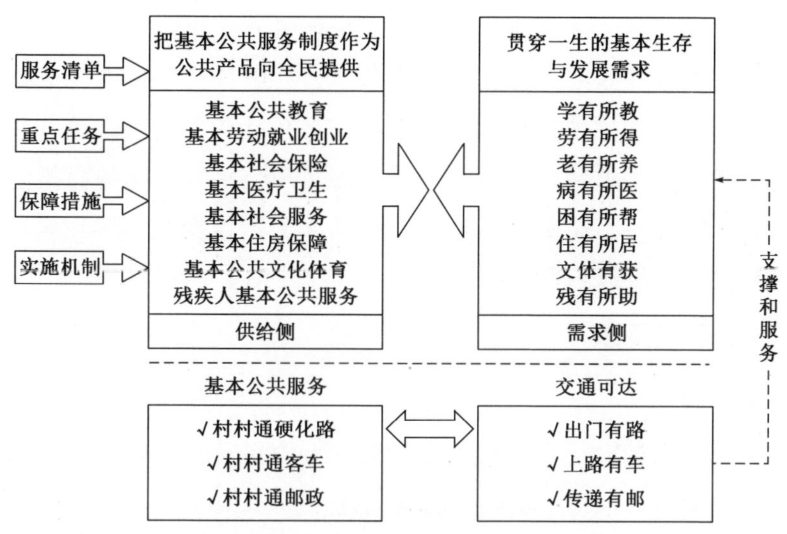

图 9-1　对交通运输基本公共服务的概念认识

根据国家基本公共服务体系“十二五”及“十三五”规划，与交通运输相关的基本公共服务包括建制村通公路和客车，城市建成区公共交通全覆盖，邮政服务做到乡乡设所、村村通邮等内容。围绕对交通运输基本公共服务的认识和对我国建设现代化交通强国目标的判断，围绕“行有所乘”的基本交通需求，以“扩面、加项、提标”为主要方向，以 2020 年实现“三通三覆盖”的交通运输基本公共服务为起点，根据经济社会发展和人民需求变化，逐步提高交通运输基本公共服务的范围，适时提出政府应提供交通运输基本公共服务的清单，具体包括：通村组公路、通村组客运、通村组邮政、通岛屿航运、城市公共交通的覆盖、无障碍设施广覆盖。

3. 对交通运输基本公共服务均等化的认识

交通运输具有基础性、先导性、服务性和社会性的特点，但相对于其他领域，其专业性、系统性的特点也比较突出，这些特点决定了在现阶段推进交通运输基本公共服务均等化需要由行业主管部门作为主要责任承担部门，主动承担构建交通运输基本公共服务体系的任务。交通运输部门作为同级政府组成部门，贯彻执行政府基本公共服务体系总体安排，加强与政府相关组成部门之间协作，加强部省协作，是推进交通运输基本公共服务均等化的必然途径。随着事权改革进一步深入推进，积极争取交通运输基本公共服务纳入国家基本公共服务体系，将交通运输基本公共服务均等化由行业行为向政府行为转变。着力推进交通运输基本公共服务均等化，实现政策普惠，促进机会均等，缩小供给差距，促进结果均等，实现公平与效率的有机结合，平等与发展的和谐统一，让交通运输基本公共服务覆盖到全体城乡居民，使人民群众共享交通运输改革发展成果。

（二）现状及问题

1. 发展现状

近年来，交通运输行业坚持民生优先，大力提升基本公共服务水平，在保障和改善民生方面取得了重要进展与成就。

（1）覆盖范围不断扩大。农村公路通达深度不断提高，截至 2018 年底，全国约有 99.64% 的乡镇和 99.47% 的建制村通沥青路、水泥路，农村公路建设不断向贫困地区和偏远地区延伸和覆盖。农村客运网络不断完善，全国共有 55.7 万个建制村通了客运车辆，全国建制村通客车率达到 96.5%，农民群众候车难、乘车难的问题得到有效缓解。城市公共交通服务保障取得新进展，城市轨道交通、城市快速公共交通系统、公交专用车道、城市公共交通场站等基础设施建设全面有序推进，城市公共交通运输保障能力得到大幅提升。村村通邮深入推进，覆盖城乡、惠及全民、水平适度、可持续发展的邮政普遍服务体系基本建成，全国乡镇和建制村直接通邮率分别达 100% 和 98.9%，“乡乡设所、村村通邮”工程已提前完成（图 9-2）。

（2）服务水平不断提升。农村公路路面水平和等级结构不断提高，全国农村公路总里程已达到 405 万公里，占公路网总里程的 83%，比 2006 年增加 217 万公里，为农村运输发展提供了良好条件。农村客运服务更加便民，各地积极推进农村道路客运发展，农村客运规模不断壮大，农村客运通达率和服务水平明显提高。深入推进公交优先发展战略，各地积极加快城市公交线网优化和设施建设，一体化的公共交通服务体系基本形成，公交出行分担率稳步提升。邮政普遍服务能力显著提升，城乡邮政局所和邮筒（箱）设置密度、邮政普遍服务的营业时间、邮件投递频次和投递深度等指标达到国家规定的标准；普遍服务业务处理信息化水平明显提高。

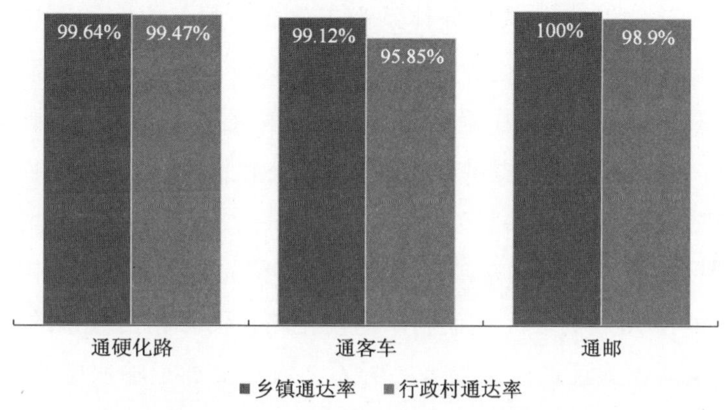

图 9-2 通硬化路、通客车、通邮实现情况（截至 2018 年底）

（3）政府投入持续加大。近年来，政府对交通运输基本公共服务领域的投入力度不断增强，对经济社会发展发挥了重要的支撑引领作用。国家财政对交通运输领域的投入逐年提升。交通运输作为公共服务产品，与民生密切相关，在交通运输财政投入中，基本公共服务领域占重要内容。中央财政性资金加大了对集中连片特困地区的支持力度，保障基本公共服务供给的资金需求，有效提升了西部地区、贫困地区等欠发达地区的交通基本公共服务均等化水平，形成居民出行、生产生活的良好保障，对区域协调发展起到了重要的引导和服务作用。

（4）制度体系逐步完善。相继建立多项重要的交通运输基本公共服务的制度及工作机制。陆续出台《农村公路建设规划》《农村公路建设管理办法》《国务院关于城市优先发展公共交通的指导意见》《邮政普遍服务“十二五”规划》等专项规划及管理办法，建立体制机制保障。会同有关部委出台城市公交站场免征城镇土地使用税、新购置公交车辆免征车购税等财政支持政策，减轻城市公交企业运营成本压力。完善考核机制，将城乡客运出行服务要求纳入《全面建成小康社会交通运输发展目标和指标体系》，印发了《交通运输部关于开展城乡客运一体化发展水平考核评价工作的通知》（交运发〔2014〕259 号），对全国各县级行政区城乡客运一体化发展水平开展评价工作，推动基本公共服务高效有序发展。

2. 存在问题

（1）交通运输基本公共服务体系尚未建立，服务内容和范围尚不明确。由于内容范围及标准不明确，各种运输方式、各级交通运输管理部门对交通运输基本公共服务的认识也存在差异，同时受到发展思路、管理体制、财政保障等因素影响，各地各部门在提供交通运输基本公共服务的实践中差距较大。

（2）交通运输基本公共服务总体供给水平不高。从覆盖区域看，“老少边穷”等特定区域的交通运输基础设施建设仍有待完善，至 2018 年底，全国尚有 128 个乡镇和 3094 万多个建制村未通硬化路，仍有相当数量的农村居民聚居点未实现交通设施连通。从城乡差异看，农村交通运输服务与交通均等化要求仍有一定差距。从覆盖人群看，“老幼病残孕”等特定人群的便民交通设施配备仍有待加强。从服务保障看，政府用于提供交通运输基本公共服务的人力财力资源仍十分有限。

（3）交通运输基本公共服务存在区域间、城乡间发展不均衡的问题。从实践来看，不仅存在“供给不足”的问题，也突出存在“享受不均”的问题，设施、资源、技术、财力等占有失衡。公众实际享有的交通运输基本公共服务，由于长期的政策和制度“剪刀差”造成城乡之间基本公共服务存在较大的差距，不均衡或不均等问题突出。

（4）政府在基本公共服务领域投入偏低，社会资金参与领域较少、渠道窄、方式少、效率低。政府财力负担越来越重。转移支付制度不够规范合理，基层政府对提供基本公共服务财力不足，投入效率不高的问题日益凸显。

（三）经验借鉴

从国内外实践经验来看，提升基本公共服务供给能力和水平，促进基本公共服务均等化，主要有以下几点启示。

（1）要建立科学合理的基本公共服务体系，明确基本公共服务的内容、类型、标准和供给责任，明确政府保障底线与实施路径。例如我国《“十三五”推进基本公共服务均等化规划》明确了国家基本公共服务制度框架，建立基本公共服务清单制，确定了公共教育、劳动就业创业、社会保险等 8 个领域的 81 个服务项目，以及每个项目的具体服务对象、服务指导标准、支出责任、牵头负责单位等，作为政府履行职责和公民享有相应权利的依据。

（2）要科学划分各级政府之间的事权和支出责任，形成各级政府之间公共财政支出与其职能和责任密切对应的关系，使各级地方政府都有能力来提供大致均等的基本公共服务。例如德国《基本法》明确规定："为了普遍的利益必须统一进行处理的事务"应该由联邦政府来负责，其他事务对应的由各州和地方政府来负责，同时根据基本公共服务的性质和特点，确定一些项目由两级以上政府共同承担。

（3）要建立合理的财政转移支付制度，充分发挥中央政府强有力的公共财政支出能力和调节能力，确保各级政府拥有与提供的基本公共服务相匹配的财力。例如德国《基本法》明确规定，政府要确保全体公民在全国范围内应当享有大体均等的生活水平，各级地方政府都应当为其所辖区内的公民提供水平大致相同的基本公共服务，为此应通过合理的财政转移支付制度实现公共财政收入的均等化，这样才能保证各级政府提供基本公共服务的能力差距不会特别悬殊。

（4）要注重建立和健全基本公共服务均等化的法律体系，从立法上确保将基本公共服务的供给作为政府法定的职能或责任。例如澳大利亚联邦议会在 1902 年、1922 年和 1999 年分别通过和实施了三部《公共服务法》，确立了澳大利亚政府实现基本公共服务均等化的职能和责任，在立法上都为基本公共服务均等化提供了可靠的制度保障和法律支撑。

二、发展形势与总体要求

（一）发展形势

（1）全面建成小康社会为推进交通运输基本公共服务均等化奠定新基础。我国农业现代化和社会主义新农村建设取得显著成效，总体实现基本公共服务均等化，收入分配差距进一步缩小，区域协调发展机制基本形成。全面建成小康社会已经进入决胜期，目前全国约有 99.64% 的乡镇和 99.47% 的建制村通硬化路、99.12% 的乡镇和 96.5% 的建制村通客车、98.9% 的建制村通邮，预计到2020年，具备条件的建制村通硬化路、通客车、通邮比例将均达到100%，为初步实现交通运输基本公共服务均等化奠定了良好基础。

（2）经济社会发展进入新阶段对推进交通运输基本公共服务均等化提出新要求。随着生活水平持续提高和消费结构持续升级，城乡居民中等收入群体规模不断扩大，人民群众提高生活水平和改善生活质量的愿望更加强烈，消费需求更加多样化多层次，提高交通运输基本公共服务供给质量和服务水平的要求更加紧迫。交通运输需求规模将保持持续旺盛，对交通运输基本公共服务能力要求不断提高。交通运输需求结构加速升级，对交通运输基本公共服务质量标准等要求不断提高。综合交通体系建设加速推进，要求更加丰富交通运输基本公共服务的内涵。

（3）新一轮科技革命和产业变革为推进交通运输基本公共服务均等化提供新动能。新一轮科技革命和产业变革正在兴起，智能交通、绿色交通、共享交通等新技术新模式快速发展，推动交通运输基本公共服务新业态不断发展、供给方式不断创新、服务模式更加丰富。一方面，要主动适应新技术带来的人民群众对交通运输基本公共服务提供方式和服务内容的新的需求变化，要求服务产品信息化、及时化、精准化、普及化；另一方面，要充分利用移动互联网、大数据、云计算、物联网等现代信息技术，借力“互联网+”推动交通运输基本公共服务变革与创新，创新服务提供方式和服务模式，积极探索推进技术创新、管理创新，提升服务效率和均等化，使人民群众的获得感更强。

（4）推进社会治理体系和治理能力现代化为推进交通运输基本公共服务均等化提供新思路。我国持续推进社会治理体系和治理能力现代化，要求不断深化交通运输重点领域改革，建立起各级政府明晰的权责关系，优化资源配置方式、创新服务提供模式，在合理扩大交通运输基本公共服务供给总量的同时，进一步优化基本公共服务供给体系的质量和效率，实现更有质量、更具效率的基本公共服务供给。

（二）总体要求

1. 指导思想与基本原则

全面贯彻党的十九大精神，以习近平新时代中国特色社会主义思想为指导，统筹推进“五位一体”总体布局和协调推进“四个全面”战略布局，在建设现代化交通强国战略目标的指引下，坚持尽力而为、量力而行的原则，以保障城乡居民生存发展的基本交通运输需求为导向，以实现城乡、区域和群体间交通运输基本公共服务均等化为目标，以农村公路、农村客运、邮政普遍服务、城市公共交通等工作为重点，加大政府投入，创新体制机制，完善配套措施，加快建成符合国情、覆盖城乡、功能完善、管理高效、可持续发展的交通运输基本公共服务体系，全面提升交通运输基本公共服务均等化水平，为建设现代化交通强国提供有力保障。

（1）以人为本，保障基本。从最广大人民群众的根本利益出发，立足我国经济社会发展阶段，发挥基本公共服务兜底作用，尽力而为、量力而行，明确保障基本交通运输需求。

（2）统筹推进，协调发展。统筹运用各领域各层级公共资源，加大交通运输资源向西部地区、老少边穷地区、农村地区、重点人群的倾斜力度，推动城乡、区域协调发展。

（3）普惠均等，共享发展。实现政策普惠，促进机会均等，缩小供给差距，让交通运输基本公共服务覆盖到全体城乡居民，使人民群众共享交通运输改革发展成果。

（4）政府主导，多方参与。明确并合理划分政府财政事权和支出责任，保障交通运输基本公共服务投入；支持各类主体平等参与并提供服务，形成扩大供给合力。

（5）完善制度，改革创新。加快转变政府职能，创新服务提供方式，消除体制机制障碍，形成保障交通运输基本公共服务体系有效运行的长效机制。

2. 总体目标

到 2050 年，全面建成体系完善、覆盖城乡、普惠均等、便捷高效的交通运输基本公共服务体系，实现“行有所乘”，实现城乡、区域和不同社会群体间基本公共服务制度的统一、标准的一致和水平的均衡，基本公共服务达到国际先进水平，形成具有中国交通强国特色的交通运输基本公共服务均等化清单与标准，有力支撑现代化交通强国建设目标，全面提升人民群众的获得感、公平感、安全感和幸福感。

3. 阶段目标

（1）2019—2020 年：推动交通运输基本公共服务普遍覆盖，初步建立覆盖城乡、区域协调、群体普惠的基本公共服务体系，率先实现全面小康社会中交通运输基本公共服务发展目标。

（2）2020—2025 年：建立健全交通运输基本公共服务体系，实现地区性基本公共服务财政能力和服务水平均等化，促进城乡基本公共服务的制度衔接和统一。

（3）2025—2035 年：总体实现交通运输基本公共服务均等化，建立相对完善的现代交通运输基本公共服务制度体系，交通运输基本公共服务均等化水平全面提升。

（4）2035—2050 年：基本消除城乡、区域、群体差异，全面建成体系完善、覆盖城乡、普惠均等、便捷高效的交通运输基本公共服务体系，交通运输基本公共服务达到国际先进水平，交通强国建设成果由全民共享。

三、重点任务

以 21 世纪中叶全面建成交通强国的战略总目标为指引，提出推进交通运输基本公共服务均等化的重点战略任务。

（一）持续扩大交通运输基本公共服务覆盖面

（1）着力平衡区域差异。实施交通精准扶贫政策，大力推进西部地区尤其是集中连片特困地区和“老少边穷”地区剩余乡镇和建制村通硬化路、通客车建设，全面满足农民群众的基本出行需求，兜住全面建成小康社会交通运输托底性目标。

（2）着力平衡城乡差异。统筹考虑易地扶贫搬迁安置工作，有序推进通村组道路建设，推进人口聚居的较大规模自然村通硬化路建设。以示范县为载体全面推进“四好农村路”建设，加快实施通村组硬化路建设。完善政府购买公共交通服务制度，扩大客运服务覆盖面，实现具备条件建制村客运村村通，并推动公共客运服务逐渐向具备条件的自然村组延伸，全面提高城乡客运一体化发展水平。

（3）着力平衡群体差异。改善老、弱、病、残等弱势群体的出行条件，将无障碍交通基础设施改造纳入无障碍环境建设发展规划，不断完善无障碍交通基础设施布局。加大为老年、残疾乘客的贴心服务力度，加快服务模式创新，进一步提升服务的系统化、精细化水平。完善无障碍交通设施及服务标准规范体系，加紧完善铁路、公路、水运、民航、邮政、城市客运等相关领域的无障碍服务标准体系建设。

（二）不断提高交通运输基本公共服务品质和水平

（1）推进交通运输基础设施提质升级。有序推动农村联网公路建设，完善提升重要县乡道和行政村对外连接道路，实施行政村与村、组之间的连通工程，不断提高农村公路的网络化水平和整体服务能力。推动农村旅游路、资源路、产业路建设，改善特色小镇、农林牧场、乡村旅游景点景区、产业园区和特色农业基地等交通运输条件，促进农村公路与农田机耕道有机结合。因地制宜推进窄路基路面公路拓宽改造，加强县、乡道和建制村安全生命防护工程建设和危桥改造，逐步实现农村公路安全生命防护工程全覆盖、“零危桥”，提升农村公路建设水平。

（2）大力提高农村客运服务水平。完善农村客运服务网络，鼓励支持农村客运创新发展。探索区域经营、延伸经营、预约经营、专线经营、班线经营等形式多样的农村客运经营模式，积极发展农村定制客运，探索开行隔日班、周班、节日或预约班、学生班、赶集班等固定或者非固定的班次，保障群众出行需求。支持有条件的地区进一步推进农村客运公交化改造，促进农村客运和城市公交网络的合理衔接和有效融合。

（3）大力发展城市公共交通。倡导公交优先，实行公共交通设施用地优先、设施建设优先、使用路权优先和公共财政转移支付优先。强化分类指导，加快城市群及特大城市轨道交通建设，形成城际轨道交通主轴网络化格局；中等城市建设以大容量公交车为主体、基本覆盖全部城区的公交系统；逐步提高小城市公共交通覆盖率。推动城乡一体，积极推动城市公共交通线路向城市周边延伸，扩大城市公共交通服务广度，增加服务深度；统筹规划城乡客运服务网络和设施建设，促进城乡客运资源共享，不断提高城乡公共交通一体化水平。

（4）增强邮政普遍服务能力。支持邮政企业加大对农村地区和边远地区运输和投递车辆投入，推动将农村投递人员和村邮站人员纳入公益性岗位。推动邮政企业优化组织作业流程，加强邮件时限管理，缩短邮件全程时限。大力发展农村邮政电商寄递，推动邮政成为服务农村电子商务的重要渠道。深入推进“快递下乡”工程，推动邮政与快递、交通运输企业在农村地区拓展合作范围、合作领域和服务内容，提升农村地区邮政服务水平。

（三）创新交通运输基本公共服务供给模式

（1）鼓励提供新型的多元化、定制化的公共客运服务。鼓励开展个性化定制、多样化服务，细分客运服务市场，按需求、分层次提供运输服务产品，满足公众差异化、多样化运输服务需求。响应国家“互联网＋”战略，提升线上线下服务能力，提供更加高品质、快捷化、多样化、共享化和体验化的客运服务，实现客运服务的“门到门”“点到点”“随客而行”，不断增强人民群众的获得感、幸福感、安全感。

（2）推进“客货并举、运邮结合”。加强与供销部门和邮政部门的合作，增加农村客运站场物流和邮政服务功能，充分发挥农村客运站场、车辆在服务农村物流和农村邮政等方面的组合效应，统筹推进农村客运和农村物流、农村邮政的融合和一体化发展。

（3）探索“交产融合”发展模式。建设一批资源路、旅游路、产业路和新型村镇出口路，开发旅游直通车、景区小交通、站场旅游集散、邮轮等运游结合产品，推进乡村交通与旅游、产业充分融合，实现交通建设带动产业发展与产业发展反哺交通建设的有机结合，以产业发展带动交通运输基本公共服务水平的持续提升。

（四）建立交通运输基本公共服务长效机制

（1）建立规划体系。按照“战略研究＋中长期规划＋五年规划＋年度计划”的基本架构，完善推进交通运输基本公共服务均等化的规划体系，提前部署“十四五”交通运输基本公共服务均等化规划前期研究工作，并加强与国民经济与社会发展五年规划、国家及地方基本公共服务发展规划等相关规划的衔接。

（2）完善投入机制。根据《国务院办公厅关于印发交通运输领域中央与地方财政事权和支出责任划分改革方案的通知》（国办发〔2019〕33号）的要求，进一步明确和细化各级政府在交通运输领域的财政事权和支出责任，建立与财政事权相匹配的支出责任体系和管理制度，履行好提供交通运输基本公共服务的职责。完善预算管理制度，全面实施预算绩效管理，提高交通运输领域资金配置效率和使用效率。

（3）加强评价考核。建立完善交通运输基本公共服务的标准体系、评价指标体系，推动建立长效交通运输基本公共服务的评价考核工作机制。明确各级政府的监督责任，加强对监督目标和考核标准的监督考核，在监督中充分发挥服务对象和社会公众的监督作用。

四、措施建议

（1）加强组织保障。组建推进交通运输基本公共服务均等化领导小组，健全工作机制，强化部门协同，统筹安排各项工作，协调解决重大问题，确保各项政策措施落到实处。

（2）加强资金保障。建立健全财政对交通运输基本公共服务领域的长效投入机制，加大对中西部地区及农村地区的投入力度，通过制度建设提升资金投入的效率。

（3）加强政策保障。积极争取将交通运输基本公共服务规划纳入国家规划，争取国家层面的资金政策支持。加强支持政策研究，从规划层次、资金保障、试点示范等方面提出具体支持政策，保障各项重点任务实施。

（4）加强宣传保障。强化政策解读、宣传、信息公开，积极引导管理社会合理预期，创造良好的实施环境。

交通运输部规划研究院课题组

主要执笔人：朱鲁存　陈宇毅　李鹏林　李　悦　张立彬

第十章　交通运输支撑国家总体安全研究

交通运输部规划研究院

一、支撑国家安全的现状及问题

习近平总书记在2014年4月召开的中央国家安全委员会第一次会议上，首次提出“总体国家安全观”重大战略思想。党的十九大报告将“坚持总体国家安全观”纳入习近平新时代中国特色社会主义思想，作为第十条基本方略一以贯之。交通运输支撑国家安全，是为中华民族伟大复兴顺利实现提供坚实基础的战略需要，是为经济社会发展、人民安全出行和交通强国建设提供有力支撑的必然选择。为深入贯彻落实总体国家安全观，实现交通运输安全发展，推进交通强国建设，研究交通运输支撑国家安全的内涵、要求、思路和重点，是十分必要的。

（一）关于总体国家安全观

1. 总体国家安全观的要义

总体国家安全观的要义主要体现为五大要素和五对关系。

（1）五大要素包括：①以人民安全为宗旨，坚持国家安全一切为了人民、一切依靠人民。②以政治安全为根本，坚持党的领导和中国特色社会主义制度不动摇，为国家安全提供根本政治保证。③以经济安全为基础，确保国家经济发展不受侵害，为国家安全提供坚实物质基础。④以军事、文化、社会安全为保障，建立完善各项对策措施，为维护国家安全提供硬实力和软实力保障。⑤以促进国际安全为依托，在注重维护本国安全利益的同时，注重维护共同安全。

（2）五对关系包括：①既重视外部安全，又重视内部安全。对内要求发展、求变革、求稳定、建设平安中国，对外要求和平、求合作、求共赢、建设和谐世界。②既重视国土安全，又重视国民安全。强调国土安全与国民安全的有机统一。③既重视传统安全，又重视非传统安全。强调传统安全与非传统安全威胁相互影响，并在一定条件下可能相互转化。④既重视发展问题，又重视安全问题。强调发展和安全是一体两面。⑤既重视自身安全，又重视共同安全。强调全球化和相互依赖使得中国和世界的安全已密不可分。

2. 国家安全体系的构成

根据《中华人民共和国国家安全法》，国家安全体系包括政治安全、国土安全、军事安全、经济安全、文化安全、社会安全、科技安全、网络安全、生态安全、资源安全、核安全、海外利益安全等方面，其具体含义如表 10-1 所示。

国家安全体系构成与含义 表 10-1

序号	构成	含　义
1	政治安全	政治安全有关党和国家的安危，核心是政权安全和制度安全。政治安全是国家安全的根本，是经济、社会、网络、军事等领域安全的维系和前提，其他领域的安全问题，也会反作用于政治安全
2	国土安全	国土安全是立国之基，是传统安全备受关注的首要方面。涵盖领土、自然资源、基础设施等要素，是指领土完整、国家统一、海洋权益及边疆边境不受侵犯或免受威胁的状态
3	军事安全	指国家不受外部军事入侵和战争威胁的状态，以及保障这一持续安全状态的能力。既是国家安全体系的重要领域，也是国家其他安全的重要保障
4	经济安全	经济安全是国家安全的基础，核心是要坚持社会主义基本经济制度不动摇，不断完善社会主义市场经济体制，坚持发展是硬道理，不断提高国家的经济整体实力、竞争力和抵御内外各种冲击与威胁的能力，重点防控好各种重大风险挑战，保护国家利益不受伤害
5	文化安全	指一国文化相对处于没有危险和不受内外威胁的状态，以及保障持续安全状态的能力。文化安全是国家安全的重要保障
6	社会安全	是国家安全的重要内容，包括防范、消除、控制直接威胁社会公共秩序和人民群众生命财产安全的治安、刑事、暴力恐怖事件，以及规模较大的群体性事件等

续上表

序号	构成	含　义
7	科技安全	指科技体系完整有效，国家重点领域核心技术安全可控，国家核心利益和安全不受外部科技优势危害，以及保障持续安全状态的能力
8	网络安全	网络安全与政治、经济、文化、社会、军事安全等领域相互交融、相互影响，已成为我国最复杂、最现实、最严峻的非传统安全问题之一，已成为信息时代国家安全的战略基石
9	生态安全	指一个国家具有支撑国家生存发展的较为完整、不受威胁的生态系统，以及应对内外重大生态问题的能力。生态安全是国家安全体系的重要组成部分和基石
10	资源安全	核心是保证各种重要资源充足、稳定、可持续供应，在此基础上，追求以合理价格获取资源，以集约节约、环境友好的方式利用资源，保证资源供给的协调和可持续
11	核安全	目标是在实现无核武器世界的条件下，确保核材料、核设施的安全
12	海外利益安全	国家利益的重要组成部分，主要包括海外能源资源安全、海上战略通道以及海外中国公民、法人的安全

（二）交通运输支撑国家安全的现状及问题

1. 发展现状

交通运输是国民经济的重要产业，是现代化经济体系的重要组成部分，对于国家经济发展、社会进步、生活安定、民族团结具有重要的基础性、先导性和服务性作用，是国家安全的重要战略基石。交通运输与国家安全体系的各领域都有直接或者间接的联系，是支撑政治、社会、国防、生态等领域安全的重要载体。经济安全方面，交通运输快速发展引发了生产要素的“点轴集聚”效应，形成了与生产力布局相适应的廊道布局，为经济要素的有序流动和实现经济安全提供了有力支撑。社会安全方面，交通运输条件的改善加快了区域和城乡间人流、物流和信息流的流动，促进了发展理念和模式转变，改善了民生，加快了贫困地区脱贫致富步伐，增强了民族地区的经济文化交流、感情交融和价值认同，推动了社会进步。国土安全方面，国防交通建设是维护国家主权、安全、领土完整的重要前提和基础。长期以来，交通运输有力支撑了国家安全体系建设，有效保障了政治、经济、社会、军事、国土等领域发展，交通运输已经成为国家安全体系的有机组成部分，并发挥着越来越重要的作用。

2. 存在问题

交通运输支撑国家安全取得了一定成就，但对照新的发展要求，还存在一些薄弱环节，在思想认识、体制机制、应急处置能力、应对非传统安全等方面，还存在着不适应的问题。

（1）思想认识不适应

交通运输行业从业者总体国家安全观的意识不够突出，发展理念不够先进，缺乏从中央到地方统一的指导思想和工作方案，交通运输行业还难以多维度、全方位支撑国家安全。

（2）应急处置能力不适应

生产资料和战略物资的运输保障和服务能力不能适应新时代发展需求，交通运输面对自然灾害、重大事件的应急处置能力和反恐保障能力亟待提升，铁路、公路、水路运行监测、监控、防灾预警等安全保障系统亟待加强。

（3）体制机制不适应

交通运输支撑国家安全的体制机制仍不健全，缺乏统筹机构，未制定相应的发展规划，人才培养和储备的机制不够完善，交通运输军民融合发展的科技研究和创新发展鼓励机制不足。

（4）应对非传统安全不适应

交通运输行业应对金融安全、网络安全和生态安全等非传统安全的能力存在明显短板。规避金融风险的意识和手段不够先进；行业网络安全意识不强、基础不牢、能力不足等问题依然突出，难以有效应对复杂的网络攻击；交通运输工程规划和实施中对资源和生态安全保障水平需进一步提升。

二、发展形势与总体要求

（一）发展形势

当今世界正处在大发展大变革大调整时期，和平与发展仍然是时代主题，但世界“逆全球化”思潮上扬，非传统安全威胁持续蔓延，影响全球战略稳定的消极因素增多，复杂和不确定成为国际安全新现实。我国国家安全形势保持总体稳定，但面临的安全和发展环境更趋复杂，需要坚持总体国家安全观，走中国特色国家安全道路。交通运输是国民经济中重要的基础性、先导性、战略性产业和服务性行业，对于国家经济发展、社会进步、生活安定、民族团结具有重要的支撑、先导和保障作用，是国家安全的重要战略基石。国家安全面临新形势的深刻变化，对交通运输发展提出了新的更高要求。

1. 支撑国民经济运行等重点领域安全，要求全面提升交通运输保障能力

交通运输是支撑国家安全的重要基础。提高国民经济运行等重点领域安全水平，迫切需要全方位提升交通运输保障能力。支撑经济安全，要求交通运输为我国经济社会发展提供便捷、安全、高效的运输条件，提供与产业结构相适应的运输体系，切实降低全社会物流成本，为我国产业转型升级赢得空间。支撑资源安全、国土安全和军事安全，要求加快推进陆路及海上战略支点建设，建设多方向、组合式能源运输通道，加强国际运输安全合作，有效提高能源和资源保障能力，打破周边战略遏制，维护国家安全。支撑金融安全，要求有效防控交通运输领域债务风险，探索建立行业债务安全防线和风险应急处置机制、发展规划与资金保障动态平衡机制。

2. 国家安全局势复杂性不断提升，要求提升应对非传统安全能力

当前全球形势复杂多变，国家面临的非传统安全问题更加突出，交通运输要重视非传统安全带来的潜在风险，着力提高应对各类非传统安全的能力。支撑社会安全，要求坚守交通运输安全底线和红线，进一步完善行业安全体系，坚决遏制交通重特大事故，提高交通运输反恐能力。支撑科技安全，要求加强前瞻部署，聚焦无人驾驶、超级高铁等领域的关键技术突破，实现交通领域关键核心技术安全可控。支撑网络安全，要求加快制定交通运输领域关键信息基础设施安全规划，落实好网络安全等级保护新制度新标准，加快网络安全监测预警和态势感知平台建设，做好关键信息基础设施防护工作。支撑生态安全，要求优化交通空间和资源开发，加强交通设施沿线自然生态系统保护和修复，推进重点交通环境问题治理。

3. 维护国家安全的系统、全面和持续性特征，要求提升交通运输保障国家安全的体系化水平

维护国家安全具有系统性，体现在不同领域安全是相互联系、相互影响和相互作用的，并在一定条件下相互转化；具有全面性，维护国家安全涉及各个领域，既有政治安全、国土安全、军事安全等传统安全领域，也有金融安全、文化安全、科技安全、生态安全等非传统安全领域；具有持续性，维护国家安全是我国长期性任务，未来将面临各种复杂挑战，必须系统谋划，开展机制化和常态化的治理。交通运输行业应顺应国家安全的系统性、全面性和持续性的规律特点，不断拓展交通发展的内涵和外延。首先要统筹好国内安全与国外安全，我国海外利益面临安全风险增加，在做好交通支撑国内安全工作的同时，需要统筹做好“一带一路”倡议的资源通道建设、海外撤侨应急性救援等交通运输支撑国际安全工作。其次要统筹好行业自身安全与协同安全，交通运输支撑国家安全工作应具有开放性眼光，避免只关注行业安全而忽略经济、文化、社会、网络、生态等领域问题，应建立相应的工作机制，实现与其他行业的协同安全。

4. 社会安全和出行安全需求日益提高，要求提升交通运行安全和应急保障能力

习近平总书记针对安全生产作出了一系列重要论述，强调始终把人民群众生命安全放在第一位，发展决不能以牺牲人的生命为代价，这必须作为一条不可逾越的红线。交通运输是重要的民生领域，未来交通运输自身建设和发展任务仍然繁重，确保交通运输安全生产形势稳定，努力打造“平安交通”是人民群众对交通运输行业最大的诉求，也是交通运输行业生存和发展的根本前提。这要求把保障人民群众出行安全放在首位，确保生产运行的安全，特别是遏制重特大事故，不断提高交通运输的可靠性和应急保障能力，更好的应对突发事件（自然灾害、事故灾难、社会公共事件），保护人民生命财产安全，力求为经济社会发展提供更加坚实可靠的交通运输保障，为社会公众提供更加安全便捷的交通运输服务，为交通企业提供更加健康稳定的运输市场环境。

（二）总体要求

1. 指导思想与基本原则

以提高交通运输安全发展的质量和效益为主线，着力完善运输通道保障体系、夯实维护社会稳定能力、提升应对非传统安全水平、提升应急处置能力，建立基本完备的交通运输安全与应急体系，全面适应经济社会发展和人民群众出行的安全需要。特别是统筹好以下几方面关系。

（1）统筹交通发展与交通安全。交通发展和交通安全是一体之两面，只以其中一项为目标，两个目标均不能实现。交通发展与安全之间既相互联系又相互影响，要以发展为本，以安全保发展，以发展促安全。

（2）统筹交通国内安全与国际安全。随着“一带一路”倡议深入实施，我国交通企业、机构和人员大规模“走出去”，海外利益广度和深度不断拓展。同时，国际安全环境发生复杂深刻变化，我国海外利益面临安全风险增加，需要统筹好交通运输支撑国内和国际安全工作，维护海外利益安全。

（3）统筹交通传统安全与非传统安全。新的历史条件下，网络安全、生态安全、金融安全等非传统安全的发展诉求逐步增多，交通行业在应对好事故防范、应急救援、保障经济运行、维护社会出行公平等传统安全的同时，要高度重视非传统安全，提升相关的应对能力。

（4）统筹行业自身安全与协同安全。相对以前的安全观，总体国家安全观更具有完整性和系统性，其内涵和外延更加丰富。支撑国家安全应具有开放性眼光，避免只关注行业安全而忽略经济、社会、网络、生态等领域问题，建立相应的工作机制，实现与其他行业的协同安全。

2. 战略目标

到2035年，交通运输支撑国家安全的保障体系基本建成，交通运输保障能力总体适应国家安全要求。交通运输支撑政治安全、经济安全、军事安全、国土安全等传统安全的能力进一步提高，支撑金融安全、科技安全、网络安全、生态安全、资源安全等非传统安全的能力显著增强，维护海外利益安全交通保障能力明显提升。交通重特大事故发生率显著下降，交通运输安全与应急体系较为完备，总体适应经济社会发展和人民群众出行的安全需要。

（1）国际方面。基本形成我国与周边国家间海、陆、空多元化的战略运输通道格局，顺畅、高效、安全的国际客货运输服务加快发展，总体满足我国与周边国家间经贸发展和各领域交往对交通运输的需求。建立起较为完善的多层面、全方位交通合作机制，国际辐射力和竞争力不断提升，逐渐引领全球交通治理体系。在国际交通标准、规则制定中具有较强影响力，基本实现“一带一路”国家交通系统的一体衔接和高效运行。水上交通安全监管和救助打捞体系更加完善，海上通道安全保障、海洋维权、护航撤侨、反恐等能力显著提升。

(2) 国内方面。交通基础设施总体达到世界先进水平，有力支撑经济发展、国土开发、国防建设等国家战略，交通成为经济发展新引擎，有力保障国家经济安全、能源安全、资源安全等重要领域安全。战略投送能力显著加强，有力支撑国防安全要求。交通运行更加安全可靠，总体建成监管精准、保障有力的支持保障体系，基本建成覆盖全面、响应快速的应急救援体系。道路交通万车死亡率低于1.5。轨道交通安全运营水平明显提升。

到21世纪中叶，交通发展与安全实现高度统筹与协同，交通运输支撑国家安全的保障体系全面建成，交通运输保障能力全面适应国家安全要求，应对传统安全和非传统安全的能力均达到世界先进水平。交通重特大事故得到根本性遏制，交通运输安全与应急体系总体完备，交通应急保障能力达到国际领先水平，全面适应经济社会发展和人民群众出行的安全需要，有力支撑国家总体安全。

三、战略任务

按照交通运输支撑国家安全的总体思路，遵循“四个统筹”的战略导向，聚焦两阶段战略目标，提出交通运输支撑国家安全的重点任务。

（一）完善运输通道保障体系

1. 提升重点物资运输保障能力

完善国内交通运输基础设施网络，通过线路扩能改造、新增线路、打通断头路、强化干支衔接等举措，提升煤炭、粮食等重点物资运输服务能力。拓展国际交通运输网络，强化物流大通道与口岸的交通衔接，提升铁路集装箱国际运输功能，改善重点物资国际物流服务功能。加强国家物流枢纽城市建设，依托重点港口、机场、铁路货站等交通枢纽节点，强化物流枢纽功能及其集疏运体系。

2. 强化能源运输通道保障能力

统筹推进主要能源基地的煤炭生产、电力建设和交通运输协同发展，着力提升石油、天然气等重点能源通道的交通运输能力。依托“六廊一路”和国内物流大通道建设，强化陆海通道资源统筹利用，积极构建和完善国际、国内跨区域重要能源物流大通道。提高能源运输通道组织效率，加快能源主通道内重要基础设施的扩能改造，消除瓶颈路段，提高通道服务水平。

3. 完善海外运输通道和战略支点布局

拓展并完善国际运输网络，构建全方位、立体化的陆海空运输通道。推进湄公河次区域、孟中印缅、中巴、中蒙俄等陆路通道，以及泰国湾、孟加拉湾、波斯湾、东非、澳西等海路通道优先项目建设。拓展我国在周边国家以及非洲、欧洲等区域的海上通道战略支点布局，推进巴基斯坦瓜达尔港、缅甸皎漂港等重点港口的开发、建设与运营。加强国际安全合作，推进中国—东盟海上溢油遥感探测系统、巴淡岛中印尼海上联合搜救基地建设、马六甲—新加坡海峡合作机制等海上安全合作项目。

（二）夯实交通维护社会稳定能力

1. 遏制重特大事故

显著提升交通运输安全水平，着力防范重大事故。制定交通运输重点领域安全生产重大事故隐患清单，强化对风险源辨识、评估和管控，从源头上遏制重特大事故。加强铁路运行监控、防灾预警等安全保障系统建设，强化高速铁路运输安全管理；完善国家公路网运行监测体系，全面实现重点营运车辆联网联控；完善近海和内河水上交通安全监管系统布局，加强“四类重点船舶”运行监测；加强民航安全监管；实施邮政寄递渠道安全监管“绿盾”工程。

2. 提升民族地区、边疆地区交通发展水平

打好扶贫攻坚战，促进区域协调发展，保障社会稳定发展。畅通民族地区、边疆地区的骨干通道和沿边通道，加大对西藏和四省藏区交通运输发展支持力度，支持新疆南疆四地州交通运输加快发展，加强衔接重要经济区、边境城市的综合运输通道建设，优化交通网络和客货运输枢纽布局，实现常年开通的边境公路口岸基本通二级及以上公路，支持贫困地区实施一批具有

资源路、旅游路、产业路性质的县乡公路改造建设，推进“交通 + 特色产业”扶贫，支持在偏远地区、地面交通不便地区建设通用机场。

3. 促进交通重点领域稳定健康发展

加快开放民航、铁路等行业的竞争性业务，健全准入与退出机制，促进运输资源跨方式、跨区域优化配置。健全交通运输价格机制，适时放开竞争性领域价格，逐步扩大由市场定价的范围。促进道路货运行业健康稳定发展，深化道路客运市场化改革，推进市场主体集约化、联盟化、平台化发展。积极稳妥深化出租汽车行业改革，完善经营权管理制度。加快信用体系建设，发挥全国交通运输信用平台和“信用交通”网站的归集、共享、公开和应用作用，进一步建立守信激励和失信联合惩戒机制。加强行业稳控综合治理，建立健全交通运输、公安、维稳、网信、信访等多部门参与的协调联动机制。

4. 打造交通运输安全品质工程

围绕基础设施、装备设施、运输工具、生产作业等方面，打造全寿命周期品质工程，提升耐久性。提升工程设计水平，以工程质量安全耐久为核心，强化工程全寿命周期设计，系统考虑工程建设施工和运营维护。提升工程管理水平，推进建设管理专业化，工程施工标准化，工程管理精细化、信息化。提升工程质量水平，推进质量风险预防管理，加强过程质量控制，强化工程耐久性保障措施。实施铁路安保工程，推进公路安全生命防护工程建设，实施深海远海搜寻和打捞工程建设，推进航空安全工程。

（三）提高交通运输应对非传统安全水平

1. 有效防控交通运输领域债务风险

坚持“各负其责、分级管理，预防为先、标本兼治”的原则，切实加强项目投资评价，防控财务风险，守住不发生系统性、区域性债务风险的底线。加强规划指导，合理控制投资规模，把控好建设规模、标准、节奏，从源头上优化增量债务。把握好交通运输债务底数，科学确定建设标准、规模，合理安排建设模式、时序，完善项目规划建设责任制和后期评价制。建立长效机制，指导债务举借单位制定债务风险应急预案和风险防控方案，对债务规模、结构进行动态监测，评估风险状况，跟踪风险变化，对债务风险及时预警并妥善处置。创新投融资机制，积极探索交通建设项目与沿线土地置换、产业发展等统筹综合开发模式，鼓励支持各级政府吸引社会资本参与交通行业建设，加快构建财政优先保障、金融重点倾斜、社会积极参与的稳定的资金保障体系。

2. 实现交通领域核心技术自主可控

按照“立足中国、面向全球、自主自信、按需借鉴”的科技创新战略思想，以行业技术发展趋势为引领，以产学研用协同创新为主要模式，解决一批制约交通发展的关键科学问题，研发一批引领交通发展方向的重大前沿技术，全面提升我国交通运输系统装备、基础设施、系统集成、运营管理的技术水平，形成全球竞争力。强化人工智能、新材料和新能源等赋能/赋性技术与交通运输需求的深度融合，大力发展高效能、高安全、综合化、智能化的系统技术与装备，形成满足我国需求、总体上国际先进的现代交通运输核心技术体系。培育壮大新能源载运工具、现代轨道交通、现代通航运输、绿色水运装备等产业，提升我国交通运输业和装备制造业的核心技术全球竞争力和产业可持续发展能力。

3. 提升交通运输维护网络安全水平

健全组织机构，建立健全网络安全管理机构，建立网络安全管理工作责任制、网络安全绩效评估和问责追责机制。完善政策制度，完善网络安全管理制度体系和标准规范，建立网络安全管理长效机制。构建行业网络安全信任体系，完善行业密钥管理和电子认证基础设施，规范和推进行业密码应用。保障关键信息基础设施安全，加强行业专网、重要信息系统、重要业务数据等关键信息基础设施认定和规范管理，全面落实网络安全等级保护制度。强化网络安全应急体系建设，构建行业网络安全容灾备份体系，持续完善网络安全应急预案体系建设。应用网络安全自主可控技术，避免关键信息基础设施对单一技术和产品的依赖。

4. 促进交通与生态环境协调发展

强化综合运输通道线位、枢纽、港口岸线等资源的集约节约利用，大力推进资源节约型交通运输工程技术发展，推进资源开发集约和循环利用。加强交通基础设施规划和建设过程中的环保把控，将资源和生态保护理念贯穿全过程，积极倡导项目前期生态资源评估工作。强化基础设施生态保护，做好交通工程对生态脆弱地区的生态影响评估。加强交通运输行业对大气污染、水污染的防治工作，提升船舶大气污染物排放监管能力，鼓励公路工程采用温拌沥青等先进工艺。优化运输结构，促进铁路、水运等低碳运输方式的发展。优先发展公共交通，鼓励发展城市慢行交通系统，大力发展多式联运、甩挂运输和共同配送等高效运输组织模式。提升交通运输装备科技及能效水平，推广应用高效、节能、环保的车辆装备及船舶使用岸电。深化节能降碳自主创新与技术应用，优先支持重点节能技术和产品的推广应用。

（四）提升交通应急处置能力

1. 提高交通应急监测预警能力

加强交通重要基础设施和重大工程安全监测服务能力，深化卫星遥感、地理信息系统（Geographic Information System，GIS）、全球定位系统（Global Positioning System，GPS）等在交通基础设施监测中的应用及大范围的应用示范，明确与交通运行安全相关的地理空间重要节点、重大工程，并对其进行智能监测，对京津冀、长三角、粤港澳大湾区等重点区域建成交通基础设施安全监测平台。深化与公安、安监、气象、海洋、国土、水利等部门的信息共享，加强交通应急信息资源共享与融合处理，利用大数据、人工智能等技术，研判突发事件发生的可能性，快速评估事件可能影响范围，提高评估和预测能力。建立我国交通安全主动防控体系，加强和提升交通运输安全主动防控能力，在事故发生时最大限度地降低和减少人民生命安全及财产的损失。完善交通应急预警发布机制，利用多种通信方式，使社会公众有效获取预警信息及措施建议，及时采取避灾行动，有效减少灾害损失。

2. 提升交通应急决策处置能力

完善全国交通运输运行监测与应急指挥系统，加快建设省级和中心城市运行监测与应急指挥系统。健全交通运输应急平台体系，建立交通运输应急救援指挥决策模型，为决策提供支撑。健全交通应急协调联动机制，提高应急响应效率。加强交通运输部门与公安等部门的信息共享和协调联动，完善突发事件应急救援指挥系统。加快建设铁路、公路和民航一体化应急救援体系。增强我国综合交通运输系统跨部门协同救援能力，提升交通运输多方式系统运行效率和集成服务能力。加强国际合作，探索建立跨国、跨境应急协调联动机制，完善应急救援指挥系统建设，提高指挥决策科学性。加快交通应急技术装备研发，实施深远海搜救建设工程，提升深海远洋搜寻和打捞能力，重点加强大型监管救助基地、星基通信监控系统、远程飞机和大型船舶、深海扫测打捞装备建设，提升海上通道安全、全球海上搜救、极地深海救援、护航护侨撤侨水平。

3. 强化交通应急资源保障能力

优化全国应急资源布局，在全国部署若干区域性国家公路应急保障中心，提高国家处置重特大公路交通突发事件的能力。依托基层养护道班、工区建设，建立公路养护与应急中心。加快推进大型起重船、大型半潜式打捞驳船等水上抢险打捞装备的建造，提升沉船整体打捞能力和水下救援打捞深度。加快建设水路抢通应急设施和物资储备库，保障沿海重要通道和长江干线、西江航运干线、黑龙江、京杭运河航道畅通。完善沿海、长江干线救助打捞飞行基地和船舶基地布局，加强我国管辖海域应急搜救能力和航海保障建设。强化专业应急队伍建设，提升交通抢险保通能力，统一协调中央与地方、交通运输部门与其他部门、专业力量与社会力量的交通应急保障物资，充分发挥全社会资源优势。结合武警交通部队兵力部署和公路养护队伍现状，构建平时服务、急时应急的交通应急物资保障体系。加强紧急运力储备，建立紧急运力动员调用机制。按照“平急结合”原则构建应急保障运力，以省为基本单元，构建满足抢险救灾人员、物资和战略物资运输需要的国家应急运输保障车队。以地（市、州、盟）为基本单元，组建省级道路客、货应急运输保障队伍。完善港航企业联动机制，依托大中型港航企业提供运能保障，建立部级、省级水路紧急运力储备。

四、对策建议

1. 完善体制机制

研究设立部支撑国家安全领导小组，加强交通运输支撑国家安全机制建设，完善军民融合发展体制机制，推进建立与外交、国防、商务、公安等部门的沟通机制。

2. 配套支持政策

制定交通运输支撑国家安全的发展规划和实施方案。推动在各级政府财政中设立交通运输支撑国家安全的专项资金，保障重大基础设施建设用地，鼓励社会资本通过多种方式参加相关设施建设。

3. 深化国际合作

以"一带一路"沿线国家地区为重点，深化与相关国家、地区和国际组织在交通运输安全与应急领域的交流合作。

4. 加大宣传教育

在行业内认真组织落实好国家安全宣传活动，将国家安全相关知识纳入交通运输行业从业人员教育培训体系，提升从业人员维护国家安全的能力素质。

交通运输部规划研究院、中国交通通信信息中心联合课题组

主要执笔人： 耿彦斌　胡贵麟　孙　鹏　刘　晨　史　言　杨立波　朱鲁存　耿丹阳

第十一章　交通运输科技创新体系研究

交通运输部科学研究院

一、科技创新体系的现状及问题

（一）内涵与认识

创新是引领发展的第一动力，是建设现代化经济体系的战略支撑。交通运输作为发展的先行官，是现代化经济体系的重要组成部分，要加快实现交通由大到强的历史转变，关键要靠创新，要加快推进以科技创新为核心的全面创新，充分发挥科技创新的引领和支撑作用。科技创新是交通强国建设的重要支撑，同时也是交通强国建设的重要内涵、重点任务。一方面，建设交通强国必须依靠科技创新培育发展新动力，为交通运输高质量发展提供动力源泉，通过实施创新驱动发展战略，完善行业科技创新体系，集中行业科技资源实施重点突破，带动行业全面创新发展；另一方面，交通强国也意味着交通科技强，具有持续的交通运输科技供给能力且能够领跑世界科技创新与进步，拥有世界一流的科技人才、一流的科学技术，能以科技创新促进和引领本国交通运输和世界交通运输的创新与发展。

要充分发挥科技创新在交通强国建设中的支撑和引领作用，关键是要围绕交通强国建设目标，深入分析把握交通运输科技发展需求，不断改进和完善科技创新发展方式，有效整合和优化配置社会创新资源，充分调动和吸收行业内外、国内外一切可以利用的先进技术、人才和资金等发展资源，不断完善行业科技创新体系，提升行业科技创新能力，促进科技创新与行业发展深度融合。据此考虑，交通运输科技创新体系应包含科技创新技术体系、科技创新实施体系、科技创新能力体系、科技创新保障体系等。技术体系是科技创新的核心，实施体系是科技创新的重要抓手，能力体系是科技创新的载体和动力资源，保障体系是科技创新根本支撑。

（二）现状及问题

1）科技创新成效

近年来，交通运输科技创新工作深入贯彻国家创新驱动发展战略和中央深化科技改革精神，立足于服务交通运输先行发展要求，以深化交通运输科技体制机制改革、强化重大科技研发、推进创新能力建设、优化科技创新环境为着力点，在人、财、物等科技创新要素上全面发力、统筹部署，行业科技创新工作取得了显著成效。

一是交通运输科技体制机制改革不断深化。与科技部等签署了“科交协同”等的合作协议，建立了涵盖“一部三局”的技术创新联席会议机制。印发实施《关于深化科技体制改革落实创新驱动发展战略的意见》，行业科技管理工作由抓科技研发项目为主向抓战略、抓政策、抓规划、抓服务转变。组织实施重点科研项目清单管理，启动重大创新成果库建设，开展扩大高校和科研院所自主权试点。印发《交通运输重大科研基础设施和大型科研仪器开放共享管理暂行办法》，出台加强行业科学技术普及工作的意见，增强了行业科技资源的统筹和协调力度。

二是组织重大科技攻关取得技术新突破。组织实施了一批国家重大科研项目，攻克了以跨海集群工程、高原高寒高海拔高速公路建设为代表的重大基础设施建设技术，突破了自动化码头、大型挖泥船、大型盾构机等一批重大装备技术瓶颈，突破了一批运输装备的关键技术。当前，我国高速列车、重载列车、城轨列车、港口装备、超大型船舶和电动汽车等交通运输装备水平跃居世界前列；推动了大吨位打捞、深水应急搜救等技术快速发展，有力支撑了港珠澳大桥等重大工程顺利建成；深入组织开展自动驾驶、无人船、氢能源汽车、太阳能路面等前瞻性技术研究，联合公安部、工信部出台智能网联汽车道路测试管理规范，从国家层面首次提出了自动驾驶道路测试管理规范。

三是统筹部署推进交通运输科技创新能力建设。持续稳定科研基础条件建设投资，在先进领域、先进研发方向的科技投入比重逐年增加，政府资金引导作用加强，企业创新主体作用发挥更为明显。推动行业重点科研平台建设成效显著，平台建设规模和质量不断发展，布局更加合理，方向更加明确，覆盖更加全面，构成了行业科技创新的核心力量。中车、徐工、百度、阿里等100余家研发实力强劲的创新型企业和清华、同济、哈工大等一批知名高校进入行业科技创新体系，为行业科技创新注入了新的活力和动力。同时，组建了一批国家产业技术创新联盟，形成了机制化的协同创新模式，夯实了我国交通科技可持续发展的基础。创新人才队伍不断壮大，据最新交通运输科技统计结果（统计对象为公路、水运领域114个企事业科技机构），交通运输科技人员总规模达43561人，其中高级职称占33.6%，研究生学历占37.5%，高层次人才和创新团队培育初见成效，交通运输行业创新实力不断增强。

四是交通运输科技创新政策环境不断优化。通过科技成果推广计划、科技示范工程、专项行动计划和科技成果推广目录、科技成果公开等方式，重点推广应用了千余项科研成果，进一步提高了交通运输行业科技成果的推广应用水平，促进了科技成果向现实生产力的有效转化。推动行业科研机构、行业重点科研平台向社会开放科研设施设备，进一步提升了行业科普水平，行业科技服务水平得到新提升。贯彻国家成果转化精神，出台《交通运输部促进科技成果转化暂行办法》，明确科技成果转化工作的组织实施、技术权益和收益的分配、成果转化绩效考评等，打通了科技成果转化的“最后一公里”，加快构建和不断优化科技成果转化激励机制和政策环境。

2）主要问题

交通运输行业科技创新成绩斐然，但与落实创新驱动发展战略、加快推进交通强国建设的要求相比，交通运输科技创新工作还存在以下突出问题：

一是基础性前瞻性技术创新仍是短板。交通运输是科学技术应用最广泛的行业之一，但是长期以来交通运输行业科技创新需求来源于工程建设和运营管理等现实需求，成果直接服务于工程建设和运营管理等领域，应用型科研的特征明显，集成创新有余，原始创新不足。基础理论创新的人才、团队、基地都薄弱。

二是支撑行业转型升级的关键技术研发亟待加强。在道路交通、航空运输和水路运输的装备产业中，“核心技术空心化”现象依然存在，汽车、飞机和船舶等战略性载运装备的动力及控制系统自主创新能力不足，对国外技术依存度依然较高，处理系统、芯片、控制系统、发动机技术等对外依赖性强。

三是激发行业高质量发展的创新动力不足，科技进步贡献率不高。项目、基地、人才的结合还不够紧密，领跑科技创新的重点科研平台、科技领军人才和卓越创新团队相对缺少，重点科研平台的“创新高地”作用有待进一步发挥。行业重点科研平台布局与协同有待进一步优化，行业具有较强影响力的高层次科技领军人才不足。

四是引领行业发展的科技创新链条设计不畅。以市场为导向的交通运输行业科技统筹管理和协调发展体制机制尚未建立，基础研究、技术研发、成果转化、产业发展的科技创新全链条设计与通道不够畅通，成果的工程化、产业化、市场化、品牌化程度不高，尤其是行业外先进技术转化应用不足，规模不大，支撑行业转型升级的作用尚未充分发挥。交通运输行业科技与经济融合程度不高，科技成果推广和科技成果转化率低，成果与生产技术需求契合度和产业化程度不高。

（三）经验借鉴

1）国际经验借鉴

对标世界交通强国，都十分重视交通运输科技创新驱动对交通运输发展的支撑与引领作用，纷纷制定交通运输科技发展战略或规划，加强交通运输科技创新指导与协同，注重新技术与交通运输产业的融合应用，抢占交通运输技术创新突破点和制高点。

一是制定战略或规划，明确交通运输科技创新方向、重点。进入 21 世纪，欧美等先后制定了一系列政策与规划，争相抢占交通运输发展先机。欧盟先后发布了《欧洲 2020 年交通远景战略规划》《欧盟交通第七框架(FP7)》和《迈向统一欧洲的交通发展路线图——构建竞争力强、高效节能交通系统》白皮书，主旨在于指导欧洲各国在交通安全、基础设施、环保与新能源应用、新型车辆设计等方面的研发投入，实施新能源汽车、高速铁路、新一代城铁、新航空排放标准以及智能交通系统，确保欧盟国家在交通运输科技领域继续保持竞争力。美国则颁布了《2030 交通远景规划》《超越交通——趋势和选择 2045》《2050 年远景：国家综合运输系统》，强调通过加强基础设施建设、交通装备研发、改善管理模式、提升公共交通服务水平、鼓励科技创新与加速新技术的产业化等手段，确保美国的交通更加安全、通畅。同时，制定推广应用下一代航空导航系统、车联网（V2V）、电动车、自动驾驶、汽车防撞预警、飞机无人驾驶等技术政策、技术标准、监管政策，有效控制新技术带来的安全、环境等潜在风险。日本出台《国土大设计 2050——形成促进对流国土形态》，提出建设时速 500km 的磁悬浮中央新干线连接大都市圈；推广大数据、自动驾驶、应用先进技术，建设安全、智能、环保型的交通运输系统。

二是加强先进技术在交通行业的应用，引领发展，提升国家竞争力。美、欧、日注重交通发展与其工业化发展相适应，一方面，注重将工业化发展的产物——新技术、新能源、新材料融入交通发展自身，推动提升交通运输系统的安全性、适应性、灵活性和可靠性，并不断降低交通系统对环境的影响；另一方面，注重适应工业化新阶段带来的交通新需求。美国、日本、欧盟等均应用先进技术引领本国交通运输发展，支撑国土空间布局，支持国内经济、对外贸易以及实现可持续发展。如日本规划建设时速 500km 的高速磁悬浮新干线，美国规划推广应用下一代航空运输系统（Next-Gen）、车联网、汽车防撞预警、无人驾驶等，欧盟提出一体化信息系统、车—路感应基础设施建设等，均体现了先进技术引领行业发展的趋势。

三是提升交通运输智能化和信息化水平，增强交通运输服务品质。欧美、日本等国家和地区注重智能和信息化技术在交通装备和运输服务领域的应用，以提高其交通运输服务质量和决策水平，如美国提出发展交通运输大数据分析决策支持系统、车联网系统，日本提出发展交通情报通信系统，欧盟提出建立高品质、高容量的网络和相应的信息服务系统等，都是通过智能、信息化手段提高交通运输服务质量水平。

四是注重优化政策环境，提升科技创新实施效率。欧盟强调了新时期政府在提升创新效率方面所面临的挑战，指出存在创新发展不平衡、数字化步调不一致等区域性问题，明确了加速科技成果转化、优化资源配置、鼓励创新型企业发展等方面的举措。美国出台《反垄断法》《信息法》《技术转让法》《技术创新法》等，为创新提供良好的法律保障。日本出台《国家研究开发评价相关指南》，以完善科研评价制度；建立了国家、企业、行业以及社会四位一体的科技创新机制，保障日本交通科技创新顺利推进；重视人才多样性，促进优秀人才流动，构建人才的自律、自主性研究制度，营造适合多样化人才发挥主导作用的科研环境。

2）国内经验借鉴

在国内，印发了《国家创新驱动发展战略纲要》《中国制造 2025》以及国家、区域和行业科技发展规划等，都站在战略全局的高度提出了实施创新驱动发展的战略部署，加强对科技创新的统筹指导，提升创新能力，完善创新体系，优化创新环境，抢占世界科技创新制高点。

一是从战略高度明确关键核心技术方向。国家创新纲要提出要围绕经济竞争力提升的核心关键、社会发展的紧迫需求、国家安全的重大挑战，强化重点领域和关键环节的任务部署。制造业科技创新部署中提出要加强关键核心技术研发，要强化企业技术创新的主体地位，瞄准国家重大战略需求和未来产业发展制高点，并且要重点提高制造业的先进设计能力，加强设计领域共性关键技术研发。农业科技创新部署中提出，要明确农业科技创新方向，超前部署农业前沿技术和基础研究，要稳定支持生物技术、信息技术、新材料技术等农业基础性、前沿性、公益性科技研究。

二是统筹部署加强创新能力建设。科技创新条件是保障创新可持续的基本条件。我国制造业创新部署中明确提出了面向制造业关键共性技术，要建设一批重大科学研究和实验设施，提高核心企业系统集成能力。农业科技创新部署中提到，要改善农业科技创新条件，建立农业科技创新基金，增加涉农领域国家工程实验室、国家重点实验室、国家工程技术研究中心、科技资源共享平台的数量，加强市地级涉农科研机构建设。区域创新部署中提出要加强科技基础设施建设均衡性部署，促进东中西部地区间创新要素流动，重点支持东部以自主创新为基础的高新技术产业发展。

三是强化顶层设计，完善科技创新链。科技创新是一个系统性工程，涉及理论突破、技术研发、成果转化、产业发展各个链条以及社会生活的方方面面，需要统筹部署协调。科技创新纲要提出，要构建以企业为主体、以市场为导向、产学研相结合的技术创新体系，高校、研发机构、中介机构以及政府、金融机构等应与企业一起构建分工协作、有机结合的创新链，形成有中国特色的协同创新体系。制造业科技创新部署明确提出，要完善国家制造业创新体系，要加快建立以创新中心为核心载体、以公共服务平台和工程数据中心为重要支撑的制造业创新网络，建立市场化的创新方向选择机制和鼓励创新的风险分担、利益共享机制。

四是以成果转化为目标，完善科技转化制度体系。科技创新的本质是推动科技成果转化，只有转化才能实现其社会经济价值。制造业科技创新部署中明确提出，要推进科技成果产业化，完善科技成果转化运行机制、激励机制、协同推进机制，引导政产学研用按照市场规律和创新规律加强合作，鼓励企业和社会资本建立一批从事技术集成、熟化和工程化的中试基地。农业创新部署中提出要积极培育以企业为主导的农业产业技术创新战略联盟，发展涉农新兴产业，加快农业技术转移和成果转化，加强农业知识产权保护，稳步发展农业技术交易市场。

五是加强科技体制机制改革，消除制度藩篱。科技创新要打破部门、区域、学科界限，有效整合科技资源，建立协同创新机制，推动产学研紧密结合。建立科技创新资源合理流动的体制机制，促进创新资源高效配置和综合集成；建立政府作用与市场有机结合的体制机制，让市场充分发挥基础性调节作用，政府充分发挥引导、调控、支持等作用；建立科技创新的协同机制，以解决科技资源配置过度行政化、封闭低效、研发和成果转化效率不高等问题；建立科学的创新评价机制，使科技人员的积极性，主动性，创造性充分发挥出来。

二、发展形势与总体要求

（一）发展形势

1）发展趋势

十八大以来，我国交通运输科技创新取得了非凡成就，技术研发取得突破性进展，人才队伍不断壮大，平台建设取得突破，企业创新主体地位逐步显现。面向社会主义强国建设新时代，服务于交通强国建设大局，交通运输呈现出一些新的发展趋势，对科技创新发展提出了新要求。

一是补齐基础设施建设短板对技术提出新要求。国民经济社会发展需要进一步补齐基础设施建设短板，提高全寿命周期管养水平。加强国际大通道、重要国际枢纽、城际大运量快速运输通道、贫困地区交通基础设施建设，推动BIM技术、装配式施工、长大桥隧建设、高坝通航、复杂环境及载荷下交通基础设施建设技术研发及应用。推动耐久性材料和结构、基础设施安全评估检测预警技术研发与应用。注重交通基础设施绿色化发展，加强资源集约化利用，严格落实交通生态环境保护与生态恢复，推动绿色安全施工、建筑节能技术研发与应用。

二是掌控运输装备关键核心技术对研发提出新要求。运输装备是交通运输的重要载体，现代化的交通运输装备体系要实现高效、绿色、智能化发展，要进一步提升装备自主研发能力，掌握关键核心技术。加强高速列车、磁浮交通等高速重载类装备研发。汽车清洁化、网联化、智能化发展，未来将重点突破纯电动汽车、燃料电池汽车、混合动力汽车和替代燃料汽车的整车设计、集成、制造、关键零部件以及汽车轻量化技术。主流船舶绿色、智能化水平进入国际先进行列，将逐步完全掌握高技术船舶的自主设计建造能力，形成完善的船舶设计、总装建造、设备供应、技术服务产业体系和标准规范体系。民用飞机产业快速、可持续发展，将形成支线、单通道、双通道干线飞机为主要构成的民航装备体系。智能信息化装备取得突破，无人车、无人船、无人机将逐步实现常态化应用。

三是进一步提升运输服务品质对技术提出新要求。国民经济和人民生活水平快速提高，人民群众对出行的便捷性、舒适性和可靠性提出了更高的要求，货运结构进一步调整，货运及时性、经济性、安全性的需求进一步提高，客运服务将更加品质化、差异化、快捷化、智能化，经济、高效的多式联运货运服务需求提升。空天地信息一体化、云计算、大数据、移动互联网等智能化信息化类技术的应用将逐步成为核心，车路协同系统、交通信息感知及交互等技术将逐步成熟并推广应用，公铁水航和城市交通“一站式”的综合信息服务等组织优化技术将推动多式联运发展。

2）面临形势

一是顺应全球科技创新潮流对交通运输科技创新提出新要求。全球科技创新进入空前密集活跃的时期，新一轮科技革命和产业变革正在重构全球创新版图、重塑全球经济结构，以人工智能、移动通信、物联网、区块链为代表的新一代信息技术加速应用，以清洁高效、可持续为目标的能源技术发展将引发全球能源变革。世界科技的大跨步发展，给交通运输发展带来了机遇与挑战，要求交通运输科技创新瞄准世界科技前沿，部署重点方向和关键技术研发，为建设好现代化交通运输体系发挥好支撑引领作用，为促进新技术与交通行业深度融合发展提供强大动力支持。

二是落实创新驱动交通强国建设对科技创新提出新使命。党的十九大明确指出“创新是引领发展的第一动力，是建设现代化经济体系的战略支撑”，提出了要建设世界“科技强国”和“交通强国”，这是指引我国科技事业和交通运输事业发展的纲领性文件。现代交通运输业是建设现代化经济体系的重要组成部分，建设交通强国必须把创新作为引领发展的第一动力，抢抓新一轮科技革命和产业变革的历史机遇，全面提升交通运输科技实力，为交通强国建设提供有力支撑。李小鹏部长在 2019 年全国交通运输会议上提出，要构建交通运输创新发展体系，加快建立以科技创新为引领、以智慧交通为主攻方向、以人才为支撑的创新发展体系，全面支撑交通强国建设，全面建成安全便捷、经济高效、绿色智慧、开放融合的现代化综合交通运输体系。

三是推动交通运输高质量发展对科技创新提出了新期待。科技创新是交通运输高质量发展的保障和驱动力，是交通运输行业适应新一轮科技革命和产业变革趋势、应对颠覆性技术带来的冲击、应对新业态迅猛发展的重要手段，是交通强国建设的根基。这就要求我们聚焦服务国家三大战略和交通强国建设，在提高基础设施耐久性和可靠度、提升行业管理效能和公共服务水平、推进交通运输绿色智能平安发展、有效降低运输与物流成本、增强安全保障与应急处置能力等领域，突破一批共性关键技术瓶颈，全面提升科技进步水平，促进行业发展转型升级；要求我们必须抓住新一轮科技革命和产业变革带来的新机遇，推动新一代信息技术广泛应用，深入实施交通运输领域“大智移云”（大数据、人工智能、移动互联网、云计算）行动，促进交通运输新模式、新业态、新动能不断涌现，以智能交通为引领，实现交通运输从传统产业向现代服务业转型升级，推动交通运输高质量发展。

（二）总体要求

1）指导思想

以习近平新时代中国特色社会主义思想为指导，坚持新发展理念，坚持推动高质量发展，坚持以供给侧结构性改革为主线，深刻把握新一轮科技革命和产业变革趋势，深入实施创新驱动发展战略，围绕服务国家重大战略，聚焦安全、便捷、高效、绿色、经济的交通运输发展方向，以完善交通运输科技创新体系为重心，统领重大科技研发，着力增强行业科技创新能力建设，深化体制机制改革，促进科技成果转化，建设创新型人才队伍，扩大行业内外科技开放合作，全面提升科技服务质量和水平，更好发挥科技创新对交通强国建设的支撑引领作用。

2）基本原则

坚持目标和问题导向。着眼于服务两个百年奋斗目标和交通强国建设重大需求，坚持全球化视野，从解决实际问题出发，深入剖析我国交通运输科技创新存在的“卡脖子”问题，顺应国家科技创新体制机制改革形势，紧扣交通运输重大发展需求，加强行业科技创新统筹，明确科技创新发展的主攻方向。

坚持突破和创新引领。以技术创新为核心，以创新能力、政策机制、成果转化环境为保障，集中优势科技资源加强攻关，在关键共性技术、前沿引领技术、现代工程技术、颠覆性技术上寻求突破；加强协同创新、资源共享与成果转化，推进交通运输科技创新体系与产业体系的深度融合，以交通运输科技创新带动全产业链创新。

坚持协同和开放共享。更好发挥政府引导和协调作用，强化企业创新主体地位，以协同创新平台为载体，以重点技术突破为契机，加强部际合作、部省合作，统筹利用行业资源，积极开展国际科技合作，促进科技创新资源、成果的开放共享。

3）发展目标

到2020年，实现科技体制机制深化改革，突破一批重大关键技术瓶颈，逐步形成政产学研用深度融合的交通运输科技创新体系。

到2035年，基本建成以科技研发为核心的新时期交通运输科技创新体系，交通运输关键技术取得突破性成果，行业科技创新能力显著提高，交通运输产业进入全球价值链中高端，行业科技创新现代治理体系基本形成，行业科技进步贡献率显著提高，科技创新成为支撑引领交通强国建设发展的第一动力，具体是：

一是交通运输科技创新技术水平迈进世界前沿。行业科技创新服务国家重大战略实施，不断实现行业转型升级，综合运输智能管控、基础设施耐久性、大数据、物联网、自动驾驶等技术取得重大突破，总体扭转以跟踪为主的局面，在若干重点领域由跟踪转向并行最终领跑，交通运输部分领域科技研发水平迈进世界前沿。

二是科技创新能力处于国际领先水平。一批国际领先的行业重点科研平台和全产业链科技创新协作平台不断涌现，一批现代科研院所、学科和高端智库团队进入世界一流行列，科技创新领军人才海内外知名，大型仪器设备和基础设施向全社会开放共享，行业内外形成协同创新的新格局。

三是交通运输产业进入全球价值链中高端。交通运输行业新技术、新工艺、新产品、新材料的研发与应用取得突破，科技创新驱动发展的新模式和新业态、新需求和新市场逐步建立，行业实现更可持续的发展，产品和服务质量与效率提升。

四是科技创新现代化治理体系基本形成。行业科技创新资源配置效率和创新效率明显提高，创新成果得到充分保护，形成政产学研用为一体的交通运输科技创新链条。科技创新驱动发展的新模式和新业态、新需求和新市场逐步建立，交通运输科技创新与产业发展实现较高程度融合。行业科技创新环境进一步优化，形成崇尚创新创业、勇于创新创业、敢于创新创业的价值导向和文化氛围，全社会创新活力竞相迸发、创新源泉不断涌流。

展望到2050年，形成崇尚创新、勇于创新、敢于创新的社会文化，企业成为科技创新的主体，交通运输行业全产业链创新体系形成，科技创新成为引领交通强国建设的第一动力。

三、主要任务

交通运输科技创新体系建设的任务部署应结合“大交通”“大科技”的发展理念，以科技创新技术体系为核心，明确交通运输科技前沿技术和主攻方向；以科技创新能力体系为载体，加快行业科研平台和科技创新人才资源建设；以科技创新实施体系为抓手，建立适应国家科技体制改革的实施体系；以科技创新保障体系为支撑，创新保障和激励机制，完善科技管理和运行机制。

（一）强化技术研发，引领创新发展

一是强化应用基础研究，围绕交通行业未来发展重大需求，瞄准物联网、人工智能、增材制造、先进材料、新能源等国际科技前沿，促进交通领域前沿学科交叉研究。二是实施交通重大科技创新工程，聚焦超长寿命、智能、绿色、协同交通基础设施，聚焦智能、绿色、超高速、全天候载运工具，聚焦空、天、地高效协同无人驾驶与运行优化技术，加强技术研发创新，构建核心技术自主可控、总体程度世界领先的现代交通技术体系。三是推进智能化、网络化、云计算、大数据在交通运输基础设施、运输装备和组织、管理、服务等方面的深度应用，加快实现基础设施数字化、出行服务网络化、物流组织智能化，推动交通产业向全球价值链高端攀升。四是强化先进技术推广应用，大力推广自动化码头、智能港口设备、智能网联车、智能航道、智能航海保障等技术，形成多网合一、人机交互、天地一体的交通控制系统。

（二）增强创新能力，夯实创新根基

一是拓展科技创新载体，鼓励各类创新主体建立创新联盟，发挥国家科研机构、高校的基础骨干作用，形成面向全球、服务行业的合作、开放、共赢的创新合作平台体系。二是完善行业重点科研平台布局，加快人工智能、自动驾驶、无人船、出行服务、绿色能源、先进材料等领域科研平台布局。三是统筹科技创新资源，加强交通重点学科方向规划，优化行业基础研究资

源布局，加快重大科研基础设施、大型仪器设备和基础科技资源开放共享，充分释放创新服务潜能。四是大力推进科技创新人才和创新团队建设，依托行业主力科研机构、重点科研平台的建设，优化运行环境，激发创新主体活力，培养造就一大批具有国际水平的战略科技人才、科技领军人才、青年科技人才和高水平创新团队。发挥交通运输、高科技等骨干企业的主体作用，发展众创空间，孵化培育小微企业，形成大众创业、万众创新的生动局面。

（三）完善实施体系，提升创新效率

一是优化行业协同创新、国际科技合作、重大技术攻关、科技成果推广机制，强化对关系全局的重大技术研究部署，统筹国家战略需求和科学探索目标。二是健全交通运输技术创新市场导向机制，发挥市场对技术研发方向、路线选择和各类创新资源配置的导向作用，强化普惠性政策支持。三是培育科技创新服务机构，鼓励交通运输企业、科研机构、协会等社团组织成立科技创新服务机构，全方位推进信息化服务平台建设，培育打造新型交通智库。四是健全标准体系促进成果转化，推进基础设施、运输装备军民通用标准体系建设，深化标准规范管理模式改革，促进成果及时向标准规范和知识产权转化，推动标准国际化，提升行业标准的国际竞争力和话语权。

（四）完善创新机制，优化创新环境

一是完善行业科技评价与激励机制，建立项目负责人人财物支配权、技术路线决策权制度，激发各类创新主体活力，提升行业科技创新的整体效能，推进交通强国建设最活跃的动力源。二是构建畅通的科技成果转化机制，加强国家重大科技专项与行业重点项目和重大工程的衔接，打通技术转移链条，推动行业技术成果应用共享。三是完善并推进现有项目和成果管理机制，完善交通运输部的重点科技项目清单管理机制和科技创新成果库建设，建立科技创新从技术研究到成果推广应用的全链条渠道，推动科技创新成果如新产品、新方法、新技术的落地应用。四是优化科研资金投入机制，完善创新资源配置、引导机制，形成财政资金、金融资本、社会资本多元投入的新格局，推动交通创新市场不断壮大，形成共建、共享、共赢的创新格局。

四、保障措施

1）建立健全组织领导

按照交通强国建设和科技强国建设的部署与要求，高度重视并充分发挥科技创新在交通强国建设中的支撑引领作用，成立具有决策力、领导力和推动执行力的交通运输科技创新领导小组，加强对全行业科技创新工作的指导与统筹协调。具体由各级交通运输主管部门、科研机构、大专院校和交通企业等共同实施，建立协同推进的实施机制，充分调动行业和社会科技资源，形成促进行业科技进步与创新的合力。将科技创新目标、重点任务进行细化，做好重大任务的分解，把握实施的关键时间节点，确保各项任务落到实处、有所进展、取得成效。

2）加强顶层制度设计

加强科技创新驱动发展重大战略、规划的顶层设计，统领科技发展全局，形成中长期纲要为主线、阶段性规划展布局、重大技术政策落细节的层级分明、目标统一、协调连贯的规划体系。推动各地方结合各自实际，制定地方科技发展规划，建立健全行业科技规划解决全局性问题、地方科技规划解决区域性问题的行业科技规划体系。

3）加强战略政策协同

注重对接国家重大发展战略及国家科技政策，凝练行业重大科技需求，加强跨行业、跨部门沟通协调，争取国家科技资源支持，形成多部门共同推进的合力，推动重大研发任务实施。加强部省联动、跨区域联动，强化不同层级政策衔接，促进科技资源共享与科研项目合作，完善联合攻关机制，实现上下联动、左右互动，下好全国交通一盘棋。支持科研机构、大专院校、交通企业等强强联合，形成区域性和专业性技术创新联合体，促进交通运输科技资源的合理配置和高效利用。

4）加强评估与舆论引导

建立交通运输科技创新驱动发展战略跟踪评估制度，对战略实施情况进行跟踪分析和监督检查，加强任务完成情况的统计、核查、考评和指导工作。行业科技管理部门要加强对规划的宣传贯彻，做好协调服务和实施指导，充分调动行业各方面参与的积极性、主动性，最大限度地凝聚共识，广泛动员各方力量，共同推动规划的顺利实施。

交通运输部科学研究院、交通运输部公路科学研究院、交通运输部水运科学研究院、大连海事大学联合课题组

主要执笔人： 王先进　褚春超　方　海　卞雪航　费文鹏　徐　剑
张英俊　张玉波　张晓利　徐　婧

第十二章　交通运输市场规制探索

交通运输部水运科学研究院

一、市场规制的发展现状及问题

（一）市场规制的基本理论

1）概念界定

规制（regulation），也译成“管制”和“监管”，狭义上指政府对经济行为的管理或制约；广义上，包含一切公权组织对私权个人或小团体的激励和约束，有政治上的规制、法治上的规制、道德上的规制等形式。[1] 规制是市场经济条件下国家干预经济的重要组成部分，是政府为实现某种公共政策目标，对微观经济主体进行的规范与制约，主要通过规制部门对特定产业和微观经济活动主体的进入、退出、价格、投资及涉及环境、安全、生命、健康等行为进行的监督与管理（监管）来实现。[2] 交通运输市场规制，指的是发生在交通运输领域的、对微观经济主体进行的规范与制约。本研究的研究重点聚焦于运输服务领域的市场规制。

2）市场规制的理论溯源

政府规制的产生是市场经济演进的结果。在18世纪和19世纪的大部分时间里，管得最少的政府被认为是最好的政府，政府甘当“守夜人”，采取自由放任的政策，不仅很少干预微观经济活动，而且在宏观上也少有调控总量和结构的政策出台。政府对微观经济主体的有意识干预始于19世纪中后期，

---

[1] 于雷．市场规制法律问题研究［M］．北京：北京大学出版社，2003年.

[2] 谢地．政府规制经济学［M］．北京：高等教育出版社，2003年.

并以19世纪末的反垄断政策为标志。1929—1933年的大危机以后，政府不仅强化了对微观经济主体的规制，而且逐步指向宏观，形成系统的宏观调控政策。整体而言，市场规制理论研究迄今经历了三个发展阶段：市场规制的公共利益理论、市场规制俘虏理论和新兴市场规制理论。市场规制的公共利益理论认为，市场规制发生的原因是存在着市场失灵，包括自然垄断、人为垄断（行政垄断）、外部性、信息不对称等。在这些情况下，政府对市场规制具有经济学上的合理性。经济学家们回顾了自19世纪以来美国经济的市场规制史，发现市场规制和市场失灵之间并没有很强的相关关系。相反，自19世纪以来，市场规制总是对生产厂商有利。这一现象的存在导致了市场规制俘虏理论的产生。新兴市场规制理论结合近30年来西方国家的经济规制改革，把规制研究的理论背景扩展到了福利经济学、公共财政学、不确定条件下决策等经济学领域，吸收多门新兴经济学理论的最新研究成果，形成包括寻租理论、政治企业家职能理论、可竞争市场理论、激励性规制理论和新制度经济学规制理论等新的市场规制理论。❶

市场规制的作用主要有四点：第一，市场规制是解决垄断问题的需要；第二，政府规制是促使外部性内部化的需要；第三，市场规制是解决信息偏在或信息不对称问题的需要；第四，政府具有解决市场失灵问题的某些独特优势。❷

3）交通运输市场规制的总体框架

本文所涉及的交通运输市场规制，是广义上的市场规制，是在市场规制经济学的基本理论指导下，结合交通运输领域的具体特点、中国经济社会的发展阶段而产生的市场规制体系。交通运输市场规制的内容（图12-1）可分为直接规制和间接规制。直接规制包括经济规制和社会规制。经济规制的内容包括进入规制、价格规制、激励规制和行政约谈等。社会规制又分为两个方面：外部性规制与信息优势规制。外部性规制包括经济手段、行政手段和产权手段，信息优势规制包括许可证管理、标准设立、信用规制和监督检查

❶ 王万山，伍世安，徐斌．中国市场规制体系改革的经济学研究［M］．大连：东北财经大学出版社，2010年．

❷ 谢地．政府规制经济学［M］．北京：高等教育出版社，2003年．

等。间接规制包括反垄断反不正当竞争领域的规制，有法律手段和行政手段。间接规制的另一方面内容是综合的社会规制，包括节能环保、安全应急和信用规制。最后，间接规制的最后一环则是民商法。所有上述规制无法解决的问题都会进入民商法的管辖范围，诉诸司法体系。

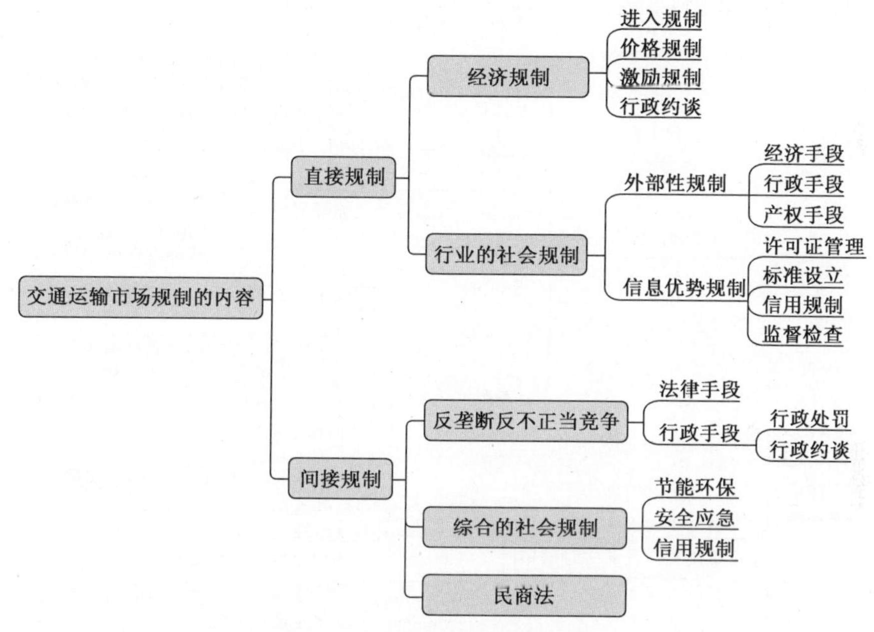

图 12-1　交通运输市场规制的内容

4）交通运输市场规制的主体及法律法规体系

鉴于交通运输的海运和航空具有很强的国际属性，因此在上述广义市场规制的框架中，增加国际规制的内容。交通运输市场规制的主体及相应的法律法规体系，可以分为三个方面（图 12-2）：

第一，国际规制。由国际组织所主导的一系列国际公约和民间规则构成。在海运领域，有国际海事组织所主导的一系列国际公约，包括《SOLAS 公约》《MARPOL 公约》《海牙—维斯比规则》和《汉堡规则》。在航空领域，有国际民用航空组织所主导的国际公约，包括《华沙公约》《海牙议定书》《蒙特利尔公约》和《瓜达拉哈拉公约》。在道路运输领域，有国际道路运输联盟所主导的国际公约，包括《国际公路货物运输合同公约》和《国际公路车辆运输公约》。在铁路领域，有国际铁路运输政府间组织所主导的国际公约，包括

《国际铁路货物联运协定》《铁路货物运输国际公约》。在多式联运领域，有联合国贸发会、国际商会等所主导的国际公约或民间规则，比如《鹿特丹规则》是由国际海事委员会发起并由联合国国际贸易法委员会批准的；在此领域，还有国际商会所主导的《联运单证统一规则》和联合国贸发会主导的《多式联运单证规则》。

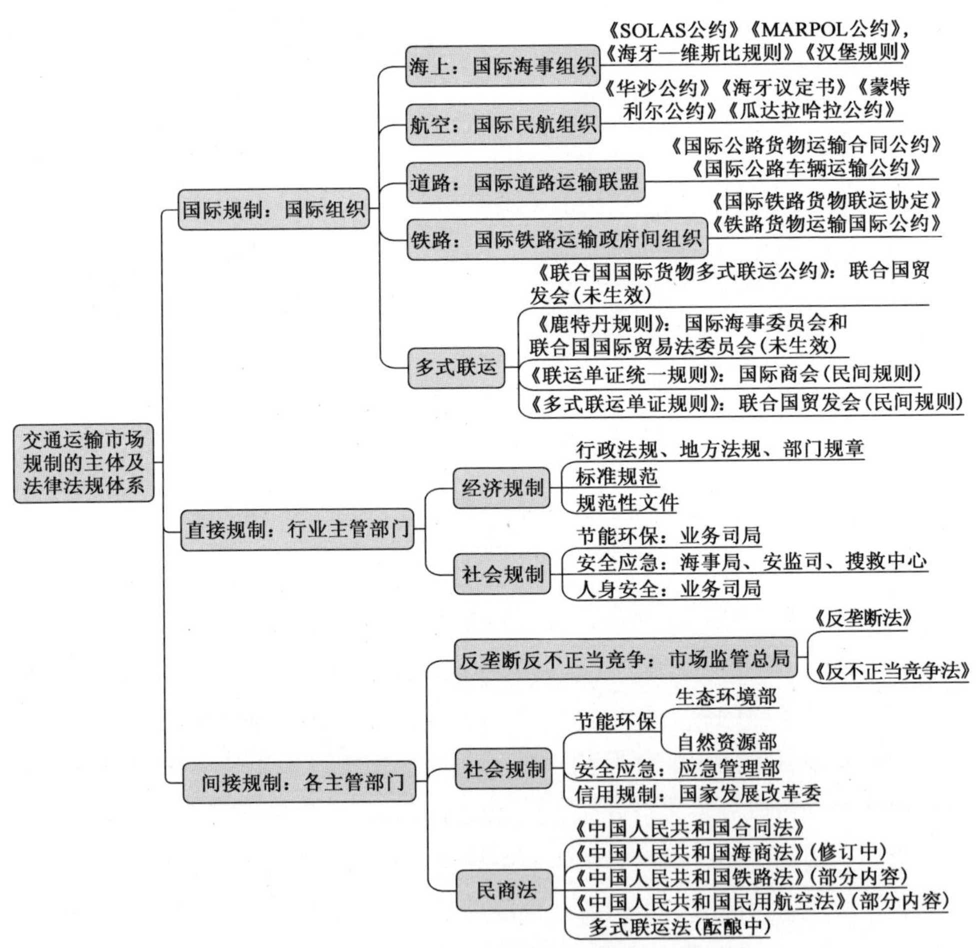

图 12-2　交通运输市场规制的主体及法律法规体系

第二，直接规制。这是行业主管部门的职责，分为两个部分的内容：经济规制和社会规制。经济规制主要包括行政法规、地方法规、部门规章、标准规范、规范性文件等。社会规制包括相关业务司局在节能环保领域的规则制定和执法，海事局、安监司和搜救中心等在安全应急领域的规则制定和执法，业务司局在人身安全领域的规则制定和执法。

第三，间接规制。在反垄断反不正当竞争领域，国家市场监管总局是行业主管部门，一方面将案件导入《反垄断法》和《反不正当竞争法》的管辖范围，另一方面采取行政约谈的方式进行市场规制。社会规制的节能环保领域，是生态环境部和自然资源部的职责范围；社会规制的安全应急领域，是应急管理部的职责范围；社会信用体系建设领域，是国家发展和改革委员会的职责范围。间接规制的另一方面内容，是民商法，通过《中华人民共和国合同法》《中华人民共和国海商法》《中华人民共和国铁路法》（部分内容）、《中华人民共和国民用航空法》（部分内容）、多式联运法（酝酿中）等法律以及相应的司法体系来实现规制。

上述三方面的规制，具有相互的关联性。交通运输行业主管部门在面对国际规制的时候，既要履约，还需要双向互动。交通运输行业主管部门在面对间接规制的时候，要与其他行业主管部门充分互动协同。

（二）存在的主要问题

虽然交通运输各领域的市场规制基本建立，但由于受经济社会发展和交通运输发展阶段所限，还存在很多问题。

首先，对交通运输市场规制的认识有待提升。西方理论对市场运行的基础有一定的洞察力，但其生存的土壤与中国相差甚远，在西方行之有效的市场规制方法，在中国就可能失效。西方市场规制的“政府之手”同样强势，通常是以国家安全和经济安全为基础，同时通过长期磨合形成了完整的制度体系。中国的市场规制，“政府之手”的强弱往往拿捏不当，因此可能造成政府“缺位、失位、越位”等。

其次，市场规制的法律法规体系还存在短板。各种运输方式的法律位阶存在差异；由于缺乏上位法的顶层设计，导致国家和地方的法规缺乏统一；综合运输领域的法律法规亟待出台；与事中事后监管相匹配的法律法规需要补充补齐；市场规制需要兼容新技术新模式。

再次，交通运输市场规制的管理机制没有理顺。从上层监管看，交通运输企业的发展依赖国家的财政税收体制，用税收手段对交通运输企业的市场行为进行规制的权力并不在行业主管部门手中。从行业内部看，部分地区整合港口资源后，以高质量发展和港口协同发展为导向完善港口管理体制，推动区域港口航道、锚地等公共资源的共享共用，但相应的法律法规未能匹配；铁路长期实行的“政企合一、政监合一”的体制，使得铁路市场规制体系的建立几乎处于空白状态。

最后，市场规制的执法体系尚不匹配。交通运输综合行政执法改革正在进行中，面临诸多的不适应。目前的交通运输综合行政执法在全国范围内逐步实现，但在人员安置、经费保障等面临的问题仍然很多。

（三）经验借鉴

随着社会经济的发展，世界各国社会规制的需求呈现出不断增长的趋势。过去20年，在西方发达国家盛行的自然垄断产业政府规制改革，作为政府与市场关系转变的一个重要部分，取得了显著成效。这场放松规制的运动实质上反映出某些领域政府干预的减弱和市场力量的增强。纵观各国放松规制的主要原因及实践，可以得出结论：效率是规制改革的根本准则。

美国的自由主义市场经济，其市场规制的最后，往往把利益纠纷的决断引向司法程序。美国律师行业创造的GDP高达1万亿美元，占到了GDP总量的6%左右，这是一个天文数字。而中国律师业收入仅为400亿元人民币，还不到美国的百分之一。看似自由的市场经济，其实是靠背后昂贵的诉讼费来实现的。中国的市场规制往往以行政力量为主导，行业监管需要配备众多的监管人员，同时还可能存在营私舞弊的情况，这同样需要花费社会成本，因此不能得出欧美的市场规制体系一定优于中国的市场规制体系的结论。

看似自由的市场，其背后都有一整套管制的逻辑，而这依赖国家的治理模式。正所谓“自由”本不是“随心所欲”，而是“随心所欲不逾矩”，那么“自由市场”也是在市场规则的范围内“随心所欲不逾矩”，而不存在没有政府规制的市场。“规矩”由政府建立，规则的保障和执行需要政府的强制力。市场的良性运行，需要国家或政府信用，而这却是昂贵的公共产品。新时代交通运输的市场规制，在考虑政府与市场之间的关系时，一定要对“自由的市场经济”报一颗怀疑之心，并要充分理解政府在市场中的作用。要充分认识到，市场本身就是“昂贵的公共产品”，是背后政府亲力亲为的结果，不存在一个不需要政府作为的纯粹的“自由市场”。

二、发展形势与总体要求

（一）发展形势

1）新时期国家竞争的新要求

改革开放四十年来，中美经贸关系经历了从破冰到合作再到遏制、从贸易自由到贸易保护主义的历史性巨变。交通运输业作为基础性、先导性、战略性和服务性产业，在国家竞争中处于重要的地位。交通运输市场规制，既要具有国际视野，以足够的开放度吸纳世界上先进的市场规制理念，还要有国家安全和国家竞争的格局，通过交通运输的市场规制引领中国企业发展，建立全球的供应链网络，服务国家竞争优势的形成。

2）中国特色社会主义新时代的新要求

十九大报告中所提出的“美好生活需要”，是指引交通运输发展的“锚”，相应的，市场规制也应随之而变。这包括三个方面：第一，满足个性化需求，接纳和促进多种多样的交通运输供给；第二，满足客运和旅游需求，加快形成交通运输与旅游融合发展的新格局；第三，满足安全绿色发展需要，回应“人民美好生活需要”。

3）交通运输发展新阶段的新要求

交通运输行业发展站在了从交通大国迈向交通强国的历史新起点上。未来交通运输将实现由量到质、由“铺摊子”到“上台阶”、由“粗放经营”到“精耕细作”的转变。与交通运输新的发展阶段相适应，交通运输市场规制的着力点应该发生转变。交通运输主战场发生变化、综合交通运输体系被提上日程、交通运输“走出去”践行“一带一路”倡议，这都需要市场规制的理论完善和手段多样化。

（二）总体要求

1）指导思想

全面贯彻党的十九大和十九届三中全会精神，以习近平新时代中国特色社会主义思想为指导，坚持党对改革的集中统一领导，坚持完善和发展中国特色社会主义制度、推进国家治理体系和治理能力现代化的总目标，紧紧围绕统筹推进“五位一体”总体布局和协调推进“四个全面”战略布局，以服务于国家发展战略的需要为己任，构建系统完备、科学规范、运行有效的市场规制体系，推动建立统一开放、竞争有序、运转高效的交通运输市场体系，形成具有中国特色的交通运输市场规制的多元格局，为建设交通强国发挥重要支撑作用。

2）基本原则

坚持党的领导。党的领导是中国特色社会主义最本质的特征，是国家治理和政府治理现代化的最根本保证。加强党对建设多元立体的市场规制体系的领导，把党的领导贯彻到交通运输市场规制的各方面和全过程，是交通运输市场规制体系和能力建设的首要任务。

坚持市场主体作用。坚持市场作为资源配置的决定性作用，在竞争性领域，全面放宽市场准入，降低市场门槛，减少政府对价格的管制。

坚持发挥政府作用。在公共服务领域、国家战略领域、安全环保领域和牵涉人身安全领域，坚持发挥政府的作用，强化市场监管，履行政府职责。

坚持协同高效。必须坚持问题导向，聚焦发展所需，优化市场规制机构设置和职能配置，加强相关机构配合联动，避免政出多门、责任不明，破除制约市场规制的体制机制弊端。

坚持类别区分（分类施策）。接纳历史和现实，对不同运输方式的市场规制分类施策，对更具有基础性、战略性和先导性等属性的交通运输门类予以更多的倾斜，对交通运输领域的一般性服务业和具有自然垄断属性的服务业也要区别对待。

3）总体思路

有定力：坚持社会主义核心价值观和人类命运共同体，摈弃资本驱动下的“非理性繁荣”，摒弃有违“人民满意”和“保障有力”主旨的市场行为。

有理论：以中国特色社会主义经济思想为指导，充分认识市场是资源配置的决定性力量，同时接纳“看得见之手”以供给侧结构性改革的方式主动作为，构建中国特色社会主义的交通运输市场规制理论。

有手段：构建具有中国特色的立体化交通运输市场规制工具（图12-3），

发挥直接规制的主导作用，在国际规制领域做好履约和协同，在间接规制领域充分做好互动协同。

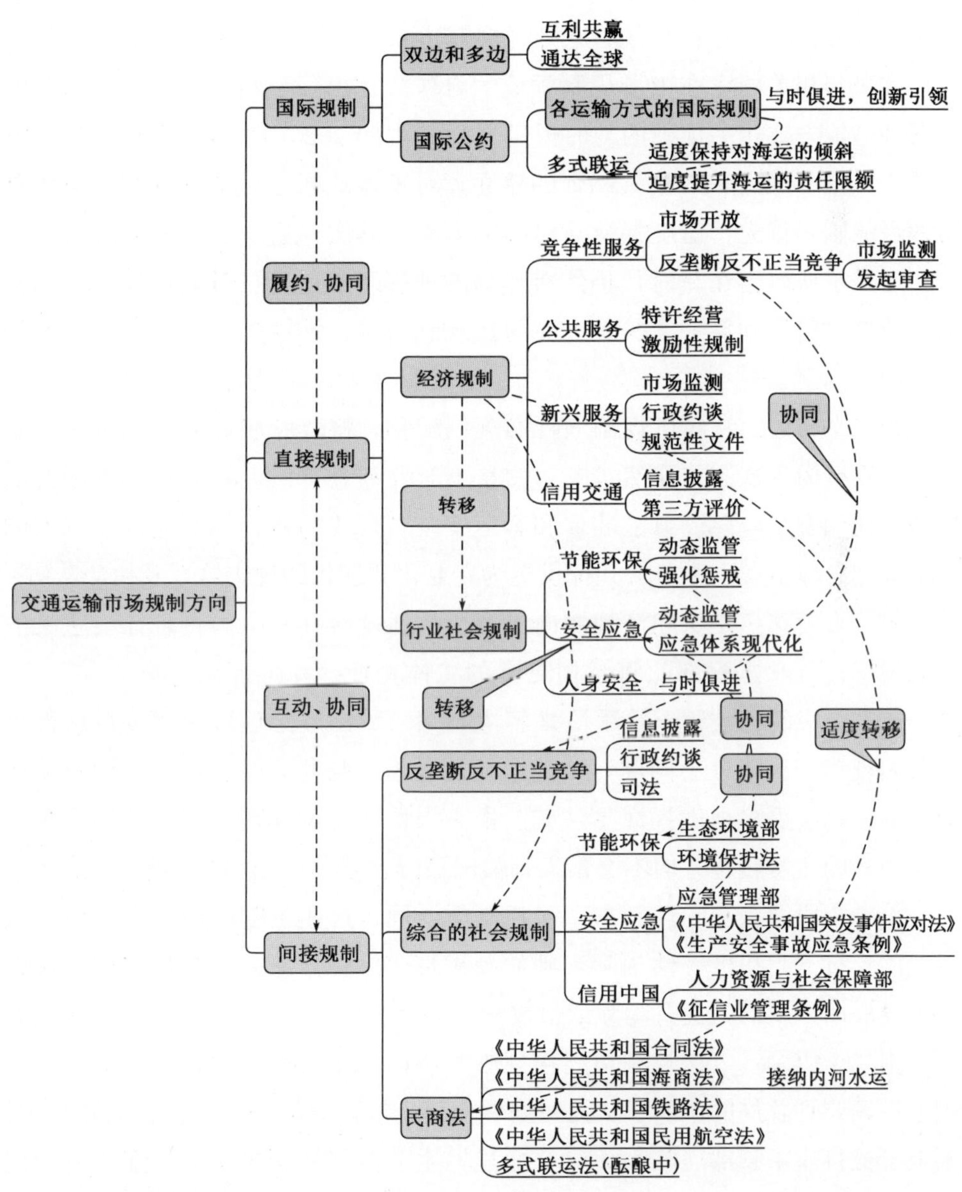

图 12-3　交通运输市场规制的方向

4）总体方向

未来交通运输市场规制的方向，是实现“三个转移”和“两个协同”。

第一个转移：从单一运输方式的市场规制到多式联运的市场规制。在国际规制领域，本着互利共赢的原则开展双边和多边谈判，以“通达全球”为指导推进与相关国家在市场规制领域的合作。在国际公约领域，一方面要做好各种运输方式相关规则的与时俱进（比如IMO 2020年的限流令），另一方面是重点推动多式联运相关规则的建立。对于多式联运领域的规则，应该秉持两点原则：首先，适度保持对海运的倾斜；其次，适度提升海运的责任限额，这是承认海运在新时代仍然有作为的前提下，适度提升其运输责任，从而构建新时代的利益平衡关系。在间接规制领域，推动多式联运法的前期研究及制定。

第二个转移：从经济规制向社会规制转移。将政府职能从过去过多规制企业微观行为到规制与自然垄断、信息不对称和具有巨大社会外部性相关的领域，比如安全应急、节能环保和客运安全。行业的社会规制应该在国家的社会规制总体框架下进行，并提供更为专业化和细化的规则体系及执法队伍。

第三个转移：是从经济规制向民商法的适度转移。中国特色社会主义的市场规制，行业主管部门将承担更多的主体责任，并可以通过更为和谐的、社会成本更小的行政约谈等手段来解决新兴领域制度滞后以及突发群体性事件（可能带来巨大社会问题）的应急规制需求。与此同时，依法治国下的行业规制，将会更多地发挥海事法院、最高人民法院的作用，实现从经济规制向民商法的适度转移，但不会走入到美国那样“过度诉讼”的陷阱。

第一个协同：国际规制与直接规制的协同。行业主管部门将在行业科研力量的支持下，积极推动国际规则的制修订，在部分新兴领域形成国际规则的主导局面，从而为提升国际话语权积蓄能力。

第二个协同：直接规制与间接规制的协同。尤其要强调行业主管部门与国家市场监管总局的协同，从而在处理交通运输行业反垄断反不正当竞争中，不至于让行业主管部门陷入放纵交通运输企业垄断的责难中。行业主管部门应该做好市场动态监测的工作，并在未来的反垄断反不正当竞争的审查中更为主动，成为审查的发起方。

5）阶段性目标

2022 年目标：构建中国特色社会主义的交通运输市场规制理论，明确交通运输市场各领域政府与市场的关系，初步建立国际规制、直接规制和间接规制的总体框架，推动构建统一开放、竞争有序、运转高效的交通运输市场体系建设。

2035 年目标：基本建立中国特色社会主义的交通运输市场规制体系。国际规制、直接规制和间接规制发挥全面立体的作用，推动统一开放、竞争有序、运转高效的交通运输市场体系建设，支撑具有国际竞争力的交通运输企业，形成世界一流的运输服务品质、行业治理水平与监管能力，满足人民美好生活需要。

2050 年目标：建成中国特色社会主义的交通运输市场规制体系。国际规制、直接规制和间接规制发挥全面立体和相互协同的作用，市场开放度国际领先，建立基于交通运输特征的反垄断反不正当竞争的体制机制，实现精简高效的事中事后监管，第三方机构发挥重要作用，形成各领域具有国际竞争力的交通运输企业，满足人民美好生活需要。

三、重点任务

（一）直接规制：构建全面立体的直接规制体系

在经济规制领域：首先，法律法规体系与时俱进，这既包括各种运输方式的经济法，还包括促进综合运输的综合运输促进法；其次，完善标准规范，通过“由上至下”建立的标准规范守住底线，通过“由下至上”建立的非强制性标准规范提升服务；第三，用规范性文件，高效确立因新形势新技术新模式而生的利益关系；第四，完善信用交通，用信用网络编织健康的市场环境；第五，完善行政约谈，形成具有中国特色的市场规制工具。

在社会规制领域：第一，强化节能环保的市场规制，既要推动相应的鼓励政策出台，也要强化监管；第二，强化安全应急的市场规制；第三，强化人身安全的市场规制，完善交通运输客运市场、通用航空等领域的市场规制。

（二）直接规制：构建对外对内开放的市场格局

比照欧美发达国家的市场开放水平，结合自由贸易港的探索，构建具有中国特色的交通运输市场开放格局。逐步拓展对外开放的深度、对内放开的广度。

在市场对内放开领域，全面修订并废除设置行政垄断、地方歧视性政策、排斥外地运输经营者等的各种法规与规章，形成全国性的统一市场。形成统一的要素价格体系，营造公平开放的市场环境，多部门协同促进对内放开。

在市场对外开放领域，形成与国际接轨的市场开放格局，确保中国的交通运输市场开放处于不落后于主流交通强国的市场开放度；形成外商投资准入负面清单管理模式，借鉴上海自贸区的负面清单管理模式，取消在上海自贸区开展的中资方便旗沿海捎带业务政策。

（三）直接规制：加强事中事后监管

建立基于信用交通、信息化手段和第三方机构参与的立体化监管格局，实现市场监管的精简高效。首先，明确权力清单和责任清单；其次，强化法制建设和综合执法；第三，推动审慎监管，做好两随机、一公开；第四，推动监管方式的信息化和前瞻化，提高市场运行监测能力和公共服务能力；最后，发挥行政约谈的积极作用，引入协商、平等、参与等元素，从刚性、单方、对抗的管制理念转向为柔性、双方、配合的服务理念。

（四）直接规制：提升企业活力和竞争力

形成具有国际竞争力的企业，支撑“一带一路”关键节点和运输网络的布局。形成支撑交通发展的企业主力军，有效支撑国家战略。首先，保持适度的行业集中度，推动交通运输企业在做优做强的基础上，在国家战略领域发挥作用；其次，完善产权制度，完善法人治理结构，强化企业市场主体地位；第三，支持有实力的企业在“一带一路”沿线布局。

（五）直接规制：发挥第三方机构作用

构建政府、社会和行业组织等多方参与、协同高效的多元化市场规制模式，形成相对独立的协会、信息服务机构和智库，强化行业自治，在形成共识、市场晴雨表和政策实验室等领域发挥良好作用。行业协会要起到纵向沟通、横向协调、利益聚合与表达、规则建立与自律等作用。智库要参与政府决策支持体系中，为交通运输市场规制的健康发展提供更具有现实基础的决策咨询。

（六）直接规制：促进综合运输

形成综合运输的市场监管制度，形成接纳各种运输方式的综合执法队伍，推动多式联运主体快速发展。第一，完善行政法规，尽快启动综合交通运输促进法和多式联运法立法进程，让试点试验与立法进程形成良性互动；第二，规范平等主体间的法律责任，对《中华人民共和国海商法》的相关内容进行修订，借鉴《国际货物多式联运公约》的相关内容，补齐多式联运的相关规则。

（七）直接规制：推动客运领域的市场规制

形成与旅游市场监管体系相容的客运制度，推动中国沿海国际邮轮和内河游轮的发展，满足人民美好生活需要。第一，依托大数据和人工智能，在对市场需求较为准确地探知的情况下，利用第三方评估和行业协会共议的模式，确定交通运输客运市场的准入，同时，采取积极措施让企业能够从市场需求过剩的领域退出；第二，构建邮轮客票体系，并借鉴无车承运人的市场监测手段，利用市场化的方法，将各邮轮公司以及旅行社的实名制客票系统与邮轮船票平台系统进行对接；第三，构建第三方机构（行业动态监测实验室）参与的国际海上客运（邮轮）市场监测体系，实现对市场异动的实时动态监测，定期发布运力核查和行业发展监测报告，为市场良性和健康发展提供技术保障。

（八）间接规制：与其他部门的协同

在节能环保领域，做好与生态环境部的协同，按照《中华人民共和国环境保护法》的基本要求，开展交通运输领域节能环保的市场规制。在安全应急领域，做好与应急管理部的协同，按照《中华人民共和国突发事件应对法》和《生产安全事故应急条例》，在与交通运输相关的固定的线和面开展相关的市场规制。在信用中国领域，按照人力资源和社会保障部的总体部署，开展信用交通的建设，并按照《征信业管理条例》的要求积极推动交通运输企业的征信管理。

（九）间接规制：完善反垄断反不正当竞争的机制

与市场监管总局形成协调及时、行动有效、快速反应的交通运输反垄断反不正当竞争体制机制。积极探讨交通运输行业主管部门（交通运输部）和反垄断部门（国家市场监管总局）之间的合作途径。近期可以成立两者联席会等形式起步，力争实现市场规制（监管）与行业技术经济特点的紧密结合，不断加强运输市场规制的科学性，实现“精准”监管。建立海关、边防、海事等口岸监管部门的服务协同体系，创新口岸通关模式，推进建设统一高效、部门联动和区域联动的口岸监管机制。要建立相应的机制，由行业的预警系统启动反垄断调查，会商国家市场监管总局，切实推进行业的反垄断监管产生实效。

（十）间接规制：与民商法的协同

第一，推动现有法律体系的完善，包括《中华人民共和国海商法》《中华人民共和国铁路法》和《中华人民共和国民用航空法》等法律的完善；第二，推动行业主管部门与司法机构的协同，司法过程中所体现的案件特征、案件数量、案件额度等信息，都应该及时反馈行业主管部门，进而形成行业市场规制的实时预警机制，建立立体化的交通运输市场规制；第三，推动多式联运法的形成。

（十一）国际规制：提升国际话语权

积极参与国际公约和国际规则的制定中，在国际组织中发出中国声音，支撑国家“一带一路”倡议。这包括两方面的内容：第一，推动国际多式联运的相关规则的建立，按照现有的国际海运规则，继续推动相关的规则对海运的倾斜，同时，由于技术进步，海上运输的风险和不确定性在下降，海上承运人责任限额也应适度提高；第二，发起并推动新兴领域的规则建立，航运领域的大数据、人工智能、区块链应用有条件在中国快速发展，应该以北斗系统、智能航运等方面的进展为基础推动新兴规则的建立。

四、政策建议

（一）推动交通运输市场规制理论的形成

准确把握交通运输的战略性、基础性、服务性和先导性的基本属性，遵循交通强国“人民满意、保障有力和世界前列”的基本要求，厘清政府与市场的关系。区分交通运输各领域与上述属性和要求对应关系，分门别类地明确各领域应该采取的市场规制手段。

（二）推动市场规制的法律法规体系建设

在国际规制领域，行业主管部门积极推动中国加入的相关国际公约的履约，积极参与原有公约的修订，相关研究机构积极做好研究支撑。在直接规制的领域，完善交通运输领域的法律法规，核心聚焦在市场开放、客运安全、绿色环保、安全应急领域的法律法规。在间接规制领域，做好与反垄断反不正当竞争机构之间的接口，建立互动协同的体制机制。

（三）推进交通运输监管和执法机制改革

第一，深化交通运输管理体制改革；第二，加强对外开放体制机制建设；第三，推进交通运输综合行政执法改革；第四，推进交通柔性执法的改革，构建规范化的交通运输行政约谈制度，出台相应的管理办法。

交通运输部水运科学研究院、交通运输部公路科学研究院联合课题组

主要执笔人：贾大山　谢　燮　宁　涛　朱志强　孙振填　孙士雯　武剑红　张　凤

第十三章　交通运输支撑区域协调发展研究

交通运输部规划研究院

一、支撑区域协调发展的现状及问题

（一）交通运输在区域协调发展中的定位与作用

自1999年起我国逐步形成西部大开发、东北振兴、中部崛起、东部率先的区域发展总体战略，到党的十八大以来，以习近平同志为核心的党中央提出共建“一带一路”倡议和京津冀协同发展、长江经济带发展战略，交通运输始终紧紧围绕国家发展大局，在服务国家战略、促进区域协调发展中充分展现了行业责任担当。交通扶贫脱贫攻坚为解决区域性整体贫困和全面建成小康社会提供了坚强保障。东中部及东北地区综合交通网骨架基本形成，西部地区综合交通运输网覆盖面不断扩大，为区域协调发展夯实了基础。“一带一路”互联互通取得重大进展，京津冀交通一体化率先突破，长江经济带综合立体交通走廊加快形成，交通运输的快速发展为我国从整体上形成纵横联动的区域发展新格局奠定了坚实的基础。实践证明，交通运输是缩小区域发展差距和促进区域协调发展的先行领域和基础支撑，是优化国土开发，构筑区域发展新格局的关键因素。

（二）发展现状

为贯彻落实区域发展总体战略，统筹推进“四大板块”发展和“三大战略”实施，交通运输行业围绕“效率”和“公平”两大主题，针对不同区域发展基础与需求，编制了系列区域交通发展规划，制定了差异化的区域交通发展政策，有计划、分步骤推动区域交通发展，初步形成与我国自然地理、人口分布、国土开发、区域经济社会发展水平总体协调的综合交通运输体系。

1）跨区域快速通道初步形成

在2007年国家《综合交通网中长期发展规划》提出的“五纵五横”综合运输大通道基本贯通的基础上，《“十三五”现代综合交通体系发展规划》确定的“十纵十横”综合运输大通道加速贯通。“十纵十横”综合运输大通道覆盖全国90%以上的人口和经济总量，是我国东中西和南北方人口和资源要素流动的大动脉。到2017年底，“十纵十横”综合运输大通道内国家高速公路、普通干线铁路建成率均达到80%左右，普通国道基本贯通，高速铁路建成率超40%。1.9万公里“两横一纵两网”航道中，76%达到规划标准。由干线铁路、高速公路、普通国道、干线航道构成的跨区域快速通道初步形成，四大板块间实现高速铁路连通。

2）区域互联互通水平屡上新台阶

从1988年沪嘉高速建成通车以来，我国用30余年的时间建成了14.3万公里的高速公路网络。高速公路实现了从无到有、到覆盖省会城市和城镇人口50万以上城市、再到覆盖98%的城镇人口20万以上城市的多次历史性突破。高速铁路方面，自2003年第一条高速铁路秦沈客专通车、到2008年第一条自主研发时速350公里的京津城际高铁通车、再到初步实现全民畅享高铁时代，15年的时间建成高速铁路2.5万公里，实现了高铁网连接除西藏、宁夏外所有省会（首府）城市和62.7%地市（州、盟）的跨越式发展。2017年全国民航运输机场229个，国内航线4200多条，以机场为中心、100公里为半径，民航机场服务覆盖全国88.5%的地市、76.5%的县，航线数量达到2005年的4倍。

3）基础性、兜底性交通基础设施发展水平总体均衡

自西部大开发尤其是“十二五”集中连片特困地区扶贫开发以来，西部地区、老少边穷地区交通基础设施建设加快发展，交通基础设施规模增长最为迅速。2016年，东部、中部、西部、东北地区综合交通网综合密度分别为56.5、69.4、41.4、44.3km/（百km^2万人）$^{0.5}$，分别是2006年的1.26倍、

1.29 倍、1.50 倍、1.20 倍。西部地区铁路里程、高速公路里程、二级及以上公路里程、民航机场个数等指标增速显著高于其他地区，在全国交通网络的占比也不断提升。目前四大板块基本实现省会通高铁，地市通高速、通铁路，县城通二级及以上公路，乡镇、建制村通硬化路。高速公路和普通干线铁路地级行政节点覆盖率、县城通二级及以上公路比例以及乡镇、建制村通硬化路等基础性、兜底性指标中，东北、中部与东部基本持平，西部接近全国平均水平。

4）高速公路、高速铁路等重大基础设施与经济、人口布局总体协调

我国地域面积辽阔，国土空间的地形地貌、降水温度、自然资源、生态环境差异特别突出，人口分布、经济布局不均衡是我国的基本国情。地理学家胡焕庸在 1935 年提出的“胡焕庸线”将我国国土空间分为东南和西北两大区域。线东南侧以平原、水网、丘陵、喀斯特和丹霞地貌为主要地理结构，自古以农耕经济为基础，线西北侧以草原、沙漠和雪域高原为主要地理结构，自古以游牧经济为基础。线的东南侧以 43.8% 的国土面积承载着 94.2% 的人口（2010 年第五次人口普查数据）和 95.7% 的 GDP，并且从 1935 年到 2000 年的 70 多年间，线西北侧人口占全国的比例仅提高 1.8 个百分点。我国综合交通网络“东密西疏”的发展格局，与“胡焕庸线”总体吻合，且发展态势超过了“胡焕庸线”（图 13-1）。从高速公路建设情况看，西部省区中，重庆、宁夏、贵州已实现县县通高速，陕西、广西、四川基本实现县县通高速，内蒙古、甘肃、青海、新疆、云南 5 省（区）高速公路县级节点覆盖率已超

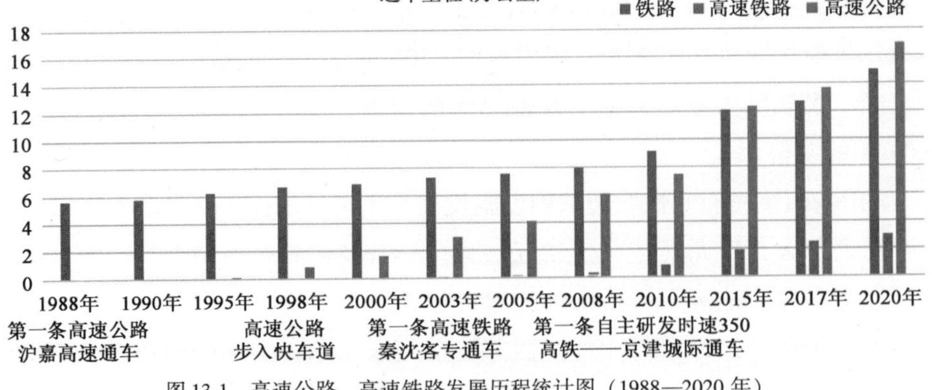

图 13-1　高速公路、高速铁路发展历程统计图（1988—2020 年）

过 50%。从高速铁路建设进展上看，“八纵八横”高速铁路网中，东西向的八条高速铁路通道已基本推进到“胡焕庸线”。四大板块交通基础设施主要指标对照表见表 13-1。

四大板块交通基础设施主要指标对照表 表 13-1

<table>
<tr><th colspan="3">主要指标</th><th>全国</th><th>东部</th><th>中部</th><th>西部</th><th>东北</th></tr>
<tr><td rowspan="6">总体相当</td><td rowspan="3">地级节点覆盖率（%）</td><td>高速公路</td><td>96.1</td><td>100</td><td>100</td><td>89.5</td><td>100</td></tr>
<tr><td>普通铁路</td><td>92.8</td><td>93.3</td><td>98.9</td><td>86.7</td><td>100</td></tr>
<tr><td>民航机场</td><td>63.3</td><td>57.3</td><td>36.6</td><td>84.0</td><td>63.9</td></tr>
<tr><td colspan="2">县城通二级及以上公路比例（%）</td><td>95.8</td><td>100</td><td>100</td><td>91.2</td><td>100</td></tr>
<tr><td colspan="2">乡镇通硬化路比率（%）</td><td>99.2</td><td>100</td><td>100</td><td>98.2</td><td>100</td></tr>
<tr><td colspan="2">具备条件建制村通硬化路比例（%）</td><td>98.3</td><td>99.7</td><td>99.9</td><td>95.1</td><td>100</td></tr>
<tr><td rowspan="7">尚有差距</td><td colspan="2">高铁地级节点覆盖率（%）</td><td>62.7</td><td>72.1</td><td>75.9</td><td>45.9</td><td>58.3</td></tr>
<tr><td rowspan="3">县级节点覆盖率（%）</td><td>高速公路</td><td>84.5</td><td>97.5</td><td>97.1</td><td>69.8</td><td>74.7</td></tr>
<tr><td>普通铁路</td><td>75.4</td><td>81.9</td><td>81.7</td><td>62.5</td><td>91.2</td></tr>
<tr><td>高铁</td><td>33.0</td><td>41.2</td><td>36.8</td><td>25.4</td><td>30.5</td></tr>
<tr><td colspan="2">综合交通网密度 km/（百 km^2 万人）$^{0.5}$</td><td>44.7</td><td>56.5</td><td>69.4</td><td>41.4</td><td>44.3</td></tr>
<tr><td colspan="2">国家高速公路建成率（%）</td><td>71.9</td><td>85.4</td><td>91.1</td><td>57.5</td><td>71.5</td></tr>
<tr><td colspan="2">普通国道二级及以上比重（%）</td><td>71.8</td><td>89.2</td><td>87.9</td><td>57.7</td><td>83.8</td></tr>
</table>

注：公路指标为 2017 年数据，铁路、民航指标为 2016 年数据。

（三）存在的主要问题

1）综合运输大通道有待加快贯通与完善

“十纵十横”综合运输大通道内有约 1 万公里国家高速公路、1 万公里普通干线铁路、3 万公里左右高速铁路尚未贯通，还有大量的普通国道需要改善和提升。西部地区综合运输大通道建设滞后已成突出短板，贯穿西部地区南北向的部分快速铁路通道大部分路段尚未开工建设，进出西藏、四省藏区和南疆四地州的干线铁路匮乏，国家高速公路近 80% 的待建路段位于西部地区，有近 6 万公里普通国道需要升级改造；中部地区主要通道能力不足，京港澳高速铁路平均每天运行 60～80 对高铁列车，节假日仍旧一票难求，2016 年京港澳 G4、连霍 G30、沪蓉 G42、沪昆 G60 等 4 条国家高速公路中部地区总里程约 3500 公里，其中 80% 以上为 4 车道高速公路，约有 1000 公里 4 车道高速公路年均日交通量超过 4 万辆，京港澳高速公路拥堵路段达到 550 公里，占京港澳高速中部地区总里程的 43%；东部地区部分通道和重要枢纽节点交通拥挤、通道资源配置和运输效率有待进一步优化提升。新时代建设社会主义现代化强国对交通运输提出了更高的要求，综合运输大通道布局、通道资源配置、通道运输质量与效率等方面都有进一步提升的空间。

2）交通运输基本公共服务均等化有待加快实现

实现交通运输基本公共服务均等化是促进区域协调发展的基本条件，也是解决交通运输发展不平衡、不充分的关键环节和重要标志。目前，我国交通运输基本公共服务的范围尚需明晰，与经济社会发展水平相适应的分阶段目标尚需明确。从目前情况看，农村基础设施网络发展不平衡不充分的问题仍然突出，中西部地区尤其是革命老区、民族地区、边疆地区、贫困地区交通发展还比较落后。至 2017 年底，全国尚有 92 个县城未通二级及以上公路，278 个乡镇和 1 万多个建制村未通硬化路，仍有大量人口聚居的自然村落不通硬化路。全国仍有 350 多个乡镇、2 万余个建制村不通客车，农村地区基本客运服务需求尚未完全满足。

3）交通基础设施通达程度尚需进一步推进

目前高速铁路、高速公路、机场等重大基础设施在布局上主要考虑城市规模，未来各区域要协同推进现代化建设，需要统筹效率与公平，区域间交通基础设施的均衡程度要统筹考虑行政节点与城市规模的共同发展需求。西部地区尚有银川和拉萨两个自治区首府未通高铁，高铁地级节点覆盖率比东部、中部分别低 26 和 30 个百分点，13 个地级行政中心未通高速公路，普通铁路、高速公路县级节点覆盖率较中东部地区分别低 20 和 27 个百分点。东北地区高铁地级节点覆盖率、高速公路县级节点覆盖率等指标低于中东部平均水平。

4）区域交通运输一体化水平有待提升

区域交通运输一体化是促进区域协调发展的催化剂。我国多式联运发展尚处起步阶段，多式联运量约占全社会货运量的 3%，而美国为 10% 左右。区域特别是城市群联程联运发展还存在体制机制性障碍。京津冀、长三角、粤港澳三大城市群交通一体化发展尚有较大优化空间，东北、中西部城市群交通一体化建设迫切需要统筹谋划。

二、发展形势与总体要求

（一）主要特征

均等、平衡是区域协调发展追求的目标和方向。均等与平衡主要是指通过基本公共服务建设、转移支付、生态补偿等途径，为各区域创造相对均等与平衡的发展条件与发展机遇，从而构建连接东中西、贯通南北方的多中心、网络化、开放式的区域开发格局，促进各类要素的合理流动与优化配置，不断缩小地区发展差距。

结合我国的区域特点，实现区域协调发展的主要特征体现在以下四个方面：实现基本公共服务均等化，基础设施通达程度比较均衡，人民生活水平大体相当，人口、经济布局与资源环境均衡协调。其中，实现基本公共服务均等化是区域协调发展的基本要求；推动基础设施均衡发展是区域协调发展的基础支撑和主要手段；实现全体人民共同富裕是区域协调发展的出发点和落脚点；人口、经济、资源环境均衡协调是区域协调发展的客观要求。

（二）发展形势

进入新时代，开启全面建设社会主义现代化国家新征程，实施区域协调发展战略，区域协调的发展指向、关注重点、总体格局、支撑主体、空间视野都发生了变化，对交通运输也提出了新的要求。

1）区域协调的发展指向从“一部分人先富起来、全面建成小康社会”向“协同推进现代化建设、实现全体人民共同富裕”转变

改革开放初，我国提出让一部分地区、一部分人先富起来，先富带后富，最终实现共同富裕的总体思路。世纪之交，逐步形成西部大开发、振兴东北等老工业基地、中部崛起、东部率先发展的区域发展总体战略。党的十八大以来，国家把扶贫开发工作纳入“四个全面”战略布局，到2020年将全面建成小康社会。党的十九大提出向第二个百年目标进军，继续实施区域协调发展战略，促进各地区协同推进现代化建设，缩小区域城乡发展差距，努力实现全体人民共同富裕。区域协调发展战略指向的变化要求交通运输更加聚焦

区域特点，紧扣主要矛盾，进一步强化举措，支撑西部大开发形成新格局、东北振兴、中部崛起和东部率先优化发展。

2）区域协调的关注重点从“经济高速增长”向“高质量发展”转变

我国进入高质量发展新阶段，更加依靠创新驱动，更加注重质量效益、风险防控和可持续发展。未来区域协调发展必须摒弃“唯 GDP 论”，从依靠要素投入数量增长，转向更多依靠全要素生产率的提高，实现各区域更高质量、更有效率、更加公平、更可持续的发展。区域协调发展关注重点的变化要求交通运输着力推进质量变革、效率变革、动力变革，转变发展方式，依靠科技革命和产业变革，促进交通均衡发展。优化交通基础设施布局，适应并引导国家主体功能区形成。

3）区域协调的总体格局从“统筹四大板块”向“国家重大战略引领的协同联动新格局”转变

区域发展总体战略实施以来，初步实现东中西共同发展、公共服务和人民生活水平不断缩小的区域协调发展格局。但东中西产业、资金与人才的梯度推进速度并不尽如人意，同时还出现了东部高度城市化地区资源环境约束、要素成本快速上升，特大城市交通拥堵、住房紧张、环境污染等人地矛盾日益突出，中西部地区生态环境压力日益增大，老工业基地、资源枯竭地区新旧动能转换乏力等制约区域可持续发展的突出问题。党的十八大以来，党中央提出共建“一带一路”倡议、京津冀协同发展、长江经济带发展、粤港澳大湾区建设、长三角区域一体化发展等系列重大战略，这些重大战略瞄准不同的区域主题与问题，着力提升各层面区域战略的联动性和全局性。区域协调发展总体格局的转变要求交通运输在基础设施共建共享、破解“大城市病”、探索生态文明建设、创新区域协调发展机制等方面，探索交通运输发展的新路径。

4）区域协调的支撑主体从“省域经济、行政经济”向“城市群经济”转变

城市群是带动区域发展、支撑全国经济增长、参与国际竞争合作的主要平台，也是重塑国土均衡开发与区域关系的重要力量。国家“十三五”规划确定的 19 个城市群以 27% 的土地，集聚了全国 75% 的人口和 85% 的经济总

量。2015 年以来，国务院先后批复了长三角、京津冀、粤港澳大湾区等 9 个跨省区城市群发展规划，这些规划的相继落地标志着支撑区域协调发展的主体形态开始由“省域经济、行政经济”向“城市群经济”转变。区域协调发展支撑主体的转变，要求加快完善区域交通发展协调机制，实施分阶段、差异化的城市群交通发展策略，支持东部城市群优化提升，支撑中西部、东北城市群发展壮大。

5）区域协调的空间视野从“国内”向“国际”拓展

以习近平同志为核心的党中央总揽全局，确立开放新理念，实施共建“一带一路”倡议，加快构建开放型经济新体制，积极参与全球经济治理。我国区域开放布局从由东向西渐次推进的梯度转移模式转变为陆海内外联动、东西双向互济、多中心并举的全方位开放新格局。区域协调发展的空间视野从“国内”向“国际”拓展，要求交通运输加强与周边国家互联互通，以开放促发展，以国际视野促进区域协调发展。

（三）总体要求

1）指导思想

深入贯彻落实党的十九大精神，以习近平新时代中国特色社会主义思想为指导，坚持稳中求进工作总基调，坚持新发展理念，紧扣我国社会主要矛盾变化，按照高质量发展的要求，以交通强国建设为统领，以供给侧结构性改革为主线，以改革、创新、开放为动力，践行质量变革、效率变革、动力变革，统筹效率与公平，全面支撑区域协调发展，进一步彰显交通运输服务人民、服务大局、服务基层的行业责任担当，为各区域协同推进现代化建设，实现全体人民共同富裕奠定坚实的基础。

2）基本原则

坚持民生优先。把实现交通运输基本公共服务均等化作为交通运输支撑区域协调发展的首要任务。加大力度支持革命老区、民族地区、边疆地区、贫困地区加快发展，在交通运输基本公共服务项目上优先安排，在资金投入上优先保障，加快补齐交通运输发展短板，让交通发展成果更多更公平惠及全体人民。

坚持统筹推进。科学把握区域发展的差异性和阶段性特征，突出区域特点、紧扣主要矛盾，因时因地优化细化产业政策、措施，强化举措支持西部大开发、中部崛起、东北振兴、东部率先发展，有效支撑区域发展总体战略，为各区域协同推进现代化建设奠定坚实的基础。

坚持战略引领。加快推进“一带一路”互联互通、长江经济带综合立体交通走廊、京津冀和长三角交通一体化、粤港澳大湾区交通建设，为形成全面开放新格局、破解“大城市病”、创新区域协调发展机制、探索生态文明建设的新路径贡献交通方案，支撑区域发展协同联动新格局。

坚持创新驱动。以科技创新、改革创新推动交通运输的质量变革和效率变革，把科技创新、改革创新作为解决区域发展不平衡、不充分的根本途径，实现弯道超车，缩小因地理区位差异及自然、社会特性导致的区域发展机会不公平。鼓励各地区根据自身优势，创新发展，先行先试。

坚持协调发展。交通运输发展与区域主体功能定位相协调，促进交通与人口、经济、资源、环境的均衡协调。充分发挥综合运输整体优势，宜水则水、宜空则空、宜陆则陆，促进通道资源共享，优化运输衔接，构筑高效、集约、绿色的交通发展模式。

三、重点任务

（一）构建支撑西部大开发、大开放、惠民生的交通发展新格局

西部地区国土面积占全国的71.5%，2016年人口、地区生产总值、外贸进出口总额仅分别占全国的27.1%、20.1%和7.0%。西部地区是我国经济发展的重要回旋余地和提升全国平均发展水平的关键所在，是构建全方位对外开放新格局的前沿，推进西部大开发对区域协调发展具有决定性作用。交通运输支撑区域协调发展要紧紧围绕西部大开发形成新格局的战略部署，突出西部地区向西开放的前沿、壮大城市群培育增长极、持续改善民生的发展要求，紧扣基础设施发展短板及交通运输的发展难点，重点实施“全面打通出境出海大通道、培育国际性区域性综合交通枢纽、着力构建普惠的城乡交通网络”三大任务。

全面打通出境、出海大通道。以“一带一路”建设、长江经济带发展为

引领，以高效为目标，以强干通边为主题，加快高速铁路、国家高速公路待贯通路段建设，推进川藏通道规划建设，加强西藏、四省藏区和南疆四地州国省道、干线铁路建设，着力补齐西部地区交通基础设施发展短板。到2035年，以国家“十纵十横”综合运输大通道为骨架，安全高效、快速便捷的出境、出海综合运输通道全面形成。

培育国际性区域性综合交通枢纽。强化国际机场、国际航空物流中心、国际铁路物流枢纽建设，加快干线铁路、高速铁路、高速公路、民用机场等重大基础设施对地级节点的覆盖，构筑面向中亚、中俄、西亚、南亚、东南亚，服务西部开发开放的国际性、区域性综合交通枢纽，为西部地区大城市、城市群深度参与国际国内竞争与合作奠定基础。

着力构建普惠的城乡交通网络。西部地区县级行政区资源禀赋、环境容量、主体功能、人口及经济规模、生产生活条件存在较大差异。836 个县（市、旗）中，土地面积从 330 平方公里到 202298 平方公里不等，人口分布从 1 万人到 200 万人不等，总人口 5 万以下的市县占 12%，总人口 50 万以上的市县占 19%。部分县（市、旗）生态环境脆弱、自然灾害多发、地理位置偏远、地形地貌复杂、交通需求小而分散，交通建设、养护成本高，迫切需要中央在资金、项目和政策上加大支持力度，进一步加大转移支付力度，进一步强化帮扶政策。未来老少边穷地区交通发展要以实施乡村振兴战略为引领，以交通运输基本公共服务均等化为根本，以公共财政投入为基本保障，持续推进“四好农村路”建设。因地制宜推进县市交通快速化，提升边远地区交通运输服务的快捷性和机动性，提高交通应急救援处置能力。

（二）支持东北地区加快形成沿海内陆沿边一体开放的交通网络

东北地区国土面积占全国的 15.3%，2016 年人口、地区生产总值分别占全国的 8.8% 和 8.0%。近些年来，东北地区经济下行压力较大，人口外流趋势严重，有效投资需求不足，供给侧结构性改革和新旧动能转换任务艰巨。推动东北经济脱困向好，实现新一轮振兴，事关全国经济发展和转型升级大局，事关区域协调发展全局。交通运输支撑区域协调发展要紧紧围绕深化改革、加快东北老工业基地振兴的战略部署，突出东北亚交通枢纽的优势，加快形成沿海内陆沿边一体开放的交通网络。

进一步推进与周边国家陆路互联互通。推进路网提质改造，加快连接重要陆路边境口岸公路升级改造、沿边国道待贯通路段建设和等外路、四级路提质改造。加快国家高速公路待贯通路段建设，推进重点口岸高速公路连接。完善中朝跨境桥梁布局，适时推进中俄跨境桥梁建设。促进东北地区铁路网与俄罗斯、蒙古国铁路在更多节点连通。

提升面向东北亚的门户枢纽竞争力。构筑以大连港、营口港为核心，丹东、锦州、盘锦和葫芦岛等港口为支撑的国际海上门户，加快推进大连东北亚国际航运中心建设。完善东北机场群和国际航线网络，鼓励中外航空公司开辟至东北地区的国际航线，提升国际航空竞争力和吸引力。

完善陆海双向国际便利化运输网络。完善与俄罗斯、朝鲜等周边国家的双边、多边汽车协定，积极开辟国际道路运输线路。推动东北内陆地区与沿海沿边的通关协作，着力提高口岸通关便利化水平。加快构筑国际陆海联运通道，着力打造以东北三省为支点，连接亚欧大陆的跨境陆海联运通道，畅通东北地区面向日本海的出海通道。

（三）强化中部地区大通道、大枢纽、大物流建设

中部地区国土面积占全国的10.7%，2016年中部地区以10.7%的国土面积，集聚全国26.6%的人口和20.6%的经济总量。中部地区具有承东启西、连南接北的区位优势，在全国区域发展格局中占有举足轻重的战略地位。交通运输支撑区域协调发展要紧紧围绕发挥优势推动中部崛起的战略部署，重点实施“提高通道能力、提升枢纽功能、构建经济高效的现代物流体系”三大任务。

进一步提高通道能力与效率，加速东西、南北经济传导。进一步提升主要城市群间综合运输大通道能力与效率。完善高速铁路、城际铁路布局。加快高速公路主通道拥挤路段扩容改造，畅通主要城市群城际通道，疏通中心城市进出通道。优先推进高速磁悬浮、超级高铁、超级高速公路等高效率、大容量交通方式发展，进一步拉近城市群间的时空距离，加速东西、南北经济传导。

提升枢纽功能，带动要素集聚，构筑经济码头。以空港、内河港口、高铁站、公路枢纽为依托，推进全国性、区域性综合枢纽建设，提升枢纽功能，

促进港产城互动融合，统筹谋划临港经济、临空经济、临站经济，增强各类资源和生产要素集聚，构筑经济码头。

构建现代物流体系，服务现代经济体系建设。培育、发展、聚集一批技术水平先进、主营业务突出、核心竞争力强的大型现代物流企业，通过规模化经营提高物流服务的现代化水平。加强与沿海、沿边地区合作，建立多式联运信息平台，大力发展多式联运。推动现代物流与先进制造业、现代农业和现代服务业融合发展，拓展延伸物流服务功能。

（四）支持东部地区率先建成现代交通运输体系

东部地区是我国经济发展的先行区，2016 年东部地区以 9.5% 的国土面积，完成了全国 52.6% 的经济总量、83.3% 的进出口总额以及超过 80% 的实际利用外资总额，集聚了全国 38.4% 的人口、70% 以上的大城市。在带动全国经济社会发展和走向国际化、提高综合国力等方面具有不可替代的地位。但在经济发展过程中也遇到了新现象和新问题，如全球化产业和人口快速集聚带来的国际国内市场竞争加剧、日益紧张的人地矛盾、快速上升的资源环境要素成本、无序扩张和过度开发带来的交通拥堵和住房紧张等。未来，东部地区的交通发展需进一步探索与城市协调发展的模式与路径，由被动适应转向集约高效、主动引导，更加注重交通供给的精细化、智能化、多样化。在推进城镇化发展中逐步实现交通对城市空间结构及功能布局的引导作用，增强城市承载能力，改善城市人居环境。

构筑世界一流的城市群综合交通体系。打造具有全球竞争力的世界级机场群、港口群。推进城市群内高速铁路、城际铁路、市域（郊）铁路、城市轨道交通融合发展，完善便捷畅享的一体化换乘系统，打造轨道上的城市群。科学制定城市综合交通规划，推进交通系统与城市空间的高度集成，支撑城市的集约高效运行。

建立绿色集约高效的交通发展新模式。优化客运系统结构，加快构建以高速铁路和城际铁路为主体的大容量快速客运系统。强化大城市轨道交通主体地位，提升地面公共交通的舒适性、准时性和可靠性。构筑经济高效绿色的货运物流系统，大力发展多式联运，充分发挥铁路在大宗物资中远距离运输中的骨干作用。推动形成集约高效的城市配送组织链条，大力推广使用清洁能源车船。

打造科技创新引领的交通运输先行区。支持先进技术、重大工程先行先试，谋划建设一批具有国际领先水平的重大工程。实现智慧交通、共享交通率先突破。全方位推进智能决策、精细管理，加快推进交通行业治理现代化。

四、政策建议

1）强化举措推进基础设施加快联网

以综合运输大通道、交通基本公共服务均等化和城市群交通一体化为重点，完善综合立体交通网络。进一步完善综合运输大通道布局、优化通道资源配置，加快形成纵贯南北、横贯东西、高效互联的综合运输大通道。建设“四好农村公路”，推进农村公路串联带通、进村入户。推进城市群交通一体化发展，东部地区打造轨道上的城市群，中西部地区、东北地区加快构建一体化城市群综合交通网络。

2）进一步细化投资补助政策

下移和细化政策区，公共资源配置更加侧重典型区域、特殊区域。确保中央资金进一步向革命老区、民族地区、边疆地区、贫困地区倾斜。加大对“一带一路”互联互通、京津冀交通一体化、长江经济带综合立体交通走廊、粤港澳大湾区等的支持力度。对高速磁悬浮、超级高铁、超级高速公路、无人驾驶等科技前沿工程，加大科研、试验经费的投入力度。

3）建立多层次区域协调发展机制

完善中央与地方联动机制，就重要规划制定与实施、重点工程建设、资金保障、债务风险防控以及财政事权划分等重大领域改革等重大事项形成联动机制。建立横向协调机制，包括东、中、西、东北大区域协调机制，长江经济带、京津冀、粤港澳大湾区等重点区域协调机制，城市群一体化协调机制，对区域协调发展关键问题进行及时协调和决策。

交通运输部规划研究院课题组

主要执笔人：高建华　吴　迪　刘梦涵　赵儒玉　石良清

第十四章　交通运输政府治理体系研究

交通运输部科学研究院

一、政府治理的现状及问题

（一）关于交通运输政府治理

1）治理理论概述

根据全球治理委员会研究报告的权威定义："治理是各种公共的或私人的机构管理其共同事务的诸多方式的总和。它是使相互冲突的或不同的利益得以调和并且采取联合行动的持续的过程。"

国家治理是以国家为范围、以公共秩序为准则、以增进公共利益为目的、以国家政权的各种利益相关者为主体对社会公共事务进行合作管理的活动或过程。国家治理包括政府治理、市场治理和社会治理。政府治理是指政府建立的具有强制性的有关管理经济、政治、文化、社会等的制度，包括法律法规、体制机制等。这些法律法规、体制机制构成的制度体系就是政府治理体系。政府治理是国家治理的一个重要组成部分，在国家治理中占有主导地位。

政府治理是指在市场经济条件下政府对社会公共事务的管理，通过行使公共权力解决公共问题，实现社会公共意志和公共利益最大化。政府作为治理的主体之一，通过与其他主体合作互动，共同解决公共问题。政府治理不同于市场治理和社会治理，市场治理主要依靠竞争机制，社会治理主要依靠社会组织确立的规则、制度等。

国家治理体系是在党领导下管理国家的制度体系，包括经济、政治、文化、社会、生态文明和党的建设等各领域体制机制、法律法规安排，也就是一整套紧密相连、相互协调的国家制度。

2）交通运输政府治理体系

交通运输是国民经济的基础产业，也是现代服务业的重要组成部分。从行业属性来看，交通运输具有基础性、战略性、先导性与服务性的属性，其中，服务性是贯穿四者的核心。因此，从内涵来讲，我国交通运输政府治理体系是指在中国共产党领导下，以人民根本利益为出发点，在交通运输领域建立的交通运输管理体制机制、法律法规等具有强制性的一系列制度体系。具体内容主要包括设置交通运输管理机构和配置职能、制定交通运输的法律规范、交通运输发展战略和规划、制定交通运输产业政策、制定区域交通运输发展政策、对交通运输建设与运行的市场主体及其行为的监督管理、协调交通运输领域中的利益关系以及对交通运输环境保护事务的管理等活动，以促进交通运输的发展，与国民经济的发展相适应。从体系构架来看，交通运输政府治理体系包括治理理念、职能体系、法规体系、治理机制四部分（图14-1）。

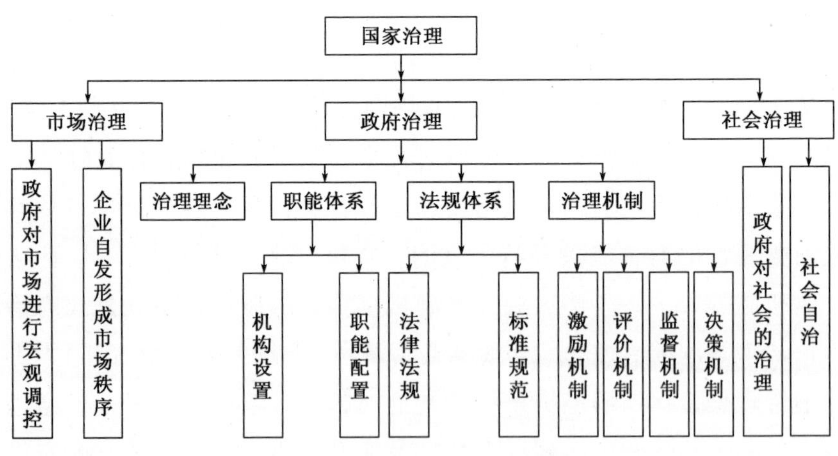

图14-1　治理体系构架示意图

（二）现状及问题

1）发展成效

（1）综合交通运输管理体制机制基本形成

一是国家层面“一部三局”大部门体制基本建立。已形成由交通运输部负责管理国家铁路局、中国民用航空局、国家邮政局的大部门管理架构格局。二是地方综合交通运输管理体制改革正在积极推进。目前，天津、河北、上海、江苏、重庆等省市基本建立起综合交通运输大部门管理体制，一半以上省份已经或正在建立综合交通运输协调机制，为有效推进地方综合交通运输体系建设奠定了良好的制度基础。按照国家和交通运输行业事业单位改革要求，广东、江苏、宁夏、安徽等地积极推进承担行政职能的事业单位改革工作，目前已基本改革到位。三是交通运输各子领域体制机制改革稳步推进。铁路、水运、民航、邮政领域的改革积极稳妥推进，成效突出。

（2）法治政府部门建设持续深化

交通运输部门按照深入推进依法行政、加快建设法治政府的要求，整体谋划，全力推进，不断加强法制建设，规范决策程序，强化行业管理，法治政府部门建设取得明显成效。

一是法治政府部门建设顶层设计完成。出台了交通运输部《关于全面深化交通运输法治政府部门建设的意见》《关于贯彻实施〈法治政府建设实施纲要（2015—2020 年）〉的通知》等政策文件，全面推进交通运输法治政府部门建设。二是行业法治意识不断增强。加强交通运输部门工作人员学法用法，探索将依法行政纳入干部考核机制，在普法宣传教育机制、普法形式、普法责任制等方面取得创新性突破。三是综合交通运输法规体系初步形成。发布了《交通运输部关于完善综合交通运输法规体系的实施意见》，初步完成综合交通运输立法顶层设计；综合交通运输法规体系不断完善，交通运输各领域基本实现有法可依。四是综合行政执法改革稳步推进，体制机制不断完善。

（3）行业放管服改革成效突出

一是简政放权力度不断加大。行政审批事项大幅精简，持续深入推进“放管服”改革，先后分 10 批取消和下放了 40 项行政审批事项，占总审批事项的 61. 5%，取消全部非行政许可审批事项，取消 10 项中央指定地方实施审批事项。铁路部门将原铁道部 25 项行政审批减少至 6 项，审批产品目录从 148 项减少至 40 项；民航部门 2013 年以来取消和下放管理层级的行政审批项目达 13 项；邮政部门 8 次调整邮政行政审批事项；地方交通运输部门行政审批事项精简比例普遍超过 50%，取消中介服务事项 7 项，减少职业资格事项

15 项，将 16 项工商登记前置审批全部改为后置审批。

二是事中事后监管逐步加强。监管制度标准不断完善，印发了《交通运输部关于深化交通运输行政审批制度改革加强事中事后监管的意见》、制修订了《快递服务》国家标准等。“双随机”监管机制逐步建立，出台了《交通运输部办公厅推广随机抽查规范事中事后监管的实施方案》《交通运输部关于推行“双随机、一公开”监管工作的实施意见》等政策性文件，公布随机抽查事项清单，制定抽查计划，组织开展“双随机”抽查工作。监管内容不断实化，加强资质动态监管和市场主体行为监管，定期核查许可事项。监管方式不断创新，建立了分级分类监管模式，探索建立“网格化、标准化、痕迹化”监管机制，积极推进交通运输信用体系建设。紧抓安全生产监管不放松，加强安全生产风险防控。深入清理规范交通运输领域行政处罚、行政检查和涉企收费。

三是交通运输服务日益优化。积极推行权力清单和责任清单制度，制定《交通运输部权力和责任清单》，公布权责清单 55 项。海事系统梳理形成 8 大项 109 小项权责清单。优化“互联网 +”政务服务，实现跨省大件运输许可网上办理、并联审批，积极推进全国投资审批在线监管平台建设及应用工作。提高服务规范化标准化水平，交通运输部规范了审批流程，各级交通运输部门制定并公布行政许可流程图、服务指南，对技术性和专业性强的审批事项制定审查标准规范。

（4）行业社会共治格局不断完善

一是行业信用体系建设初见实效，主要表现在交通运输行业信用体系建设顶层设计进一步加强、全国交通运输信用信息共享平台建设任务基本完成、“信用交通”网站运营初见成效、交通运输行业联合奖惩工作取得新成效、组织各地制定“信用交通省”创建实施方案等方面。二是部管社团改革持续深入，实现部与部管行业协会在机构、职能、资产财务、人员、党建等五个方面的脱钩。三是积极发挥人大代表、政协委员作用，接受监督。四是交通治理国际影响力不断扩大，主要表现为：中国标准、中国方案数量日益增多，交通领域 189 项中国标准成为世界标准，实现了从跟随到引领的跨越；组织参加 IMO 等多边框架下的会议谈判 20 余次，提出提案 73 份；依托“一带一路”倡议，提升国际影响力；全面参与交通运输领域具有全球影响力的30个国际组织，连续14次当选国际海事组织（IMO）A类理事国，第五次连任国际民航组织（ICAO）一类理事国。

2）存在问题

一是治理理念有待进一步提升，从践行以人民为中心的发展思想审视，交通运输治理理念还存在短板，把人民满意作为评价的根本标准贯穿于交通运输体系建设、管理、运营、服务全过程不够；二是管理机构设置和职能配置还不够科学，交通运输大部制管理体制尚需健全，铁路和民航等重点领域体制改革还需进一步深化；三是法律法规体系建设还不能满足需要，综合交通运输法规尚属空白、相关领域法律法规迫切需要修改完善；四是治理的运行机制尚需完善，政府职能转变还需要持续深化，简政放权需持续深入推进、有些地方对下放审批事项承接能力不足。

（三）经验借鉴

一是以人为本，服务至上。以人为本是发达国家交通运输发展的核心价值观。典型如欧盟《2010年欧洲运输政策白皮书》强调，要把用户置于运输政策的核心，要制定以用户为本的运输政策，发展人性化的运输。

二是立法先行，依法治理。典型的如美国颁布冰茶法案、续茶法案等，以法案形式确立综合运输体系的地位；日本相继制定《交通运输政策基本法》《日本交通运输政策基本规划（2014年）》等，法制建设始终发挥先行保障作用。

三是综合管理，统筹规划。目前，欧美发达国家实现综合运输管理体制，典型的如美国、英国、德国等；部分发达国家甚至实施更为广泛的大部门管理体制，如日本国土交通省统筹交通与国土空间规划、建设、管理等。

四是明确事权，分权管理。典型发达国家以健全的法律体系为支撑，将中央事权与地方事权划分明确，日常交通运输公共服务由地方政府负责，中央则负责国家宏观规划、机构调整、国家交通资源调配、应对自然灾害突发事件等。

五是注重科技，提升效率。美国等发达国家十分注重依靠科技创新，将信息化深度融入交通运输管理服务各领域，有效提升交通运输科学决策水平、公共服务效能和运行效率。

二、发展形势与总体要求

（一）发展形势

一是随着经济发展进入新时代，国家治理体系和治理能力现代化成为全面深化改革总目标，并纳入“两个一百年”奋斗目标，要求加快实现交通运输政府治理体系和治理能力现代化。

二是交通强国建设迫切要求加快构建系统完备、科学规范、运行有效的制度体系，进一步转变政府职能，全面推进以良法善治为核心、共治共享的现代交通运输治理体系建设。

三是新一轮科技革命和产业变革要求交通运输政府治理理念、模式和手段发生根本性变革，全面提升交通运输政府治理的智能化水平。

四是参与全球治理体系的建设要求交通运输进一步扩大开放合作，全面提升治理的全球化水平，贡献更多中国智慧、中国方案，提升中国交通运输的国际影响力和话语权。

（二）总体要求

1）指导思想

以习近平新时代中国特色社会主义思想为指导，以推进国家治理体系和治理能力现代化的总目标为引领，牢固树立和贯彻落实以人民为中心的治理理念，不断深化交通运输体制机制改革，持续优化政府机构设置和职能配置，加快转变政府职能，深入推进依法行政，创新政府治理机制，加快建成职责明确、依法行政、科学规范、廉洁高效的交通运输政府治理体系，为交通强国建设提供有力制度保障。

2）基本原则

坚持党的领导。全面落实“党管一切”的原则，把加强和改善党对交通运输工作的集中统一领导作为首要任务，把党的领导贯彻到交通运输政府治理的各方面和全过程，管宏观、谋全局、抓大事，努力构建中国特色的现代交通运输政府治理体系。

坚持以人民为中心。聚焦人民群众对交通运输的需求和期盼，切实提升人民群众获得感。完善为民谋利、为民办事、为民解忧、保障人民权益、倾听人民心声、接受人民监督的体制机制，不断满足人民日益增长的美好生活需要。

坚持协同高效。突出问题导向，聚焦发展所需，优化各级交通运输相关政府机构设置和职能配置，坚持一类事项原则上由一个部门统筹、一件事情原则上由一个部门负责，加强相关机构配合联动，避免政出多门、责任不明，破除制约改革发展的体制机制弊端。

坚持依法行政。加快建设交通运输法治政府部门，积极推进机构、职能、权限、程序、责任的法定化，通过法治引领、推动和保障改革，确保政府治理体系建设于法有据，从法律制度上推动和落实改革举措，为全面提升交通运输政府治理能力提供有力保障。

（三）总体目标

近期目标：到2020年，交通运输管理体制机制、法律法规体系建设迈上新台阶，总体适应并有力促进经济社会发展。

中期目标：到2035年，基本建成与交通强国相适应的交通运输政府治理体系，交通运输政府治理体系和治理能力现代化基本实现，为交通强国建设提供有力保障。

远景目标：到21世纪中叶，全面建成与交通强国相适应的交通运输政府治理体系，各方面制度更加完善，为交通强国建设提供更加全面保障。

三、重点任务

（一）以践行“以人民为中心”的理念为抓手，完善体现新发展理念要求的目标体系

紧紧围绕建设现代化经济体系提出的新要求，积极践行“以人民为中心”的治理理念，完善体现新发展理念要求的交通运输规划目标和指标体系，把新发展理念贯穿落实到综合交通运输体系规划、建设、维护、运营、管理、服务等全过程和各领域。一是要强化转方式调结构的导向。主要包括交通运输科技进步贡献率、综合交通运输服务、单位运输周转量的能耗、土地占用和二氧化碳排放等方面的内容。二是强化补短板强弱项的导向，主要包括综

合交通网络规模、结构和覆盖率、交通运输脱贫攻坚、运输效率、现代物流发展等方面的内容。三是强化公共服务的导向，主要包括交通运输基本公共服务均等化、城市公共交通网络、客运准点率等方面的内容。

（二）以体制机制改革创新为抓手，完善交通运输治理职能体系

1）健全综合运输管理体制

进一步完善综合运输管理体制机制。一是完善综合交通运输管理工作与协调机制。一方面要完善交通运输部部级层面工作机制，加快建立与发展改革、财政、自然资源、生态环境、城乡建设、科技等部门之间的综合运输部际协调机制；另一方面，要完善地方交通运输管理部门的协调机制。二是加强对地方交通运输管理体制改革的指导，加快形成“一省一交”“一市一交”的“大交通”管理体制。三是进一步理顺城市公共交通的规划建设与管理职能，将原分属各个部门的有关公共交通职能统一划转交通部门统一行使，实现“一城一交”。四是进一步加强地方机场管理局的管理职能。增强地方机场管理机构在通用航空、机场服务质量监管、民用机场净空管理等方面的职能，强化相关管理职能配置，推动航空事业的快速健康发展。

2）合理划分中央和地方交通运输事权

加快落实《中共中央关于深化党和国家机构改革的决定》相关要求，科学设置中央和地方事权，理顺中央和地方职责关系，更好发挥中央和地方积极性。按照适度加强中央事权和支出责任的要求，根据交通运输功能层次性，合理确定中央、省、市、县交通运输部门事权范围，构筑事权与财权相匹配的分级负责制，落实各级政府支出责任。

3）进一步理顺子行业管理体制

一是强化公路水路安全管理体制建设。完善安全管理和应急体制，加快建立事权与财权相匹配、建管养相协调的公路、航道管理体制，积极推进海上搜救和救捞体制改革。二是持续深化铁路、民航、邮政体制改革。以铁路总公司股份制改造为牵引，进一步深化铁路管理体制和运行机制改革。健全完善铁路公司治理体系，规范决策制度程序和日常运行机制，构建符合公司治理要求的管理制度体系；推进铁路投融资体制改革，多方式多渠道筹集建设资金。大力推进降费减负，研究降低民航发展基金征收标准；推进重点领

域条件成熟的局属企业加快改革步伐。深化邮政管理体制改革，支持中国邮政集团做强、做优、做大，鼓励引导民营快递企业发展。完善邮政业法规体系，积极参与国际事务。

4）推进交通运输事业单位和行业社会组织改革

加强顶层设计，制定交通运输事业单位体制改革的指导性意见，进一步加强和编制、人社、财政等相关部门的沟通、协调，力争取得最大支持，将承担行政执法职能的交通运输管理机构列入参公管理单位。深化事业单位分类改革，完善事业单位法人治理结构运作模式，推进有条件的事业单位转化为企业或社会组织。研究制定交通运输行业协会、学会、商会、行政审批服务中介机构与行政机关脱钩的实施方案，加快实施政社分开。

（三）以完善法律规范为抓手，深入推动交通运输法规体系建设

1）建立健全综合交通运输法律法规

一是加快构建综合运输法律法规。加快推进制定交通运输法，完成铁路、公路、水路、民航、邮政等各领域“龙头法”和重点配套行政法规的制（修）订工作，形成架构科学、布局合理、门类齐全、上下有序、内外协调的综合交通运输法律体系。二是加快开展行业新技术应用的立法工作。针对共享单车、分时租赁汽车等共享经济业态，大数据应用、无人车船发展等新形势，制定相应法律法规。三是引导和支持地方加强交通运输立法。鼓励地方积极探索推动综合交通、农村公路、城市公共交通、出租汽车、安全监管等方面的立法工作。四是完善交通运输立法工作机制。深入推进科学立法、民主立法工作，加强立法项目的基础性、前瞻性、储备性研究，完善交通运输立法项目的征集和论证制度。

2）建立健全综合交通运输标准体系

加快推进交通工程建设、安全生产、运输服务、设施设备配置等技术标准和规范的建设，完善基础设施建设标准，以及多式联运的相关标准，建立健全覆盖面广、门类齐全的交通运输行业标准体系，规范和引导整个行业的发展。

3）深度参与国际交通运输规则制定，提升国际话语权

增强国际交通运输话语权和影响力，做好与铁路、航空、公路、海运、邮政等有关条约的国际谈判、签约、转化生效等工作，维护国家权益，服务

我国对外开放、“一带一路”倡议大局。一是依托交通运输设施装备的走出去，以科技创新推动国际标准与规则制定；二是加强对无人车、无人船等新业态管理模式的探索研究，不断完善相关法律法规、运营管理和标准规范，为世界提供中国方案。

（四）以提高行政效能为抓手，促进政府治理机制创新

1）深化“放管服”

实施“权责清单”制度。开展职权清理，全面梳理各级交通运输管理部门的职责，依法取消、下放、转移一批不符合全面深化改革要求的行政权力；依据法律法规和单位“三定”规定，编制并公布权力清单和权力运行流程图，明确责任主体，规范行政裁量权，接受社会监督；加强履职监管，建立健全动态调整机制。

积极推进行政审批制度改革。一是要减少审批事项，减少审批环节，推行集中审批制、联合审批制和“一审一核”制，优化审批流程，最大限度减少预审和前置审批环节，增强审批透明度。二是地方各级交通运输管理部门要做好上级交通运输管理部门取消和下放行政审批事项的承接工作，转给市场、社会和下级交通运输部门的审批事项，各级交通运输管理部门不得截留。三是创新审批方式，要以交通运输部、省级交通运输主管部门为主体开发统一的行政审批信息系统，实现网上审批。四是要加快行政审批中介服务机构改革，规范行政审批中介服务期限和收费标准，行政部门与审批中介机构要彻底脱钩，坚决切断部门与中介机构的利益链。五是推进审批程序标准化，落实“六个一”工作要求。

2）强化市场监管

一是创新监管方式。全面推进“双随机、一公开”和“互联网＋监管”，加快推进政府监管信息共享，切实提高透明度，扩大社会公众参与，推进在监管过程中与行政相对人协商、互动，通过与行政相对人签订行政协议实现监管目标等。二是健全交通运输信用管理体系。一方面，要健全信用法规和标准体系；另一方面，形成完善、客观、公正的信用评价机制。

3）稳步推进综合执法

一是深化交通运输综合执法体制改革。要按照国家及交通运输部相关要

求，在地方党委和政府的领导下，抓紧研究交通运输综合执法改革工作方案，落实改革各项任务要求，确保按照中央要求的时间节点将中央的改革要求不折不扣地落实到位。加快构建与交警、工商、质检、环保、海关、边检、检验检疫等的跨部门协作机制，及时处置各类交通运输违法行为。

二是加快推进行政执法信息化建设。加快建成以部省两级数据中心和信息交换平台为核心，覆盖全国各级交通运输执法机构和执法门类的协同执法与联网监管体系，形成互联互通、信息共享、业务协同、智能便捷的全国交通运输行政执法信息化体系。加强现场电子取证和检测设施建设，积极推广非现场执法方式，用信息手段来制约办“人情案”和滥用裁量权的现象；充分利用和整合各地各系统已有的信息资源，建设跨区域执法信息共享平台，推动各地各系统执法联动和区域协作。

三是深化交通运输执法“三基三化”建设。结合综合执法改革，统筹推进完善行业执法制度，出台行业标准，按标准完成执法人员配备、执法站所建设、执法装备、执法服装等的配备，开发执法信息化系统，完善执法监督管理体系，最终实现基层执法队伍职业化、基层执法站所标准化、基础管理制度规范化的总目标，并获得行业的认可。

4）完善行政决策机制

加快推进行政决策的科学化、民主化、法治化，完善内部民主决策机制，严格执行重大行政决策的会议集体讨论决定制度；完善行政决策风险评估机制；建立完善专家论证、公众参与、专业组织测评等相结合的风险评估机制；严格行政决策后评价和责任追究机制。

5）全面推进政务公开

形成“以公开为常态，不公开为例外”的政务公开机制，从五个方面推进实施政务公开，即“决策公开、执行公开、管理公开、服务公开、结果公开”。一是要推进政府信息公开，如：财政预算、公共资源配置、重大建设项目批准和实施等。二是要推行执法公示制度，如：许可办理的依据、条件、程序、结果，处罚案件的主体信息、案由、处罚依据及处罚结果等。

6）健全行政执法监督机制

为完善交通运输行政执法监督机制，可以通过以下三方面着手推进：一是完善评议考核机制；二是强化评议考核结果；三是发挥评议考核作用。最终建立完善交通运输行政执法督察和违法执法举报投诉制度。

7）创新交通运输管理绩效评估机制

建立健全交通运输管理绩效奖惩制度，通过建立科学可行的交通运输管理绩效评估指标体系，采用可操作性强的交通运输管理绩效评估方法，进一步肃清和解决官员工作不力、为官不为等问题，克服庸政懒政怠政，同时要健全激励机制和容错纠错机制，营造良好的勤政务实从政环境和政治生态。

8）加强廉政监察建设

建立健全组织领导、廉政教育、预防制度、社会监督、内部监督惩处等"五个体系"的交通运输特色反腐倡廉格局。一是健全交通纪检监察体制，加大办案力度，以"零容忍"态度严惩腐败。二是加强政风行风建设，坚持落实党要管党从严治党、管行业必须管行风要求，保障交通运输事业健康发展、行业形象稳步提升。三是强化工程建设监督。建立交通重点工程廉政监督员制度，实行工程建设廉政责任长期跟踪追究制。四是强化行政执法监督。五是深化廉政教育。坚持把思想教育作为遏制腐败的基础性工作，切实筑牢拒腐防变的坚强防线。

四、保障措施

（一）加强政治建设

以习近平新时代中国特色社会主义思想为指导，坚持用中国特色社会主义理论体系武装党员干部，不断提高思想政治素养和政策理论水平。加强和改进党的领导，坚持以人民为中心的发展理念。全面调动各级干部的积极性、主动性、创造性，着力破解治理体系方面的突出问题，确保交通运输政府治理体系建设沿着正确方向前进。

（二）强化组织领导

在交通运输部的领导下，整合各方面的力量和资源，组织协调、指导推进、监督检查交通运输政府治理体系建设工作。加强工作经费保障，为工作顺利开展创造条件，鼓励通过引进社会资源、购买服务等方式，提升交通运输政府治理的专业化水平。

（三）增强人才队伍

根据交通运输政府治理能力的建设需要，进一步充实人才队伍力量。落实人才优先发展战略，重视人才队伍建设，培养一批研究型、实操型、专业型的交通运输政府治理人才。全面提高依法行政的能力，增强交通运输部门政府工作人员为发展服务、为基层服务、为群众服务的意识和本领，全面提高行政能力，特别是善于运用法治思维和法治方式，善于运用现代科学技术，提高治理水平，改进服务质量，提高政府治理能力和现代化治理水平。

（四）加大宣传教育

以交通运输政府治理理念、精神和行动的全覆盖为目标，加大对行政机关和行政相对人等治理参与各方的培训以及对公众的宣传，大力推进交通运输行业治理文化建设。提高交通运输新闻舆论传播力、引导力、影响力、公信力，积极开展瞄准行业、深入企业、面向社会、服务群众、形式多样的交通运输政府治理宣传工作，全方位提升全体交通参与者的法制素养、社会责任意识、规则意识、诚信意识和道德意识，为交通运输政府治理体系建设打造良好的人文环境。

交通运输部科学研究院、交通运输部天津水运工程科学研究院联合课题组

主要执笔人：王先进　欧阳斌　梁晓杰　蒋桂芹　丁芝华　周　然
李燕霞　马睿君

第十五章　交通运输企业治理体系研究

交通运输部公路科学研究院

一、企业治理体系的发展现状及问题

（一）总体认识

交通运输企业是建设交通强国的中坚力量，也是推进交通运输治理体系和治理能力现代化的重要主体。建成交通强国，需要成熟的现代交通运输市场体系和世界一流的交通运输企业做支撑。

本章以国家治理体系和治理能力现代化、交通强国建设目标为导向，以推进实现交通运输企业治理体系现代化为目标，在秉持“发挥市场在资源配置中的决定性作用、更好发挥政府作用”的基本原则下，明确政府与企业各自的定位，坚持以企业为主体、政府为引导，推进交通运输企业现代化发展，全面支撑交通强国建设。

本章中提到的企业治理体系不同于通常“公司治理”的内涵，交通运输企业治理体系是指政府治理交通运输企业的制度体系，包括完善引导政策、治理规则、法律法规等方面的制度安排。

（二）现状及问题

1）发展现状

中国交通企业通过贯彻新发展理念，推进改革创新，逐步转变发展方式，提升了发展质量，创造了社会财富，进入世界 500 强企业数量从无到有，由少到多。自 1989 年，中国企业第一次进入全球商业评价体系以来，2004 年上汽集团作为我国首家也是当年唯一一家交通领域企业进入世界 500 强。在

2018 年世界 500 强企业中，与交通行业相关企业有 107 家，其中中国交通企业达到 34 家，主要分布在装备制造、邮件航空运输、工程建设和互联网计算机等领域。分析交通运输相关领域世界 500 强的规模和盈利能力，如图 15-1 所示。

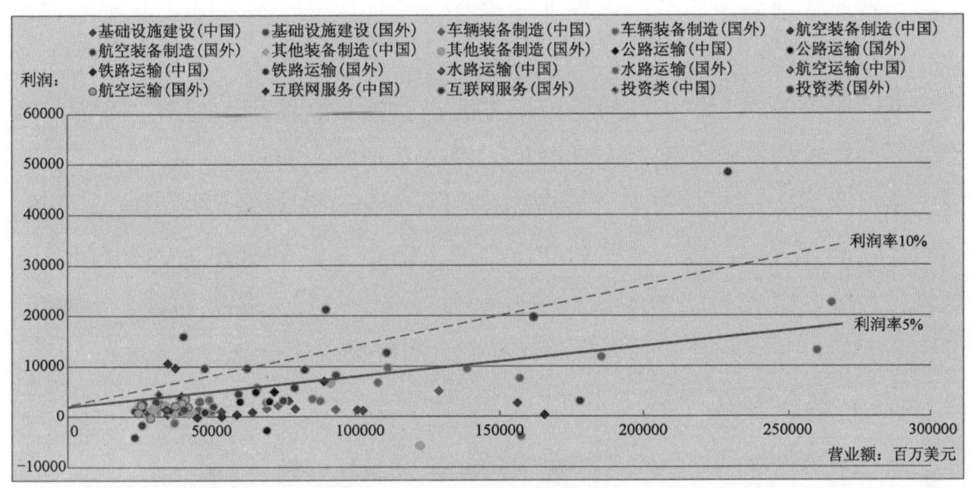

图 15-1　交通运输相关领域世界 500 强企业经营分析（2017 年）

从行业划分来看，基础设施建设利润率较低，行业利润率在 5% 以下；车辆装备制造、航空装备制造利润率处于中等，行业利润率在 5% ~10%；互联网服务利润率较高，在 10% 左右。从我国企业参与度及所处细分行业的地位来看，工程建设规模大、占全球比重高；装备制造有一定体量，但利润率较低；运输服务，尤其是航空运输与国际水平差距较大；互联网服务利润率可观，但总体体量偏小。

总的来说，通过不断优化营商环境、优化调整企业结构，经过改革开放以来 40 余年的发展，我国交通运输企业取得了举世瞩目的成就，涌现了一批世界 500 强和中国 500 强企业。中国交通运输企业以架起中国桥、铺设中国路、建造中国港、驶动中国车、制造中国船、发动中国飞机、创新“互联网 +”运输服务等方式支撑了我国由交通大国迈向交通强国的历史进程。当前我国交通企业在工程建设领域达到世界先进水平，在装备制造领域正向“并行者”转变，在互联网新业态领域快速迅猛发展，国际竞争力不断增强，交通企业“走出去”质量得到提升。

2）存在的问题

面对国际先进企业发展水平和建设世界交通强国的要求，我们必须清醒认识到，我国交通运输企业所处的市场环境仍然不够公平、便捷和开放，部分地区营商环境较为落后，政府对企业高质量与创新发展的引导和服务能力不强，行业管理未能充分适应新业态发展；对标国际一流企业，我国交通企业在公司治理能力和核心竞争力、技术创新能力和应用速度、核心技术自主化程度、应对国际竞争与风险能力等方面仍普遍存在差距，尚不能全面满足交通强国建设的要求，不能充分满足人民群众不断提升的美好生活需要。面向未来，交通运输企业面临日益激烈的国际竞争和高质量发展的巨大挑战，亟须优化提升营商环境，引导和支持交通运输企业提质升级，发挥长处补齐短板，在服务国家战略中实现自身的锻炼成长，形成一批大而强、小而精、效率高、质量优、创新强、具备全球竞争力的世界一流企业。

（三）经验借鉴

通过对国外航运、航空、物流等企业发展过程的梳理研究，从政府与市场互动的视角，总结国外政府治理交通运输企业的有关经验和发展规律，对我国政府引导支持交通运输企业做强做大、培育世界一流企业具有很好的参考借鉴意义。相关经验主要体现在四个方面：首先，优化营商环境、塑造公平市场，是促进行业发展的先决条件。大多数交通运输业态都经历了自由发展、严格管制、放松管制和创新管制阶段。行业管理部门应把握市场规律，适时采用不同的管理手段，积极探索创新管理模式，营造公平的市场环境。其次，抱团出海是引导企业国际化、带动服务“走出去”的必然选择。通过各种资源的抱团，把中国企业的技术、装备和融资结合起来，形成更大的抱团“组合拳”，带动装备制造、运输、金融服务、企业文化等一同“走出去”。再次，鼓励科技创新、加大人才培养，是促进企业提质增效、行业全链条一体化发展的核心基础。走创新发展之路，重视集聚创新人才，充分考虑产业的整个链条，促进行业加快转方式、调结构、提质增效。最后，合理税收是降低企业成本、提升企业竞争力的支撑保障。运输市场具有全球资源流动、全球市场竞争、投资大、风险高和回报低的特征。建立合理的税收政策，激发企业创新活力，更加利于交通企业的发展。

二、发展形势、发展思路和目标

（一）发展形势

进入新时代，我国经济社会发展呈现新的特征，对支撑交通强国建设、对构建现代化交通运输企业治理体系提出了新的更高要求：一是，国际国内形势复杂多变，交通运输系统面临新挑战；二是，建设交通强国，实现交通运输现代化是新时期交通运输事业发展的新使命；三是，推进交通运输高质量发展是适应经济社会发展新需求的必然趋势；四是，落实创新型国家建设要求，需要加快推进交通企业创新驱动发展；五是，新一轮技术革命和产业变革为推动交通运输企业加快动力转换、提升现代化治理水平创造了条件；六是，交通运输领域进入全球化拓展新阶段，要求相关企业积极参与全球价值链治理，提升国际竞争力。

（二）总体思路和目标

1）总体思路

以习近平新时代中国特色社会主义思想为指导，以推进交通运输企业治理体系现代化为总目标，坚持以企业为主体，以市场为导向，引导企业深化改革、创新驱动、优化服务、扩大开放，营造统一有序、公平竞争、鼓励创新发展和走向世界的交通运输市场环境，形成企业与政府共同发力、协同互动的良好格局，实现交通运输企业发展效率更高、质量更强、动力更足，为建成世界领先的交通强国提供重要保障。

2）战略框架

明确一个核心目标——实现交通运输企业治理体系现代化；围绕两大定位、实施四大战略导向——围绕政府引导、企业主体的两大角色定位，以深化改革、创新驱动、优化供给和扩大开放为导向，一方面提出政府治理交通企业的政策环境，另一方面提出支持企业做强做优、支撑交通强国建设的引导举措；构建五大保障体系——加大财税支持、强化金融保障、完善法规标准、引导人才培养和开展示范推广（图 15-2）。

战略目标

核心目标：交通运输企业治理体系现代化
总体目标：企业营商环境显著改善，形成大中小型企业结构合理、不同运输方式企业衔接顺畅、新老业态企业融合发展的产业发展新格局，做强做优交通企业，培育具有全球竞争力的世界一流企业

做强做优——四强四优

- 企业创新能力强
- 经营业绩优
- 资源配置能力强
- 公司治理优
- 风险管控能力强
- 布局结构优
- 人才队伍能力强
- 品牌形象优

战略任务

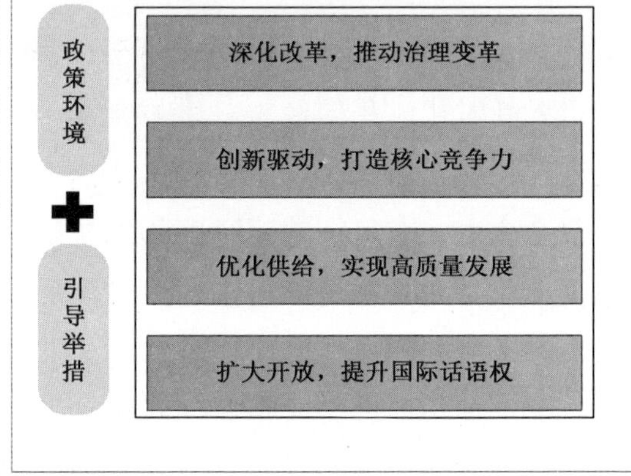

政策保障

加大财税支持　强化金融保障　完善法规标准
引导人才培养　开展示范推广

图 15-2　战略框架图

3）战略目标

实现交通运输企业治理体系现代化，企业营商环境显著改善，形成大中小型企业结构合理、各种运输方式和不同运输企业衔接顺畅、新老业态企业融合发展的产业发展新格局，做强做优交通企业，培育具有全球竞争力的世界一流企业。

到2035年，在基本建成交通强国和进入世界交通强国行列时，基本实现交通运输企业治理体系现代化，交通运输企业经营业绩、科技创新、公司治理、资源配置、品牌形象和人才队伍达到世界一流水平，多数领域和企业达到世界领先水平，交通运输企业核心竞争力和国际影响力大幅度提升。

到2050年，在全面建成交通强国和进入世界交通强国前列时，全面实现交通运输企业治理体系现代化，交通运输企业经营业绩、科技创新、公司治理、资源配置、品牌形象和人才队伍达到世界领先水平，拥有一批在全球交通发展中具有引领作用和话语权的领军企业。

三、重点任务

紧紧围绕政府引导、企业主体的角色定位，以深化改革、创新驱动、优化供给和扩大开放为导向，一方面提出政府治理交通企业的政策环境，另一方面提出支持企业做强做优、支撑交通强国建设的引导举措，进而推动实现企业发展效率更高、质量更优、成本更低、动力更足。

（一）以深化改革为导向，推动交通企业治理变革

1）政府治理企业层面

一是创造公平竞争的市场环境。以打破行业垄断、清除市场壁垒为重点，清理和废除妨碍公平竞争的各种规定，推进实行公平的市场准入制度和公平竞争审查制度，有序打破道路客运等领域地方保护壁垒，统一市场监管。落实放管结合、并重的要求，建立健全适应交通运输高质量发展要求，全覆盖、保障安全的事中事后监管制度。继续清理涉企税费项目，规范货物港务费等征收管理，进一步减轻企业负担。创造国有、民营等各种所有制交通企业平等、公平参与市场竞争的制度条件。建立健全适应交通运输高质量发展要求的事中事后监管制度，不断优化交通产业发展环境。

二是创新市场监管手段和服务举措。全面实施交通运输市场准入负面清单制度，重点以清单方式明确列出限制进入的行业、领域、业务，清单以外的领域各类市场主体皆可依法平等进入，最大限度减少政府对企业经营的干预。创新运用信用风险分类监管、大数据监管、跨部门跨区域网络市场协同监管、“告知承诺 + 事中事后监管”等新型监管方式，既提高监管效能，又切实减少对交通企业的干扰。

2）引导企业做强做优层面

一是全面深化国有交通企业改革。牢牢把握党对国有企业领导这一根本，通过制度设计把坚持党的领导与完善国有交通企业现代公司治理体系有机结合，坚持市场化、契约化和效益化推进国有交通企业改革。第一，坚持市场化，规范有序发展混合所有制经济，面向市场规范建立现代企业制度，按照完善治理、强化激励、突出主业、提高效率的要求，稳步推进铁路、邮政等

企业有序发展混合所有制经济，深层次推进民航、港口等集团层面混合所有制改革，健全公司治理结构，在市场竞争中激发国有交通企业活力和创造力，持续提升国有交通企业竞争力。第二，坚持规范化，推进交通企业治理结构改革。坚持党的领导与规范交通企业治理制度建设相统一。重点抓好国有交通企业党委的领导核心和政治核心地位的制度设计，按照现代企业制度要求，进一步完善和规范公司治理结构，构建党组织、董事会、监事会、经理层“各司其职、各负其责、协调运转、有效制衡”的治理机制。第三，坚持效益化，继续深入推进供给侧结构性改革，推进国有交通企业资源向核心产业、重点产业集中，不断优化国有资本重点投资方向和交通企业产业布局，推动国有资本做强做大，促进国有资产保值增值，有效防止交通国有资产流失。

二是支持民营交通企业健康发展。第一，引导民营企业做专做精。引导民营交通企业专注核心业务，走“专、精、特、新”的发展道路，加强精细化生产、精细化管理、精准化服务，提高专业化生产、服务和协作能力，使工匠精神成为企业生产中的行动准则和价值取向，发展一批主营业务突出、竞争力强、成长性好、专注于细分市场的专业化“小巨人”交通企业。第二，促进大中小交通企业协调发展。强化企业市场主体地位，支持交通企业间战略合作和跨行业、跨区域兼并重组，提高规模化、集约化经营水平，培育一批核心竞争力强的交通企业集团。引导大企业与中小企业通过专业分工、服务外包、订单生产等多种方式，建立协同创新、合作共赢的协作关系。第三，支持中小民营企业联盟发展。支持中小交通企业以市场为导向，组建网络集成型、业务协作型、平台主导型、供应链整合型等企业联盟，促进产业链、供应链和服务链的一体化整合、网络化发展、系统化集成。鼓励和支持大型交通企业、行业领军企业发挥技术优势、人才优势和市场优势，为中小企业提供技术研发、成果转化、营销推广等合作机会，帮助产业链上下游中小企业创业兴业。第四，引导民营企业完善公司治理能力。鼓励民营企业建立现代企业制度、不断提升经营管理水平，激发和保护企业家精神，引导民营交通企业弘扬劳模精神和工匠精神，践行诚信守法经营，积极履行社会责任，以工匠精神保证质量、效用和信誉，以企业家精神经营壮大交通运输产业。

（二）以创新驱动为导向，打造交通企业核心竞争力

1）政府治理企业层面

一是完善创新体系，制订有区别的行业创新发展路径。从源头重视行业核心竞争力的培育，进行产业创新全链条规划，形成具有持续创新能力的产业支撑。重视人才培养与引进，强化人才培养与持续教育体系规划，形成全民参与的创新文化。

二是营造有利于企业自主创新的政策环境。一方面，完善支持交通企业创新的普惠性政策体系。完善和落实交通运输企业研发费用税前加计扣除政策，加大企业研发设备加速折旧政策的落实力度。支持交通运输企业积极申报高新技术企业认定，落实税收优惠政策。改革完善国有企业评价机制，把研发投入和创新绩效作为重要考核指标。另一方面，强化需求侧创新政策的引导作用。健全优先使用交通运输创新产品的政府采购政策，利用交通运输首台（套）重大技术装备订购、普惠性财税和保险补偿等政策手段，降低交通企业创新成本和创业风险，扩大创新产品和服务的市场空间，营造鼓励自主创新的良好环境和氛围。

三是政府要加大共性技术的开发力度。统筹国家科研院所、高校、企业等创新职责，系统布局高水平交通创新基地，进一步突出交通企业的创新主体地位和主导作用。加快交通产业共性技术创新平台的组织建设。充分发挥“产学研用”合作平台在产业共性技术研发中的有效作用。针对关键性、基础性和一般性等不同层次的共性技术，政府应采取灵活、有效的组织模式和管理架构。

四是研究出台互联网新经济领域市场监管政策。研究制定平台企业监管法律法规，不断完善市场竞争规则，强化企业自律，维护市场秩序，营造公平公正的市场竞争环境。

2）引导企业做强做优层面

一是构建协同创新体系，推动机制创新。第一，优化科技创新机制，加强交通企业自主创新能力，健全创新激励机制，吸引集聚高端创新人才，增强交通科技成果供给能力，形成企业持续创新的能力。第二，鼓励各类创新主体开展合作，完善创新资源配置，形成财政资金、金融资本、社会资本多元投入的新格局。第三，大力弘扬创新精神。加强创新文化品牌建设，倡导

开放式创新文化，为员工提供持续发展和学习的工作环境，鼓励交通企业通过共创等新型方式激发创新活力，建设一批交通领域创新创业示范基地，树立一批创新典型，激发创新热情，保持创新活力。

二是强化信息技术应用，推进商业模式创新。支持企业围绕智能化、绿色化等方向进行技术升级改造和商业模式创新，全面提高交通产品技术、装备设备、绿色环保、质量效益和安全水平，促进交通企业商业模式的高质量创新发展。强化企业战略联盟，利用大数据技术对供应链资源进行整合，优化资源配置，开展共赢合作，建立高效快捷的交通产品供给和服务网络。推动交通企业利用技术突破，深化人工智能、大数据、物联网、区块链等信息化技术以及各类节能减排技术，在智能交通、无人驾驶、供应链优化、运力规划、市场预测、价格制定、风险管控等领域的应用与变革，激发创新变革、转型升级的活力，并带动业务模式与行业规则的进化，促进交通企业商业模式的高质量创新发展。

三是加强上下游链条交互，推进管理创新。围绕创新需求，从制度设计、组织设计上进行管理创新，形成创新生成机制。开展产业链上下游整合和交互，创新企业自身管理方式，深入挖掘规模效益，加强集约化管理，提高发展质量，实现企业内部要素资源的统筹高效利用，从而令新的竞争优势和盈利模式得以实现。以卓越运营为核心，大力实施“互联网＋管理”，打造一体化管理体系，优化组织结构和管理流程，全面提升管理的标准化、流程化、数字化水平，提高交通企业管理效率和管理穿透力。

（三）以优化供给为导向，实现交通企业高质量发展

1）政府治理企业层面

一是营造诚信经营环境。依托交通信用信息平台，建设全国交通运输企业信用数据库，建立健全企业信用信息动态评价、守信激励和失信惩戒机制。强化企业社会责任建设，实施交通企业诚信承诺制度，推行企业产品服务标准、质量安全自我声明和监督制度。强化交通企业公用信用监管的作用，完善企业经营异常目录和严重违法失信企业名单管理，推动不同部门间企业公共信用信息共享和失信联合惩戒。

二是强化政府服务支撑。第一，构建全流程一体化在线服务平台，优化

行政审批流程，推进降低制度性交易成本。推进船舶登记、证书办理等与国际接轨。加快推广空域精细化管理改革，优化空域审批制度。第二，推进信息共享和数据开放，推进交通运输企业间特别是打通道路与铁路客运信息的开放共享、数据交换与整合利用，为交通运输企业开展旅客联程运输服务组织提供支撑。创新对交通企业信息统计的技术手段，建立政府与企业紧密互动的大数据采集机制，形成高效率的综合数据共享平台，实现政府对企业治理的现代化。第二，推动建立服务中小交通企业政策信息平台，与民营企业共同构建亲清新型政商关系。

2）引导企业做强做优层面

一是系统优化交通产品服务供给质量。第一，贯彻客户中心和精益生产理念，建立以客户为中心的业务流程、服务模式和企业文化。强化数据挖掘、处理与应用的技术应用，创造差异化、多元化的市场供给，增强高端服务供给能力，精确调整符合市场需求的交通产品和服务。把握好客户需求这一企业发展的原动力，奠定交通企业持续发展的坚实基础。引导交通企业把精益理念贯穿生产服务全过程，加快推行精益生产方式，全面提高精细化和专业化生产、服务和协作能力，不断优化流程提升服务水平，依靠产品和服务质量的显著优势形成核心竞争力。第二，提升交通产品综合竞争力，推动交通企业实现由单一业务竞争向以产业链为代表的体系竞争转变。充分利用交通产业链中的相互关系，整合产业链各环节资源，通过多元投资、整合并购和企业联盟等多种方式，实现资源共享和优势互补，加快物流、信息流和资金流的整合与创新，快速响应市场竞争变化，更好满足客户需求，不断增强自身的综合实力和竞争力。第三，打造交通产品核心竞争优势，加大资源配置的动态调整，加大对主业和战略性新产业的资源配给，全面提升交通企业发展质量。支持优势企业发挥科技和资本优势，提前布局并持续引领交通运输新业态，发展自动驾驶、智慧出行、智能航运、智慧港口、无人配送等新业态，打造智慧交通产业生态圈。

二是全面提升产品服务质量标准，加强全面质量管理。利用新技术改造提升产品和服务质量，提升客户满意度，提高交通企业品牌美誉度。通过产品服务标准规范等一系列行业标准规范的引领，促进市场优胜劣汰，加速淘汰落后的产品和服务供给，促进交通运输产品和服务质量的普遍提升。鼓励平台化、网络化、集约化经营，提升交通服务协同性和均等化水平。

三是持续提高企业品牌美誉度。引导企业加强品牌管理，围绕生产经营全过程，打造技术、创新、标准、品牌一体化全链条，提升自主品牌的创新内涵和附加值，打造国际知名交通品牌。加大国家形象、国家品牌宣传力度，以灵活多样的方式方法，树立国家品牌和形象。建立健全企业质量激励制度，强化交通企业“以质取胜”的战略意识，鼓励企业专注专长领域，立足于打造“百年老店”持久经营与传承，以工匠精神保证质量、效用和信誉。

（四）以扩大开放为导向，提升交通企业国际话语权

1）政府治理企业层面

一是建立交通运输开放型经济体制，加大交通运输市场对外准入开放，推动交通产业国际化布局，促进交通产业迈向全球价值链中高端。政府通过搭建“信息共享”平台，提供“金融服务”等措施，帮助中小交通企业利用全球要素，优化资源配置，积极融入全球产业链和价值链。

二是建立促进交通企业海外发展的政府公共服务体系。一方面，全面对标国际一流水平，建立高效安全的口岸通关制度，优化口岸营商环境；对中国企业在海外的投标行为进行更有效的疏导和规范，为中国企业“走出去”保驾护航。另一方面，加快建立海外保险体系与风险补偿机制，建立全方位的海外利益安全保障体系，提高企业境外风险防范和应急处理能力。

2）引导企业做强做优层面

一是支持企业参与“一带一路”建设。合理引导交通运输企业制定国际化发展战略，率先发挥工程建设、装备制造等领域的引领作用，全方位支撑“一带一路”实施，深入推动交通基础设施优势产业走出去，带动中国标准、中国技术、中国设备走向世界，打造一批中国交通品牌。

二是引导企业优化全球布局。第一，注重培养全球化思维，引导掌握全球化经营方式，面向全球、立足全球，在全球市场中寻找商机。第二，加强总体统筹，因地制宜采取差异化布局策略，引导企业巩固扩大传统优势，创新产品服务品类，提高在中高端市场的占有率和影响力。第三，倡导企业“抱团出海”合作共赢，带动国内产业链“走出去”，提升对外竞争力。第

四，引导企业做好风险管控，合理制定投资方案。

三是提升企业国际话语权和影响力。引导企业在交通运输标准和规则制定方面进行积极大胆创新探索，推进以中国路、中国桥、中国港、中国岛、中国装备等为代表的行业规则和标准体系建设。鼓励企业利用双边（多边）国际合作机制，积极参与、引领国际交通运输相关标准、规则制修订工作，不断提升交通运输企业在国际上的话语权和影响力。重视国际人才的培养和引进，优化服务，形成独特的品牌文化，提升软实力。

四、政策建议

（一）加大财税支持

积极贯彻落实通过结构性减税支持交通企业发展，全面推动落实交通运输企业实行企业所得税总分机构统一申报缴纳，推进落实异地纳税便利化。充分利用现有渠道，加强财政资金对交通运输企业的支持，重点投向交通运输企业智能化改造、自主创新等转型升级的关键领域，减轻企业税费负担。创新财政资金支持方式，逐步从“补建设”向“补运营”转变，提高现有交通运输财政资金使用效率。探索试行“吨税制”改革、积极减免船员个税，与世界航运规则同步接轨，促进我国航运企业持续健康发展。

（二）强化金融保障

着力加大对交通领域科技创新和技术改造升级的中长期金融支持，引导金融机构积极开发符合交通企业资金需求特点的流动资金贷款产品，积极探索开展针对交通企业的“应收账款融资”及“年审制”等合理金融创新，强化对信用优质企业优先提供融资便利。推动在国家丝路基金下设立交通运输企业“走出去”子基金。围绕交通企业境外发展的实际需要，增强资本市场扶持交通企业“走出去”的融资支持力度。

（三）完善法规标准

一方面，营造公平竞争环境，完善政策执行方式，强化法规标准的引领作用。加快推进相关法律法规的制修订，配套完善相关部门规章，构建亲清新型政商关系。加强中欧班列、国际铁路运邮等涉及跨国运输的标准引领，提升海事法律服务业在全球航运领域的参与度，提高跨国运输效率。统筹推进国家标准、行业标准、地方标准、团体标准及企业标准的协调发展，发挥标准对交通运输企业发展的支撑作用。另一方面，修订和完善自动驾驶等新业态领域相关法律法规。研究制定自动驾驶汽车测试和运营牌照发放、行使规定、事故认责、保险理赔等政策规定，对自动驾驶相关的《公路法》《道路交通安全法》等法律法规进行修订和完善。支持自动驾驶汽车在普通道路和高速公路上的测试，鼓励互联网企业先期部署运营。

（四）引导人才培养

第一，大力弘扬企业家精神。引导交通企业建立现代人才培养制度，提升企业经营管理人才素质，加快培养一批具有世界眼光、善于国际化经营的新型企业家和职业经理人。第二，大力弘扬工匠精神。推进实施交通运输从业人员素质提升工程，构建现代交通运输职业教育体系，着力培养既熟悉新技术又掌握传统产业的高技能人才。建立完善交通企业创新人才激励机制，培养造就一批国际化、专业化的创新型人才队伍，带动建设世界一流交通企业。第三，大力弘扬诚信精神。要让诚信文化的准则在交通企业落地生根，引导交通企业坚守诚信，守法经营，承担社会责任。坚持诚信为本，不断提升产品质量和服务水平，为人民群众生活提供优质服务保障，让老百姓的生活更便捷、更舒适、更美好，为满足人民日益增长的美好生活需要做出贡献。

（五）开展示范推广

指导交通运输相关行业协会和地方组织开展交通企业“创一流”专项行动，研究建立不同类型一流企业的评价指标体系，通过企业自我评价和第三方评价等方式，优选一批国内外领先的交通企业作为标杆，引导交通企业对照标杆查找差距和薄弱环节，不断加以改进。组织开展交通强国示范企业创建活动，培育和发现企业“创一流”的成功经验和好的做法，通过编写案例集、召开经验交流会、企业现场会等形式，推广先进经验和做法。

交通运输部公路科学研究院、交通运输部水运科学研究院联合课题组

主要执笔人：张劲泉　刘占山　虞明远　高　艺　田仪顺　冯　开
杜利楠　王　蔚

第十六章　交通运输社会治理体系研究

交通运输部科学研究院

一、社会治理体系的现状及问题

（一）关于社会治理与交通运输社会治理

1. 社会治理内涵

在我国，社会治理是指在执政党领导下，由政府主导，吸纳社会组织等多方面治理主体参与，对社会公共事务进行的治理活动，是以实现和维护群众利益为核心，发挥多元治理主体的作用，针对国家治理中的社会问题，完善社会福利、保障改善民生、化解社会矛盾、促进社会公平、推动社会有序和谐发展的过程。

2. 习近平关于社会治理的新理念新思想新战略（图 16-1）

一是社会治理总体要求。必须自觉贯彻以人民为中心的发展思想和工作

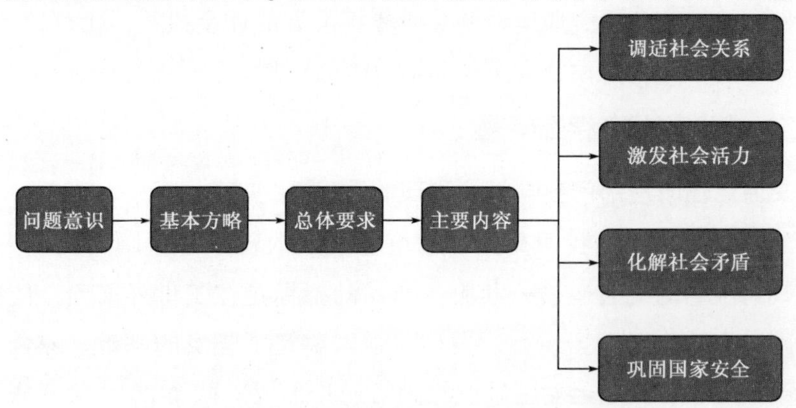

图 16-1　社会治理的新理念新思想新战略

导向，围绕国家治理体系和治理能力现代化，不断改进社会治理方式，着力推进系统治理、依法治理、综合治理、源头治理，提高社会治理的科学化、精细化水平，加快形成科学有效的社会治理体系。

二是社会治理的主要内容。首先，形成共享共建的社会格局去调适各种社会关系。其次，创造群众广泛、有序参与国家和社会事务的条件，释放和增强社会活力。第三，立足于维护和促进社会公平正义，着力减少和化解社会矛盾，促进社会和谐稳定。第四，洞察国内外大势，筑牢国家安全体系，保护人民的生命健康和财产安全，保障国家的长治久安。

三是新时代社会治理的中心任务和目标。在中国共产党的领导下，创造各种条件以保证社会秩序的良性运行，维护民众整体利益，促进社会更加民主公正。我国要在保障和改善民生的基础之上，构建本土特色的社会治理网络，通过各个治理主体的集体协作，建立畅通有序的诉求表达、心理干预、矛盾调处、公共服务以及权益保障机制，使社会矛盾和问题得到及时化解，最终促进社会和谐运转。

3. 交通运输社会治理

交通运输社会治理，是指在中国共产党的领导下，由交通运输各级政府部门主导，吸纳行业内各种社会组织和公民个人等多方治理主体参与，对交通运输领域内社会公共事务进行的治理活动，是以实现和维护广大人民群众利益为核心，发挥多元治理主体的作用，针对国家治理中的交通运输社会问题，更好地保护全社会交通运输公共事务相关方的社会权益，化解社会矛盾，促进运输市场公平，推动社会有序和谐发展的过程。

（二）发展现状与存在问题

1. 交通运输政府部门参与社会治理的现状

党的十八大以来，我国交通运输事业发展取得了举世瞩目的重大成就。众多由政府主导的交通运输公共服务产品的指标走在了世界前列，使我国已成为名副其实的交通大国，为建设交通强国奠定了坚实的基础。综合交通运输体系不断完善，交通运输基础设施网络初步形成。截至 2018 年年底，我国“五纵五横”综合运输大通道基本贯通，基础设施网络规模稳居世界前列。法律法规体系日臻完善，行业法治政府部门建设持续深化，综合交通立法统筹推进。《中华人民共和国航道法》《国内水路运输管理条例》和《铁路安全管理条例》等制定出台，188 件部门规章颁布实施，综合交通运输法律体系初步形成。

2. 交通运输行业社会组织发展现状

（1）参与制度建设。各级政府不断调整社会组织参与交通运输社会治理的制度政策，提升社会组织参与交通运输治理的制度基础，为社会组织参与交通运输治理提供行动支持。

（2）沟通交流机制。交通运输治理过程中，政府部门和不同类型的社会组织具有不同的信息沟通交流通道，形成了不同的机制基础。

（3）协同治理路径。部分社会组织被交通运输管理部门有意识地吸纳至特定领域的治理中，主要为官办行业协会与志愿者队伍两类社会组织在特定领域与政府部门的合作治理。

3. 交通运输行业信用体系建设发展现状

（1）政府部门“信用交通”体系建设逐步完善。上线运行全国交通运输信用信息共享平台和“信用交通”网站，推动信用评价和联合奖惩制度，加强信用宣传，初步实现部省交通运输信用信息和数据的归集、共享、公开和应用。

（2）行业社会组织开展企业会员的诚信评价体系日趋完善。中国物流与采购联合会制定企业诚信标准，截至目前已向社会通告了二十一批共 576 家 A 级信用物流企业名单。

（3）典型新业态物流企业针对企业成员的信用评价体系日趋成熟。首批无车承运人企业之一的“满帮集团”，借助自身平台积累的用户交易数据和行为数据，形成信用积分，并设定了“信用黑名单”制。

4. 交通运输行业社会化信息平台建设现状

（1）交通物流公共信息平台现状。2012 年，交通运输部正式启动了“交通运输物流公共信息平台”的建设工作。该平台以提高社会物流效率为宗旨，以实现物流信息高效交换和共享为核心，连通各类物流信息平台、企业生产作业系统，以消除信息孤岛为目的，面向全社会提供公共物流信息服务网络，是政府主导、企业参与的行业治理典型公共产品。

（2）综合交通运输大数据平台建设实践。民营企业易华录股份有限公司作为交通运输部“综合交通大数据处理及应用技术”方向全国5家行业研发中心之一，承担了交通运输行业综合运输领域大数据处理及应用技术开发的公益性服务职责。作为行业的重点科研平台，依托企业强大的科技研发与成果转化能力，政府的公共产品诉求与企业的研发实力相结合，成为在该研究方向的社会治理推动力量。

5. 我国交通运输社会治理存在的问题

（1）行业和谐稳定有待加强。政府部门出台的关于货运健康稳定发展、收费公路、管理体制等方面的政策文件，影响着相关群体的利益诉求；此外，行业内乱作为、乱罚款现象依然存在，影响了交通运输行业和谐稳定。

（2）行业信用体系亟待完善。行业信用体系建设、社会经济发展水平和行业改革发展实践不匹配、不协调、不适应的矛盾还较为突出；各细分领域的信用体系联网共享、行业惩戒及评价标准的互通互认还有待加强。

（3）社会组织作用有待发挥。建立符合市场经济规则的行业协会是有效实行行业治理的关键。交通运输行业对脱钩改制后的行业协会的发展保障机制仍有待完善。协会发挥企业与政府间的桥梁纽带作用有待增强，独立第三方的地位仍需时日持续加强。

（4）行业政策及交通文明的宣传自觉性有待强化。交通文明与行业政策的宣贯，是社会公众、社会组织参与交通运输社会治理的重要途径之一。行业管理部门在有效利用新媒体和新的宣传工具方面，依然存在着创新不足、利用不足和底气不足等弱点，有必要在行业政策、文明出行、提升行业整体形象等方面，开展全方位、多角度、立体式、全媒体式的强化宣传。

（5）公众参与力度较小，参与社会治理主动性、积极性不高。目前，社会公众参与交通社会治理一般仅通过交通志愿者形式参与，社会公众参与意识淡薄。非政府NGO组织、行业从业人员自治和工会组织的力量相对薄弱，有待进一步从主观意识和客观需求上增强社会公众参与社会治理的力度。

（三）国外社会治理经验借鉴

1. 国外社会治理的发展现状

一是西方国家政府体系中普遍设立法定机构，作为政府行政部门的补充和延展。如美国联邦政府就下辖大量的法定机构，数量、规模和人员都大大超过联邦政府本身。二是国外社会治理与信用体系建设的结合模式，有以美国为代表、以私营征信服务为特征的企业经营模式；有以德国等欧洲国家为代表、以公共征信服务为特征的政府主导模式；有以日本为代表、以协会征信服务为特征的行业协会模式。三是欧美国家政府与大数据应用结合参与社会治理，主要体现在开放大数据资源，提高基础服务能力；分析大数据趋势，挖掘大数据产品，弥补政府资源不足。

2. 国外社会治理的经验与启示

（1）创新体制机制，推动公共服务和社会治理体系的完善。在新公共管理思潮的影响下，经过多年的"政府—法定机构体制"模式的实践，西方发达国家政府社会治理水平有所提升，政府规模和行政开支得到一定程度控制，这一治理体制值得我们学习借鉴。

（2）推进协同参与，建设联合征信系统是社会信用体系建设的核心工程。国内外的建设实践表明，联合征信系统建设是推进信用监管和提供信用服务的基础平台。重点是要建好"一网（信用网站）两库（企业和个人联合征信数据库）"，为社会信用体系建设提供技术支撑。

（3）利用大数据，提升数据挖掘成果应用对社会治理的促进作用。我国在大力建设各行业信息平台以外，还需要开发多种多样的高可用性数据应用和服务。这些数据挖掘成果可以增加信息平台的使用率，提高社会治理水平，并创造新的就业和发展机会。

二、发展形势与总体要求

（一）发展形势

1. 国际形势的深刻变化，对交通运输社会治理提出了新的要求

当今世界正发生复杂深刻的变化，各国面临的发展问题依然严峻。

习近平总书记明确指出，“一带一路”倡议立足于全球治理与国际规则制定，意义深远。其中，交通设施联通是合作发展的基础，交通运输肩负“开路先锋”重任，发挥着先行引领的重要作用。

2. 我国经济转向高质量发展，对交通运输社会治理提出了新的要求

随着我国供给侧结构性改革深入推进，新旧动能加快转换，发展质量和效益不断提升。作为生产性服务业的交通运输联通了生产和消费两端，因此，推动交通运输高质量发展，将对服务业乃至国民经济高质量发展起到支撑和引领作用。

3. 社会资源环境的可持续发展，对交通运输社会治理提出了新的要求

在我国实施可持续发展战略的新时代背景下，为打赢蓝天保卫战，要求交通运输行业社会治理要综合发力，以推进货物运输“公转铁”为核心、深化公路货运行业治理、补齐铁路基础设施短板、提升货运服务水平，推动形成各种运输方式的比较优势和组合效率充分发挥，塑造良性公平的竞争格局。

4. 交通运输新业态的不断涌现，对交通运输社会治理提出了新的要求

随着先进技术在交通领域的推广及应用，交通运输行业不断涌现出新的业态，如网约车、无车承运人等。新业态的发展过程中出现了与既有的政策文件、法律法规、标准体系等不相适应的情况，导致交通运输行业出现了不稳定、不安全和不公平的现象。因此，行业新业态的健康、稳定发展，对交通运输社会治理提出了新的要求。

5. 民生诉求的全面升级，对交通运输社会治理提出了新的要求

人民群众对交通出行有了更高要求，群众出行从追求可达性到便捷性再到舒适性，不仅关注出行是否安全，还关注出行是否顺畅，要从“走得了”向“走得好”转变。同时，对运输服务也有了更高要求，群众从追求经济成本到时间成本再到品质体验，不仅关注出行结果，还关注出行感受，既要安全，更要顺心。因此对交通出行、货物运输市场治理都提出了更高的要求。

（二）总体要求

1. 指导思想

深入贯彻落实党的十九大精神，以习近平关于社会治理的新理念新思想和新战略理论体系为行动纲领，深入领会习近平总书记对交通运输工作的重要指示精神，牢固树立创新、协同、绿色、开放、共享发展理念，健全党委领导、政府主导、社会协同、公众参与、法治保障的社会治理体制。紧扣我国社会主要矛盾变化，构建由交通运输主管部门、行业社会组织、客货运输企业及社会公众等多方参与的交通运输现代化社会治理体系，不断提升交通运输社会治理体系和治理能力的现代化水平，形成全民共建共享共治的交通运输社会治理格局，为建设交通强国提供有力支撑。

2. 基本原则

（1）坚持机制创新引领，多方协同治理。随着交通运输大部制改革的全面深化，政府管理社会组织的脱钩进程提速，围绕公共权力的改革方案和机制创新措施抓紧出台，构建由交通运输管理部门、交通行业协会、交通运输从业者共同参与的社会治理组织体系。

（2）坚持优化治理环境，完善法规体系。构建以交通运输行业立法、管理部门决策和行业自治为主要内容制度体系，管理部门包括国家和地方两个层次，行业自治主要指交通运输行业，自觉遵守行业法规、执行部门政策文件，并依法维护自己的合法权益。

（3）坚持提高运行质量，丰富治理模式。不断提升交通运输行业运行服务与运行体系建设质量。基本运行体系包括源头治理、合作治理等，如解决交通从业者的基本问题，从源头解决信访问题；专业运行体系包括交通信用体系、交通安全治理体系等；特殊运行体系包括根据不同运输领域、不同地区的特殊治理方式，如由于技术经济特性不同，可细分为不同运输方式的治理方式。

（4）坚持科学制定目标，完善评价体系。交通运输社会治理体系的目标是实现多方参与的共建共享共治，治理体系的目标的完成程度，需要构建评价体系进行评价，包括定性评价和定量评价。如对运行体系的运行效果评价，可以从运输安全事故率、群众投诉率等反映社会治理的效果。

（5）坚持强化管理监督，提供系统保障。为确保交通运输社会治理各种体系的科学建立、有效运行与深入推进，要围绕统筹体系、人才体系、监督体系和支撑体系等四项关键内容加快建设，强化社会治理体系保障的科学、系统和完善。

3. 发展目标

从现在到2020年，是我国新时代交通强国建设的启动期。交通运输发展要突出“抓重点、补短板、强弱项、防风险”，遵循交通运输发展的客观规律，将“人民满意”作为交通强国建设的出发点和落脚点，提升交通供给质量、提高交通服务水平。特别是涉及提供交通运输公共服务产品、维护行业公平稳定发展等方面，要依托政府、社会和市场等多方力量，实现共建共治共享，打造和谐有序充满活力的交通运输新局面。

第一阶段（2021—2035年），为了提升我国交通强国建设整体发展水平，要基本实现行业社会治理体系和治理能力现代化的目标。交通运输治理体制机制完善，法律法规体系健全，社会组织协调作用明显，公众有序参与渠道畅通，市场秩序公平稳定，人才队伍素质优良。

第二阶段（2036年到21世纪中叶），为了实现我国交通运输全面引领世界的目标，要全面实现行业社会治理体系和治理能力现代化的目标。高效先进的行业治理体制机制完善，科学严谨的法律法规体系完备，交通运输社会组织具备国际权威影响力，公民参与社会公共事务形成广泛共识与自觉，运输市场环境全面公平和谐稳定，交通人才队伍实现国际化培养与输送。

4. 体系架构

交通运输社会治理体系分为组织体系、制度体系、运行体系、评价体系和保障体系五个要素构成（图16-2）。其中，组织体系是主体，制度体系是依据，运行体系是路径，评价体系是标准，保障体系是支撑。

一是社会治理组织体系。构建组织体系是社会治理的首要问题。当前构建行业社会治理组织体系最重要的任务，是围绕公共权力体系深化改革。加大行业政社分开力度，提速管理部门与行业商会协会的全面脱钩；大力推进政府“放管服”力度，培育社会组织发展壮大；完善基层社会自治，推进公众参与交通运输公共服务的意识与自觉性。

二是社会治理制度体系。制度体系是社会治理一切活动的根本依据。交通运输社会治理的法律制度体系是行业有序发展的依据，是构成行业治理现代化有机整体的骨架和命脉。交通运输行业要深刻认识法治建设的新地位，准确理解依法行政和法治政府建设的新要求，主动把握法治规范和引领交通运输科学发展的新机遇，让法治真正成为交通运输治理的基本方式。

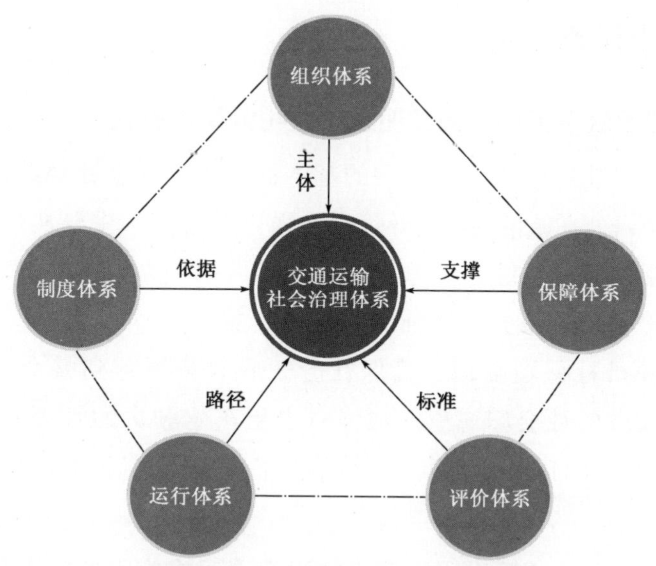

图 16-2　交通运输社会治理体系构建框架

三是社会治理运行体系。社会治理运行体系就是社会治理的实现路径。从交通运输行业角度来看，基本运行体系是指现代社会治理的一般性、普遍性和本质性的运行体系；专业运行体系是就其专业性、技术性和行业性而言的，包括交通信用治理体系、行业治安综合治理等社会稳控体系等；特殊运行体系是指根据实际情况而采取的特殊治理方式，例如针对超载超限车辆的专项治理，针对商品车运输车的整治工作等。

四是社会治理评价体系。评价体系是衡量交通运输社会治理成效的标准。交通运输社会治理评价体系由被评价主体与评价主体、评价的价值取向与依据、评价的内容与指标、评价的手段与方式、评价的绩效与转化五个方面基本构成。例如，行业政策制定，均要有完备的评价体系作为工作成效、政府作为、市场效果等方面的评判依据和工作纠偏保障。

五是社会治理保障体系。保障体系本质上就是确保社会治理各种体系科学建立、有效运行与深入推进的环境与条件。我国交通运输行业社会治理保障体系，应该体现在制定跨运输方式、跨领域、跨部门的合作协调机制；完善行业细分领域的人才培养和输送机制；构建行业法治监督体系；打造政府引领、社会自治、群众自觉的社会治理大局全面形成。

三、重点任务

（一）营造公平市场环境，加强行业和谐稳定发展

持续推进和维护行业稳定发展的基本面，筑牢和谐社会综治体系建设。营造统一有序、公平诚信的市场环境。加强行业稳定，主要从行业密集型群体—驾驶员层面着手。综合考虑货车驾驶员需求，为驾驶员提供舒适便捷、经济实惠的停车休息服务，加强车货安全，推进“司机之家”建设。有序扩大货车驾驶员社保覆盖面，确保社会兜底政策覆盖到整个驾驶员群体，增进货车驾驶员的社会归属感。加强对出租车驾驶员的管理与引导，有序降低包干费用，严打“黑车”，取缔行业内“保护伞”，营造公平市场运营环境。

（二）创新行业监管手段，加快推进交通运输信用评价体系建设

一是建立健全多部门协同监管机制。鼓励新技术在交通运输领域的推广和使用，依托互联网、大数据、云计算等科技手段，直面新业态创造的新价值和暴露的新问题，创新新型监管模式，多部门共同参与，明确工作接口、职责界面和工作流程，建立信用信息共享机制，形成工作合力，完善对新业态企业的监管机制。二是强化行业诚信体系建设。进一步整合社会和行业信用信息，加强信用信息的归集共享交换，并及时向社会公开。推动事前信用承诺优化行政审批、事中信用评价开展分级分类监管、事后信用奖惩增加失信成本和守信收益的全链条信用监管。

（三）充分发挥社会组织作用，提升交通行业社会治理水平

一是进一步推动行业协会等社会组织的“政事”脱钩进程，搭建企业与政府沟通的平台。二是协助政府部门开展行业发展规划、调查研究以及相关政策的制定，促进产业的和谐发展。三是开展行业信息统计工作，布置、收集、整理、分析全行业统计资料，为政府制定产业政策提供依据，为企业经

营决策提供服务。四是参与制定、修订行业各类标准工作，对政府政策文件宣传贯彻、解读。五是组织企业技术交流、研讨等，提高行业整体水平。

（四）全面提高从业人员素质，夯实社会治理的基础

一是提升行业从业人员素质。完善职业资格管理和培训制度，加强职业技能培训。加强企业对所属职工和从业人员的素质教育、安全教育、岗位技能培训。组织开展各种形式的技能竞赛，加强舆论宣传。二是拓展符合新时代特征的交通运输宣传途径与手段。逐步构筑先进的交通文化，树立文明的交通出行秩序；打造代表交通运输领域风采的先进集体与事迹；培育交通秩序维护与运输安全宣传的志愿者，树立与传递传承社会公德与遵守公共秩序的正能量。三是发挥基层社会组织、行业协会作用，实现地方交通运输领域公共事务的政府管理、社会调节与职工自治良性互动。

四、对策建议

1. 协调多重社会关系

一是协调政府和市场的关系。交通运输行业主管部门要逐步完善当前的运输市场体制建设，完善与市场运行有关的法律制度，不断加强宏观调控，形成统一开放的市场体系，为社会治理奠定坚实的外部环境基础。

二是协调政府和社会的关系。需要在推动改革的同时，加速变更政府职能，主动、逐渐地撤出不应干涉的社会领域；社会成员则充分利用改革的有利条件和契机，有意识、理性地推动市民社会的构建。

2. 转换政府角色定位

一是治理理念层面，行业主管部门要提升其他社会治理主体的地位，理解政府与其他的治理主体是一种平等的合作关系。

二是治理机制层面，在行业社会治理体系的构建过程中，既要构建与经济社会发展相适应的各种机制，又要保障机制实施的真实有效性与科学合理性，充分利用多种信息渠道科学预见未来社会发展的动态。

三是治理的途径和方式层面，要构建服务型政府，加强公共服务和社会协调职能，为经济社会发展创造和提供良好的政策环境。

3. 规范治理行为方式

一是要保证依法治理。保障治理行为的合法性，实现治理信息的准确和决策程序的公开透明。

二是要注重协商合作。各个治理主体要通过集体合作的方式，创造一个平等协商的治理环境，降低治理系统的复杂性和不确定性。

三是要强调主体参与。要通过对多主体参与理念的培育，以及社会组织提供的公共服务，调动潜在的治理资源，推动各行为主体积极参与公共事务的治理。

四是要营造诚信氛围。要通过信用评价、红黑名单、联合奖惩、信用修复等多种信用治理机制，推动全行业知信懂信用信，营造“守信者无事不扰、失信者利剑高悬”的良好诚信氛围。

4. 发挥文化治理功能

利用和借助交通文明与交通文化的潜在功能，协助解决社会发展中的问题。深入挖掘交通运输领域的治理文化，使其更好地服务于社会建设。大力塑造优秀的交通文明与文化产品，平衡不同人群之间的社会需求，有效消解社会心理压力，疏导社会情绪。

交通运输部科学研究院课题组

主要执笔人：王先进　李彦林　孙东泉　张改平　李　玮

第十七章　交通运输宏观管理和政策体系创新研究

交通运输部规划研究院

一、宏观管理政策的内涵与范围界定

（一）理论基础

1. 宏观管理的内涵与手段

从管理学的概念出发，宏观管理是指组织或机构在本组织或机构范围内进行的，对本组织或机构内的资源进行调整改善，以促进组织或机构的良性运行和健康发展为目的的管理过程。政策是宏观管理的重要手段，国家自然科学基金委员会管理科学部下设宏观管理与政策学科，主要资助公共管理与公共政策、宏观经济管理与政策、金融管理与政策等分支学科与领域的基础研究和应用基础研究。

2. 政策的内涵与工具

关于政策概念的定义，不同的学者有不同的表述，总体可分为广义和狭义两种。广义的定义认为政策的制定和执行主体既包括政府，也包括个人和团体。狭义的定义即为“公共政策”，认为政策的制定和执行主体为以政府为主的各种公共组织，如《辞海》中对政策的定义为：“政策是国家、政党为实现一定历史时期的路线和任务而规定的行为准则”。本研究采用狭义的“公共政策”概念，定义如下：“政策是国家、政府为实现一定历史时期的任务和目标而规定的行动准则和行动方向”。

公共政策运行体系框架构建是一个完整的过程，包括政策的制定与实施，也包括政策的评估。政策工具体系是以法律为基础，行政命令、政府规划等“软法”式正式政策工具为辅助，配以条例、通知、建议等非正式政策工具。

（二）交通运输宏观管理政策的内涵与范围

1. 交通运输宏观管理政策内涵

交通运输宏观管理政策指的是由中央交通运输主管部门制订、主导制订或参与制定的，对交通运输行业发展具有引导性、全局性和系统性作用的政策。其政策制定主体主要是中央交通运输主管部门，也包括国务院或自然资源部、财政部、发改委等对交通运输发展具有重要影响作用的部门。政策管理对象从横向维度来看，包括铁路、公路、水路、民航、管道、邮政等综合交通运输各个领域参与主体；从纵向维度来看，包括基础设施建设、养护、管理，运输服务，应急保障等环节参与主体。

2. 交通运输宏观管理政策范围

基于政策理论基础，结合交通运输行业特点，分析中央交通运输主管部门进行宏观管理的政策工具从广义上来说主要有法律法规、战略规划、标准规范与行业管理政策（狭义）四类。其中法律法规主要包括法律、法律解释、行政法规与部门规章；战略规划是对全局性长远性根本性发展问题及其行动方案的谋划，其表现形式主要有战略、战略纲要、规划、规划纲要、行动计划等；标准规范可分为强制性标准与推荐性标准两类，强制性标准是对保障人身健康和生命财产安全、国家安全、生态环境安全以及满足经济社会管理基本需要的技术要求，推荐性标准是对于满足基础通用、与强制性国家标准配套、对各有关行业起引领作用等需要的技术要求；行业管理政策指的是其他具有行业管理作用的指导性、规范性文件，主要包括通知、指导意见、建议等非正式的政策工具。

以上四类政策工具中，法律法规具有长期约束性的特点，战略规划具有中长期引导性的特点，标准规范具有中长期引导和约束性的特点，行业管理政策具有中短期引导和约束性的特点。本研究主要针对上述第四类政策工具——行业管理政策（狭义）开展研究，并在此基础上建立交通运输宏观管理政策体系。研究过程中适度考虑中短期的行业管理政策与中长期的法律法规、战略规划的协调与组合效应。

（三）我国交通运输宏观管理政策研究现状

在许多公共政策学家和运输领域学者的研究中，交通运输政策一直是十分重要的研究领域之一。我国交通运输政策的主要研究方向经历过三个阶段：第一个阶段主要研究政策的意义、交通运输与经济社会发展的关系；第二个阶段主要研究运输政策手段的应用，分析世界各国和地区在不同发展阶段所采取的运输政策及其变迁实践，总结运输政策发展规律；第三个阶段对运输政策的研究上升到理论层面，寻找运输政策制定与实施的发展规律，考虑需要什么样的机制保证运输政策的制定和实施 。

但是直到现在，还没有建立起可以有效指导行业实践的交通运输宏观管理政策体系框架，导致交通运输政策制定缺乏系统性的指导依据，规范性、协调性不强。本研究针对这项空白，尝试建立交通运输宏观管理政策体系框架，为行业更加系统、稳定、规范制定交通运输政策提供依据。

二、宏观管理政策体系框架构建

（一）交通运输宏观管理政策体系分类维度分析

政策类型研究是公共政策研究的前沿领域，国内关于政策分类的研究较少，在交通运输政策分类方面更没有专门的研究，分类标准缺乏理论基础。本研究依据交通运输行业管理政策的特点，经探索提出交通运输宏观管理政策的分类维度如下：

按政策实现的政府职能划分。在市场经济条件下，政府职能应限定在市场失灵领域。市场失灵指的是市场机制不能实现资源的有效配置。导致市场失灵的原因主要有四个方面：自然垄断、外部效应、公共物品、信息不对称。围绕矫正市场失灵的目的，政府主要应在以下方面发挥作用：提供公共产品、维护市场竞争秩序、解决经济活动外部性问题、解决市场信息不完备和信息不对称问题。基于市场失灵理论，结合交通运输行业特点，分析中央交通运输主管部门的职能主要体现在以下三个方面：一是保障交通运输公共产品供给，即保障交通运输领域的“公共产品”或“准公共产品”供给满足需求；二是规制交通运输市场秩序，对不正当竞争行为进行监管，对负外部性进行约束，促进建立公开透明的市场信息系统和市场诚信体系，从而维持良好的交通运输市场秩序，提高市场配置资源效率；三是引导支持行业发展，通过政策支持、投资引导、资金补助等方式，引导交通运输企业行为，促进交通运输更加综合、智慧、绿色、安全发展；通过价格调节政策，引导交通运输服务水平提升。

按政策生命周期长短划分。可分为持续性政策、灵敏性政策、应急性政策。持续性政策是指那些已经被实践证明行之有效的，比较成熟的，必须在很长时期内坚持实施的政策，时效一般在 5 年以上。灵敏性政策是指可以随着实践发展和变化的要求灵活微调，以准确指向政策目标的政策，时效一般在 1 ~5 年。应急性政策是指针对实践中出现的急需解决的重大问题，平息事态恶化或适应形势突变的政策，时效一般在 1 年以内。

按政策所要达到的功能划分。可分为引导性政策、限制性政策、补偿性政策、调节性政策。引导性政策是指为了鼓励某种有利于交通运输安全、绿色、高效发展的行为所制定的导向政策。限制性政策是指为了保证社会利益最大化和制止某种不良倾向所制定的限制某些行为的政策。补偿性政策是指政府为了补偿因为全局性的安排给局部地区或部门所造成的利益损失而给予的某项政策。调节性政策是指为了发挥交通运输支持区域协调发展作用，而对某些地区交通运输发展给予重点支持的政策。

按政策科学的原理划分。可分为元政策、基本政策、具体政策。元政策是指规范政策制定行为本身的准则或指南，即关于如何制定政策的政策。基本政策是指为交通运输参与者的行为规定或指明大方向的政策，主要是确定具体政策应采取的态度、应依据的假设、应遵循的指导原则，是一种主导政策。具体政策是指为解决交通运输发展的某项具体问题而规定的具体行动方案或准则。

（二）政策体系框架构建的总体思路

立足交通运输行业发展实际，从系统的角度，按照“市场导向”“依法依职”“覆盖全面”“内外协调”的原则，创新构建结构完善、导向合理、科学规范的交通运输宏观管理政策体系，加强行业管理政策的统筹协调，更好的发挥交通运输宏观管理政策的引导和约束作用，促进交通运输行业健康有序发展，支撑交通强国建设。

交通运输宏观管理政策涵盖领域广泛、涉及主体众多、发展目标多元，但均应围绕交通运输行业主管部门的职能。因此，本研究将“按政策实现的政府职能划分”作为交通运输宏观管理政策分类的主要维度，以“按政策生命周期长短划分”“按政策所要达到的功能划分”“按政策科学的原理划分”作为辅助分类维度。辅助分类维度在建立交通运输宏观管理政策体系框架时不予体现，在研究分析交通运输政策体系现状问题，以及提出交通运输宏观管理政策创新方向与重点时予以考虑。

（三）政策体系框架构建

研究建立政策体系框架如图 17-1 所示，图中各类政策内涵解释如下：

1.“公共产品管理”类政策

针对政府负有提供责任的公共产品（包含准公共产品），侧重于对其提供范围、提供方式（自主提供、购买服务、特许经营等）、提供标准以及各参与主体权利义务的管理规定，以保证在政府财政能力范围内提供良好的公共产品服务。

根据公共产品理论，结合交通运输行业实际情况，本研究分析认为交通运输行业主管部门负有提供责任的公共产品（包含准公共产品）主要包括交通基础设施、公益性运输服务、应急救助、交通基础数据库四类。

（1）交通基础设施

在我国目前的发展阶段，交通基础设施对于经济社会发展具有重要的支撑和先导作用，政府对于提供交通基础设施负有主体责任。但根据交通基础设施的公益性和盈利性不同，可以采取不同的提供方式。对于涉及国家安全及社会利益、不具备盈利性，不能或不宜由私人部门提供的交通基础设施，主要利用财政资金采用自行建设、管理、维护或者购买服务方式提供；对于具有盈利性，可以委托私人部门提供的交通基础设施，例如高速公路，可以采取特许经营等方式，充分利用私营企业的经营模式与技术优势进行建设、

交通运输宏观管理政策
公共产品管理
基础设施
公路
收费公路
非收费公路
部公路局·规划司·安质司·财审司
铁路
国家铁路
地方铁路
铁路局
水运
港口
航道
部水运局·规划司·安质司·海事局·财审司
民航
机场
民航局
邮政
邮政局
城市/城乡公共交通设施
轨道交通
公交枢纽、场站
城乡客运枢纽、场站
部运输司·规划司
公益性运输服务
战备物资运输
紧急客货运输
城市公共交通运输服务
社会弱势群体基本出行保障
偏远地区农村客运
部运输司·水运局；铁路局·民航局·邮政局
应急救助
水路
救助打捞
溢油应急
事故调查
部海事局·搜救中心·救捞局
公路
应急处置协调
事故调查
部公路局·安质司
铁路
铁路局
民航
民航局
交通基础数据库
基础设施数据库
部规划司·公路局·水运局；铁路局·民航局·邮政局
运输服务数据库
部运输司·公路局·水运局；铁路局·民航局·邮政局
规制市场秩序
市场准入退出
安全
建设养护市场
建设养护资质
从业人员资质
企业安全生产标准
重大安全责任事故
部公路局·水运局·安质司·人教司；铁路局·民航局·邮政局
运输服务市场
运输装备
运输服务资质
从业人员资质
危险品运输资质
企业安全生产标准
运输事故责任险
超限超载
重大安全责任事故
部运输司·安质司·法制司·政研室·人教司·公路局·海事局·水运局；铁路局·民航局·邮政局
环保
建设养护市场
施工机械、材料、技术
污染防治
部规划司·公路局·水运局；铁路局·民航局·邮政局
运输服务市场
运输装备
包装材料
部运输司·水运局·科技司·规划司·海事局；铁路局·民航局·邮政局
市场秩序规范
价格监管
质量监管
安全监管
防污染监督
不正当竞争监管
市场诚信体系建设
部运输司·安质司·政研室·法制司·规划司·公路局·海事局·水运局；铁路局·民航局·邮政局
引导支持行业发展
引导行业优化升级
综合交通
综合运输枢纽
部规划司·运输司；铁路局·民航局
多式联运
部运输司·水运局；铁路局·民航局·邮政局
智慧交通
信息化
科技创新
部科技司·公路局·运输司·水运局·海事局；铁路局·民航局·邮政局
绿色交通
节能低碳的运输方式
节能低碳的交通基础设施
先进的运输组织方式
绿色高效的交通运输工具与技术
部规划司·公路局·科技司·运输司·水运局；铁路局·民航局·邮政局
平安交通
实时监控
部安质司·公路局·水运局·海事局；铁路局·民航局·邮政局
其他
交通文明
部政研室·法制司
旅游交通
部公路局·水运局；铁路局·民航局
TOD开发模式
部运输司·规划司
城乡交通一体化
部运输司
标准化
部科技司·规划司·运输司·公路局·水运局·海事局；铁路局·民航局·邮政局
……
图 17-1

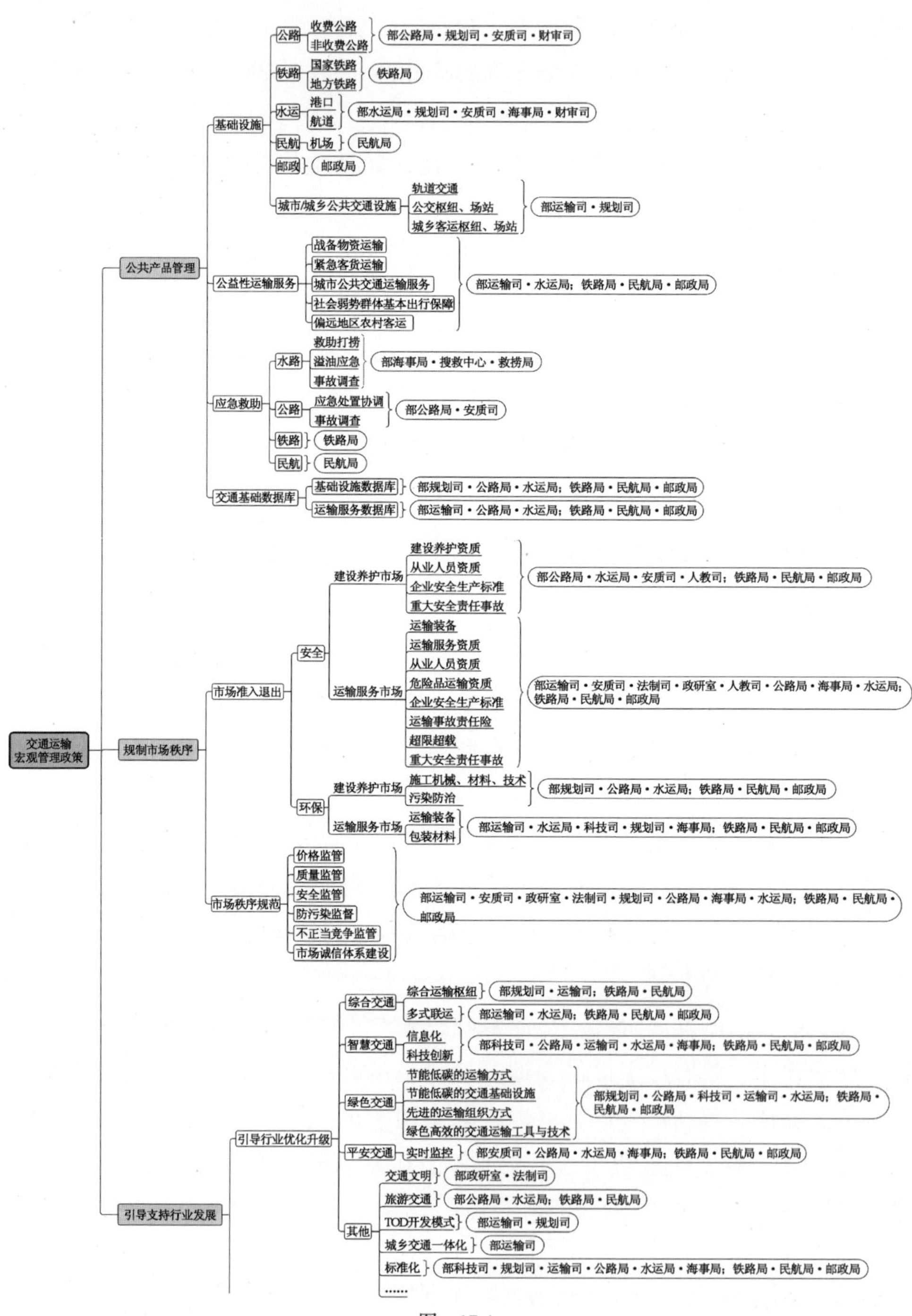

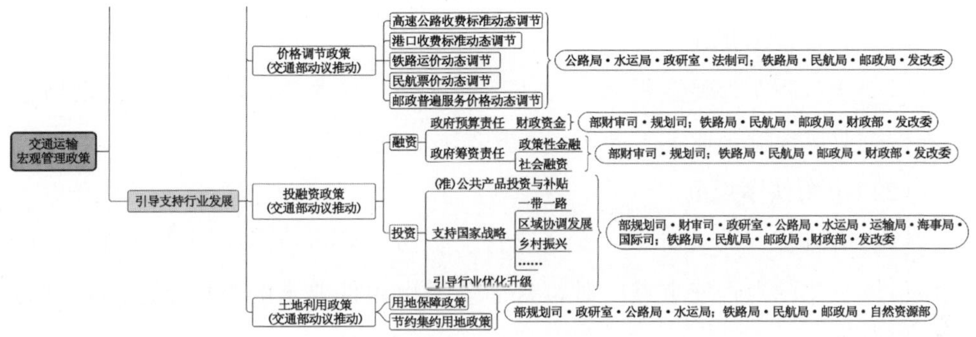

图 17-1 交通运输宏观管理政策体系

管理与维护，以减少公共财政支出、提高资源利用效率、提升社会满意度，政府可根据情况给予适当的财政资金补助。

（2）公益性运输服务

交通运输服务市场化程度较高，主要由市场提供，出于国防安全、社会保障的目的，对于战备物资运输、紧急客货运输（例如自然灾害救援时的运输需求）、社会弱势群体基本出行保障（例如针对残疾人的特殊公共交通服务，学生火车票价优惠，学生、老人公交票价减免）、偏远地区农村客运等不宜或不能由市场提供的运输服务，应由政府提供，提供方式可选择自主提供或者购买服务方式。

（3）应急救助

重大交通事故应急救助对于维护人民生命财产安全与社会稳定具有重要作用，主要应由政府提供，提供方式可选择自主提供或者购买服务方式。

（4）交通基础数据库

交通基础数据库对于了解和掌握交通发展历程，预测交通发展需求具有重要的作用，为了避免被利益集团垄断，应主要由政府提供，提供方式可选择自主提供或者购买服务方式。

2.“规制市场秩序”类政策

对于可以由市场化方式提供的交通运输产品，政府的政策重点主要在规制市场秩序方面；对于政府通过购买服务、特许经营等方式提供的公共产品，也需要对承担方的行为进行市场规制。中央交通运输主管部门主要从市场准入退出与市场秩序规范两方面对交通运输市场秩序进行规制：

（1）市场准入退出

以安全、环保为硬性要求，对达不到安全、环保要求的交通基础设施建设养护企业或运输企业不予准入或者要求强制退出。

（2）市场秩序规范

以价格监管、质量监管、安全监管、防污染监督、不正当竞争监管、市场诚信体系建设为管理重点，对符合准入退出条件要求的市场主体的经营行为进行监管。

3.“引导支持行业发展”类政策

在市场经济条件下，对于正常参与市场竞争的交通运输企业，政府除了进行正当的市场规制以外，不应干预企业的经营行为，但可制定相关政策予以引导。主要从以下四个方面进行引导与支持：

（1）引导行业优化升级

此类政策侧重于采取政策支持、投资引导、资金补助等手段，围绕国家宏观调控目标，引导行业结构优化调整与转型升级发展，对综合交通、智慧交通、绿色交通、平安交通以及其他行业鼓励的发展方向进行引导。

（2）价格调节政策

在目前一些重要交通基础设施与运输服务尚未形成有效的市场调节价格机制的发展阶段，中央交通运输主管部门可探索推进高速公路、港口等重要交通基础设施收费价格动态调节政策，以及铁路、民航、邮政等重要运输服务收费价格动态调节政策，以引导运营主体提升服务质量。

（3）投融资政策

对于对交通运输发展有重要影响与支持作用的投融资政策，中央交通运输主管部门应积极参与政策研究与制定，争取加强交通运输行业发展的资金保障。

（4）土地利用政策

对于对交通运输发展有重要影响与约束作用的土地利用政策，中央交通运输主管部门应积极参与政策研究与制定，争取加强交通运输发展用地保障，促进交通运输用地更加集约节约化。

三、宏观管理政策发展现状与问题

（一）发展现状

研究共收集了近5年发布的近400条交通运输行业管理政策，对所收集政策进行分类分析如图17-2所示。从政策管理对象来看，基础设施类政策占25%；运输服务类政策占比最高，为56%；行业发展保障类政策占9%；综合类政策占10%。从政策实现的政府职能看，规制市场秩序类政策占比最高，为52%；引导支持行业发展类政策占比次之，为29%；公共产品管理类政策占比较少，为14%；其他类政策占5%。从政策重要程度看，指导政策制订的总体政策（元政策）占7%；把控政策方向的基本政策占20%；指导操作的具体政策占比最高，为73%。从政策时效看，时效为5年以上的长期政策（持续性政策）占2%；时效为1～5年的中期政策（灵敏性政策）占15%；时效为1年以内的短期临时政策（应急性政策）占14%；没有明确说明政策时效的政策占69%，这一类政策也主要为短期临时性政策（应急性政策）。

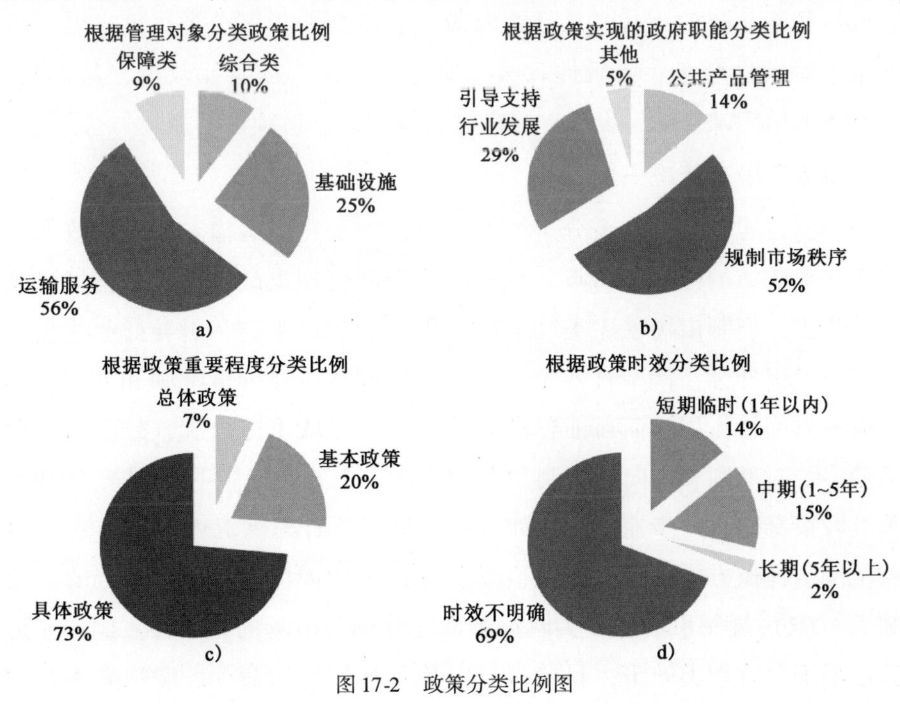

图17-2　政策分类比例图

（二）存在的问题

历年来出台的大量行业管理政策，对于促进交通运输行业发展起到了重要的推动作用。在各类政策的指导和交通运输各方参与主体的努力下，交通基础设施建设快速推进，运输服务市场有序运转，有效满足了经济社会发展的需求。但面对新时代交通强国建设的新要求，现有政策体系还存在以下不适应之处：

1. 政策结构有待进一步完善

由于以往没有完善的政策体系框架指导，各部门制定的政策散落分布，政策结构不尽合理，政策系统性、协调性不强，不能适应顶层设计的要求，难以有效发挥政策的组合效应。从政策实现的政府职能分类维度来看，目前公共产品管理类政策占比较少，对政府提供公共产品的范围、提供方式、提供标准以及各参与主体权利义务的管理缺乏有效的规定；而规制市场秩序类政策、引导支持行业发展类政策占比过高，政府承担了大量本该由市场自行调节的职能，一方面导致行政资源投入大、政府负担过重，另一方面也对市场造成一些不必要的干扰。从政策时效、政策重要程度分类维度来看，每一类政策中持续性政策、灵敏性政策、应急性政策，以及元政策、基本政策、具体政策的结构缺乏统筹设计，层次性、指导性、持续性不强。

2. 政策手段有待进一步创新

根据交通运输政策体系分类维度分析，以及交通运输宏观管理政策体系框架下每类政策的内涵与特点，分析公共产品管理类政策应以补偿性、调节性政策为主，规制市场秩序类政策应以限制性政策为主，引导行业优化升级类政策应以引导性、调节性政策为主，以发挥政策在确定准则和方向、弥补市场失灵方面的作用。而目前各类政策采用的手段不尽合理，行政指令性的政策较多，对准则和方向的规制和引导不足，主要表现如下：（1）公共产品管理类政策有待进一步完善。例如，对于政府负有提供责任的（准）公共产品的范围、提供方式、提供标准，以及各方主体责任进行明确规定的政策较为缺乏。（2）规制市场秩序类政策难以充分调动市场的主动性。例如，运输服务市场安全管理类政策，目前多以上传下达的行政命令、专项整治行动为主要手段，尚没有形成运输装备安全性、从业人员资质、危险品运输资质、企业安全生产标准、运输事故责任保险等影响运输安全的要素与市场准入挂钩，超限超载、重大安全责任事故等危害运输安全的行为与市场退出挂钩的长效机制，对企业的长效约束作用不强；此外，市场诚信体系尚不健全，信息不对称，难以对企业行为形成有力约束。（3）引导行业优化升级类政策质量有待进一步提升。例如，部分资金补助政策出台较为仓促，对市场影响的研究不足，补助方向有待商榷、补助手段不尽合理，导致出台后对市场正常秩序造成较大干扰；使用价格杠杆提高交通基础设施使用效率、促进多式联运的政策较为缺乏。

3. 政策管理有待进一步规范

政策制定、实施与评估程序不尽规范，政策发布随意性较强。部分政策超出政府职能范围，政策定位不清晰、目标不明确、实施手段缺乏，难以落实到位，而制定和上传下达过程造成大量资源浪费；部分政策一贯性和权威性较差，导致地方交通主管部门和交通运输企业难以适从；政策执行效果评估机制缺失，难以有效评估政策效果并相应修改完善；缺乏明晰的政策数据库和录入机制，部分政策不够公开透明。

4. 政策实施保障有待进一步加强

要保证交通运输行业管理政策实施，需要有效的行政手段保障或者资金保障。而目前，政策实施保障条件尚不够充分。一方面，政策制定过程中对保障手段考虑不足。另一方面，作为交通运输宏观管理政策实施重要条件的资金保障存在不足：财政承受能力不适应行业发展需求，尤其是公益性运输服务保障需求、养护管理和综合交通发展需求；各级政府事权尚不够清晰，事权与支出责任不匹配，对履行事权所需要的资金需求缺乏定额测算与充分的投融资保障，行业债务风险问题突出。

四、宏观管理政策体系创新的方向和重点

（一）政策管理创新

建立交通运输政策管理数据库。及时录入全行业、全领域的政策，做到分

类清晰、易于查询，实现交通运输政策收集、比较和研究的便利化和精准化。

建立定期发布交通运输政策白皮书机制。系统梳理交通运输政策及其实施情况，总结政策制定实施的经验和教训，为后续政策制定实施提供借鉴。

建立政策制定出台的规范管理机制。完善交通运输政策制定出台的决策程序与风险评估机制。成立交通运输政策咨询审查委员会，协调和审查行业管理部门的重大政策出台，主要职能包括：审查拟制定出台的政策与法律法规的符合性；加强行业管理政策与战略规划、标准规范的协调性；加强公、铁、水、空、邮各行业政策的衔接性。

完善交通运输政策结构。加强政府对公共产品的管理职能，提升公共产品管理类政策占比；减少政府对正常市场行为的干预，合理配置规制市场秩序类政策比例。合理配置元政策、基本政策、具体政策，以及持续性政策、灵敏性政策、应急性政策比例结构，加强交通运输政策的层次性、指导性、持续性。按照政策所要达到的功能，合理配置引导性政策、限制性政策、补偿性政策、调节性政策结构。

（二）政策导向创新

基于研究建立的交通运输宏观管理政策体系框架，按照“使市场在资源配置中起决定性作用和更好发挥政府作用”的原则，体现“公平、效率、民主”的行业公共价值导向，从以下方向创新交通运输宏观管理政策。

1. 创新公共产品管理类政策

（1）合理确定政府提供公共产品范围

加强对交通运输产品属性的研究，根据社会发展阶段、发展需求与政府财政能力，合理确定政府负有提供责任的公共产品的范围，并通过政策予以明确。

（2）创新公共产品提供方式

加强交通运输公共产品供给研究，创新公共产品提供方式，并通过制定政策予以落实，逐步推进不影响国家安全且具备盈利能力的交通运输公共产品通过市场化方式提供。

（3）明确公共产品提供责任与提供标准

研究确定各级交通主管部门、以及政府与市场主体在提供交通运输公共产品中的权利、义务，根据财政能力以及社会发展阶段与公众需求合理确定交通运输公共产品提供标准，并通过制定政策予以明确。

2. 规范规制市场秩序类政策

（1）完善以安全、环保为强制标准的运输市场准入退出政策

完善以安全、环保为强制标准的交通运输市场准入退出政策，安全方面的准入标准主要考虑企业是否具备建设养护或运输服务资质，装备是否符合安全要求，人员是否具备从业资格，事故责任险是否能够满足赔付要求，企业安全生产制度是否完善等，退出标准主要考虑是否有超限超载行为与重大安全责任事故等；环保方面的准入标准主要考虑机械、材料、技术、装备是否符合环保要求，退出标准主要考虑是否有重大环保责任事故等。

（2）形成监管严格的市场秩序规范政策

完善监管市场秩序规范类政策，加强对价格、质量、安全、不正当竞争、防治污染等行为的监管，对违规行为加大处罚力度。

（3）完善市场诚信体系建设政策

加快交通运输市场诚信体系建设，推动信息共享，促进建立跨地区、跨部门、跨领域激励和惩戒联合机制。

3. 完善引导行业发展类政策

（1）提高引导政策的精细化水平

政府引导市场的方式主要应通过市场规制和制定标准引导，由于市场规制类政策已在上述讨论，标准规范不是本研究的重点，因此本节主要讨论投资引导、资金补助、政策支持等引导手段。目前此类交通运输行业引导政策尚出于探索阶段，主要是通过资金补助的方式，且补助政策制定出台过程中对市场的影响分析研究不足，实施过程中容易对市场产生不同程度的干扰。今后应加强对交通运输行业引导政策的系统性研究，提高引导政策的针对性和效果性，减少对正常市场秩序的干扰。

（2）完善价格调节政策

加强研究并建立完善高速公路价格调节政策，形成根据不同时段及路段、根据服务质量动态调整收费标准的机制。深化港口价格形成机制改革。

4. 加强支持行业发展类政策

（1）加强投融资政策保障

加强与财政部的沟通协调，从遏制盲目投资冲动、防范和化解地方政府债务风险，以及创新资金来源渠道和融资模式两个方面，加强资金来源保障政策，促进行业可持续发展；结合行业特点，积极研究、合理划分政府与市场的边界，明确政府资金在交通运输领域的补助范围与补助原则，调整优化资金投向结构；强化中央对地方补助资金的监管能力、完善行业绩效考评机制，提升资金管理和使用效率。

（2）加强用地政策保障

加强与自然资源部的沟通协调，主动参与国土空间规划工作，确保交通运输发展方向与国土规划方向保持一致，积极争取交通运输用地支持政策，同时促进交通运输建设用地符合“节约集约用地”要求。

交通运输部规划研究院课题组

主要执笔人：石良清　高　翠　袁春毅　姚晓霞　王佳强　罗诗屹

第十八章　交通运输政务运行体系研究

交通运输部科学研究院

一、政务运行的现状及问题

（一）关于交通运输政务运行

1. 交通运输政务运行的内涵

“政务运行”的概念在2004年出版的刘后滨先生著《唐代中书门下体制研究——公文形态、政务运行与制度变迁》中初次提出。“政务运行”研究一般是在分析政府行政组织结构及内部关系的基础上，从解读政务文书形态及运营流程入手，综合考察法律法规、政策制度层面的规则及其运作实践，来整体把握政府政务运行机制。

由此可见，“政务运行”指的是政府部门内部政务处理流程和行政运作机制，从交通运输政府部门组织架构和职能划分来看，政务运行体系主要包含决策支持、政务督查、日常运转和支撑保障四个方面的内容。

（1）决策支持体系

政府决策是政府运用公权力对社会资源进行协调和配置，在公共行政活动中，政府决策作为最首要环节，支撑着各项行政职能的正常运行。建立健全决策支持体系，支撑实现科学化、民主化和法制化政府决策是建设和完善政务运行体系的重要任务。决策支持体系包括政策研究、决策咨询、决策机制和程序、决策信息服务等方面内容。

（2）政务督查体系

“一分部署，九分落实”。政务督查工作是推动决策落实的重要手段，是促进决策完善的重要途径，是政务运行体系的重要组成部分。建立健全政务督查体系，从督查工作机制、督查工作计划、督查方式方法、督查结果应用等方面着手，推进和保障各项政策落实到位。

（3）日常运转体系

政务运行的核心是政府内部的运转，日常运转体系就是要通过优化机构设置和内外部协调机制，畅通政府内部政务处理流程，以提高政务处理效率，保障政令上通下达。

（4）支撑保障体系

做好面向政府机关的服务，发挥好服务保障作用是政务运行的重要内容。支撑保障体系包括政务信息化建设、新闻宣传、财务、档案、信访、机关职工服务等内容。

2. 交通运输政务运行的特征

交通运输政务运行体系需要具备以习近平新时代中国特色社会主义思想为根本指导思想、与中国国情紧密结合、与社会主义制度相适应、不断适应社会主义市场经济体制和社会发展需要、具有行之有效的政府管理体制机制、具有相对完备的行政法制体系等政务运行体系的公共特征。此外，交通运输政务运行体系建设需符合交通运输业特征，适应公路运输、水路运输、铁路运输、民航运输、邮政等领域行业管理需要，促进提高运输效率和降低运输成本，服务于社会经济发展。交通运输政务运行体系具有自身特点，主要包括：

（1）交通运输政务运行重开放性

在经济、贸易、金融全球化的今天，运输的全球化是一个趋势。在这种情况下，要求我们的运输网不仅在国内成为一个统一的大系统，同时还要求它能与国际同质的运网“接轨”，交通运输业具有国际性与大系统性的特点。此外，交通运输业还具有公共性，公共性是特指国家或一定地区内的公共性。交通运输政务运行不仅要有国情观，而且还要有球情观，落实到具体的行政管理工作时，就要求具有国际观点和开放思维，行政管理中的各种法规、制度、细则等尽量与世界现行的做法衔接，并有具体的实施方法。

（2）交通运输政务运行重规划管理

运输业所需投资额度极大，其中又以基础设施的投资额最大。该行业具有资本密集的特点，一旦投资，其设施就很难转移他用。因此，交通运输的设施投资后，一定要按原设想之用途用下去，若作他用，则难以收回投资，这是大部分交通运输投资具有沉没成本特性的重要原因。交通基础设施投入产出周期较长，其产品又不能储存，加之基础设施资本密集、沉没成本大，而社会又需要有效地实现交通运输均衡，因此需要通过对运输进行规划来实现预期均衡。

（3）交通运输政务运行重体现运输业公共特性

运输是为生产和人民生活提供的一种必不可少的服务，运输业特别是运输基础设施具有公共特性。它必须公平的为社会所有行业和所有成员服务，它不能像一般行业、企业那样，单纯的以获得最大盈利为目标进行生产。由于运输业是为全社会提供一种必不可少服务的行业，它的公共性必然要求政府合理使用行政手段，对它进行一定程度的管制，使运输业更好的服务社会经济发展和大众生产生活。

（4）交通运输政务运行重促进各种运输方式的协同发展

公路运输、水路运输、铁路运输、航空运输和管道运输五种运输方式联合组成了国家的综合运输。在这五种运输方式之间存在的既不是完全异功能的协同关系，也不是完全同功能的竞争关系，而是在某些区间为同功能，某些区间又为异功能的弱可替代性关系。反映到综合运输系统中，相互之间有时呈现竞争性，有时又为协同性。运输业中的弱竞争性意味着一种运输方式不可能通过竞争迫使另一种运输淘汰出局；在各种运输方式之间也不应自扫门前雪，而无视对方的存在。各种运输方式之间只能是以既竞争、又协作的格局发展。因此，在交通运输行业管理过程中，需要创造良好环境，引导各种运输方式协同发展。

（二）现状及问题

我国交通运输管理体制几经变迁，现行的体制大致可划分为中央、省区、地市和县级四个层面。在中央层面，承担交通运输管理职能的部门主要有交通运输部、国家发展改革委员会、住房和城乡建设部、公安部、国家能源局等，如图 18-1 所示。

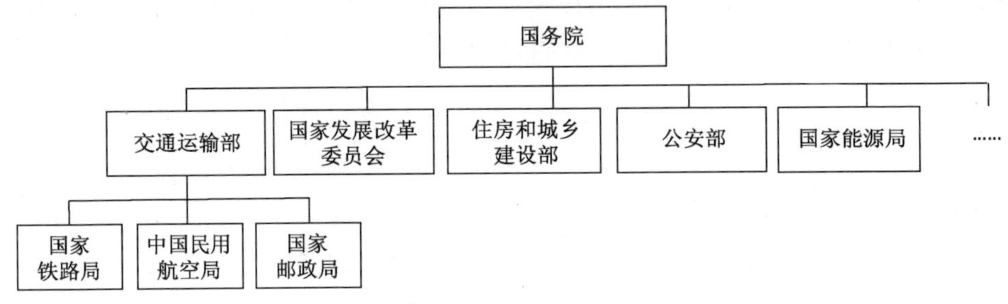

图 18-1 中央层面的交通运输管理架构

在地方层面，相关机构设置比较复杂，如图 18-2 所示。公路、水路交通运输在省级设交通运输厅，地市和县三级设交通（运输）局，中央、省区之间，省区和地市之间不存在行政上的隶属关系，中央主要负责提供行业业务指导和中央财政资金补助。

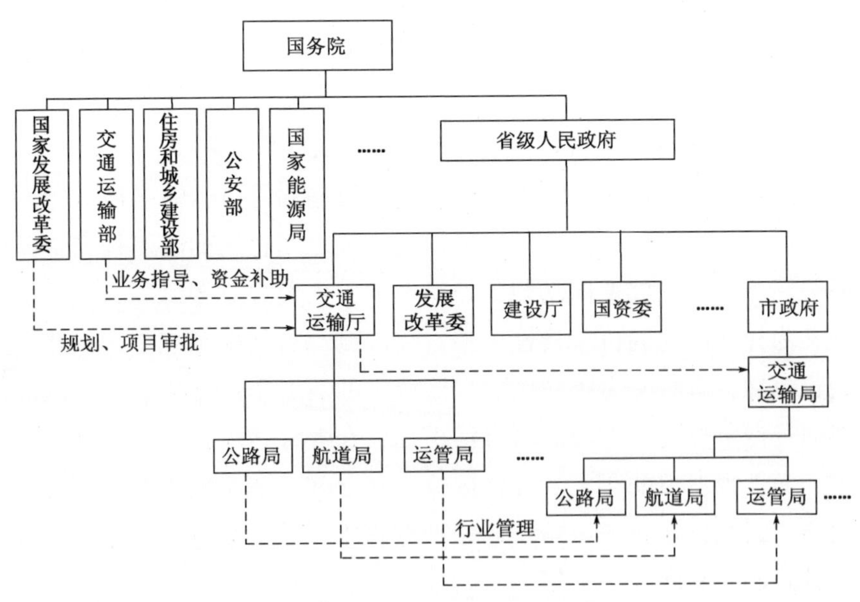

图 18-2 交通运输管理体制中央与地方的关系

经过几十年的改革和发展，交通运输部门已经形成了一套较为成熟的政务运行体系，各级政府交通运输主管部门按照既定的工作机制和政务处理流程稳定运转，履行交通运输行业管理职能，在推进交通运输高质量发展和综合交通运输体系建设中发挥了积极作用。目前，省市级交通运输管理部门也在进行行政管理体制改革，逐步将公路局、运管局等行业管理部门审批、执法等权限收回至政府部门（即省交通运输厅或地市交通运输局），这些机构主要承担服务职能。

从目前交通运输行政管理体系运行情况来看，主要存在以下突出问题：

（1）运行机制不畅

各相关部门决策权、执行权、监督权仍高度合一，仍然拥有过多的资源配置权力，由此造成部门主导的公共政策，部门利益凌驾于公共利益之上，进而导致公共政策的变形和扭曲，如运输结构不合理、资源缺乏综合利用、客货运输不便捷等问题，甚至导致权力部门化、部门利益化、利益集团化，主要表现在决策不集中、监督没有独立。

（2）协调机制作用有限

行政协调机制运行不畅，协调规则和责任主体缺失。综合交通运输许多协调事项的内容、程序、时限以及协调的主体都不明确。主要体现在：协调机制缺失、协调方式缺失、行政协调规则缺失等方面。

（3）管理手段重行政偏微观

适应市场经济要求的管理手段和方式不足。政府微观管理干预多、宏观管理少；行政手段多、经济手段少。重前置性审批，轻过程监管，缺乏行之有效的事前、事中、事后全过程监管机制。

（三）经验借鉴

世界各国交通运输政府管理机制是随着各国经济社会和交通运输的发展而不断演进的，总体来看，以下经验值得借鉴。

1. 逐步由分散管理走向综合管理

曾经在较长时间里，特别是在工业化以及工业化以前，不少发达国家对交通运输体系实行分散管理，这种体制对集中社会资源，加强对个别运输方式的专业化管理和政府支持，促进这些运输方式的快速发展发挥了重要作用。但是，伴随各种交通运输方式的不断发展壮大和完善，发达国家先后步入了新的历史时期，其经济社会发展对整个交通运输体系的运输效能、服务理念，以及运输体系自身的发展方式都提出了新的要求。各种运输的分散式发展已经不适应经济社会发展和交通运输体系自身发展的需要，经过不断探索和改进，综合交通运输管理体制，成为发达国家促进各种运输方式有机衔接和协调发展、优化运输资源配置、降低社会物流成本的战略选择，交通运输也逐步从分散管理走向涵盖各种运输方式的综合管理。20 世纪 90 年代以后，随着环境保护、能源等问题日益严重，发达国家越来越重视经济社会可持续发展，综合交通运输体制也成为促进交通运输可持续发展的重要体制保障。

2. 实行政企分开，不断提高政府效能

将政府的管理职能和企业的经营职能彻底分开，能够大幅度削减政府管理职能，使政府的工作重点从微观企业经营向行业宏观监督管理和创造公平的发展环境转变，促进政府行政资源进一步向行业发展战略规划和政策制定、市场和安全监管、公共服务等方面集中，从而提高政府效能。

3. 充分发挥市场机制的基础性作用

发达国家在交通运输管理体制改革过程中，坚持的一个重要的方向是，充分发挥市场机制作用，重新定位政府的公共管理职能，调整政府管理方式，放松经济领域管制，同时加强对公益性运输等方面的社会监管。发达国家的经验表明，随着交通运输体系的不断完善，政府将工作重点转向努力维护公平的市场竞争环境方面，尽可能减少对运价等经济方面的行政干预。充分利用市场竞争机制调节市场供需和决定运价，是激发交通运输体系活力的有效手段。此外，在充分发挥市场机制作用的同时，国外政府加强了在“市场失灵”方面的作用，普遍注重从综合运输协调发展的角度，对弱势行业的发展提供各种扶持政策，包括对公益性运输的补贴、对环境友好型运输方式的扶持等，促进交通运输公共服务能力和水平的提高。

4. 发挥中央和地方两个积极性

清晰划分中央与地方事权，充分发挥中央与地方政府的作用，既保证中央在统筹全局方面的权威性，又充分发挥地方的自主性，有助于交通运输体系的高效运转。但对于不同的国家，由于国家总体行政管理体制框架不同，中央和地方分权的程度不同，在交通运输事务上，中央和地方发挥的作用也存在较大差异。

5. 优化政府行政机构设置，突出公共服务职能

行政职能设置是行政管理体制架构设计完成后，妥善处理部门间相互关系的关键。随着经济社会的发展，各国政府行政职能呈现出由分散到集约的发展趋势，行政权力也由专一集权向互相制约转变，其本质就是政府决策权、执行权和监督权之间相互独立又相互制约。政府机构设置上倾向于大部门，重视机构之间的协调，杜绝臃肿的办事机构和人浮于事的办事作风。行政机构设置趋于扁平化，有效利用行政资源，科学设计办事流程，在降低行政成本的基础上不断提高行政效率。政府部门加强宏观管理，减少对经济的干预，实行绩效管理，重视自我监督和社会监督。从世界各国交通行政建设的理念来看，政府已经充分认识到自身的公共服务职能，不断提高政府机关的办事效率，关注交通运输与自然、人类和谐共生等外部性目标。从世界各国政府机构设置来看，各国在强调专业职能建设的同时，更加重视为公众服务职能的建设。

6. 推进信息化建设，促进交通运输领域科学决策

发达国家非常重视交通运输领域信息化建设，通过信息化手段采集和实时处理大量交通运输数据，为政府部门以及公众参与运输事务决策提供重要的支撑。美国运输部及其业务管理部门每年向科研机构、大学提供大量科研经费开展相关工作。如沃普中心历时十多年，开发并不断完善了海域感知信息系统，该系统能够实时监测所有参加国商船的航行信息，并动态显现世界各海域商船航行情况，航空领域也开发了类似的信息系统。

二、发展形势与总体要求

（一）发展趋势

在我国经济社会发展、科技进步和行政体制改革的大背景下，借鉴发达国家交通运输政务运行体系发展经验，结合交通运输行业发展、交通强国建设等需要，总结未来交通运输政务运行体系向以下三个方向发展：

1. 综合交通运输管理

从分散管理走向综合管理，是世界交通运输管理体制演化的共同趋势。自改革开放以来，我国政府先后于 1982 年至 2013 年间进行了七次国务院机构改革，2008 年第六次国务院机构改革方案中明确提出了实行大部制改革。随着经济的发展和政府管理的创新，大部制、大交通观念逐步深入人心，成为交通运输行政管理体制改革的一个方向。未来交通运输行政管理将继续沿着综合管理的方向发展，在全国范围内实行交通运输大部门体制，统一规划管理，实现各种交通运输方式协调发展，形成综合交通运输体系，满足人民群众对交通需求的不断变化，服务社会经济发展。在此基础上，探索将环境保护，住房与城乡建设，国土资源等部门职能与交通运输部门职能协同发展，走更大范围的综合发展之路。

2. 交通运输智慧政务

近年来，国家陆续发布了关于云计算、大数据、物联网、互联网 + 和信息惠民等一系列推进信息化的文件，特别是制订了“互联网 +”行动计划，把互联网的创新成果与经济社会各领域深度融合，推动技术进步、效率提升和组织变革。数据时代背景下，互联网正在深刻地改变着政府的治理模式和服务方式。未来交通运输政府管理将立足于政府职能转变，应用互联网、移动互联网、物联网、云计算、人工智能等现代信息技术，搭建一体化政务运行和服务平台，有效融合多渠道、多层级的业务资源，改进行政审批方式、改进决策模式、提高行政效率和公共服务水平，为构建务实、高效、便民的服务型政府提供支撑，促进实现政府治理的科学化和现代化。

3. 服务型交通运输政府

2004 年 2 月 1 日，温家宝总理在中央党校的讲话中首次提出“要建设服务型的政府”。2006 年 10 月，党的十六届六中全会通过的《中共中央关于构建社会主义和谐社会若干重大问题的决定》指出，“建设服务型政府，强化社会管理和公共服务职能”，建设服务型政府已经上升为党和国家的意志，纳入国家建设的总方针、总目标的轨道上来，成为各级政府加强改革和自身建设的奋斗目标和努力方向。服务型政府主要是针对以计划指令、行政管制为主要手段的管制型政府模式而提出的一种新型的现代政府治理模式。党的十八大报告明确提出了“建设职能科学、结构优化、廉洁高效、人民满意的服务型政府”的要求。未来中国将发展成为现代、和谐、有创造力的社会，建成自身强、强国家、使人民满意的交通强国。交通运输政府必将进一步转变政府职能，深化行政体制改革，创新行政管理方式，完善公共政策，健全公共服务体系，增强基本公共服务能力，促进基本公共服务均等化，为社会提供高品质、多样化的交通产品和服务，满足人民不断增长的美好生活需求。

（二）总体要求

1. 指导思想与基本原则

（1）指导思想

以习近平新时代中国特色社会主义思想为指导，全面贯彻党的十九大精神，认真落实党中央、国务院决策部署，紧紧围绕统筹推进“五位一体”总体布局和协调推进“四个全面”战略布局，坚持党的全面领导，坚持以人民为中心，坚持深化改革，坚持优化、协同、高效，坚持依法行政，优化行政运作机制，提高政务运行质量和效率，充分发挥政务运行对于交通运输治理体系和治理能力现代化建设的支撑保障作用，为交通运输服务决胜全面建成小康社会，开启交通强国建设新征程提供坚强支持。

（2）基本原则

坚持党的全面领导。必须把党的领导贯彻到政府行政管理全部活动之中，在党的领导下不断完善政府决策、政务督查、政务运转等政府管理制度，不断完善政府内部公文流转、组织协调、部门会商等工作机制，实现政府部门科学、高效、稳定运转。

坚持以人民为中心。深入学习贯彻习近平总书记以人民为中心的发展思想，坚持把建设人民满意交通作为根本目的，不断提高交通运输政府行政效能，提升交通运输政府公共服务水平，推进人民满意的服务型政府建设，增强人民群众的获得感和满意度。

坚持优化、协同、高效。在现有交通运输管理体制下，进一步优化政府部门机构设置和职能划分，完善政务处理流程和部门工作机制，健全部门之间和部门内部的业务协调机制，充分利用现代信息技术，建设智慧政务平台，实现政府部门的高效运转。

坚持依法行政。围绕法治政府建设目标，把法治要求贯穿到交通运输政务运行的各个环节，建设职能科学、权责法定、运行规范的交通运输行政机关，为交通运输法治政府部门建设提供坚强支撑保障。

2. 发展目标

以习近平新时代中国特色社会主义思想为指引，以建设人民满意的服务型政府部门，做好面向党组决策、部门单位和基层的“三个服务”为主要目标，在现有交通运输管理体制的基础上，进一步优化交通运输政府部门政务处理流程和内部行政运作机制，努力构建科学有效的决策支持体系，协同联动的政务督查体系，畅通高效的日常运转体系，精细有力的支撑保障体系，不断提高交通运输政府机关运行水平和运转效率，提升政府公共服务能力，从而推进交通运输治理体系和治理能力现代化，为交通运输服务决胜全面建成小康社会，开启交通强国建设新征程提供坚强支撑保障。具体目标包括：

（1）决策支持体系科学有效，科学、民主、依法决策得以实现

完善和规范决策程序和规则，进行广泛深入的调查，加强政府部门的政策研究工作，建立健全决策咨询制度，用好内外部专家资源，广泛听取人民群众的意见，充分利用大数据、人工智能等现代信息技术，实现信息化、智能化的决策支持，支撑实现科学、民主、依法决策。

（2）政务督查体系协同联动，政策措施落实到位

进一步理顺督查工作机制，科学制订督查工作计划，创新督查方式方法，加强督查分析评估，推进和保障各项政策落实到位。

（3）日常运转体系畅通高效，行政效能显著提高

优化机构设置和内外部协调机制，畅通政府内部政务处理流程，以提高政务处理效率，保障政令上通下达。

（4）支撑保障体系精细有力，政府发展活力明显增强

推进政务信息系统建设，加强新闻宣传和舆论引导，做好财务服务、档案、信访、机关职工服务等工作，发挥好服务保障作用，提高政府部门发展活力。

三、重点任务

（一）推进适应现代交通运输体系的政务运行体系改造

优化交通运输政府部门内部结构，建立一个具有资源配置权威性的行政管理部门，以此保证大部门体制的整合性功能优势真正发挥。建立交通运输行政管理跨部门及中央与地方的协调机制，建立同级部门间的联席会议制度，支持地方交通运输主管部门负责行政区交通运输发展，鼓励各地区自行探索综合交通运输改革办法，加快形成“大交通”管理体制和工作机制。同时建立并不断完善综合运输总体规划与部门规划协调机制。

（二）建立科学有效的决策支持体系

加强以服务决策为中心的政府运行制度体系建设，改进调查研究工作，加强人大代表建议、政协委员提案办理和分析研究，充分发挥政府部门决策咨询机构的作用，加强中国特色新型智库建设和智库成果应用，加强人民群众意见建议收集分析，加强决策信息收集与服务，推行合法性审查、法律顾问和公职律师制度。

（三）建立协同联动的政务督查体系

建立“大督查”工作格局，完善督查工作机制。科学制订督查工作计划，加强督查活动统筹联动。灵活运用自查、书面督导、实地督查、效绩考核、第三方评估等方式，充分运用信息化技术手段提升督查实效。加强对督查工作的分析研究，探索建立重大事项分类管理机制，按事项内容、轻重缓急等要素实行事项分类、时限分类、频率分类，明确督办事项办结标准。及时总结、宣传、推广督查中发现的好经验好做法好典型，推动督查结果与领导干部效绩考核科学关联。

（四）建立畅通高效的日常运转体系

健全政务值班运行体系，认真履行值守处置和综合协调职责，充分发挥运转枢纽作用，确保交通运输系统政务运行畅通、高效、规范、有序。健全会议管理体系，增强会议活动组织能力，提升会务工作规范化、流程化、标准化水平。充分运用信息技术手段改进会议形式，提高会议效率。加强发文统筹，科学制订并严格执行年度发文计划，加强综合协调和审核把关，弘扬“短实新”的优良文风。优化工作模式，加强先进技术应用，积极推进电子文件共享，不断提升文件印制质量和效率。深入开展保密管理工作专项检查，加强保密教育，加大问责力度，加快推进行业国产密码技术应用，完善标准规范和安全评估体系。深入推进政务公开，组织做好信息公开、政策解读、回应关切、公众参与等政务公开各项工作，增强交通运输政府部门的公信力和执行力。明确信访事项受理范围，根据信访诉求的性质处理信访事项，帮助信访人通过合理合法渠道解决问题。修订完善信访工作制度，提高信访工作规范化水平。加强综合协调和监督检查，督办一批久拖不决的信访积案，维护群众合法权益。

（五）建立精细有力的支撑保障体系

落实《国家综合交通运输信息平台总体技术方案》，按照国家电子政务内网建设要求，优化机关电子政务内网集约化建设环境。完善档案管理制度规范体系，加大档案收集和归档力度，推进档案信息资源共享，扎实推进档案存量数字化、增量电子化、利用网络化进程，增强档案信息服务能力。严格落实各项规定和纪律要求，围绕大局做好政府部门重点工作经费保障。强化预算管理，开展预算项目支出绩效评价。坚持精细化、人性化原则，优化机关办公环境，改善生活服务，做好思想工作。完善机关重大信访事项联席会议制度，及时稳妥处理重大突发信访问题。认真搞好安全保卫工作。围绕推进交通强国建设大局，用心用情做好离退休干部工作，发挥好离退休干部在推动落实新发展理念、建设交通强国、促进改革发展稳定、弘扬社会主义核心价值观、全面从严治党等方面的重要作用。

四、政策建议与措施

（一）完善政府运行制度体系

进一步完善政策出台、督查工作、保密工作、政务值班工作、文件运转、机要文电管理、文件收发管理、会议计划管理、政务公开、信访工作、信息安全管理、保密管理、机关财务内部控制、机关合同管理等政府运行制度文件，推动建立政策产品市场准入、决策咨询、法律顾问和公职律师等制度，完善机关政务运行基本制度，为推进政府部门各项工作顺利开展提供保障。

（二）深化综合交通运输行政管理体制改革

加强交通运输部的总体协调能力，确保铁路、航空与公路、水路、城市轨道交通管理的功能最大化发挥。加快地方交通运输行政管理体制改革，清晰划分中央与地方事权，加快形成“大交通”管理体制和工作机制。建立并完善交通运输部门内外协调机制，逐步推进环境保护、国土资源开发、住房与城乡建设等政府职能与交通运输部职能协同发展。

（三）充分利用现代信息技术，创新管理和决策模式

充分利用互联网、移动互联网、物联网、云计算、人工智能等现代信息技术，搭建智慧政务平台，实现政府机关公文管理、人事管理、财务管理、资产管理、政务信息、政务督查、党建管理、信访管理等全过程信息化管理。加强舆情和决策信息的搜集，拓宽社会公众参政议政渠道，通过对政务数据的趋势分析、对比分析和大数据分析，实现对各类基础设施运用情况、各行业运转情况、各种运输方式协调发展程度等的分析、评估，为政务运行和宏观决策提供科学支撑。

（四）推进“互联网＋政务服务”，打造便民高效政务服务环境

搭建政务服务平台，优化行政许可、行政审批等业务流程，全面推进决策、执行、管理、服务、结果公开，推进政务信息资源共享与开放服务，使更多事项实现网上办理，必须到现场办理的力争做到“只进一扇门”“最多跑一次”，为从业企业和人员提供良好的政务服务环境。

交通运输部科学研究院课题组

主要执笔人：崔学忠　王玉田　张　丽　张　晗　林　垚

第十九章　交通运输战略规划体系研究

交通运输部规划研究院

一、战略规划体系的现状及问题

交通运输行业历来重视战略和规划，开展了大量的战略和规划工作实践。

（一）交通运输战略规划内涵

战略是重大的、带全局性的或决定全局的谋划，规划是实施总体目标的行动计划。实际工作一般认为：战略和规划都具有全局性、长远性、前瞻性等特点，并且主体对象相同，两者联系紧密。战略的制定是一定条件下、一定范围内最高层次的决策。规划工作是战略指导下的具体化，是战略的延续和进一步的谋划。可以把规划视作落实战略的实施方案。

但战略和规划又具有差异性。从功能上看，战略是谋划和指导全局的方略，即对全局性长远性根本性问题的谋划，重点解决认识和发展方向问题，规划是对行动方案的谋划，重点是安排进程，明确任务；从约束性上看，战略是柔性多于刚性，规划是刚性多于柔性，考核性特征明显；从形成的时序上看，战略在先，规划在后，战略是制定规划的基础和先决条件。

战略和规划均有层次性特点，具有体系。以战略为例，上一级的策略也是下一级的战略，如建设交通强国是国家现代化建设的一个策略，但也是交通运输行业的整体发展战略；交通科技创新是建设交通强国的一个策略，但也是交通科技领域的整体发展战略。战略的层次不断延续，直到可以落地操作的规划为止。

在政府管理活动中，战略和规划是宏观调控的重要手段，是其他管理职能的前提和基础，是管理过程的中心环节，并且还渗透到其他管理职能之中，列宁曾说过“任何计划都是尺度、准则、灯塔、路标”。战略和规划在政府管理活动中具有极其重要的地位和作用。

（二）交通运输战略规划体系的特点

1. 根据不同阶段发展要求出台了战略性文件

为指导交通运输发展，结合交通运输发展阶段性特征，以战略、纲要、意见、规划等各种形式出台了若干明确行业发展方向的战略性文件。为进一步明确基础设施建设方向，推动基础设施大规模建设，1989 年提出我国公路水路建设“三主一支持”（公路主骨架、水运主通道、港站主枢纽和交通支持保障系统）的基本设想。1998 年制定了交通运输发展长远目标，印发了《公路、水路交通发展三阶段战略目标》，2006 年提出“三个服务”理念。2012 年提出“综合、智慧、绿色、平安”四个交通发展战略。2017 年党的十九大提出了交通强国建设战略，为新时代交通运输长远发展指明了方向。2019 年中共中央、国务院印发《交通强国建设纲要》进一步凝聚行业共识，明确了新时代条件下交通运输具体发展战略目标和战略任务。

各运输方式分别出台了各自领域的发展战略，具体指导各管理领域相关工作开展。围绕着如何解决铁路运输能力短缺问题，2002 年提出了铁路跨越式发展战略。为加快沿海港口健康、安全、持续发展，2011 年印发了《关于促进沿海港口健康持续发展的意见》。为多方合力共促民航快速发展，2012 年出台了新中国成立以来第一部全面指导民航业发展的战略性文件《国务院关于促进民航业发展的若干意见》。

2. 交通运输规划体系逐步完善

目前，行业编制的规划以基础设施空间规划和五年发展规划为主。

各管理领域在空间规划实践中自成一体，主要编制了基础设施布局规划和总体规划，并根据各自发展程度和所处阶段，不断丰富完善规划体系。国家层面印发了《综合交通网中长期发展规划》；铁路领域编制了《中长期铁路网规划》，解决铁路网布局和建设时序安排问题；公路领域编制了《国家公路网规划》、《农村公路建设规划》等，明确公路路网的布局及建设安排问题；水运领域编制了《全国沿海港口布局规划》《全国内河航道与港口布局规划》《国家水上安全监管和救助系统布局规划》和各港口总体规划等，明确港口分层布局、总体布局及水上救助安全设施布局问题；民航领域编制了《全国民用机场布局规划》、机场总体规划等，解决机场布局和建设问题。邮政领域编制了邮政普遍服务基础设施布局规划，明确了空间布局、重点任务和政策措施。

五年发展规划主要包括综合交通运输体系五年发展规划和各管理领域的五年发展规划。在五年规划的指引下，交通运输部和各管理领域再编制细化的三年滚动计划和年度计划。

区域规划作用日益凸现，京津冀、长江经济带、长三角、粤港澳大湾区、海南等国家重大区域交通规划先后出台。

3. 部分领域出台了规划管理制度

部分领域出台了规划编制办法或要求。公路领域出台了《公路网规划编制办法》《农村公路发展规划编制大纲》《公路运输枢纽总体规划编制办法》。水运领域出台了《港口规划管理规定》《港口总体规划编制内容及文本格式》和《港口布局规划编制内容及文本格式》。民航领域出台了《民用机场总体规划编制内容及深度要求》。城市交通领域印发了《城市公共交通规划编制指南》，对规划编制的总体要求、主要内容、技术要点和主要成果进行了规定和规范。目前综合交通、铁路、邮政领域尚未出台相关规划管理制度或编制办法。

（三）交通运输战略规划发挥的作用

多年来，根据国家发展战略、经济社会发展需要和交通运输发展实际，交通运输行业科学制定交通运输战略、编制交通运输规划，并组织实施了一系列行业实践，将国家意志体现到交通运输行业发展之中，充分发挥了宏观引导、统筹协调作用，“规划先行”支撑了行业不断发展和转型升级。战略确定了行业和具体领域的发展目标和发展方向，是引领和促进交通运输发展的顶层设计。规划是协调各方关系，指导和组织交通建设和发展的纲领性文件。空间布局规划反映了国家交通资源的空间布局与国家生产力布局的结合、国家综合交通体系的发展方向和重点，对于合理有效地配置土地、岸线、空域等资源要素，引导空间拓展与土地利用，促进综合交通网络的形成，提升综合交通的基础设施和运输服务水平，具有十分重要的指导和约束性作用。从“八五”至“十三五”规划，可以明显看出五年规划对交通运输发展方向的引导，以及不同阶段着重解决的交通发展实际问题。“八五”规划注重提升公路运输效益，“九五”规划转向交通科技创新，“十五”规划提出扩大运输网络，“十一五”到当前“十三五”规划则更多关注综合交通运输网络的信息化、智能化、区域协调和运行经济高效、资源节约和环境友好。其他专项规划进一步细化明确了各领域的工作目标和具体任务。

（四）交通运输战略规划体系存在的问题

1. 战略与规划边界不清，战略体系缺失

交通运输部具有拟定交通运输发展战略的相关职责，但交通运输部级层面战略体系尚未建立，战略体系缺失，相应配套的管理制度缺失。战略与规划、战略与政策等边界不清，战略与规划出现标题混用，内容交叉等问题，无法满足政府精细化管理的要求，无法与审批、评估、绩效考核等管理制度匹配，与国外发达国家在合理制定交通发展战略、科学引导交通运输行业发展方面相比具有差距。

2. 空间规划和发展规划时有交叉，中长期规划定位不清

过去常用行业发展中长期规划替代战略，但中长期规划定位不清、解决问题不清，往往将发展方向、空间布局、具体建设项目安排等不同层面的任务交织在一起。

3. 空间规划地位不足，缺乏法律保障

交通运输规划法定地位差异较大，港口空间规划体系已全面纳入《中华人民共和国港口法》，但公路、铁路、民航、邮政等空间规划的法律制度保障较为薄弱，枢纽和站场等空间规划的法律保障制度缺失。交通运输空间规划缺乏法律保障，一方面难以发挥对包括国家区域发展规划、国家主体功能区规划、新型城镇化规划、土地资源及土地利用规划、能源规划、全国生态建设规划、全国水资源综合规划等的基础约束作用，难以进行有效衔接，导致

交通运输在国家资源统筹中处于弱势地位，不利于资源高效配置。另一方面，规划实施中会遇到部门利益和地方利益的阻力，由于缺乏相应的法律保障，规划的目标与要求难以得到有效的贯彻与落实，甚至出现地方规划朝令夕改等现象，不利于空间资源的合理保护和有效利用。

4. 五年发展规划体系构成不明确，对必要性合理性的研究不足

伴随着综合交通运输体系不断完善，交通运输五年发展规划体系也随之扩展完善。为支撑“十三五”规划实施，编制了总体规划、部内专项规划、特殊专项规划、部管国家局专项规划，此外还印发了发展纲要、指导意见、行动计划和实施方案等文件。尽管内容丰富、形式多样，但存在功能、形式、内容划分不清的情况，部分规划出台的必要性、合理性、可行性研究不到位，规划与战略、政策的边界不清，一些适合出台政策的领域也编制了规划。行业五年发展规划体系如何构成，应该编制哪些专项规划，以何种形式发布没有定论，可能造成研究资源重复、浪费，让地方和社会各界感觉文件众多、无所适从，不利于部门精细化管理和监督、考核规划实施情况，不利于发挥交通运输规划的整体效能。

5. 规划管理制度不完善，缺乏绩效考核

目前仅部分交通运输领域出台了规划编制办法或要求，尚未覆盖交通运输行业全领域全要素全周期范围，且均以部文或主管司局发文的形式印发，层级较低。系统完备、科学规范、运行有序的交通运输规划管理制度体系尚未建立，规划编制审批程序和编制内容不清楚。中央、区域、省、市各级都在做交通运输规划，各层级规划在规划体系中的定位、彼此之间关系，均不明确，上级规划如何实现对下级规划的指导，如何实现不同地区规划衔接等也有待明确与规范，因此也造成规划的频繁修编。特别是由于缺乏发展规划绩效评价、考核办法等管理制度，导致发展规划编制随意性强，规划编制泛滥，编制规划，缺乏严肃性和执行力，无法实现“一张蓝图干到底”。

二、战略规划体系框架构建思路

（一）基本原则

借鉴先进经验。世界各国交通运输发展具有一定的共性规律和特征，国外发达国家交通运输战略规划体系架构经历了长期的实践，我国一些行业战略规划体系架构也进行了长期探索，其演变的历程和架构现状值得参考借鉴。

立足中国国情。要立足于我国国情，考虑国家相关战略及形势要求、中央和地方行政管理制度，同时也要考虑到国家深化改革可能带来的制度变革及体制机制改革，战略规划体系需保持一定的灵活性和前瞻性。

突显交通特色。结合交通运输发展的实际情况，考虑交通运输发展各级事权，突出交通运输空间布局和时间发展特色，正确处理交通运输系统与外部系统、交通运输发展与各管理领域自身发展的关系，注重交通运输战略规划体系的实际可操作性。

统筹制度设计。将交通运输战略规划体系设计纳入交通运输发展整体制度设计中统筹考虑，充分考虑后续的绩效考核和管理制度，合理划分战略、规划、政策、法律法规、技术标准之间的边界。

强化法律支撑。在设计战略规划体系时，要充分考虑法律制度支撑，确保战略规划体系的强制力和可持续性。区分战略和规划在约束性上具有不同的法律地位，区分规划体系内部不同类别规划也具有不同的法律地位。

（二）总体框架思路

构建"发展战略+空间规划+发展规划"相结合的战略规划体系，更好地指导交通运输科学发展及重大基础设施布局和项目建设实施安排。

由于战略和规划在编制方式、发挥的功能作用、考核管理制度上均具有差异性，因此将交通运输战略和交通运输规划分开设置。但两者仍具有密切联系，并且战略对规划具有指导作用。

第一类：交通运输战略。

包括愿景类战略、实施类战略和管理领域战略。愿景类战略为最高层次战略，指导实施类战略和管理领域战略。实施类战略为愿景类战略的进一步细化，指导管理领域战略。

第一层次：愿景类战略。解决价值观和总体发展方向问题，包括交通运输自身总体战略如交通强国战略和交通运输外部性战略。自身总体战略需要动态跟踪、定期修订。外部性战略包括负外部性和正外部性两方面。愿景类战略指导实施类战略和管理领域战略。

第二层次：实施类战略。在愿景战略的指导下编制实施类战略，包括核心要素战略和专项战略。其中核心要素涉及基础设施、出行体系、货运体系和装备。专项战略根据国家战略要求和交通运输发展实际灵活编制发布。

第三层次：管理领域战略。为便于推进工作，指导下一步规划和政策制定以及具体工作开展，对应现行管理体制，编制分管理领域的发展战略。

第二类：交通运输规划。

由于功能、管理制度和法律地位不同，从空间和时间两个维度，将交通运输规划划分为空间规划和发展规划。空间规划对发展规划具有指导作用。

第一层次：空间规划。以空间布局为主要特征，重点解决空间资源（土地、岸线、空域、海洋等）合理保护、有效利用和预留问题，涉及与外部资源的协调，需要法律制度强制保障。

空间序列规划涉及宏观、中观、微观三个层次。其中宏观以基础设施布局为主，中观以节点资源的有效利用为主，微观以详细资源控制为主，宏观指导中观，中观指导微观。宏观、中观、微观三个层次分别对应布局规划、总体规划和详细规划。

国家层面审批的规划主要包括全国和区域（流域）性铁路、公路、港口、航道、管道、综合性枢纽（站场）、水上安全与救助系统等的中长期布局，以及中央事权港口、机场、枢纽、航道的总体规划，详细规划主要由地方审批。

第二层次：发展规划（“5+3+1”五年实施规划+专项规划）。根据我国国民经济和社会发展五年规划编制、预算编制等国家制度安排，发展建设类规划主要包括五年发展规划和专项规划，重点解决交通要素资源在时间维度上的合理配置问题。

现行的交通运输五年发展规划缺乏绩效考核，导致规划执行不到位，缺乏约束机制。从问题导向出发，考虑在交通运输五年发展规划框架中确立三年滚动规划和年度绩效考核的落实机制。五年发展规划、三年滚动规划和年度绩效考核的配套编制，实现了规划的制定——→修编——→考核的闭环，增强了规划落实的科学性，保障了规划的执行力。因此五年实施规划包括“五年规划及专项实施方案+三年滚动计划+年度计划及绩效考核”。

在五年实施规划外，还可根据形势要求灵活安排各类专题或主题规划。

具体框架细化如图 19-1 ~ 图 19-4 所示。

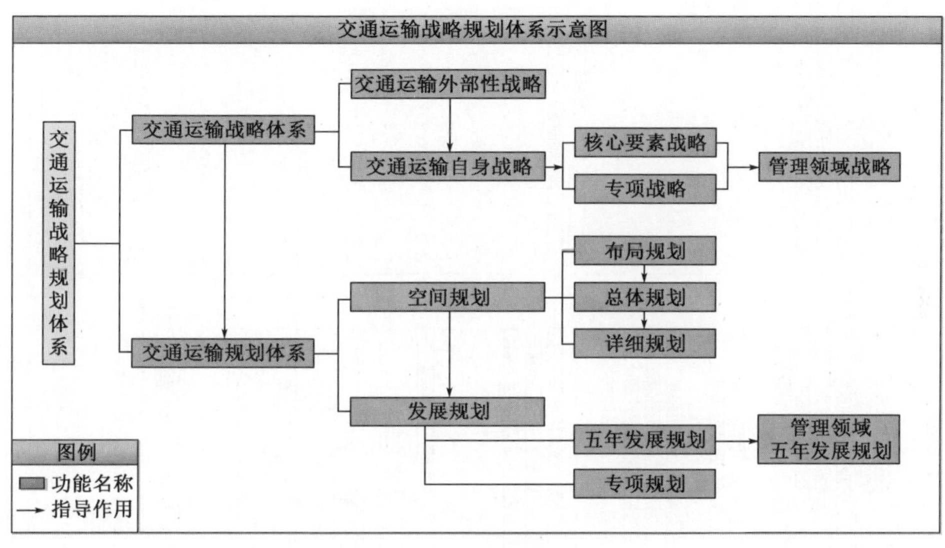

图 19-1　战略规划体系关系示意图

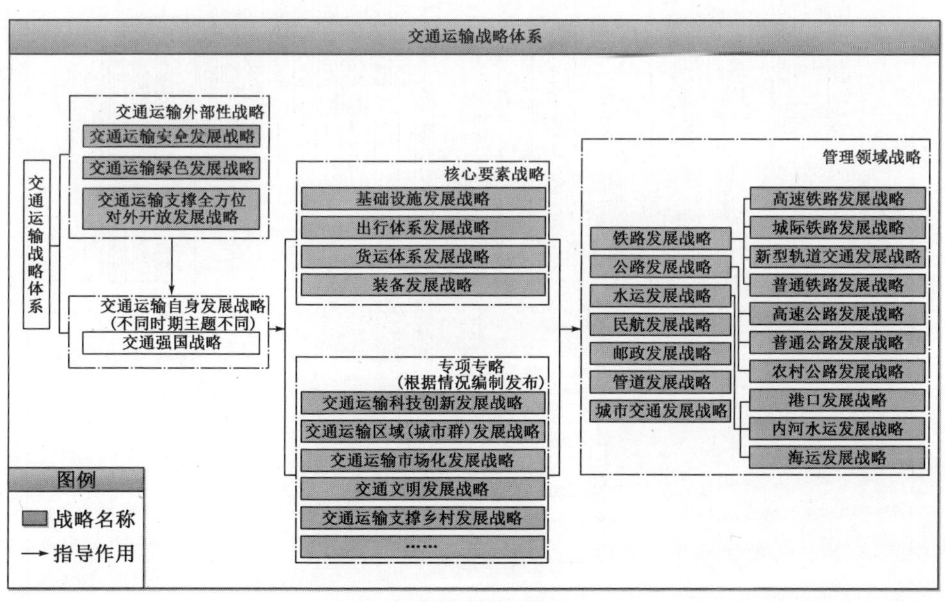

图 19-2　战略体系示意图

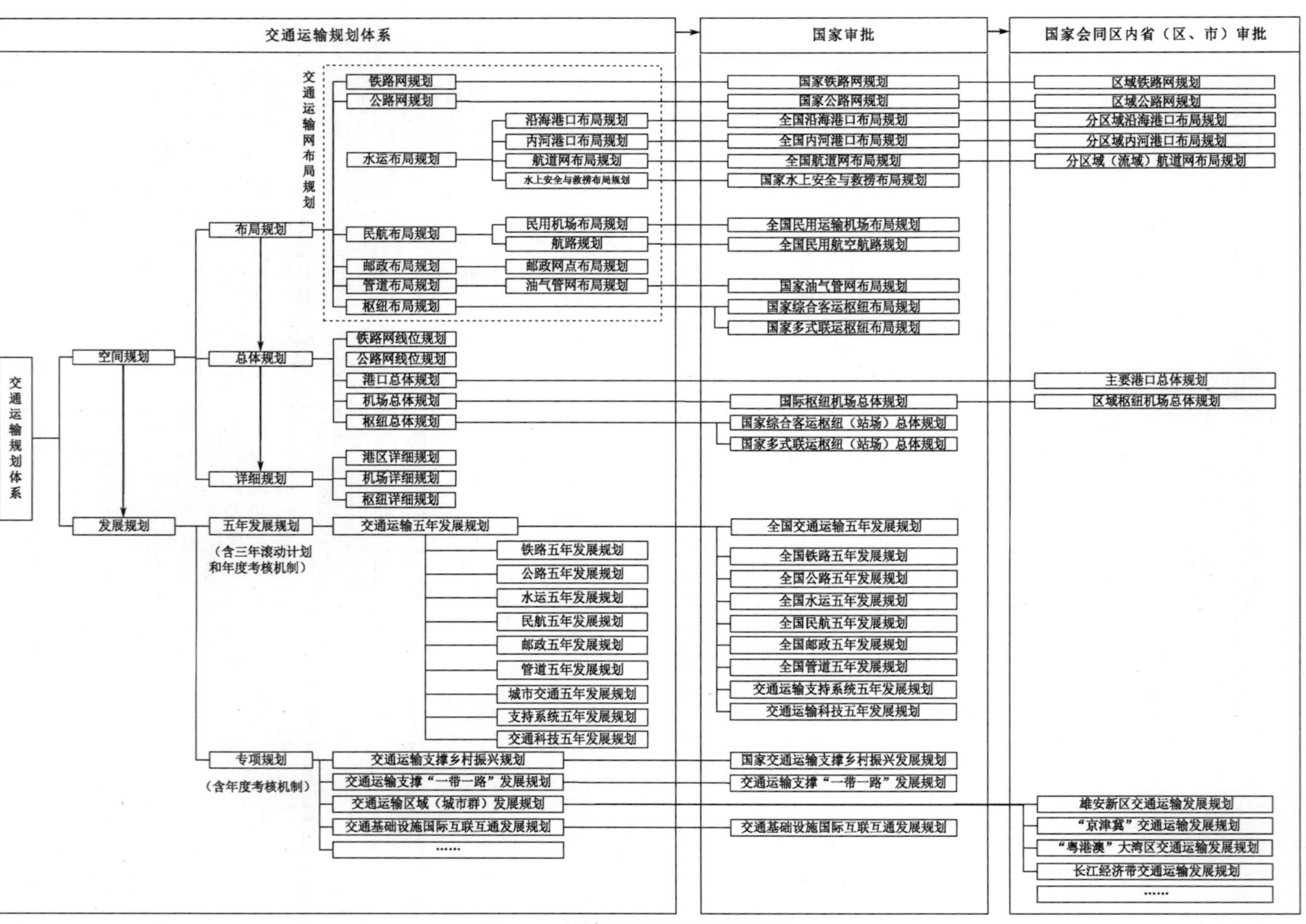

图 19-3 国家层面规划体系示意图

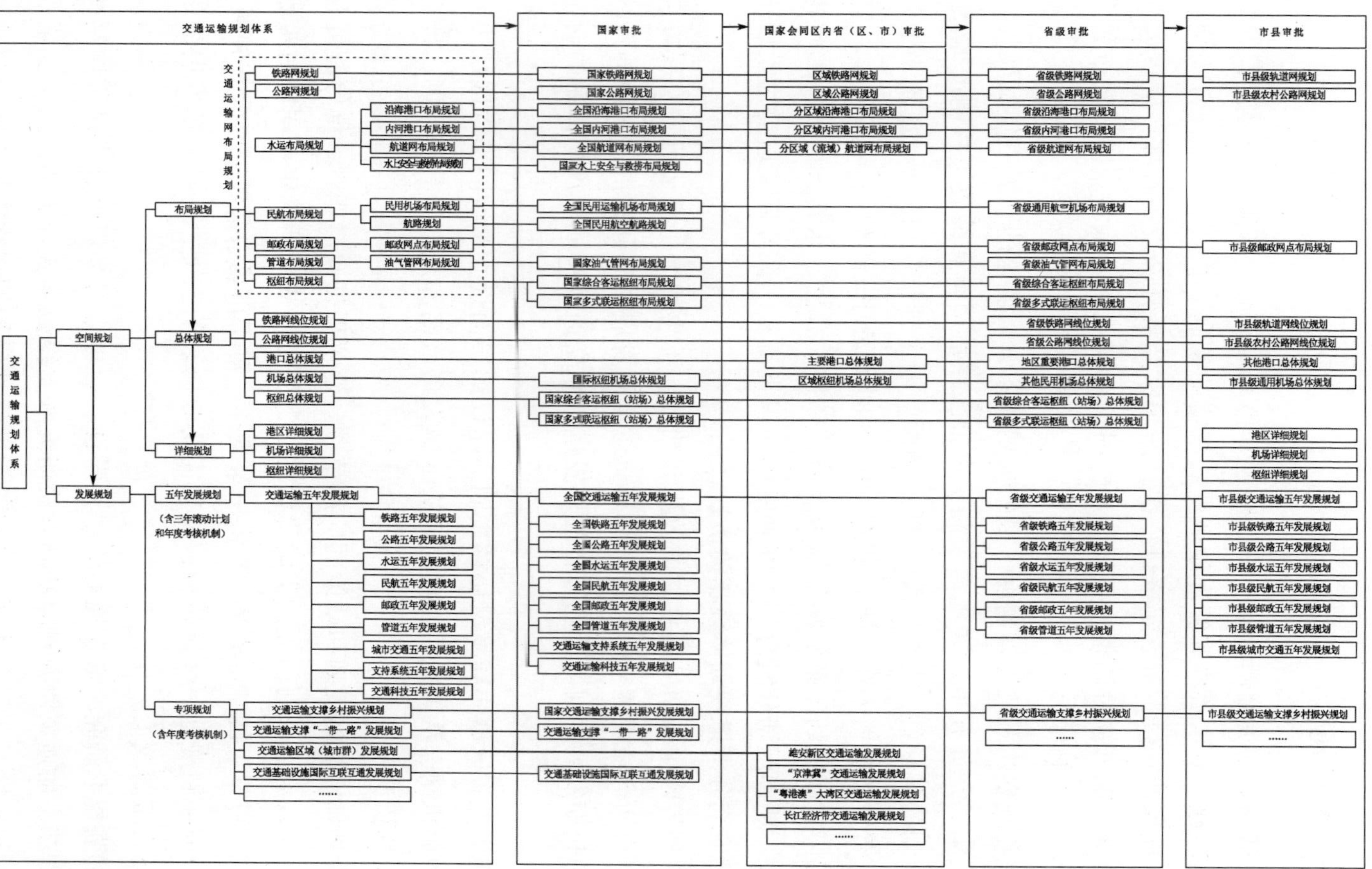

图 19-4　全国范围规划体系示意图

三、政策建议

将战略规划编制制度化。将战略规划体系制度化，长期开展行业发展总体战略、核心要素战略和管理领域发展战略的编制工作，原则上修订周期与政府换届保持一致，每五年修订一次，遇国家经济社会发展外部环境重大变化等特殊情况可临时调整修订时间。同时配套建立健全战略编制、发布和修订的相关管理制度。

完善规划体系及管理制度。根据规划体系，制度化的开展五年发展规划编制工作，完善五年发展规划编制、审批、评估调整和绩效考核制度体系，保障规划的科学性，避免规划“纸上画画，墙上挂挂”，确保一张蓝图干到底。完善空间规划体系，健全编制、审批和修订程序。

保障空间规划体系的法律地位。修订铁路、公路、水运、民航、邮政相关法律，明确规划分级分类、编制主体和审批流程。在开展交通运输立法研究时，应充分考虑规划体系相关条款。

合理界定中长期发展规划的效用和功能。不再编制将交通运输发展方向问题、交通运输资源空间配置问题和交通运输发展时序问题混为一谈的传统意义中长期发展规划。这也符合国外发达国家交通发展战略规划体系的通常做法。

建立部省区域协同发展协调机制。建议部层面设立常设的部省区域协同发展协调机制，从国家层面参与解决区域发展战略和规划等具体问题，推进区域交通协调发展。

合理确定战略规划和政策的应用范围。建议根据政府职责，统筹制度设计，对于政府需研判趋势，明确价值观、发展方向或灵活确定不同应对策略的领域，应尽可能制定战略以提供决策支撑；对于市场失灵领域和公共领域，需要政府编制规划，强制执行；其他需要政府表明态度，引导市场发展的领域，适宜编制政策。

加强技术研究，增强规划编制科学性，合理应对多规融合、财税体制改革等变革。加强规划编制的基础方法研究和支撑数据统计工作，进一步增强规划的科学性，在与财政部、自然资源部等部门协调过程中增加话语权，确保规划能够顺利落地执行。

交通运输部规划研究院课题组

主要执笔人： 张小文　聂向军　奉　鸣　何佳媛　王　婧

第二十章　交通运输标准规范体系研究

交通运输部科学研究院

一、标准规范体系的现状及问题

（一）内涵与定位

交通运输标准规范体系是包括铁路、公路、水运、民航、邮政，以及两种或两种以上运输方式协调衔接的综合交通运输等领域的标准，按照内在联系形成的科学有机整体。交通运输标准规范体系研究，应注重交通运输标准规范全要素、全链条工作的统筹推进，实现标准化各方面工作协同和可持续发展。

（二）建设现状与问题

2017 年交通运输部和国家标准化管理委员会共同发布《交通运输标准化体系》（图 20-1），明确交通运输行业“统筹推进，分类管理”开展标准体系建设和相关标准化活动。交通运输部成立标准化管理委员会，负责统筹协调各种交通运输领域标准，全方位宏观布局交通运输标准化工作。以铁路、公路、水运、民航和邮政等业务领域及综合交通运输、安全应急、信息化、绿色交通、交通物流等重点领域建立的标准体系逐步完善，推动标准制修订有序实施。交通运输涉及的全国和行业标准化技术委员会（协会）编制和定期维护各专业标准体系，用于指导具体标准制修订工作。交通运输部、各重点领域和标准化技术委员会所管理的不同层级的标准体系环环相连，共同促进了交通运输标准的稳步发展。

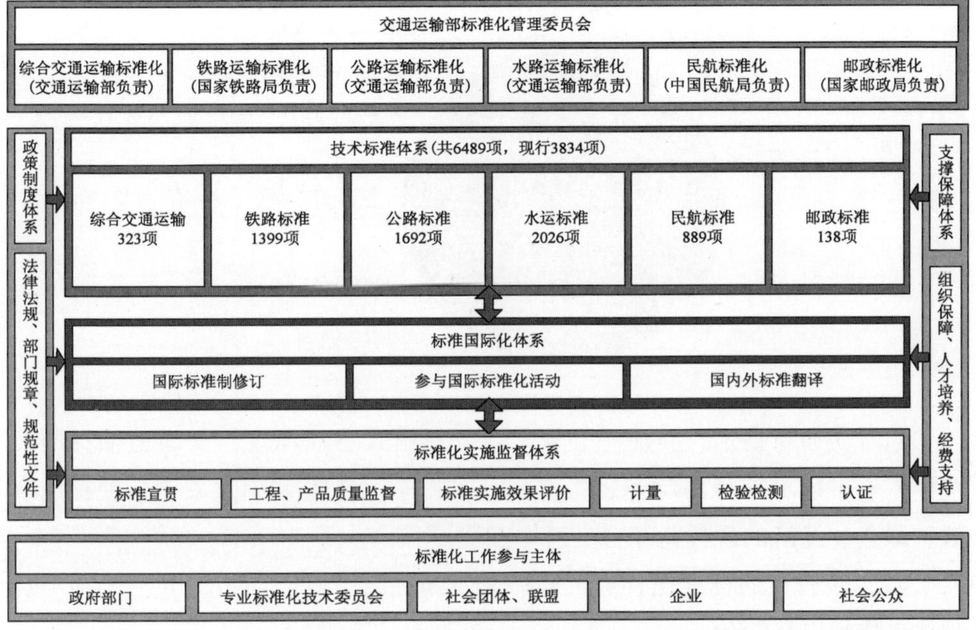

图 20-1　交通运输标准化体系结构图

截至 2018 年底，交通运输行业现行有效标准共计 3834 项，包括：公路水路标准 1884 项，铁路标准 1386 项，民航标准 491 项，邮政标准 73 项。国际标准制修订工作和标准外文版翻译工作也取得重要进展，累计主持和参与 114 项国际标准制修订项目（图 20-2），发布和计划开展标准外文版翻译项目 161 项（图 20-3）。

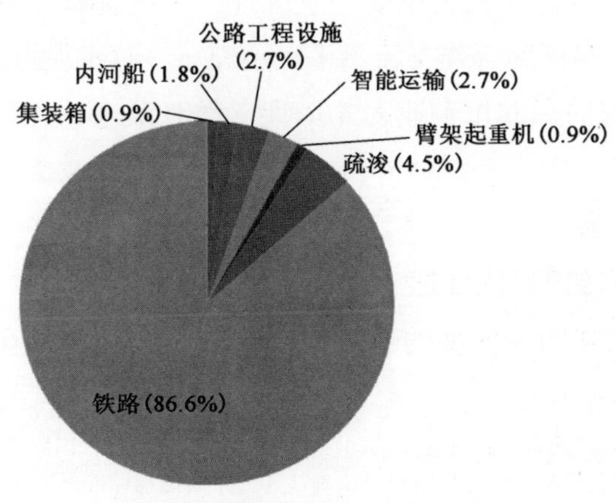

图 20-2　国际标准制修订专业分布

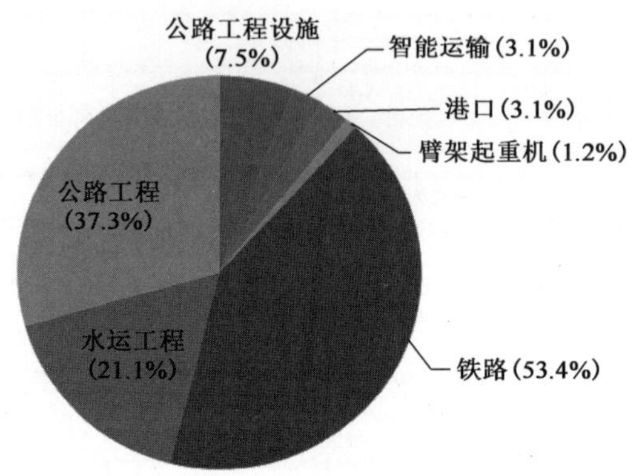

图 20-3　标准外文版翻译项目专业分布

随着交通新技术、新业态、新产业、新模式不断涌现，交通运输标准规范体系不平衡不充分的问题还很突出，难以全面支撑和引领安全、便捷、高效、绿色、经济的现代化综合交通体系建设：

（1）综合交通标准化管理机制还需不断完善，政府与市场共治的新型标准体系格局有待深化。

（2）交通运输标准规范体系不够健全，先进科技成果转化为标准周期还比较长，创新驱动与标准制定不够紧密，特别是支撑重大国家战略和交通重点工作的关键标准供给速度和质量急需提升。

（3）标准实施监督机制有待逐步完善，支撑保障标准有效实施的交通计量、认证和检验检测技术能力还需要提高。

（4）标准国际合作交流工作缺乏系统性，中国标准的技术优势未得到充分发挥，各领域标准国际合作交流不平衡不充分，标准国际影响力不足。

（5）缺乏系统的标准化专业人才培训、教育及考核工作机制，标准国际化人才紧缺。

（三）经验借鉴

1. 国际标准组织[1]经验综述

提升和不断增强国际标准的适用性和时效性是近年来国际标准组织一切

[1] 国际标准组织指从事制定国际标准的国际标准化组织（ISO）、国际电工委员会（IEC）和国际电信联盟（ITU），以及标准被国际标准化组织确认并公布为国际标准的其他国际组织，如国际海事组织（IMO）、国际铁路联盟（UIC）等。

标准化活动的重点和中心。国际标准组织在促进国际标准能够快速反应和满足全球新需求方面，采取了多种措施，主要包括以下方面：

一是重视新兴领域标准的制定。为更好应对技术创新、经济快速发展和社会环境变化带来的机遇和挑战，各国际标准组织及时准确了解行业发展需求，并采取各种措施加强新兴标准制定工作。如，国际标准化组织（ISO）理事会明确了众多主题领域，针对这些领域的标准制定市场需求，组建工作组展开工作。国际电工委员会（IEC）标准化管理局（SMB）针对如何识别新技术领域并及时开展工作进行研讨，对需要采取系统方法开展工作的新兴市场和技术做出预判。2012 年，SMB 还成立系统标准化特别工作组，将系统标准化方法作为国际标准化领域的重要课题开展专项研究，并有针对性地开展了新兴领域标准化工作。国际电信联盟（ITU）则提出，要围绕技术发展需求，高效及时的制定标准。

二是加强标准国际合作，保证重点和新兴领域国际标准间的协调一致。为了统筹推进相关标准制定，缩短标准制定周期并充分利用现有资源，国际标准化组织（ISO）、国际电工委员会（IEC）、国际电信联盟（ITU）之间，以及与其他国际标准组织、地区标准组织、伙伴标准制定组织等不同类型组织，开展了不同程度的标准化合作，有计划地组织和开展重点新兴领域标准制定工作，促进重点领域的相关标准成套制定，并形成清晰的标准体系。

2. 主要发达国家经验综述

主要发达国家高度重视标准制修订工作，基本上建立了适应社会经济发展的国家标准体系，其中交通运输领域的标准也比较完善。标准深入到社会经济生活的各个层面，为法律法规提供技术支撑，成为市场准入、契约合同维护、贸易仲裁、合格评定和产品检验的基本依据。美国、日本、英国、德国、法国等发达国家的标准化管理制度虽然各不相同，但是标准体系建设方面的一些经验，对构建交通运输标准规范体系具有借鉴意义。主要体现在以下两个方面：

一是高度重视新兴领域和公益性领域标准对经济、社会发展的支撑引领作用，并从国家战略层面推动相关工作，集中优势应对新兴技术发展，解决社会治理难题。一方面，各国不断推动具有战略意义的新兴领域技术标准转化为国际标准，以提高产业国际竞争力、抢占产业战略制高点。另一方面，安全、环境等社会重点公益性领域标准，是欧美日等发达国家的标准化发展重点，加强这些重点公益性相关标准制修订，对提升公益性领域标准化水平，保障社会可持续发展具有重要意义。

如，英国国家标准化战略框架，规定了英国国家标准化总体战略目标和战略任务，明确了标准制定的重点领域，并进一步分解，从政府、企业界、基础支撑体系、国际化、创新和宣传六大方面，细化了各方的战略方向、战略任务和主要工作。德国标准化战略的核心是强调充分利用欧洲标准可以直接上升为国际标准的优势，借助标准化迅速将创新产品推广到国际市场。2006 年 8 月，德国联邦政府批准实施高新技术战略，指出德国高新技术产品要在全球市场上取得成功，必须尽快制定具有更强竞争力的进攻型标准。这些都表明，标准的统筹制定，是支撑产业、行业乃至国家发展的重要手段。

二是在标准体系建设和实施方面，充分发挥技术标准与法律法规的配套性，提升标准的效用。美国、英国、德国和日本等发达国家，都非常重视标准对公共政策的支撑作用，并在制定法规时积极采用标准。这种方式，不仅降低了立法成本，提高了行政效率，而且从客观上有效推动了标准的实施。如，美国制定了《国家技术转让与推动法案》，英国、德国通过与国家标准化机构签署协议作出承诺，日本建立了一套完整的法律法规采用标准的机制等等。这些措施极大地推动了法规中采用自愿型标准，也极大调动了民间组织制定符合法规需要标准的积极性。美国和德国等国家，还将政府制定的标准或法规纳入国家标准体系，促进技术法规和标准的互相协调和彼此支撑，使标准体系更加健全和完善。

这种将标准体系与技术法规甚至合格评定程序紧密结合的方式，有效增强了标准的适用性。如，欧盟公共机构通过立法加强对标准化系统的顶层设计，确定了欧洲标准化系统的核心要素（如欧洲标准化活动的机构、工作计划、项目、经费资助和管理、利益相关方团体等），统筹协调标准制定机构的工作，促进标准制定的积极合作和密切互动，对标准体系的健全、标准的实施落地，都有良好的推动作用。

3. 经验启示

通过研究分析国际标准组织以及发达国家在标准体系建设、标准制定和实施等方面的情况，对我国交通运输标准规范体系建设提供许多有益的启示，主要总结如下：

（1）为促进技术融合、适应社会经济发展需求，应从整体加强和推动新技术、新领域，以及安全、环境等公益性标准制定实施。因此，交通运输标准规范体系建设需要重点在新业态及信息化、智能化，以及安全、绿色等公益领域，加强标准制修订工作。

（2）为促进各类不同运输方式标准之间的统筹和协调，应做好综合交通标准规范体系建设规划，加强交通标准规范间的协调衔接，分阶段有序统筹推进标准规范的制定工作。因此，交通运输标准规范体系建设要坚持以综合交通为核心，铁路、公路、水运、民航、邮政标准协同发展。

（3）标准体系的构建，需要制定标准的相关方加强合作；标准的有效实施，需要标准与政策在制定时建立良好的支撑关系。因此，构建交通运输标准规范体系时应加强政府、科研机构、社会团体组织以及企业等相关方的联系，充分征求各方意见。同时，在制定政府文件时，引用相关标准，促进标准的实施。

二、形势需求和总体要求

（一）形势需求

我国经济已由高速增长阶段转向高质量发展阶段，建设现代化经济体系必须坚持质量第一、效益优先。交通运输是国民经济和社会发展的战略性、先导性、服务性和基础性行业，是经济发展的先行官，高质量的交通运输基础设施是支撑重大国家战略实施的重要条件，高品质的运输服务是满足人民美好生活需要的必然要求，高水平的现代交通装备和交通科技是创建国际合作交流的重要基础。实现交通运输高质量发展，离不开高水平标准的支撑，全面实施交通标准化战略推动交通高质量发展，是建设交通强国，服务现代化经济体系建设的客观要求。要把握交通强国建设对标准化工作的总体要求，抓住新一轮科技革命兴起、新技术新业态新产业新模式不断涌现的良好机遇，促进科技创新成果及时转化推广应用，提升交通运输供给质量和效率。

交通运输标准规范体系需要进一步健全。交通运输标准规范体系作为交通强国建设的重要支撑，不仅需要为乡村振兴、区域协调发展等重大国家战略和交通强国建设重大工程的实施提供重要支撑保障，而且要为建设人民满意的交通提供支撑，更要为建设世界前列的交通和参与全球交通治理提供强有力保障。通过标准的实施促进科技成果的应用，推动经济高质量发展。

交通运输标准的供给需要加强。交通运输标准的制定要体现对安全、便捷、高效、绿色、经济的现代综合交通运输体系建设的支撑、引领和保障作用。应加强集装箱多式联运、旅客联程运输等综合交通运输标准的供给，推进各种交通运输方式深度融合、统筹协调，提高交通运输公共管理水平；推动铁路工程建设、装备制造等领域标准制修订，满足路网规模快速扩充、高速铁路开通运营、新技术和设备应用对标准化的要求；加强公路工程建设、道路运输、城市客运、客车、挂车等领域标准的供给，满足公路运输和城市交通标准化需求；加强水运工程建设、港口营运、内河运输、疏浚装备、臂架起重机、航测、航海安全及救助打捞等领域标准制修订，推动水路运输高质量发展；开展空中交通管理、民用航空器维修与适航、信息化和通用航空等领域标准制修订工作，促进民航安全管理和产业发展；推动邮政领域安全、绿色、服务和协同标准供给，补齐创新、信用和智能化等方面标准的短板。

交通计量、检验检测和认证技术能力需要提升。解决计量检定规程研制进展缓慢、量传溯源体系不完善、国产化仪器设备质量水平较低等问题，加强施工单位和企业对试验检测工作的重视程度，进一步规范试验检测管理和操作行为，完善产品和服务认证体系建设，推进交通行业认证制度落实。

交通运输标准国际合作交流工作需要系统开展。目前，我国参与交通运输国际标准制修订的数量较少，且各领域发展不平衡，在国际标准组织中承担的工作还比较有限。我国交通标准采用国际标准的比例较低，与国际标准的一致性程度有待提高。参与国际标准化活动较少，部分领域尚未与国际标准组织建立明确的对口关系，参与国际标准化工作的渠道有待畅通。此外，需要加强重点领域标准的外文版翻译工作，结合海外工程承包、设备出口和对外援建等，以标准为媒介推动世界了解中国交通技术的特点和优势。

（二）总体要求

1. 指导思想

全面贯彻党的十九大精神，以习近平新时代中国特色社会主义思想为指导，牢固树立新发展理念，落实高质量发展要求，紧紧围绕统筹推进“五位一体”总体布局和协调推进“四个全面”战略布局，以支撑引领“人民满意、保障有力、世界前列”的交通强国建设为奋斗目标，加强对交通运输标准化工作的集中统一领导，深化标准化供给侧结构性改革，以高质量标准带动标准化质量变革、效率变革、动力变革。

2. 基本原则

（1）坚持服务大局。以保障重大国家战略实施、支撑现代交通体系建设和满足人民群众高品质交通需求为引导，科学规划标准体系，找准标准供给短板，明确标准研制主攻方向，促进标准质量水平和供给效率提升。

（2）坚持统筹协调。坚持交通运输各领域各层级标准的统筹协调发展，构建交通标准“一盘棋”。注重标准与法律制度的衔接配套，充分发挥标准的技术补充作用。坚持接轨国际，统筹“引进来”和“走出去”，提升中国交通标准国际影响力和认可度。

（3）坚持创新引领。面向交通科技创新前沿领域，强化以科技创新为动力，推进科技研发、标准研制和产业发展一体化，促进科技成果快速转化为标准，以标准引领先进技术的实施、推广和应用，推动交通产业和服务品质升级。

（4）坚持协同发展。坚持政府主导制定的国家标准、行业标准和地方标准与市场自主制定的团体企业标准协同发展，更好发挥政府作用加强标准化顶层设计，充分发挥市场对标准化资源配置的决定性作用，激发企业在标准化工作中的活力。

3. 发展目标

交通强国建设围绕“建设人民满意、保障有力、世界前列交通强国”的中心任务，突出交通由高速度增长向高质量发展转变、由依靠传统要素驱动向更多依靠改革创新开放驱动转变、由注重提高供给能力向注重提升供给质量效率转变，形成“安全、便捷、高效、绿色、经济”为特征的现代化交通体系。

交通运输标准化中长期发展目标的设计一是要紧扣强国建设内涵，紧密围绕交通强国建设目标；二是要体现标准化全过程，全面覆盖标准体系建设、标准制修订、标准实施监督、标准国际交流合作、计量检测与认证、标准化保障等标准化工作环节；三是要具有典型代表性，所选取的发展指标应接轨国际标准化发展要求，符合国家标准化建设方向，宜精而少，且可实施和评估。

经研究论证，遴选5项指标作为交通运输标准化中长期发展指标，具体见表20-1。

交通运输标准化发展指标解析 表20-1

序号	指标名称	内涵	目标
1	交通运输标准体系建设情况	现行有效标准数量占交通运输标准体系总数量的情况	健全（除动态调整项目外，标准覆盖达到100%）
2	交通计量标准满足行业重要工程检测设备量传溯源需求	获得授权的交通计量标准数量满足行业重点工程试验检测仪器设备计量管理目录检定校准的需求	满足（除动态调整项目外，达到100%）
3	重点产品监督抽查合格率	部每年开展交通运输重点产品质量行业监督抽查工作，即抽查合格数量占总数量百分比	95%以上
4	交通工程项目一次验收合格率	交通基础设施大中型工程和其他工程一次验收取得合格及以上的项目数量占总数量的百分比	达到100%
5	我国主导和参与制修订的交通领域国际标准数量	《交通运输标准化体系》界定的标准范围内每年新发布国际标准中，我国主导和参与的国际标准数量； 国际标准是指国际标准化组织（ISO）、国际电工委员会（IEC）和国际电信联盟（ITU）制定的标准，以及国际标准化组织确认并公布的其他国际组织制定的标准	显著增长

综上，我国交通运输标准化中长期发展目标为：

到2035年，交通运输标准化工作基础性、战略性和引领性作用有效发挥，满足人民群众高品质交通运输美好需求，全面保障国家战略实施，引领交通强国重大工程建设，标准技术水平总体达到国际先进，有力支撑中国跻身世界交通强国行列。

（1）交通运输标准全面保障重大国家战略实施，引领重大工程建设。交通运输标准体系健全，标准有效供给数量和质量得到满足，先进科技成果能够迅速转化为标准，综合交通、工程建设、安全应急、运输服务、信息智能化、节能环保等重点领域标准时效性、先进性和适用性实现跨越式提升，交通计量标准满足行业重要工程检测设备量传溯源需求，“标准、计量、检验检测、认证”效能得到强有力发挥。

（2）交通工程、产品和服务质量满足人民群众高品质交通运输需求。标准实施监督和保障能力得到切实加强，交通建设工程项目一次验收合格率达到100%，重点产品监督抽查合格率稳定在95%以上，重点工程建设质量和重要运输装备、工程材料技术质量达到国际领先水平，交通运输服务安全性、时效性、舒适性、经济性得到全面提升。

（3）中国交通标准总体达到世界先进水平。我国主导和参与制修订的交通领域国际标准数量显著增长，承担国际标准化组织交通新兴领域技术委员会（TC）、分技术委员会（SC）和工作组（WG）数量逐步提高，标准化国际人才大幅增加，中国交通标准在交通基础设施建设、交通装备制造等领域海外应用程度显著提升，与“一带一路”沿线重点国家开放合作不断深化。

到2050年，我国交通运输标准化发展要全面支撑国家战略实施、交通强国重大工程建设，有力保障“安全、便捷、高效、绿色、经济”现代交通运输发展，满足人民群众高品质交通需求，交通运输标准体系完善，标准有效供给数量得到满足，政府主导制定的标准与市场自主制定的团体企业标准协同发展、协调配套，标准化与交通科技创新深度融合，科技成果转化为技术标准的工作机制完善，中国交通标准的国际影响力极大提升，交通“标准、计量、检验检测、认证认可”效能得到充分发挥，支撑中国交通迈入世界交通强国前列。

三、重点任务

围绕“人民满意、保障有力、世界前列”交通强国要求，要实现交通运输标准化中长期发展目标，交通运输标准规范体系建设需统筹推进6个方面的重点任务。

（一）健全交通运输标准体系，保障重大国家战略和行业重大工程建设稳步实施

提升标准服务“一带一路”倡议、长江经济带、京津冀协同发展、雄安新区、乡村振兴、粤港澳大湾区等国家战略的能力。支撑世界级交通枢纽、综合运输大通道建设，加快推动研制高速铁路、重载铁路、跨海通道和智能航运等领域关键技术标准。打造交通运输高端装备制造标准，统筹开展智能高铁、新能源设施、智能运输系统、疏浚装备等标准研制。注重交通运输标准与相关领域标准的协同，促进数字经济发展，推进交通大数据、物联网等标准研制。

（二）提升重点领域标准供给质量，保障安全、便捷、高效、绿色、经济的现代综合交通运输体系建设

围绕功能完备、规范有序的安全治理体系，加强交通基础设施和运输服务安全生产风险管控与隐患治理、关键安全设施设备技术要求等标准供给，加快制定交通网络信息安全基础关键标准，推进交通运输信用信息采集和管理、信用信息应用标准研制，加强交通政务服务管理、综合执法标准制定。

针对优质便捷、一体畅联的运输服务体系，加快开展交通基础设施与运输服务互联互通标准研制，加强网络化、数字化交通基础设施标准研究与制定；加强多样化高品质出行标准供给，鼓励研究制定共享化、体验化客运服务标准；统筹无人驾驶、智能网联汽车等先进交通技术标准转化，开展新一代铁路移动通信系统、高速列车自动驾驶系统、车站计算机联锁电子化等技

术标准研究。

适应高效集约、协同适用的智慧物流体系，推进交通运输装备设备标准化，着力开展多式联运、集装化运输装备标准研制，大力加强装备标准配套衔接；完善多式联运、城乡配送服务标准，加强农村物流、冷链物流、快递物流等专业物流服务标准研制；提升物流设施设备智能标准化水平，探索制定大数据与人工智能相融合的运输装备标准，助力无人机、无人车、无人仓规模化应用。

支撑资源节约、环境友好的绿色交通体系，加强交通基础设施环境保护、污染物防控和废弃物循环利用标准的制定，提升交通运输绿色水平；加强城市公共汽电车、城市轨道交通等绿色出行标准的制修订，扩大液化天然气（LNG）清洁能源、岸电节能技术标准应用，完善交通节能技术与产品标准；推进绿色邮政物流标准研制，支持推广环保车、环保箱和环保袋使用，高标准提出低污染、减量化、可循环、可降解等具体指标，开展中转箱、笼车等设备标准研制。

服务发达可靠、经济实用的交通运行体系，完善高速铁路、高速公路、智慧港口、民航机场等工程建设标准，加强集疏运、特种物流标准研制，推动客运“零距离”换乘和货运“无缝化”衔接，促进供应链管理、配送服务等标准升级。

（三）充分释放交通计量、检验检测和认证效能，保障标准有效实施

加强计量检定规程和校准规范体系建设，完善交通运输计量量传溯源体系，推动交通计量新设备和新技术研发应用，利用大数据、物联网技术加强计量校准服务能力建设。促进检验检测机构大力推进规模化发展，完善快速检验检测手段，提升国产化试验检测设备精度与质量，鼓励交通运输检验检测机构服务接轨国际。建立适应交通运输行业特点的认证模式，支持自愿性认证发展，健全重点产品和服务管理认证方法与模式。

（四）提升交通工程建设质量，打造人民群众满意的品质工程

坚持管理和技术的传承与创新，健全完善交通建设工程质量安全管理体系，深化现代工程管理，推动综合交通运输设施，铁路、公路、水运、机场

工程建设协调发展和转型升级，努力打造交通运输品质工程。全面落实工程建设各方质量责任，深化建设单位首要责任和勘察、设计、施工、监理单位主体责任。进一步强化施工现场风险管理和隐患排查治理，推进工程建设施工标准化，大力推进施工现场安全生产标准化，积极推广工艺监测、安全预警、隐蔽工程数据采集、远程视频监控等技术在施工管理中的集成应用，提升工程管理信息化水平，保障工程建设质量稳步提升。

（五）升级产品与服务质量，更好满足人民群众美好出行需要

建立健全交通运输标准化试点示范工程机制，推进标准化工作部省联动，发掘和促进交通新业态新产业服务模式、先进技术装备等形成行业标准指导性技术文件，引领行业新兴技术领域发展。健全产品和服务质量监督抽查管理体系，完善监督抽查检验机构信息库，创新监督抽查评估机制，将现代信息技术、网络技术和大数据技术融入重点产品质量监督管理工作，改进交通运输产品质量监督抽查方式，动态更新交通运输行业重点监督管理产品目录，完善产品质量监督抽查实施规范体系。探索建立服务质量监督管理机制，扩大质量监督覆盖面，充分发挥社会、企业、消费者和媒体的监督作用，保障交通产品服务质量监督工作的有效性。

（六）推动标准达到世界先进水平，提高交通国际影响力和话语权

深入开展国际国外标准跟踪研究和国际对标分析，提高我国标准与国际标准的一致性程度。推进高速铁路、港口自动化设施、疏浚装备、智能运输系统、邮政物流智能化等领域国际标准研制，加强参与重点领域国际规则制定。努力承担更多国际标准组织的管理工作，争取在国际标准化机构中担任领导职务，为国际标准制定贡献更多中国交通智慧。支持国内企业通过海外工程建设、设备出口和对外援建等，推进标准海外应用，鼓励企业研究制定属地标准。通过“一带一路”倡议、上海合作组织，以及中国—东盟、中非合作等重要平台，推进标准国际互认，建立畅通的标准化合作机制。加强新能源运输工具、港口机械和岸电、北斗卫星导航系统等方面技术标准外文版翻译，推进先进产品和技术国际应用，逐步扩大国际影响力。

四、对策建议与措施

（一）对策建议

1. 优化综合交通标准化管理机制，统筹推进交通标准化管理工作

建立统一的标准化管理制度，指导行业标准化管理工作，加强对铁路、公路、水运、民航、邮政等各领域标准化工作的统筹协调，注重与基础性及相关领域标准化工作的协同，提升行业标准化能力和水平。

2. 加强重点领域标准有效供给，构建适应交通运输高质量发展的标准体系

充分发挥标准在交通运输高质量发展中的支撑、引领和保障作用，加强综合交通、工程建设与养护、运输服务、节能环保和信息化、安全应急等重点领域标准有效供给。

3. 加快推进科技成果转化为标准，强化新兴领域标准研制

推动科技成果转化为技术标准的制度建设、机制建立，在高速铁路、轨道交通装备、新能源汽车、智能网联汽车（自动驾驶、车路协同）、智能船舶、自动化港口、工程机械装备等行业特色和重点领域，推动标准研究制定，引领新兴技术发展。

4. 提升交通运输计量、认证和检验检测技术能力，保障标准有效实施

加强计量检定规程和校准规范体系建设，鼓励交通运输检验检测机构服务接轨国际，健全重点产品和服务管理认证方法与模式。

5. 创新标准化合作机制，促进交通运输标准“引进来，走出去”

充分利用已有国际平台建立标准化合作机制，推进标准化国际交流合作，加强重点领域国际标准研制，支持企业通过海外项目推进标准的海外应用，逐步提高世界各国对中国交通标准的认可度。

（二）保障措施

1. 加强组织保障

强化标准化科研及技术支撑机构能力建设，加快建立交通运输标准化智库，注重专业化人才培养，改善标准化科研基础条件，切实提高交通运输标准化发展的组织保障水平。

2. 健全工作机制

建成统一协调、运行高效、政府与市场共治的标准化管理体制和科学有效的标准化工作机制，引导社会团体、科研机构、企事业单位积极参与工作，强化大局意识、加强协同协作、扎实有序推进。

3. 完善配套政策

将发展目标与重点任务细化纳入标准化五年规划和年度计划，确保各项任务有效衔接、同步推进。探索建立有利于发展新技术、培育新产品的标准化工作模式和运行机制，促进先进科技成果转化为标准。

4. 加强监督落实

建立运行监测评估机制，运用信息化技术加强对发展目标、战略任务实施情况的动态跟踪监测，定期评估进展情况。建立滚动调整机制，确保标准化支撑引领交通强国建设目标实现。

交通运输部科学研究院、交通运输部公路科学研究院、交通运输部水运科学研究院联合课题组

主要执笔人：陈宗伟　王先进　王　伟　李亚敏　史砚磊　张　宇
唐琤琤　李继春

第二十一章　交通运输人力资源保障体系研究

交通运输部科学研究院

一、人力资源保障体系的现状与问题

（一）交通运输人力资源保障体系

1. 交通运输人力资源的内涵

交通运输人力资源是指交通运输行业全体从业人员。交通运输人才是交通运输人才资源的简称，是优质的交通运输人力资源，是交通运输行业全体从业人员中能力和素质较高的劳动者。

2. 交通运输人力资源的特征与类型

基于人力资源管理、人才学等相关理论，结合交通运输行业特点，交通运输人力资源具有保障性、引领性、开放性、流动性、共享性、层次性等主要特征。在类型划分上，交通运输人力资源可按照交通运输方式、交通领域、产业链条或环节等标准进行分类；交通运输人才资源可按照人才所属领域、人才层次或其他标准进行分类。

3. 交通运输人力资源保障体系的要素构成

交通运输人力资源保障体系主要由一个核心要素（交通运输人力资源）和四大支撑要素（体制机制、政策制度、管理服务和文化价值）构成（图21-1）。

（1）人力资源。“人”是经济社会中最具主观能动性的因素，因而交通运输人力资源是交通运输人力资源保障体系中最为核心的要素，在“硬环境”

（如物质基础）以及“软环境”（如制度环境）的共同作用下发展。其“关键少数”——交通运输人才的发展水平决定了交通运输人力资源发展的先进水平。除人才之外的其他从业人员是交通运输人力资源的广大主体，其总量规模、结构和素质等因素决定了交通运输人力资源发展的整体规模和质量水平。

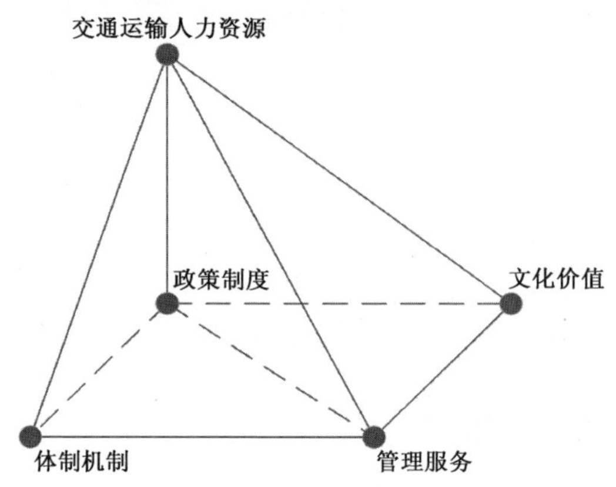

图 21-1 交通运输人力资源保障体系要素构成

（2）体制机制。交通运输人力资源体制机制要素主要包括人力资源管理体制和人力资源发展机制两大部分。其中，人力资源管理体制包括组织领导机构设置、职能划分、跨部门协调等内容；人力资源发展机制包括人力资源的培养支持机制、评价机制、流动机制、激励机制、引才用才机制、保障机制等内容。

（3）政策制度。交通运输人力资源政策制度要素与其他三个支撑要素均有所关联，主要包括促进、规范或保障交通运输人力资源发展的相关法律法规、部门规章、规范性文件，以及宏观政策方面的战略规划、规范性指导性制度文件等，是形成人力资源发展政策环境的主要内容。

（4）管理服务。交通运输人力资源管理服务主要包括人力资源管理和人力资源服务两部分。其中，人力资源管理包括人力资源规划、招聘与配置、培训与开发、绩效管理、薪酬福利管理、劳动关系管理等内容；人力资源服务包括人力资源市场、培养或孵化平台基地、公共服务机构及中介机构、公共服务体系等内容。

（5）文化价值。交通运输人力资源文化价值要素主要包括与交通运输从业人员发展有关的精神文化、制度文化和物质文化的总和，其核心内容是价值理念，属于交通运输从业者的意识形态范畴，包含了贯穿行业发展各领域和各环节的思想理念、道德规范、行为准则、文化宣传等内容。

（二）现状及问题

1. 发展现状

1）人力资源

（1）在交通运输人力资源方面："十二五"以来，交通运输行业从业人员数急速上升，"十二五"期末至今，整体变化趋于平稳。最新统计数据显示，截至2017年底，全行业从业人员总数逾4200万人，年均增长超2%。

分运输方式看，公路运输业就业人员数约占总数的50.14%，占比最大；铁路运输业就业人员数次之，占比为24.09%；邮政业、航空运输业和水上运输业就业人员数占比分别达到11.88%、8.14%和5.75%（图21-2）。

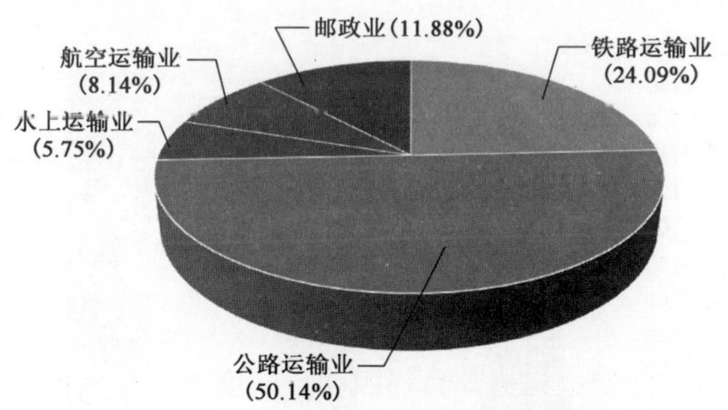

图21-2　五大运输方式就业人员占比情况

数据来源：国家统计局网站年度数据（2017年）。

从教育程度看，行业从业人员学历普遍较低，超过50%的人员只有初中文化水平，超过8%的人员为小学文化水平及以下，大学本科和研究生的比例非常小。

从年龄结构看，行业从业人员中以25～55岁年龄段的人员为主，基本符合我国目前劳动人员的结构状况（图21-3）。

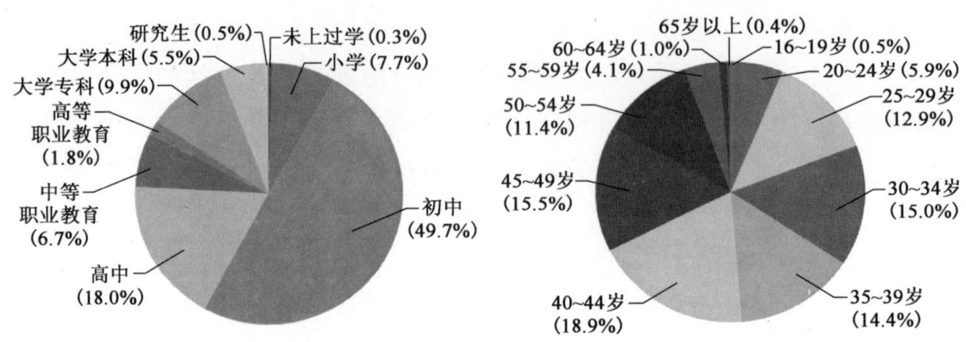

图 21-3　交通运输行业从业人员学历、年龄结构

数据来源：国家统计局《中国人口和就业统计年鉴 2017》。

（2）在交通运输人才方面：

一是企业经营管理人才。据最新统计，交通运输、仓储和邮政业中企业经营管理人才达 186.5 万人，其中女性占 28.46%，少数民族占 3%，中共党员占 34.34%。从学历结构看，34.7% 拥有本科学历，35.0% 是大专学历，27.1% 为中专及以下学历，研究生仅占 3.2%。从年龄结构看，85% 以上都为中青年，51 岁以上的仅占 15%（图 21-4、图 21-5）。

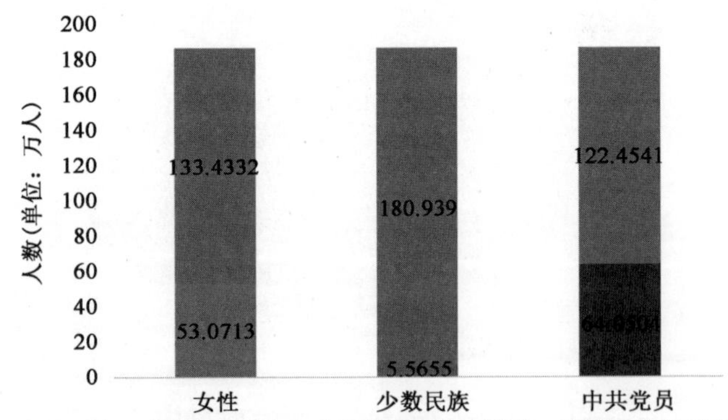

图 21-4　交通运输、仓储和邮政业企业经营管理人才性别、少数民族和政治面貌结构

数据来源：中共中央组织部《2015 中国人才资源统计报告》。

二是非公有制经济领域专业技术人才。据最新统计，交通运输、仓储和邮政业中非公有制经济领域专业技术人才达 873952 人，其中拥有国家评定专业技术人员职称的人员仅占 14%。从职称结构看，以初级职称为主，约占 64%，中级职称约占 28%，高级职称仅占 8%。从学历结构看，学历层次普遍较低，接近一半的专业技术人员只有中专及以下学历，研究生仅占 1%。从年龄结构看，普遍较为年轻，基本以中青年为主，年龄在55岁以上的仅占1%（图21-6、图21-7）。

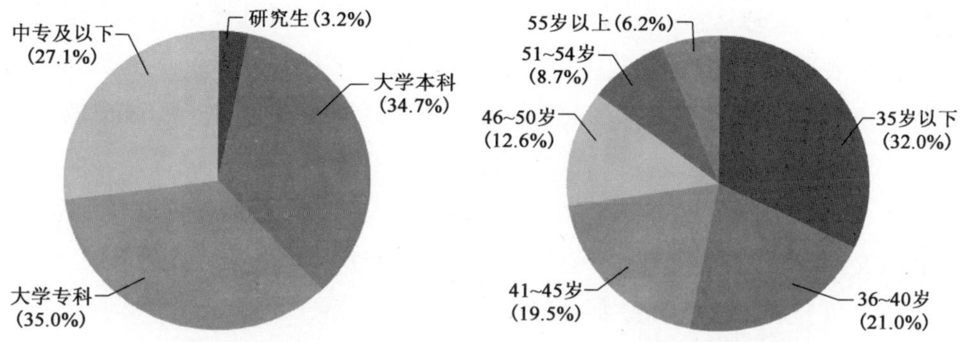

图21-5　交通运输、仓储和邮政业企业经营管理人才学历、年龄结构

数据来源：中共中央组织部《2015中国人才资源统计报告》。

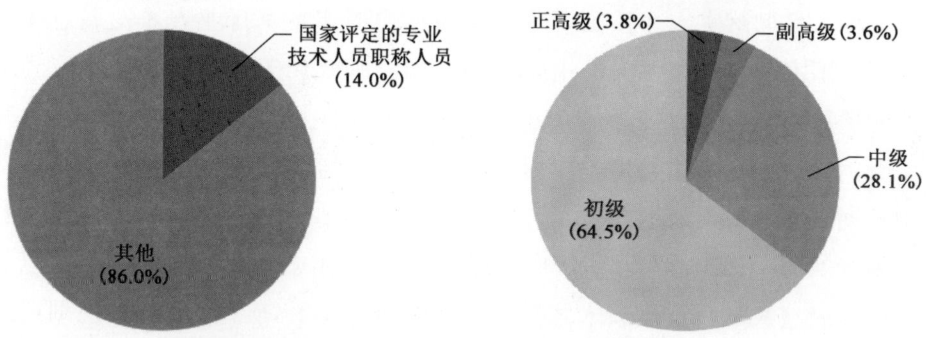

图21-6　交通运输、仓储和邮政业非公有制经济领域专业技术人才总体情况、职称结构

数据来源：中共中央组织部《2015中国人才资源统计报告》。

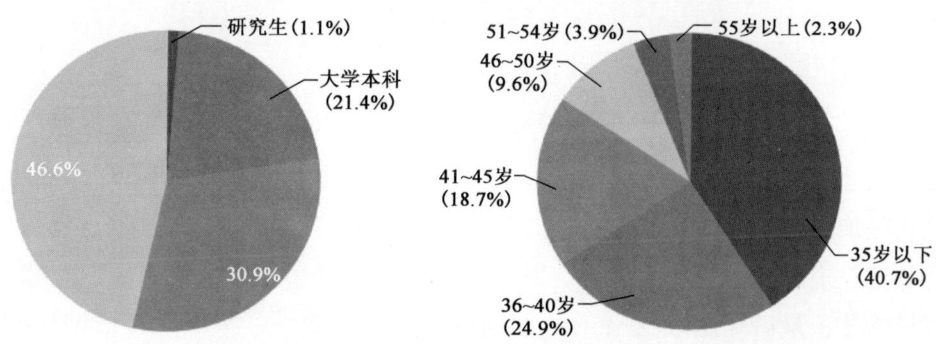

图21-7　交通运输、仓储和邮政业非公有制经济领域专业技术人才学历、年龄结构

数据来源：中共中央组织部《2015中国人才资源统计报告》。

2）体制机制

经过多年的改革发展，交通运输人力资源管理体制机制和组织架构不断健全。第一，交通运输部成立人才工作领导小组，加强对行业人才工作顶层指导，交通运输部和铁路局、民航局、邮政局制定和修订出台了一系列加强人才队伍建设的政策制度，在选才、用才、聚才等方面取得了明显成效。第二，交通运输部和铁路局、民航局、邮政局均设有专门的人事机构，系统管理人事相关工作，在部级层面形成了各司其职、统筹协调的管理架构。第三，各省级交通运输主管部门设有专门的人事管理处室，统筹全省行业人才工作，多个省份也分别建立了以省委书记为小组组长、各省厅单位为小组成员的省人才工作领导小组，对全省人才工作和人才队伍建设进行统筹规划。

3）政策制度

为深入贯彻落实人才强国要求，交通运输部印发了行业人才发展总体规划纲要，国家铁路局、中国民用航空局和国家邮政局等分别印发了相应领域人才专项规划，为人力资源体系建设各项工作有序推进提供了政策指引。其中，专门针对行业人才的相关规划或政策有：交通运输部《公路水路交通运输中长期人才发展规划纲要（2011—2020年）》《邮政行业人才队伍建设中长期规划（2009—2020年）》和《中国船员发展规划（2016—2020年）》，以及中国民航局《民航科技创新人才推进计划实施方案》等。其他相关规划或政策有：交通运输部《交通运输科技“十三五”发展规划》、国家铁路局《铁路标准化“十三五”发展规划》、中国民航局《民航科技发展“十三五”规划》等。

4）管理服务

第一，交通运输人力资源的培养与教育机制不断完善。首先是加强优秀拔尖人才培养，包括高层次科技人才、高技能实用人才、高素质管理人才等；其次是加强重点领域急需紧缺人才培养，包括综合运输、工程管理、现代交通物流、道路运输、轨道交通、港口航运、救助打捞、行政执法、信息化等领域人才；最后是继续支持中西部地区人才队伍建设，实施对口援助计划、实施西部地区干部培训计划、建立健全科技合作计划等。第二，资金激励和保障发挥重要作用，如持续做好交通运输部设立行业高层次人才培养专项经费，中央财政从车辆购置税和港口建设费中安排资金用于交通运输科研工作，促进了交通运输行业总体科研能力和科技人员素质的提高。第三，行业重点科研平台建设为人才提供了沃土，有更多更优秀的人才依托平台成长起来，平台作为人才培养基地的作用日渐凸显。

5）文化价值

文化价值是交通运输人力资源发展的内部黏结剂和催化剂，内聚人心、外塑形象，贯穿于交通运输发展的各领域、各环节，有效发挥人的积极性、主动性和创造性，规范人的行为，提升人的使命感和责任感，充分激发出行业人力资源的最大潜能。交通运输行业紧密结合自身属性特点，着力于价值理念的发掘、提炼、整合与升华，在行业内广泛开展文化建设，形成了良好的文化自觉。主要体现在：交通运输行业始终加强培育践行核心价值观的总体设计，用核心价值观引领行业思潮、凝聚行业共识；深入开展群众性精神文明创建活动，形成行业发展合力、引领文明风尚；持续开展行业先进的推选宣传活动，突出先进典型示范引领；注重树立文化品牌，充分发挥行业文化怡情养志、涵育文明的作用；大力加强宣传引导，营造人人参与交通、人人热爱交通的舆论氛围。

2. 主要问题

尽管已经取得了一定成绩，但仍然存在一些突出问题：

（1）人力资源。交通运输人力资源结构有待进一步优化，人才总量规模偏小，高精尖缺人才仍显不足，领军人才、复合型人才、新领域新业态专业技术人才和高技能人才较为短缺，人才国际化水平仍有待提高。

（2）体制机制。交通运输人力资源发展相关的体制机制仍需进一步健全，现有工作格局与全面推动综合交通运输体制机制改革的要求之间还存在一定差距，人力资源的培养、使用、评价机制等均有待进一步创新。

（3）政策制度。交通运输人力资源发展的相关法律法规需要不断研究和完善，各级交通运输主管部门的人力资源相关规划顶层设计有所欠缺，配套政策制定需要进一步加强，监督制度建设还应持续强化。

（4）管理服务。交通运输人力资源的管理服务水平需要进一步提高，市场机制在人力资源流动配置中的调节作用尚未得到充分发挥，未有效借助信息化手段解决人力资源供需矛盾问题，需要加大教育培训和资金投入力度。

(5) 文化价值。对文化价值在交通运输人力资源保障体系中的重要作用认识不足，用文化价值理念聚才用才的意识还需加强，人本人文思想在人力资源管理和服务中需要充分体现，应进一步加大对模范榜样的宣传力度。

二、发展形势与总体要求

(一) 发展形势

1. 外部形势

一是适应经济社会和科学技术深刻变革的新要求。我国人力人才资源丰富，交通运输行业全体从业者规模庞大，受到经济社会发展和科技进步的影响日益明显，如全国人口老龄化程度不断加深、区域间劳动力迁移潮流等社会现象，世界新一轮科技革命和产业变革机遇与挑战并存、人工智能和无人驾驶等技术广泛应用、新兴业态加速涌现等发展趋势，均将对交通运输人力资源的需求与发展产生深远影响。

二是服务国家重大战略的新要求。交通运输行业要有力支撑国家“五位一体”总体布局、“四个全面”战略布局，实现高效高质发展，迫切需要改善人力资源发展环境、激发人的创造活力，大力培养造就一支规模宏大、结构合理、素质精良的人才队伍。同时，国家创新驱动发展战略要求交通运输行业加强创新型人才队伍建设，区域协调发展战略、乡村振兴战略要求人才队伍优化布局、合理流动，建设美丽中国要求加强专业领域优秀人才培养，全面开放战略要求加强国际化人才队伍建设。

三是落实人才强国战略的新要求。习近平总书记多次指出人才资源是第一资源。党的十九大报告提出人才是实现民族振兴、赢得国际竞争主动的战略资源，要坚定实施人才强国战略。人才强国战略是实现国家强盛的第一战略。根据人才强国战略对国家人力资源发展及人才体系建设提出的整体部署和具体要求，交通运输人力资源保障体系建设需要将人才资源开发摆在首位，优化调整人才结构，不断加大人才投资，完善人才制度体系，激发人才发展活力，充分发挥行业人才的最大潜能，以人才支撑并引领行业发展提质增效。

2. 内在要求

党的十九大提出建设“交通强国”的宏伟目标，为未来交通运输发展指明了方向，这是国家经济社会发展到一定阶段的必然结果，也是交通人的时代使命和历史担当。千秋基业，人才为本。推进交通强国建设，人力资源是最为核心的动力源泉，也为人力资源提出了更新更高的要求。

一是要求人力资源实现跨越转变。交通强国意味着高质量的交通运输供给能力和供给水平，要具有世界排名靠前的交通基础设施网络和运输规模，具有世界领先的交通运输现代服务体系以提供高品质的服务，能充分支撑居民出行和经济发展需要，能高水平支撑保障国家重大战略需求，体现出可达、便捷的交通价值追求。人力资源既是交通运输行业发展的重要保障，也是行业转型发展的基础支撑。实现由交通大国向交通强国的转变，首先要实现交通运输行业人力资源的优化与提高。交通运输建设发展离不开劳动力大军的参与。交通基础设施的建设，需要大量施工人员和技术人员；运输服务的供给，需要大量运输从业者；行业科学可持续发展，需要高素质的管理人员；推动高新交通技术不断突破，需要高层次科技人才。因此，行业要实现转型升级，必须适应未来科技进步、产业升级，适应发展方式转变和管理创新对劳动者素质提出的更高要求，不断提升行业人力资源整体素质，实现人力资源由支撑保障向先行引领的跨越式转变。

二是要求充分发挥人才资源红利。纵观当今世界交通强国，均以科技创新引领交通发展，具有较强的国际竞争力、影响力和供给话语权。我国要跻身世界交通强国之列，必须以创新促发展，推动创新成为交通运输发展的第一动力。创新是发展进步的不竭动力，而支撑和推动创新的根本是人才。国以才立，政以才治，业以才兴。人才是第一资源，人才优势是最有潜力、最可依靠的优势。人才资源是交通运输行业创新发展的主体和主导者，创新驱动实质是人才驱动。推动行业转型升级，必须把人才开发作为战略基点，推动“人力红利”转变为“人才红利”，以“人才红利”促进管理创新、技术创新和劳动生产率提高，增强转型发展的内生动力；必须着力培养造就一大批高层次创新型科技人才，在创新实践中发现人才、在创新活动中培育人才、在创新事业中凝聚人才，支撑行业突破发展瓶颈、抢抓发展机遇；必须充分发挥人才优势，引领关键核心技术实现重大突破，不断提升行业科技实力和自主创新能力。

三是要求提升人才国际竞争优势。交通强国建设要放眼于世界，拥有全球领先的交通运输综合竞争力。行业竞争力归根到底就是人才竞争力。高端人才和科技创新已成为大国角逐的决定性力量，谁能培养和吸引更多优秀人才，谁就能在未来一个时期的综合竞争中占据优势。面对严峻的人才国际竞争形势，我国要赶超世界交通强国，必须推动交通运输行业发展从理念到技术实现全面提升。这种超越离不开高端专业人才的支持，需要广开进贤之路、广纳天下英才，实行更加开放的人才政策，形成具有国际竞争力的人才制度优势，不唯地域引进人才，不求所有开发人才，不拘一格用好人才，吸引全世界交通精英为我所用，在国际人才竞争中赢得主动。

（二）总体要求

1. 指导思想与基本原则

以习近平新时代中国特色社会主义思想为指导，全面贯彻党的十九大以及十九届二中、三中、四中全会精神，以“交通强国、人才强交”战略为主线，以交通运输人力资源开发和高精尖缺人才队伍能力建设为核心，突出重点，着眼长远，面向全局，坚持用发展的眼光、辩证的思维、开阔的胸襟和有效的措施，不断加强和改进行业人力资源体系建设，充分发挥人在交通运输事业发展中的核心地位和主体作用，把面向市场需求和弘扬人文精神结合起来，善聚善用各类人才，为交通强国建设目标的顺利实现提供坚强有力的支撑保障。

遵循的基本原则包括：坚持人才是第一资源、坚持党管人才、坚持人才优先、坚持改革创新、坚持统筹协调、坚持开放共享。

2. 发展目标

（1）总体目标。在交通运输行业内实现更高质量和更充分就业，行业全体从业人员都能拥有职业荣誉感、事业获得感和生活幸福感，为交通强国建设提供优质高效的人力资源保障和广泛的智力支持，为推动我国交通运输综合实力和国际竞争力领先全球做出贡献。

与此同时，落实建设高素质专业化干部队伍的要求，打造一支忠实贯彻习近平新时代中国特色社会主义思想、忠诚干净担当的高素质干部人才队伍。坚持高精尖缺导向，培养一批具有国际水平的战略科技人才、科技领军人才、青年科技人才和高水平创新团队。注重培养交通一线创新人才，积极引进和用好海外高层次创新创业人才。弘扬工匠精神，造就一支素质优良的知识型、技能型、创新型劳动者大军。营造人才发展良好环境，优化人才队伍结构，提升人才素质能力，完善人才服务体制机制。推进高端智库建设，发挥其在交通强国建设政策研究、重大决策中的咨询作用，提高决策科学化水平。

（2）分阶段目标。到 2020 年，交通运输人力资源保障体系建设的顶层设计得到较好的统筹谋划，各项工作突出抓重点、补短板、强弱项、防风险，为加快构建现代综合交通运输体系、部分地区和领域率先基本实现交通现代化做好人力资源储备。

从 2021 年到本世纪中叶，交通运输人力资源保障体系建设分两个阶段推进。

到 2035 年，基本建成满足跻身世界交通强国行列要求的交通运输人力资源保障体系。交通运输人力资源发展体制机制改革更加落实到位，政策制度体系更加完善，服务保障体系更加健全。人才总量规模进一步扩大，人才布局和结构进一步优化，管理干部人才、领军人才、复合型人才和紧缺急需领域人才等人才队伍得到优先培养和大力开发。人才发展创业环境进一步改善，在行业内形成人人渴望成才、人人努力成才、人人皆可成才、人人尽展其才的良好局面，为建设交通强国提供坚实支撑和有力保障。

到 2050 年，全面建成满足中国特色社会主义现代化交通强国目标要求的交通运输人力资源保障体系。交通运输人力资源发展理念更加先进，适应科学技术飞速发展、人工智能等技术广泛应用、新业态加速涌现的新形势要求，形成激励人才创新创业的良好生态，高层次和紧缺人才队伍建设取得明显成效，一线劳动者素质得到全面提高，管理干部识才、育才、用才能力显著增强，行业全体从业人员都能拥有职业荣誉感、事业获得感和生活幸福感，为保障我国交通运输综合实力和国际竞争力领先全球做出贡献。

三、主要任务

（一）大力推进交通运输人才队伍建设

为充分发挥人力资源在交通强国建设中的支撑作用，关键是要围绕交通强国建设总体部署，抓住“关键少数”，聚焦于人才资源。

一是优化人才布局和结构。谋划人才专业素质结构、层级结构、分布结构的战略性调整，促使人才培养结构与交通运输发展不同阶段的需求相适应，人才的能力素质结构与产业结构调整相匹配，分布结构与区域交通发展战略布局相协调。同时，要统筹开发不同运输方式领域的人才、不同区域的人才，城乡人才和各层次人才。

二是加强干部管理队伍建设。推动树立新发展理念，切实增强“四个意识”，在管理决策中主动对接国家重大战略和重大政策。提升政治能力，不断增强管理的战略性、前瞻性和综合性，推进综合交通运输统筹协调发展。加快转变工作作风，不断提升干部管理队伍的服务意识和管理能力，主动为行业发展需要出谋划策，提前思考、主动作为，鼓励创新、包容失败。

三是着力造就领军人才。造就一批国内一流、国际有影响的交通科技领军人才，造就更多优秀的学术和学科带头人，为年轻优秀人才提供成长条件，通过重大项目造就和成长一批拔尖人才，并完善各类高级专家的选拔推荐机制。

四是优先培养复合型人才。采用直接引进和在现有人才队伍基础上大规模开发培育的方式，选拔、培养、使用、管理、后备一批未来交通运输事业发展急需的复合型人才。结合综合运输行政管理、科技攻关、财政金融、法律法规等方面对复合型人才的需求，选派人才领衔承担跨专业、跨学科的事务或项目。鼓励各类人才服务机构优先为复合型人才提供法律、知识产权、财务、管理咨询等专业指导和服务。

五是大力开发紧缺急需领域人才。重点针对交通发展的重要领域、新兴领域和薄弱环节，开展人才需求分析预测工作，研究制定相应的培养计划和配套政策；另外，要注重专业技术人才培养、高技能人才培养，并加强国际化人才培养。

（二）深化交通运输人力资源发展体制机制改革

深化行业人力资源发展体制机制改革，最大限度激发人力资源的创新创造创业活力，把各方面优秀人才集聚到交通运输发展事业中来。

一是要推进人力资源管理体制改革。遵循人力资源发展规律，坚持市场配置人力资源的改革方向，加强和改善宏观调控，破除束缚人力资源发展的体制障碍。加快转变政府人力资源管理职能，充分落实用人主体自主权，健全市场化、社会化的人力资源管理服务体系，完善人力资源制度保障。

二是要完善人力资源培养支持机制。全面系统培养人才，创新教育培养模式，促进青年人才脱颖而出。

三是要健全人力资源顺畅流动机制。破除人力资源流动障碍，畅通人力资源流动渠道。

四是创新人力资源评价激励机制。加强人力资源科学评价，加大人力资源激励力度。

五是构建人力资源引才用才机制。探索创新引才机制，健全人才工作平台，发挥企业主体作用。

（三）完善交通运输人力资源发展政策制度体系

以制度创新为核心动力，构建一整套完善的制度体系，促进形成人力资源支撑引领交通强国建设的长效机制。

一是完善相关法律法规。认真贯彻落实相关国家法律、行政法规、党内法规等的要求，研究制定促进行业内人力资源发展的法律法规。扎实推进《中华人民共和国科学技术进步法》等法律法规，为交通运输科技创新人员提供法治保障。

二是开展规划总体设计。适时开展现行规划实施效果评估工作，面向“十四五”期以及中长期，研究制定交通运输人力资源发展规划以及人才队伍建设纲要。完善行业规划体系，强化各类相关规划之间的统筹考虑、衔接协调。鼓励各级行业主管部门根据实际，适时启动地区、行业系统或重点领域的人才发展规划编制工作。

三是强化配套政策制定。在人力资源培养教育政策、选拔任用政策、考核评价政策、人力资源优化配置和流动政策、激励保障政策等方面加强政策制修订工作。

四是加强监督制度建设。坚持全面从严，突出强化自上而下的组织监督，加强对党员领导干部的日常管理监督。加强巡视巡察监督，多渠道培养锻炼巡视人才，加强对巡视干部的教育、管理和监督，着力打造巡视政治铁军。

（四）加强交通运输人力资源发展管理服务工作

加强交通运输人力资源发展管理服务工作，促进市场调节机制的充分发挥，实现人力资源优化高效配置，并保障每位从业人员实现自我价值，增强职业归属感和获得感。

一是完善行业人力资源服务体系。转变行业主管部门人力资源管理理念，完善专业化、行业化的人力资源服务体系。

二是促进人力资源合理流动配置。实行人力资源引进的柔性政策，重点支持中西部地区高技能人才落户等相关政策，加快建立社会保障制度，进一步健全收入分配激励机制，加大科研人员科研成果转化收益分配和知识产权保护力度。

三是构建交通运输人力资源信息网。加强各类服务平台建设，建立培养机构和使用部门之间的供求联系机制，探索建立全国交通运输人力资源信息网。

四是加强教育培训力度。以现代职业教育的大改革大发展为契机，加快行业发展急需的各类技术技能人才培养，让更多青年凭借一技之长实现人生价值。建立有效的培训开发体系，完善在职人员继续教育制度，对员工进行职业生涯发展培训，研究设定各类人员有效的职业发展通道。

五是加大资金投入保障力度。拓展在政府公共财政预算中建立人力资源培育和人才发展专项资金的渠道，鼓励各单位设置表彰奖励办法，继续做好“行业高层次技术人才培养项目”的申报和评选工作，持续做好部专家委员会专项工作经费工作，建立健全各级各类专家津贴制度、保健制度和考核制度。

四、政策建议与措施

1. 加强组织领导，落实目标责任

切实加强组织领导，统一思想认识；积极探索党管干部、党管人才的新方法、新路径，健全党组（党委）联系专家等制度；明确主管领导，落实责任主体，构建有关部门各司其职、密切配合的工作格局。

2. 加强统计监测，提升服务能力

加快完善符合行业实际的人力资源统计指标、报表等体系；逐步形成行业人力资源统计调查制度；建立健全动态监测与定期跟踪评估制度；将行业人力资源相关数据信息纳入国家综合交通运输信息平台或行业大数据应用中心的信息采集和应用范围。

3. 塑造人才文化，加强宣传引导

加强行业精神文明建设，培育塑造行业特色人才文化；构建具有行业特色的、充分体现人本理念和人文关怀的人力资源管理文化和服务文化；用人单位要把职工切身利益摆在人事组织工作第一位；加大宣传引导力度，扩大行业影响力，树立行业新形象。

4. 强化国际合作，扩大开放力度

强化人力资源国际合作，实行更加开放的人力资源政策；充分依托国家“一带一路”倡议等重大战略，探索人力资源国际化培养方式；坚持自主培养开发与引进海外人才并举，统筹开发、合理使用国内国外两种人力资源；健全专业化、国际化的交通运输人力资源市场服务机构和体系。

交通运输部科学研究院课题组

主要执笔人：王先进　欧阳斌　徐　婧　赵新惠　高爱颖

第二十二章　交通客运体系研究

交通运输部规划研究院

一、客运体系现状与问题

（一）关于交通客运体系

1. 交通客运体系内涵

交通客运体系是服务于居民出行（含公共客运与私人出行，机动化出行与非机动化出行）的相关要素的系统集合。

按交通方式划分，交通客运体系包括铁路/轨道、公路/道路、水运和民航，按要素特点划分包括基础设施、客运装备、客运组织和行业治理四大部分，其中，基础设施主要指各种运输方式的运输线路、客运枢纽站场以及相关的运输辅助设施等。客运装备主要指旅客载运工具、装载装备等。客运组织，主要包括提供基本运输、辅助运输和运输服务等过程的人力资源及其组织机构，以及相应的客运组织辅助系统，包括与客运供给相关的各环节的人员和组织。客运组织主要由政府机构、客运企业、协会等构成，客运组织辅助系统主要为信息系统、安全保障系统、维修等构成。行业治理主要指保障交通客运体系运行所需的法律法规、政策措施、标准规范、体制机制和行业监管等方面内容。

2. 研究对象

本章研究对象涵盖铁路/轨道、公路/道路、水运、民航等运输方式，包括公共客运和私人出行，涉及基础设施、客运装备、客运组织和行业治理等相关内容，重点研究客运组织和与客运相关的行业治理。

（二）现状及问题

1. 现状特点

（1）客运设施设备规模和旅客运输规模持续增长。截至2018年底，我国高速铁路营业里程2.9万公里、高速公路通车里程14.26万公里，城市轨道交通运营里程5295公里，均位列世界第一，民用航空机场235个。铁路客车7.2万辆，公路营运载客汽车79.66万辆，比上年下降2.4%，公共汽电车67.34万辆，比上年增长3.4%，城市轨道交通运营车辆3.4万辆，增长18.5%，私人汽车拥有量2.01亿辆，增长11%。

2018年，完成营业性客运量179.4亿人次（不含城市公共交通客运量、私人载客小汽车出行量），其中公路占76.2%、铁路占18.8%、民航占3.4%、水运占1.6%。城市公共交通客运量1262亿人次，其中城市轨道交通客运量快速增长，2018年达到212.8亿人次，是2010年的3.8倍。

（2）铁路、民航客运占比不断上升，小汽车出行日益增加。铁路客运动车组运量比重超过50%，铁路客运量占比从2010年的5.14%上升到2018年的18.8%。民航客运量占比从2010年的0.83%上升到2018年的3.4%。2016年国道网小客车占比为61.0%，比2010年增长11.8%。随着农村地区居民生活水平不断提高，农村小汽车出行规模也呈快速上升趋势。

（3）以节假日出行为代表的大规模、高集中出行日益增加。2018年春运期间全国日均客运量达到0.75亿人次/日，比上年略有下降，其中，铁路累计发送旅客3.82亿人次，同比增长6.8%，动车组旅客发送量2.1亿人次，同比增长4.4%。国庆出境游超过700万人次，是年日均出境游人次的2倍以上。

（4）城市群内旅客运输呈高强度、多样化、通勤化的特点。主要城镇走廊、产业聚集带等城际通道上旅客运输需求总量大、强度高，如京津城际2018年日均发送旅客约8.2万人。工作日公务、商务、通勤客流多，休息和节假日旅游、休闲客流多。客运出行距离以中短距离为主，时效性强。

（5）客运新技术、新业态、新模式快速发展。“复兴号”、C919 大型客机、无人驾驶汽车、新能源汽车等客运装备研发不断取得新的突破，一批具有自主知识产权的高性能客运装备技术达到世界先进水平，部分达到世界领先水平。共享单车、共享汽车、网约车、定制客运、交旅融合等新业态、新模式不断涌现。邮轮运输快速发展，2018 年我国邮轮港口接待邮轮 976 艘次，接待出入境游客量 488.67 万人次，位居全球第二。

（6）客运领域市场化改革深入推进。国家铁路继续深化公司制改革，优化完善价格体系和清算办法，铁路客运服务不断创新。道路运输企业积极应对高铁竞争压力，深化运价市场化改革。民航国内航空旅客运输价格市场化改革不断深化。出租汽车行业改革持续深化，制订了世界首部在国家层面承认网约车合法性的部门规章，250 多个城市公布了出租汽车改革落地实施细则。

2. 主要问题

（1）基础设施短板依然存在。各方式设施网络建设存在短板，高速铁路网络布局有待完善，部分高铁线路能力已近饱和，存在“一票难求”现象，城际铁路发展相对滞后，市域（郊）铁路建设基本空白，国家高速公路主线还有近 3800 公里的待建路段，民航发展受空域资源制约。西部地区、农村地区设施网络仍需要加强，西部地区仍有 13 个地级行政中心未通高速公路且设施等级提升相对滞后，尚未实现有条件的建制村 100% 通硬化路，一些地区早期建成的乡镇、建制村硬化路出现“畅返不畅”问题。

（2）客运出行一体衔接水平亟须提高。依托铁路站（城市轨道交通站点）、机场、港口的综合客运枢纽布局不完善，乘客在不同运输方式间换乘不便利。城际客运和城市交通的换乘水平有待提高，旅客在城市内不同枢纽间的换乘仍不便捷。综合客运枢纽的配套公共交通系统仍不完善，城市出入口交通拥堵问题依然突出。各种运输方式一体化服务水平不高，尚未充分实现运力衔接和组织协同，联程运输发展缓慢。不同方式间客运衔接水平有待提升，在部分地区，不同方式的客运枢纽不能在规划、建设、运营、管理中实现统筹，一体化衔接程度需要进一步提升。

（3）客运出行服务质量和效率不高。城市交通拥堵问题日益突出，城市交通拥堵呈点拥堵向线面拥堵转变、高峰时段拥堵向全天常态拥堵转变、大城市拥堵向中小城市拥堵蔓延等特点。兜底性客运服务供给不足，客运基本公共服务尚未实现全覆盖，乡镇和农村尚未实现100%通客车，部分地区存在客车“开得通、留不住”的问题。客运出行服务与互联网、大数据、人工智能深度融合不够，信息资源共享难、互联互通难、业务协同难等问题没有实质性改善。客运服务多样化、个性化、品质化水平不高，传统道路客运服务、巡游出租汽车转型升级迫在眉睫，民航航班正常率较低，我国邮轮业尚处于成长期，部分邮轮港口与城市公共交通、城际交通集疏运衔接还不顺畅。

（4）公共交通服务能力、水平不足。公共交通设施设备保障能力不足，城市规划和交通规划有待进一步协调，城市功能布局未充分考虑交通因素，城市路网供给能力不足，交通设施建设不合理，国际先进城市核心城区道路密度达18～22公里/平方公里，道路面积率达40%，而我国城市对道路发展预留不足，城市核心区路网密度一般为5～8公里/平方公里，道路面积率不足15%。服务品质不高，吸引力不足，很多大城市尚未建立起比小汽车出行更加有竞争力的公共交通服务网络，我国大城市公共交通机动化出行分担率约40%，远低于发达国家70%的水平，城市客运系统出行量呈下降趋势。

（5）行业治理能力和水平仍需提高。标准规范体系仍需完善，相关法规体系缺乏衔接，在制度设定上没有衔接配套；联程运输、城市交通治理、车辆管理涉及多个部门，标准体系、管理体系相互独立，协调难度大。行业监管仍需改革创新，利用信息技术加强事中事后监管的能力不够，政策储备不能适应新业态发展需要，引导创新发展政策不足，适应新常态的市场监管体系尚未建立。

（6）安全、绿色发展水平有待提高。安全生产形势不容乐观。车辆安全技术水平和性能仍然较低，驾驶员素质有待进一步提升，经营者重经济效益轻安全管理的现象在一定范围内仍然存在，重特大事故仍未得到有效遏制，特别是道路交通安全事故数量和死亡人数依然位居世界前列，部分农村公路的生命安全防护设施有待完善，对新业态、新能源车辆的安全监管尚未全面覆盖，紧急情况下的应急反应速度和救援水平有待提高。岸线、土地等资源未实现充分统筹，运输装备清洁化水平有待提高。

二、发展趋势与总体要求

（一）发展趋势

我国旅客出行发展趋势与居民收入和支出水平、新技术新模式发展应用、国家战略、人口规模及老龄化、绿色可持续发展、GDP（国内生产总值）规模、产业结构及空间布局等因素密切相关。根据对上述因素未来发展的分析，对照美国、日本等发达国家经济社会发展历程中的旅客出行需求和旅客运输量变化情况，判断旅客出行需求变化趋势如下：

1. 出行规模：持续壮大，在2030年前后达到峰值后趋于稳定

借鉴美国在人均GDP达到1.2万美元（1980年）、英国在进入1970年后国民人均出行次数趋于稳定的发展历程，未来随着我国人均GDP的逐步提升，居民人均出行次数也将呈现快速增长后趋稳的态势。预计在2030年前后旅客出行量达到峰值，总规模约为4530亿人次/年，其中城市公共交通客运量约1100亿人次、营业性、对外交通客运量约130亿人次，私人载客小汽车出行量约3300亿人次。人均机动化出行频次将延续现有的增长态势在2030年前后达到顶峰，以后逐步趋于稳定，人均出行频次约为0.90次/日。

2. 出行结构：私人载客小汽车、城市轨道交通占比继续上升

近年来，私人载客小汽车出行量年均增长19.5%，在旅客出行总量中的占比由2009年的17.6%（含城市公共交通客运量、私人载客小汽车出行量，下同）增长到2018年的48.7%。预计2030年我国私人载客汽车拥有量将达到3.5亿辆、每辆车群体规模4.0人/辆，私人载客汽车出行旅客量在旅客出行总量中的占比将上升至60%左右。

城市轨道交通旅客运量稳步提升，年均增长21.6%，所占比重由2009年的3.3%提升至2018年7.5%。预计2030年城市轨道交通客运量占比将达到10%以上。

铁路、民航旅客出行方面，未来铁路网、机场基础设施进一步完善，居民收入水平提高，铁路、民航旅客出行需求将延续现有的中高速增长态势。

但其在旅客出行总量中的占比较低，预计2030年铁路、民航旅客占比将由2018年的1.4%上升至2.5%左右。

公路旅客运输在2013年达到峰值后开始下滑，在旅客出行总量中的占比逐年减小，从2009年的8.8%下降到2018年的4.8%。预计2030年公路旅客运输量占比将下降到3.0%左右。

3. 出行范围：由内及外拓展，出行距离由近及远延伸

近年来，我国旅客出行距离呈现不断增长的态势，对外交通客运平均运距由2008年的120公里增长到2018年的191公里（2013年口径）。未来随着高速铁路、高速公路、民航网络的不断完善以及交通基础设施不断向中西部地区、向国境延伸，以及城乡居民收入大幅增长，消费结构加速升级，旅游消费出行需求快速释放，将进一步带动出行距离不断增长。

4. 出行质量：新技术、新业态、新模式的不断涌现，多样化、高品质出行需求将显著增多

未来在互联网信息传输、大数据处理分析、车辆无人驾驶、超级高铁、人工智能等新技术的带动下，以及在居民收入和消费水平提高、消费结构转型升级、生活方式转变及城市化进程加速等多重因素的影响和作用下，邮轮游艇、通用航空、自驾车、房车营地、定制公交、定制班线等新型旅客出行方式将明显增多，以安全、快速、舒适、经济、准时、绿色为主要特征的出行需求将大幅增长。新技术、新业态、新模式的不断涌现，交通运输与互联网、物流、大数据、旅游、人工智能等行业的深入融合，将催生种类更多、质量更高、品质更优的旅客出行服务，居民出行可选择的交通服务种类和品质将更加多样化。另外，未来我国老龄人口规模扩大、逐步迈入老龄化社会，届时以生活性出行为主要出行目的，以步行和公交为主要出行方式，以短距离和低出行频率为主要出行特征的老年人出行需求将大幅增长。

总体上，未来公众需求将继续由“走得了”向“走得好”转变，从关注个体局部单一的基本需求向安全高效、便捷舒适，提高均等化、公益性、可持续等综合需求转变。客观上要求交通运输要从大建设逐步向大服务转变，抓住提升客运服务质量和效率这一核心，主动适应和引领服务需求加速升级、服务模式加速创新、运输结构加速调整、市场资源加速整合的行业发展新态势，以一体化为核心，推进客运组织优化创新。

（二）总体要求

1. 发展思路

未来客运体系发展应遵循“融合、共享、公平、可持续”的发展理念，围绕人民日益增长的美好生活需要和不平衡不充分的发展之间的矛盾，坚持以人民为中心的发展思想，建设一流的设施设备、一流的运行组织、一流的治理体系，建设高质量的交通客运出行系统。

融合是指各交通方式间、交通与城镇布局和沿线土地利用协同发展，以及交通与旅游、互联网等跨界融合发展。

共享是指依托新技术、新模式提高对既有车辆、设施、设备等交通资源的利用效率。

公平是指不断提升基础交通网络的连通覆盖水平和交通运输基本公共服务水平，充分保障每一位城乡居民的出行需求。

可持续是指推动人、交通、资源环境间的和谐发展，优先发展公共交通，大力发展节能环保运输装备。

2. 发展目标

（1）2035 年目标

基本建成“便捷舒适、智慧共享、安全可靠、绿色低碳、文明法治”的现代化交通客运出行系统，人民满意度明显提高，实现：

“零障碍”的组织服务（便捷舒适）。依托开放高效的交通基础设施网络，形成多层次、快捷化、一体化的客运服务网络，提高客运装备的专业化、舒适性水平，旅客联程运输服务能力和服务品质进一步提升，无障碍设施设备覆盖率进一步提升。

“零痛点”的出行体验（智慧共享）。大数据、云计算、物联网、人工智能、共享经济等新技术、新理念广泛应用，基本形成泛在互联、共享人文的现代化智能化客运出行系统，大城市交通拥堵显著缓解，基本形成高品质、多样化、个性化的客运服务网络，构建无缝化旅客联运系统（出行即服务，MaaS）。

“零死亡”的安全应急（安全可靠）。设施设备保障可靠、运行监管有力，应急救援体系覆盖全面、响应快速，努力建设“零死亡”的安全应急系统。

“低排放”的绿色出行（绿色低碳）。基本建成生态友好的交通基础设施网络体系、先进适用的新能源和清洁能源装备体系、覆盖全面的环保治理体系，形成以绿色出行为主的交通客运出行体系。

“零容忍”的社会环境（文明法治）。建设法律法规健全、决策公开透明、执法严格规范，具有国际先进水平的交通治理体系。建设文明出行环境，社会公众对交通行业的认同感与满意度位居各行业前列。

（2）远景目标

至本世纪中叶，全面建成“更公平、更智慧、更可持续、更具国际影响力”的现代化交通客运出行系统，设施网络、运输装备、运输组织和行业治理达到世界先进水平。

三、发展重点

（一）完善多层次的客运服务网络

1. 建设辐射全球的国际客运系统

着力提升京津冀、长三角、珠三角世界级机场群国际竞争力，提升哈尔滨、深圳、昆明、成都、重庆、西安、乌鲁木齐等机场的国际枢纽功能。构建通达全球的航线网络。鼓励航空公司走出去，推动航空公司在国际航线、国外机场收购和建设等领域合作。进一步完善双边多边合作机制，提升国际运输便利化水平。

2. 构建快捷高效的区际城际出行系统

推进中西部地区干线铁路、普通国省干线公路建设。加快发展城市群高速铁路网、城际铁路网、高速公路网，推进大城市市域（郊）铁路发展。推进都市圈轨道交通“四网融合”。实施部分繁忙干线机场新建、迁建和扩能改造工程，增加中西部地区机场数量。大力发展以轨道交通为主体的公共客运系统。加快完善航空服务网络，优化航班运行链条，提高航空服务能力和品质。推广城际道路客运公交化运行模式。推进公共交通“一卡通”。

3. 完善公共交通为主体的城市出行系统

大力发展公共交通，实施交通需求管理，缓解大城市交通拥堵。优化超大特大城市轨道交通网络，完善公交专用道，因地制宜开通各具特色的公交线路，提高交通无障碍设施的覆盖率，提升公共交通品质和吸引力。构建城市快速路、主次干路和支路级配合理的道路网，强化城市交通内外衔接。推进自行车专用道等城市慢行交通设施建设。支持发展个性化、定制化客运服务。

4. 完善农村客运系统

建设“四好农村路”，进一步完善农村公路网。加快人口相对密集贫困地区开发性铁路建设。改善特色小镇、农村旅游景点景区等的交通运输条件。积极推广农村客运班车进城、城市公交下乡，有序推进城乡客运一体化发展。探索“农村客运 + 乡村旅游”、电话/手机 App 预约等农村客运发展新模式。推动运营企业片区经营、城市公交农村客运混搭、冷线热线搭配等模式，努力实现农村客运“开得通、留得住”。

（二）完善以枢纽为核心的便捷转换系统

1. 打造优质高效枢纽设施

推进无缝衔接的综合客运枢纽建设，积极引导立体换乘、同台换乘。实施重要客运枢纽轨道交通引入工程，完善枢纽配套公共交通系统。新建及改扩建综合客运枢纽步行换乘时间以不超过 5 分钟为宜。创新综合客运枢纽协同运行与管理模式，实现中转换乘信息互联共享。鼓励各方式共建共享售票、取票、乘降、安检等设施设备。在枢纽站场配设城市候机（船）楼、高铁无轨站、旅游集散中心等联运服务设施。

2. 构建门到门客运组织模式

积极探索旅客联程运输电子客票，积极发展“空铁通”“空巴通”、公铁联运等服务产品。加强不同运输方式在运营时刻、组织调度、运力安排等方面的协同衔接和应急响应。在城市内部及需求强度相对较小的节点之间，发展按需响应、无人驾驶、资源共享、灵活小巧、慢行舒适的客运组织方式。

培育旅客联程运输经营主体，鼓励客运企业规模化、联盟化发展。打造基于移动终端技术的服务系统，实现出行即服务。

（三）推动客运服务创新发展

1. 创新服务产品服务模式

推动互联网与交通运输深度融合发展，鼓励定制客运、分时租赁、共享汽车、车辆合乘、自动驾驶等新模式发展。推动旅游铁路专列、自驾车、房车、观光旅游车、邮轮、游艇、低空飞行等产品发展。借助互联网思维和技术破除客运服务供需双方的信息交互壁垒。鼓励线下企业通过移动互联网技术将零散的出行需求进行匹配撮合。推动客运行业从粗放型向精细化转变，由固定化、标准化向个性化、多样化转变。促进邮轮产业健康发展。

2. 研发运输装备核心技术

强化前沿高端科技创新，加速研发智能网联车、自动驾驶、车路协同、超级高铁、高速磁悬浮、大飞机、大型超大型运输船、新型公共交通汽电车等客运新技术、新装备，提升装备技术自主研发能力。以运输装备能源清洁化、专业标准化和绿色低碳化为重点，推进机动车、船舶、轨道交通等相关节能技术与新能源使用技术的研发。

3. 推动科技成果应用

大力推进移动互联网、物联网、云计算、大数据等技术在客运领域的研发和应用。完善科技成果转化机制，完善技科研成果和收入激励政策。强化政府引导和市场机制有机结合，加强技术集成应用和技术产业化示范。推动创新基地、科研机构、研发平台、研究智库可持续发展。

（四）建设智慧客运服务体系

1. 提高基础设施智能化水平

加快建设装备与设施协同的智能化客运基础设施。改进售检票系统功能，加快移动支付方式在客运领域应用，使用身份证、二维码、生物识别信息等新媒介验票乘车，实现“无感支付”“无感安检”，逐步形成与智慧客运相协同的新一代基础设施。

2. 提高出行服务信息化水平

推动互联网平台等各类市场主体整合多种运输方式信息资源，建设形式多样的综合交通出行信息服务平台。依托移动互联网、大数据、区块链、超级计算等技术充分挖掘和利用信息数据的价值，盘活数据资源。提升交通运行监测、调度指挥、市场运营和行业决策的数字化、网络化、智能化水平。构建无缝化旅客联运系统，实现出行即服务（MaaS）。

3. 加强行业数据资源开放共享

建立客运出行数据的采集、存储、发布、开放、交换、交易、安全防护等的管理制度。研究制定客运行业数据资源开放共享政策制度。研究制定客运行业资源共享开放清单，建立清单定期更新和发布机制。推动相关政府部门、事业单位加快交通公共数据开放，推动政府数据和社会数据统筹利用。建立行业数据资源共享开放评估机制，研究制定客运行业数据资源管理制度和政府购买数据资源服务实施细则。加强交互运输领域主要信息系统网络安全防护。

（五）推动客运绿色安全发展

1. 推动客运交通集约绿色发展

进一步提升常规公交、轨道交通等绿色低碳出行方式比重。加强城市人行步道、自行车道和人行过街设施等城市慢行系统设施建设。综合运用信息发布或诱导、道路拥挤收费、部分路段禁行等交通需求管理措施，有效调控、合理引导个体机动化需求。鼓励支持节能环保车船优先使用，推动客运装备升级进档。在机场服务、城市公交、出租汽车、汽车租赁等领域优先使用纯电动、混合动力等新能源汽车，加大天然气等清洁燃料车船推广应用。积极探索生物质能在客运领域的应用。完善客运装备节能环保技术标准。落实对新能源和清洁能源车船推广应用的支持政策。

2. 提升客运安全保障能力

完善公路、轨道、枢纽等客运设施以及车船等客运装备的日常监控网络。深入推进大数据、物联网、卫星定位、无人机、移动智能设备等新技术、新装备在客运安全领域的应用。建立应对新技术、装备应用所面临非传统安全威胁的应急防控体系。加强各种运输方式间的联防、联控、联动能力。健全跨方式、跨部门的预警、信息沟通机制，完善综合交通应急预警体系。完善交通运输安全生产法律法规和政策标准体系。建立健全安全生产培训教育体系，开展社会公众交通运输安全生产知识宣传教育活动。

四、措施与建议

1. 完善综合交通管理体制机制

推进都市圈/城市群建立跨区域的“大交通”管理体制机制。探索对外交通与城市交通在规划、建设、管理各环节协调统一的体制机制。加快形成综合客运枢纽规划建设运营的统筹管理机制，建立各运营单位之间顺畅的协调机制。

2. 建立健全法规标准体系

更新完善客运管理相关技术标准、规范。深入参与国际标准制修订工作，着力提升在国际客运标准和规则制定中的话语权和影响力。构建适应“互联网+客运”新技术、新模式、新业态的法规标准体系。

3. 完善现代化客运市场体系

加快建立统一开放、竞争有序的客运市场，以市场化为导向，破除区域壁垒和行业垄断。支持客运企业做大做强做精做优，引导小微客运企业集约高效良性发展。

4. 创新客运行业监管方式

推进“简政放权、放管结合、优化服务”，扩大企业经营自主权，有效激发市场活力。完善市场监管机制，建立灵活、融合的集约化客运监管体系。完善客运市场信用体系。

交通运输部规划研究院、交通运输部公路科学研究院联合课题组

主要执笔人： 朱鲁存　陈　璟　孙相军　左天立　解晓玲　崔　愿　殷焕焕　刘　晨

第二十三章　交通运输物流体系研究

交通运输部科学研究院

一、交通运输物流体系的现状及问题

（一）关于交通运输物流体系

1. 交通运输物流体系的内涵

交通运输物流体系是以现代综合交通运输体系为载体，按照创新、协调、绿色、开放、共享的发展理念，以降本、增效、提质为导向，以全链协同、全域智能、全时精益的物流组织为核心，遵循高质量发展要求的新时代物流服务体系。交通运输物流体系是打破传统行业视角，按照高质量发展的要求和链式分工协作的视角，从需求侧和供给侧两端，对当前交通运输体系进行优化和升级，更加强调发展质量和用户体验，在运输物流领域实现供给与需求的精益匹配，支撑经济高质量发展。如图 23-1 所示。

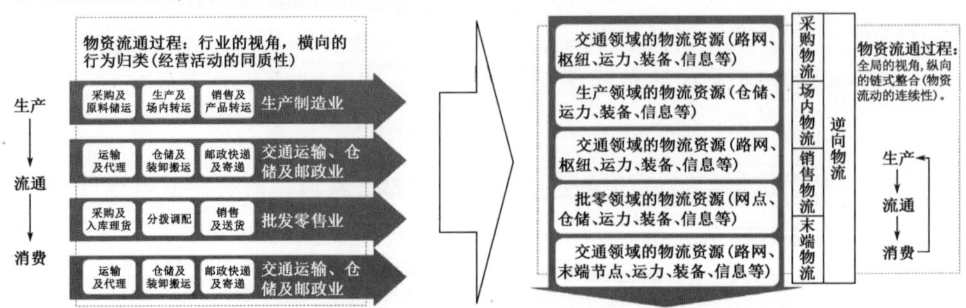

图 23-1　交通运输物流体系视角转换示意图

2. 交通运输物流体系的要素

交通运输物流体系具有典型的网络型产业特点，由制度规范、市场主体、技术装备、基础设施等四大要素组成。其组织逻辑为：在制度规范的引导和约束下，市场主体利用技术装备在基础设施网络上完成货物的跨时空交换。而创新是交通运输物流体系升级的突破口，跃迁逻辑如下：

（1）体系升级的正向循环。新技术、新理念不断渗入交通物流领域，基础设施网络的供给品质、效率得到提升，支撑部分企业尝试更加高效、便捷的组织模式，进而推动制度规划调整优化或先行先试，更好地鼓励新技术研究和推广。

（2）体系稳定的逆向循环。新技术的推广应用促进制度规范制定、修订，进而引导更多的企业采用新技术、新模式，更加高效的组织能力将挖掘基础设施网络的更大价值，并且引导基础设施全面升级改造，融入更多的新技术。

交通运输物流体系的四力平衡模型示意图，如图 23-2 所示。

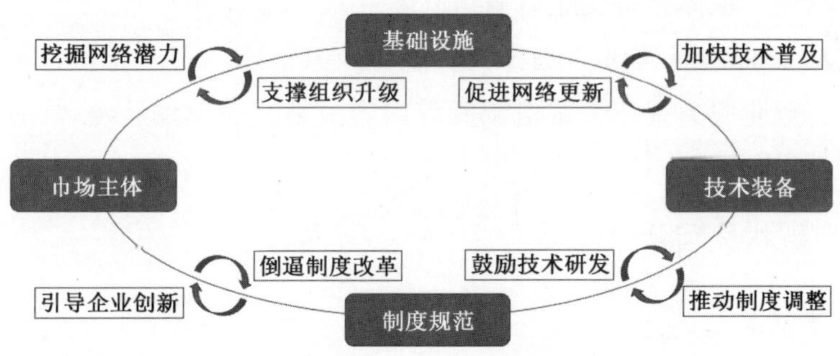

图 23-2　交通运输物流体系的四力平衡模型示意图

3. 交通运输物流体系的架构

交通运输物流体系具有网络型产业特点，由制度规范、市场主体、技术装备、基础设施四大要素组成，是在制度规范的引导和约束下，市场主体利用技术装备在基础设施网络上完成货物的跨时空交换，如图 23-3 所示。

按照构成要素及相互关系，交通运输物流体系可以细分为基础要素、生产组织、市场主体、行业治理四个层级，如图 23-4 所示。其中，基础要素层包括通道、枢纽和集疏运互联互通的设施网络，以及运输、装卸、信息等协

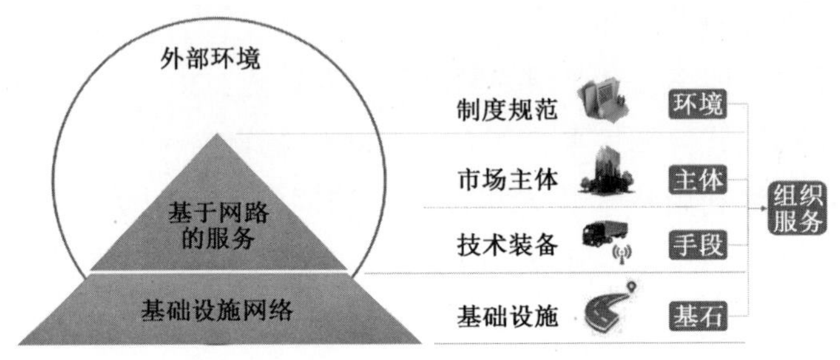

图 23-3　交通运输物流体系要素示意图

同匹配的装备系统，是交通运输物流体系的“硬基础”，保障货畅其流。生产组织层从内向外包括技术、组织和空间三个层面，体现了物流技术内生发展，成熟应用到物流组织，并外化支撑城乡、区域和国际之间资源要素高效流动的逻辑过程，是交通运输物流体系的“主引擎”，推动货优其流。市场主体层包括实际承运人、货运代理、货运中介、场站经营人、第三方物流、供应链企业等市场经营主体，是交通运输物流体系的“活细胞”，实现推陈出新。制度规范包括交通物流领域的法律、法规，国家标准、行业标准、地方标准，产业政策，行业服务规范，诚信制度等内容，是交通运输物流体系的“软环境”，维护健康有序。

（二）现状及问题

1. 发展现状

随着经济迈向高质量发展阶段，交通运输物流体系在“补短板、降成本”的推动下，发展呈现“量质并举”的阶段性特点。

（1）市场规模持续扩大。2018 年，我国物流总费用达到 13.3 万亿元，近五年的年均增速为 5%；全国货运量达 506 亿吨，其中公路货运量、铁路货运量、港口货物吞吐量多年来居世界第一位；快递业务量突破 500 亿件，继续稳居世界第一；物流业从业人员超过 5000 万，占全国就业人员的 6.5%。

（2）运行效率持续改善。2012 年，我国人均 GDP 达到 6086 美元。根据国际经验，当人均 GDP 超过 6000 美元后，将进入物流效率全面提升的阶段。十八大以来，物流降本增效成为供给侧结构性改革的重点领域，物流总费用与 GDP 的比率从 18% 下降到 14.8% 的水平，2018 年全球物流绩效指数（LPI）排名第 26 位，位列金砖国家第一位。

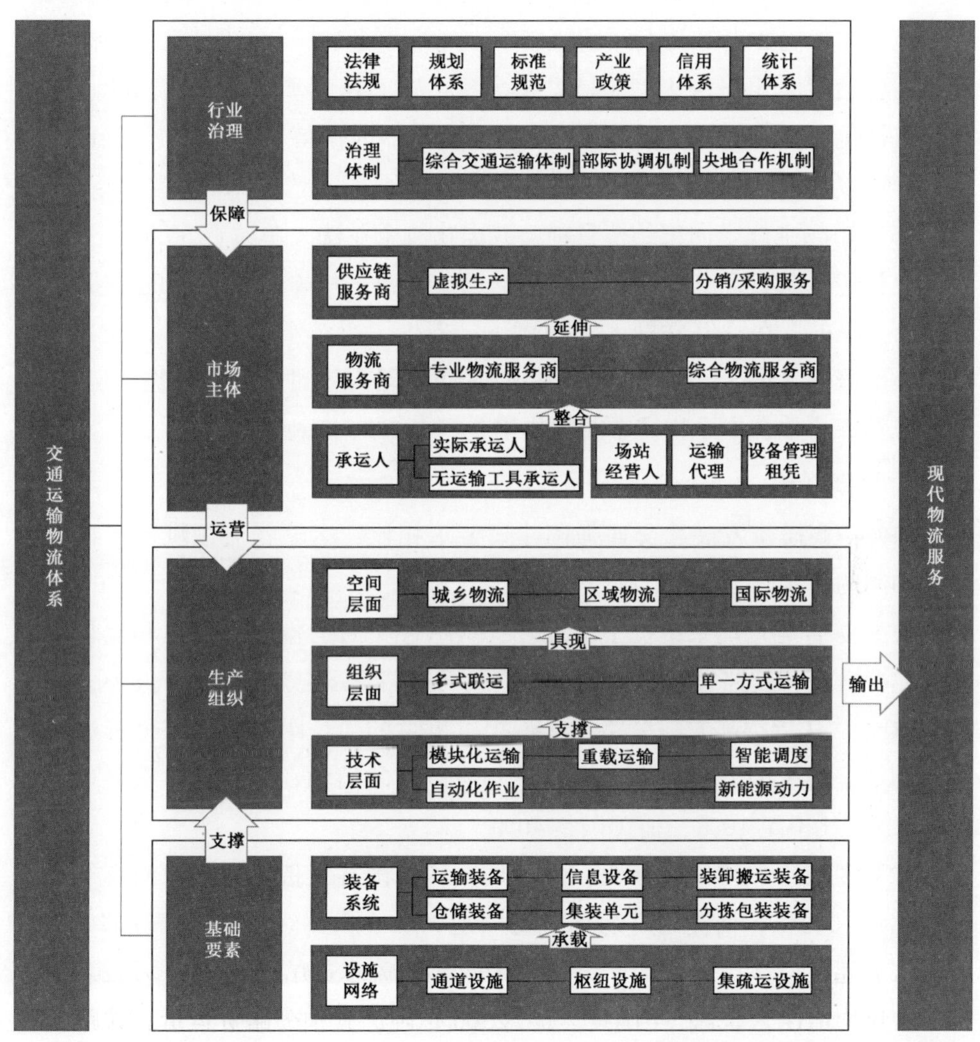

图 23-4　交通运输物流体系框架结构示意图

（3）需求结构逐步调整。我国已经步入工业化后期，尽管运输物流服务对象中超过 90% 以上的货类仍然是工业品，但大宗物资的运输需求开始下降。同时，随着社会生活质量改善，消费品物流需求出现“井喷式”发展，2018

年上半年最终消费对经济增长贡献率为78.5%，2018年“双11”期间共处理邮件、快递18.82亿件。

（4）科技基因开展显现。近年来，我国物流企业在物流大数据、物流云、物流模式和物流技术等几大领域的年度市场规模超过了2000亿元。物流业正从劳动密集型向知识密集型、信息密集型、资本密集型转变，信息化、自动化、机械化、智能化的发展趋势明显，物流机器人销售量超过1.2万台以上、输送分拣设备销售额超过70亿元。

（5）市场主体走向集约。目前，我国物流企业法人单位近30万家，道路货运业务超过680万户，水路运输业户近3万户，从事航空货运的企业约51家。可喜是的，在“互联网+”浪潮下，催生了无车承运人、运力交易、基础设施即服务（IaaS）等新业态，高峰时期全国有超过200家各类货运App，较好地发挥了整合中小物流企业的作用。

2. 存在问题

与经济高质量发展、交通强国建设要求相比，运输物流领域还存在一些差距和制约瓶颈。

（1）综合运输体系结构不合理。我国综合交通运输组合效率和比较优势尚未充分发挥。公路货运量占比过高，我国铁路货运量过低，仅约8%，而美国约10%。从货类来看，公路运输承担了大量的、长距离的大宗物资运输任务，例如公路承担了华北地区铁矿石80%以上的运输任务；同时铁路运输中“白货”占比不足10%，而美国是40%。

（2）基础设施网络存在短板。一是方式结构有短板，我国内河高等级航道占比为10.6%，而美国是61%、德国是71%；大秦线、京九线等部分地区铁路常年超负荷运行。二是点线结构有短板，枢纽节点布局不优、衔接不畅，如西安至上海铁水联运，由于武汉阳逻新港与吴家山铁路中心站之间衔接不畅，短驳费占比高达16%。

（3）物流组织集约化程度不高。由于信息互联不顺畅、诚信体系不完善、标准法规不统一等原因，物流组织链条长、环节多、效率低，货物平均倒手3~5次，多式联运等组织方式应用不广，占比仅约3%左右。

（4）物流市场主体多小散。我国A级及以上的物流企业总数仅为5355

家，占比不足0.2%。道路运输领域过度散小的现象尤其突出，户均车辆数为1.7辆，远远低于欧美国家20辆左右的平均水平。

（5）放管服有待进一步推进。货车资质管理、车辆认证管理、运输经营许可等仍有简化优化的空间。同时，部门之间、央地之间在政策制定、实施路径、重大工程等方面沟通协调不足，放管服尚未形成推进合力。

（三）经验借鉴

1. 德国模式

物流业是德国仅次于汽车与贸易的第三大产业，产值达到2630亿欧元，每年运送43亿吨货物，就业人口约为300万人，就业人口占到德国就业人口总数的19%。德国采用政府推动、企业经营的发展模式，主要发展经验如下：

（1）政府搭建基础平台。德国政府是物流基础设施的主要投资者。目前德国建成的36个货运村（GVZ）中，有1/3的公铁联运中转站是德国联邦铁路投资修建的，联邦政府资助比例最高可达85%；全国128个多式联运中转站，其中94个得到了政府的财政补贴。在政府推动下，德国形成了完善、高效的物流基础设施网络，并成为德国物流企业集群发展的关键依托。

（2）协会协调区域业务。德国通常由交通运输行业协会承担跨行政区的交通运输事务协调。如莱茵—美因交通协会（RMV），董事会由26个市、县及黑森州政府派员组成，法兰克福市长担任会长，运营方包括150个运输公司。此外，德国货运村都是DGG（德国物流园区协会）的成员，各货运村在DGG的协调下统一标准、协同运作。

（3）法律保障营商环境。德国物流相关的法规健全，除去《商法典》有关物流方面的规定外，还有《德国承运商规则》《道路货运经营人员市场准入规定》等专项法规。尤其是1998年，德国进行了运输法规改革，建立统一的对公路、铁路、内河航运以及航空运输共同有效的商法通则（HGB：Handels Gesetzbuch），将原有的法律法规条款压缩到约1/4，把各运输方式纳入统一的商业法规体系。

2. 美国经验

美国没有一个集中统一管理物流的专职政府部门，政府机构按各自职能对物流的基本环节进行分块管理。20 世纪 80 ~ 90 年代，美国物流业发展处于转型、成长阶段，对当前我国交通运输物流体系发展具有较强的参考意义。这一时期，美国推动物流业发展的典型做法如下：

（1）鼓励组织创新。这一时期，以铁路运输为主的多式联运（intermodal transport）开始迅速普及，铁路集装箱运输也开始迅速发展，出现了双层集装箱运输方式（double stacktrain），运输增效成为物流降本的重要助力。

（2）完善设施网络。美国政府大力推进交通基础设施建设，联邦政府负担 90% 的修路费用，道路设计要求超前 20 年，路宽至少双向 4 车道。1991 年，美国决定由联邦向州偿还收费公路建设费，使之全部成为免费州际公路。

（3）松绑制度约束。美国政府推动运输管制松绑。《多式联运法》《协议费率法》《机场航空通道改善法》《卡车运输行业规章制度改革法案》《受控承运人法》《1998 年远洋航运改革法》相继颁布，为物流业发展创造了良好的政策环境。

（4）加强技术驱动。1993 年，“国家信息基础设施”工程计划有力支撑了流动迅速、准确无误的信息流与商流、物流快速融合，加快推进了物流业精益化发展水平，催生了多元化、定制化的物流供应链服务。

二、需求预测、发展形势及总体要求

（一）需求与形势

1. 未来需求

根据国际发展经验，人均 GDP 处于 0.3 万至 2 万美元时，货运强度呈现明显下降趋势；达到 2 万美元时，货运强度下降趋势逐步放缓；达到 4 万美元时，货运强度基本达到均衡状态。结合我国经济、交通发展趋势，预计未来我国货运量、货物周转量见表 23-1。

我国货运需求规模预测表 表 23-1

年份（年）	人均 GDP（万美元）	货运量（亿吨）	货物周转量（万亿吨公里）
2018	0.94	514	20.5
2025	1.3	610	25

续上表

年份（年）	人均 GDP（万美元）	货运量（亿吨）	货物周转量（万亿吨公里）
2035	2.5	700	27
2050	4	760	30

2. 面临形势

（1）我国经济地理格局调整。“一带一路”构建了全方位的对外开放新格局，我国对外开放从“单向开放”转向“全面开放”，以“内陆开放”打破“梯度转移”，促进西部地区全面对外开放，深度融入全球经济体系。另一方面，我国产业转移凸显“链式集聚”，按照供应链在优势地区集群发展。

（2）全球化在震荡中前行。近年来，逆全球化的力量发生了颠覆，发声方从发展中国家转变为以美国为代表的西方主流社会，既造成了中美贸易战等国际贸易摩擦，也在不断塑造新的国际秩序，世界经济中心向亚太转移，出现“东升西降”的现象。尽管贸易摩擦抑制部分国际物流需求，但也进一步延续了我国在国际市场的战略机遇期。

（3）高新技术加速创新。移动互联网、物联网、大数据、人工智能、新能源等将缩小信息与物理之间的界限，使得物流的线下实体流动与线上信息交互有了融合、分离、协同等多种组合的可能，极大降低协同成本，催生更多的新业态、新模式，倒逼交通运输物流体系的治理数字化、跨界化。如图 23-5所示。

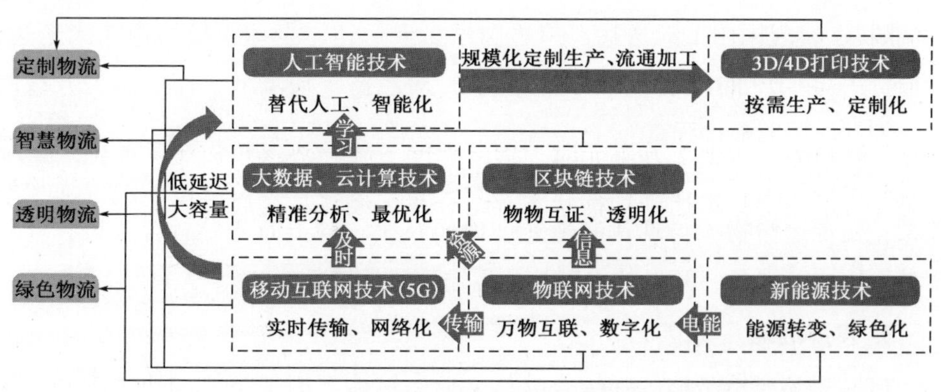

图 23-5　技术创新与交叉作用示意图

（二）总体要求

1. 指导思想与基本原则

践行创新、协调、绿色、开放、共享的发展理念，以交通强国为引领，建设多方协同、运行智能、链接全球、发展绿色的交通运输物流服务体系，通过网络整合战略、结构调整战略、创新引领战略、环境优化战略，为经济高质量发展“赋能”。

（1）市场主导，政府推动。充分发挥市场在资源配置中的决定性作用，更好发挥政府的引导作用，打造政府与市场协同互动“双引擎”。

（2）整合资源，协同联动。强化跨方式、跨部门、跨区域协同联动，促进运输物流与商贸流通、先进制造、信息技术等产业融合发展。

（3）立足行业，创新发展。围绕制约物流发展的运输环节瓶颈，大力推动制度创新、管理创新，发展新技术、新业态、新模式，以科技创新引领交通运输物流体系建设。

（4）系统部署，重点突破。综合考虑我国国情，主动对标国际经验做法，研究提出长远、系统的工作框架，近期针对重点领域和薄弱环节持续发力，以“点”带“面”。

2. 发展目标与战略方向

到 2035 年，交通运输物流体系的建设取得突破性进展，运输结构更趋合理、运输效率大幅提升、服务品质显著提高，基本实现“全球 123 快货运输物流圈”，实现国内 1 天送达、周边国家 2 天送达、全球主要城市 3 天送达，运输费用与 GDP 的比率下降到 6% 左右，对经济提质增效、产业转型升级的支撑带动作用明显增强。

到本世纪中叶，全面建成让人民满意、为经济赋能的现代交通运输物流体系，实现运输物流与现代制造业、现代农业、电子商务等融合发展，开创智慧、协同、绿色、开发的中国特色运输物流发展新模式。

3. 发展战略

（1）网络整合战略。在综合立体交通运输体系框架下，加快推动物流大通道的全面畅通、物流节点设施网络化布局和互联互通、先进运输组织方式推广应用，强化国际、省际政策的互适性，破除政策障碍，建立全面、顺畅的沟通协调机制。

（2）结构调整战略。以多式联运为突破口，加快推进运输结构调整，构建“宜公则公、宜铁则铁、宜水则水、宜空则空”发展局面，倡导更经济的运输行为，并在运输结构调整的过程中带动企业集约化、规模化经营。

（3）创新引领战略。鼓励技术创新、模式创新、业态创新、治理创新，打造“万物智联、实时感知、瞬时响应、智能决策”的按需物流服务场景，推动运输物流运行精细化和服务品质化，并培育一批具有国际竞争力的科技型运输物流企业，积极参与全球供应链体系建设。

（4）环境优化战略。深化“放管服”改革，以健全法规体系、完善标准体系、建立信用体系为抓手，推动交通运输物流领域治理体系和治理能力现代化，打造亲清营商环境。

4. 实施路径

（1）在推进产业集聚中完善体系建设。以国家物流枢纽为依托，利用综合成本的比较优势和核心竞争能力，加快资源要素向枢纽聚集，实现集聚效应、扩散效应和乘数效应。重点以一带一路、长江经济带为轴线，以长江三角洲城市群、珠江三角洲城市群、京津冀城市群、中原城市群等为重点，形成点、轴、圈、带协调一致的交通和产业联动发展格局，在推进物流降本增效、振兴实体经济的同时，夯实我国全球供应链中心地位，提升国际竞争能力。

（2）在运输结构调整中完善体系建设。多式联运、一体化运输是未来交通物流发展的必然趋势，是交通运输现代化建设的内在要求，是有效降低运输成本、提高综合运输效率、实现物流绿色发展的必然选择。积极构建“宜公则公、宜铁则铁、宜水则水、宜空则空”的服务体系，大力发展多式联运，不断提高一体化运输在运输总量中的比重，通过试点探索、企业运作、政府扶持、多方联合等方式，加快推进煤炭、矿材、建材、粮食等大宗散货铁水联运、水水中转，积极开展集装箱公铁联运、铁海联运、甩挂运输等先进的运输组织方式，力争补齐在多式联运领域与国际发达国家的差距。

（3）在加强区域合作中完善体系建设。区域合作交流离不开交通运输和物流的支撑，尤其是在合作过程中将形成若干个交通经济走廊、国际物流通道，进而加速交通物流基础设施的网络化布局和服务供给的广泛覆盖。借助“一带一路”建设、长江经济带建设、京津冀协同发展、粤港澳大湾区建设等战略实施的契机，引导区域交通物流一体化发展，鼓励企业在全国乃至全球加快网络化布局，以“六廊一路”总体战略布局为指引，统筹铁路、公路、水运、民航、邮政等多种运输方式，推动诚信互认、信息共享、标准统一，加快构建联通内外、安全通畅的全球化交通物流网络。

（4）在发展高端物流中完善体系建设。发展高端物流、提升发展层次作为新时期物流业发展和转型升级的重点战略。在推进交通运输物流体系发展中必须充分发挥企业主体的作用，引导好、扶持好物流企业发展，加大政策倾斜和支持力度，鼓励企业积极开展面向生产制造和商贸流通的物流服务，依托企业已有资源和网络优势、人才优势，加快运力结构调整，加快业务板块重构，大力发展一体化运输、生产配送、物料仓储管理、物流金融、供应链优化、流程再造、物流可视化透明化管理、保税物流等高端物流服务，不断提高行业服务能力和水平，加快传统运输业向现代服务业转型。

三、重点任务

（一）强化基础要素供给

1. 完善物流基础设施网络

加快物流大通道的短板补齐、瓶颈扩能，畅通新亚欧大陆桥、陆海新通道等国际通道，分层次、分主题完善国家物流枢纽体系，推动货运机场布局，强化枢纽集疏运系统、境外战略支点建设，构建统筹城乡、畅连东中西、链接全球的物流基础设施网络。

2. 推动技术装备升级

大力推广集装箱、厢式半挂车等标准化运载单元，鼓励“挂车池”“运力池”等共享模式发展，积极推广使用高铁快递专用货车等特种运载工具，推动车路协同、信息互联，支撑交通资源全时、全域、全程“在线感知”和“智联共享”。

（二）提升生产组织效率

1. 提升专业物流服务水平

将冷链运输经营纳入管理范畴，完善冷藏车温控等方面标准规范，防止运输“脱冷”。探索固化由铁、公、水路相互衔接的大件物流骨干线路，提高危化品物流全程服务品质，推动快递“上车、上铁、上机”，提升城乡寄递服务便捷性。

2. 推动运输结构调整优化

提升干线铁路货运能力，丰富列车编组形式，加强跨局组织协调；加快内河重点航段治理，提高内河航道保畅能力和服务水平。推进多式联运高质量发展，发展“一站式”服务产品、“一单制”组织模式。积极、稳妥地推动低空通航和城市地下货运系统发展，面向未来构建综合立体、有机组合的运输方式应用场景。

3. 促进区域交通物流一体化

依托农村客运、邮政、供销等资源，构建“末端网点—配送中心—物流园区—乡镇物流服务站—村级服务点”的双向物流服务网络，强化农村物流节点与“四好”农村公路的衔接、匹配，推进“路、站、运”协调发展。逐步建立跨区域、跨省、跨市等不同层级的协调管理机制，推动区域物流资源整合、集群发展，打造分工协同、主题鲜明的区域供应链网络体系，形成统一、开放、有序的市场体系。

（三）激发市场主体活力

1. 引导市场主体集约发展

鼓励中小企业通过联盟、联合、兼并等方式实现资源整合，扭转市场主体过散、过弱的局面，完善市场准入、退出机制，培育现代物流市场新主体，引导企业树立品牌管理意识，鼓励龙头企业“走出去”。

2. 鼓励业态跨界创新

大力发展“互联网 +”车货匹配、“互联网 +”专线整合、“互联网 +”

园区链接、“互联网+”共同配送、“互联网+”车辆租赁、“互联网+”大车队管理、“互联网+”农村寄递等新业态，推动货运新旧业态加快融合发展，不断提高市场组织化程度。

（四）提升交通治理能力

1. 优化营商环境

深化“放管服”改革，推动简政降费，加快综合交通执法改革，建立交通运输物流领域审批事项的“单一窗口”。建立健全市场主体诚信档案、行业红黑名单制度和市场退出机制，强化守信激励和失信惩罚效果。

2. 健全法规标准体系

加快推进《综合交通运输促进法》《多式联运法》立法进程，建立健全交通运输物流标准体系，强化跨方式的衔接与协调，将各运输方式纳入统一的运行规则。

四、政策建议与措施

1. 加强组织领导，促进多方合作

结合大数据资源管理、综合运输一体组织等需求，适时调整职能，进一步完善大部门制下物流管理的综合协调机制，加强部际协调、部门联动，调动各级交通运输主管部门和地方人民政府积极性，充分发挥科研单位、专家学者、媒体单位和市场的力量，形成推动工作的合力。

2. 完善顶层设计，编制年度指引

研究制定《交通运输物流体系发展规划》，明确目标、任务、重点、措施、保障等，“一张蓝图干到底”。同时，借鉴日本定期制定《物流施政大纲》的经验和模式，定期制定并公开发布《交通运输物流发展指引》。

3. 完善扶持政策，完善统计体系

面向交通运输物流设立统一的发展专项资金，拓宽资金支持范围、创新资金支持方式、动态调整资金支持方向，充分发挥资金的杠杆作用。充分利用现代信息技术、政策载体、平台型企业，联合交通物流“新业态”和龙头

企业，通过政企合作建立交通运输物流的动态监测体系，并逐步完善、纳入行业统计体系。

4. 加强人才培养，提高人员素质

鼓励产学研用相结合，鼓励大专院校、研究院所加强物流专业学科建设，与国内外著名企业联合建立物流综合培训和试验基地，多渠道培养复合型物流高端人才。推动物流职业教育快速发展，推进职业资格认证工作，提升物流金融、电商物流、供应链管理、危险货物运输管理、安全与应急管理等物流业发展急需的技术、技能型人才培养能力，稳步推进物流业职业资格的双方和多方互认工作。

交通运输部科学研究院、交通运输部公路科学研究院、交通通信信息中心联合课题组

主要执笔人：王先进　萧　赓　杨　勇　王　娟　李　玮　范　敏
孙腾达

第二十四章 城市群和中小城市交通发展战略研究

交通运输部规划研究院

一、总体认识

我国城市群以20%的国土面积，承载了全国56%的总人口、80%的经济总量，是带动我国经济快速增长的引擎，也是未来我国参与国际经济合作与竞争的主要平台，对于实现社会主义现代化和中华民族伟大复兴具有重要意义。交通运输在推动城镇化发展中具有重要作用，推动了我国城市群及城镇化格局的形成，促进了以产业为核心的城市群发展；服务了城市空间拓展，增强了中心城市的辐射力，打通了城市与国内外市场的联系，增强了城市的竞争力；密切了城乡联系，带动了城镇经济发展，促进了城乡社会、文化交融，促进了人的城镇化发展。城市群和中小城市交通发展将为我国构建城镇空间新格局提供有力支撑，是建设交通强国的重要任务和使命，也是交通强国的重要体现和依托。

二、发展战略格局与需求

（一）总体趋势

我国区域策略，将从“单向开放”到“全面开放”，将以“内陆开放”打破“梯度转移”思维，城市群之间交通发展，将从国家格局出发，打造全国尺度的交通运输组织和门户枢纽，实施从“海陆分割、北重南轻”到“海陆统筹、南北贯通”的交通走廊策略，进一步打造沿海门户（如：粤港澳、长三角、京津冀），内陆门户（如：成渝城市群、中原城市群、滇中城市群、关中—天水城市群等），边疆战略支点等节点；城市群内部交通发展，将形成多中心、网络化、开放式模式。

未来，城市群将进一步成为我国城镇化的主体形态，东部地区三大城市群以优化提升为主，集约化和一体化水平明显提高；中西部及资源环境承载条件较好的地区以培育壮大城市群为主，成为区域协调发展的增长极。此外，不同形态城市的发展重心将有所不同：中心城市重在增强辐射带动能力；中小城市重在加快发展、提升质量；小城镇重在服务三农。

（二）人口流动趋势和出行特征

未来我国人口资源进一步向大城市集聚，流动人口居留稳定性增强，流动儿童和流动老人规模不断增长，城市居民构成越来越复杂，城市交通服务的公平、可及诉求愈加突出。老龄化问题越来越突出。同时，新一代用户出行偏好及消费需求将发生明显改变。

未来城市群内部一体化进程不断加快，各城市间的差异度缩小，城市群由“单中心”向“多中心”转变成为大方向，发展的平衡性增强，人口分布和经济活动将出现微观分散趋势。随着城市群快速客运系统进一步完善，区域内以通勤、公务、商务、旅游、务工、探亲等为出行目的旅行次数增多，客运需求的分布会在城市群内部平衡分散，客流由辐射状向网状分布转变。

随着居民生活水平提高和环境保护意识提升，中小城市交通发展将更注重“生态宜居”“田园绿色”等理念，提高交通可持续发展能力将是未来中小城市交通发展的主要导向，通过信息互通共享、联动协作、可视智能、一体高效等新技术进一步提升交通服务品质的趋势也愈加突出。

（三）“新业态”下，货运流动趋势和特征

互联网与移动互联网的兴起，以及资本的流动，带来了新兴市场经济腾飞，形成新的区域经济整合，中国城镇、城乡的时空重构将超越实质的物理空间，以节点的方式链接到传统网络空间。不同层次城市一起以城市群的形式（如长三角城市群、珠三角城市群等）纳入区域经济整合和全球化时空重

构中。未来，城市群经济圈的产业链配置是覆盖全国乃至全球，以产业为核心发展的城市群承担的功能也包括了对外经济的联系，尤其是有沿海主要港口和综合枢纽的核心城市，作为城市群对外运输的门户，其运输需求与腹地相关，其运输组织是超出城市群范畴的，涉及大量跨越城市的货物运输。

同时，随着人口进一步的集聚，城市群内部也将产生越来越多以自己生产、消费为中心的运输需求，尤其是现代经济发展和人民生活水平提高，对于快速、小批量、高密度、快速化、物流配送式的货运需求在城市群内部快速增长，对运输经济性、时效性要求提高。

此外，结合中小城市在新型农业、先进制造、生物能源、旅游产品等新型专业市场方面与交通形成融合发展的态势，综合交通运输体系将在中小城市的产业分工中发挥更重要的作用。

三、战略目标

（一）战略愿景

在“两个一百年”目标引领下，交通运输将不断创新发展模式，提升服务品质，城市群和中小城市交通发展将致力于向全世界呈现一个更自由享受、更具竞争力、更可持续、更包容、更具活力和更具影响力的交通运输服务体系，满足人民群众对美好交通的新期待。

城市群交通在满足公众出行安全、便捷、舒适、可承受的基础上，进一步发挥经济全球化背景下的交通作用，适应和创造供应链发展新模式，打造经济、安全、可靠的交通运输系统，促进中国经济全球竞争力，提升中国在世界交通运输国际事务中的话语权，创造交通运输发展的中国理念、中国模式、中国标准、中国技术和中国方案，成为引领世界交通的样本，更深层次、更广范围影响世界交通运输发展。

中小城市交通充分结合城市发展愿景，立足长远，提供专业化程度高、社会经济环境效益好、服务质量优、技术水平强的交通服务供给。中小城市规模和交通资源供给在满足居民需求的前提下，不进行过度开发和供给，进一步深挖交通服务潜能，体现自身特点，发挥自身优势，进行精细化发展。

（二）战略目标

战略目标：构建畅通有序的城市群和中小城市客货运输体系，支撑国家开放式空间格局，实现公众出行安全、便捷、舒适、可承受，交通出行方式选择自由，时间可靠性强；货运系统效率提高，货物运输负面效应降低；交通发展公平包容普惠，贫困人口和弱势群体交通权益得到充分满足。

具体指标包括：航空全球连接度加快提升；高铁、机场以及城市公共交通准点率明显提高；城市轨道站点覆盖率大幅提高；无障碍设施覆盖率提升；公共交通拥挤程度明显下降；城市群300公里范围内2小时通达；1000万人口以上城市通勤时间1小时以内，中小城市30分钟以内，通勤公共交通换乘（步行及等待）不超过5分钟；1小时内获取公共服务（医疗、教育等）；多式联运换装效率提高，货车标准化率提高，门到门运输比例提高，装备标准化率提高。

四、关键性问题

（一）城市群城际客货运输问题

1. 城市对外交通与内部交通衔接不畅

服务于城市群区域的城际交通发展滞后，机场与轨道交通未形成有效衔接，火车站、机场、长途客运站、客运码头等对外交通枢纽在规划建设中缺乏与城市轨道交通、公交等内部交通系统的统筹考虑，城市道路与城市外围公路建设标准不一致，衔接性差，管理脱节。

2. 城市各组团间通道运输结构不合理

各组团间公共交通系统尚不完善：轨道交通供应量不足、站距过小、速度难以提升；快速公交路权难以保障；换乘枢纽缺乏或者设计不合理，公共交通换乘衔接不畅；缺乏公交接驳支线与公共自行车停靠点，公共交通出行最后一公里缺乏保障。

3. 货运和客运交通争夺城市运输能力

人口密集地区持续增长的货运需求，使商品离港后运输的“第一公里”以及商品自货运中心向其最终目的地运输的“最后一公里”变得更加复杂，货运瓶颈路段集中于城市群区域，尤其是在大城市周边公路以及沿海集装箱港口和大型联运终点站附近。

4. 多式联运发展滞后，货运配送障碍重重

沿海中心城市港口铁路集疏港能力不足，部分港口集疏运大量依靠公路运输，能耗、成本增加，需要统筹协调与城市交通之间关系。城市物流配送中心发展滞后，配送流程合理化能力不足，商品配送量小，社会化配送少；配送中心网点布局不合理，管理成本控制不理想；城市配送存在管理瓶颈。

（二）大都市圈通勤交通问题

1. 都市圈交通拥堵问题不断加剧

拥堵逐步由超大城市扩散至一般城市，由单点拥堵向线面拥堵扩散蔓延，由高峰拥堵向全天常态拥堵转变。

2. 交通发展对社区影响方面考虑不足

社区在交通规划过程中缺少话语权，交通基础设施将社区彼此割裂开来，专为某些需求而设计的基础设施限制了其他方面的实际流动和经济流动性。

3. 停车难问题突出

大多数城市尚未形成与城市整体交通系统相适应、综合考虑公共交通和私人交通、动态交通和静态交通的停车政策。

（三）城市群交通一体化问题

城市群交通一体化程度不高，城市群内不同省市之间基础设施互联互通性不强，运输服务不均衡。

（四）城市群交通公平可达问题

现有交通服务难以适应老龄化人口需求，难以满足弱势群体对交通基本公共服务以及公平的诉求。

（五）中小城市交通发展定位不清

我国中小城市普遍缺乏顶层设计，发展路径不清、有限财政利用低效、模式粗放，呈“两个极端”发展态势，一部分过分强调提高机动化能力，超前发展交通，大规模建设高架路、地铁、快速路；另一部分不重视交通发展，

交通运输结构单一，缺乏支路建设，道路网级配常呈现“倒三角”或者“纺锤”型，交通供需功能错配。总体上，中小城市缺乏差异化、特色化、科学化、人性化的交通发展。

五、战略重点和主要任务

（一）解决城市群城际客货运输问题

1. 建立城市群便捷快速的客运体系

（1）形成以轨道交通和高速公路为骨架，以国省干线、内河水运、通用航空网络为补充的城市群交通系统，实现城市群内部 300km 范围内，2 小时通达。

（2）推进基于城市圈出行链的城际客运服务，推进轻轨线和铁路线之间的互联能力。提升城际轨道交通通勤出行的吸引力。研究建设直达市中心的轨道交通。

（3）建设强大的航空网络，提供优质的航空和机场服务。拓展包括廉价航空公司在内的国际和国内航空网络，实现和巩固我国一线城市成为亚洲枢纽的地位；增强我国中心城市机场的功能，提升我国城市群在商务和旅游领域的竞争力；开发连接国内和国际航班的地下通道和停车场，提升机场功能；改善机场周边交通。

2. 建立城市群绿色高效的货运体系

（1）提前规划国内货运通道，形成专用货运通道。根据我国主要贸易门户，提前规划国内货运网络/走廊，尽可能形成专用货运通道，形成独立体系；提高城市群货运系统性能，减少拥堵，减少对城市和环境的负面影响；支持研究并推动应用新技术；围绕一些特大城市、中心城市构建相关的区域性交通圈层体系和便捷的口岸集疏运体系。

（2）通过轨道运输解决城市货运瓶颈。与卡车货运相比，铁路和水路货运的碳排放强度更小，可通过限制公路货运或提高其运输成本的政策，以及增加铁路或海运补贴的政策，提高这些低碳运输模式的经济竞争力。

（3）加强通道运输组织节点建设。合理布局和建设港口和货运站等物流节点；建立城市配送中心，通过密集的配送设施提升城市物流功能；设立货物装卸停车位，防止路边停车进行货物装卸；建设分级交叉口，优化交通流量。

（4）以多式联运为突破口提升物流效率。培育市场主体，强化基础设施与标准规范的衔接，统一服务规则，推广快速转运装备技术，加快信息系统和智能化建设，推进厢式货车标准化改造工作，不断提升货运的组织效率和便利化水平。

（5）提高区域城市货运配送便利性。统筹规划建设功能完善、干支结合的城市货运枢纽场站和多层次的货运配送节点网络，优化区域间和城市内部的物流配送体系的衔接，研究完善货运配送车辆通行政策。

（6）通过技术创新应用，提供更加精细、高效的物流服务。促进交付接收方式多样化，减少重新配送；推进无人驾驶飞机或无人机方面的技术与业务，为人口稀缺地区、城市或在发生灾害等紧急情况时运输货物。

（二）解决大都市圈通勤交通问题

1. 促进交通与社区发展相统一

增加交通、住房和土地利用政策之间的协调。充分协调土地使用和交通规划，建立社区项目的交通影响评价，支持综合利用开发和多种交通模式；对公共交通投资时，与相关政策进行配套，促进落后社区的经济健康发展，改善个人和家庭的生活质量和社会流动性。

2. 建立以公共交通为主导的通勤客运体系

建立层次化的公共交通系统，发展多元化的公共交通服务，合理引导交通需求，鼓励使用者向公共交通设施迁移，从而减少城市交通流量、减轻环境负担、恢复中心城区活力，确保老龄化社会弱势道路使用者的通畅出行。

3. 大力推进交通节点功能开放

通过实施交通节点改建项目、城市和区域交通战略促进项目、火车站综合改建项目，以及其他交通节点项目和周边区域项目，提高乘客换乘交通工具时的便利性，使纵横交错的城市形成一个整体，疏导城市交通，增强交通节点功能。

（三）解决城市群交通一体化问题

1. 促进城市群基础设施网络融合规划与建设

促进公路网络体系和城市道路体系的融合；超越城市行政区划，从区域和城市群角度考虑优化枢纽布局。

2. 打破部门分割，改进行业管理，建立区域交通一体化管理的协调机制

主要包括：①规划管理层面；②建设管理联动方面；③运行管理联动方面；④信息管理联动方面等四个方面的一体化管理协调机制；针对城际和城市内部交通管理方面，尽快落实交通大部制改革，统筹运营服务区域、统筹价格、统筹扶持政策。

（四）解决城市群交通公平可达问题

1. 增加公共服务节点的交通可达性（医院、教育、公园）

通过辅助措施提高客船、火车站和其他客运站的可达性，实现 1 小时内获取公共服务；与车站、政府、医院等设施相连接的道路和车站广场等区域，确保包括老年人和残疾人在内的所有人都能舒适通过。

2. 形成放心的特殊交通系统

做到无障碍设施的系统化、体系化，形成点、线、面结合，最终目标应达到“门到门”的服务，即从家门到目的地整个过程的无障碍，包括对步行系统、场站设施以及运输工具科学、合理设计。

3. 推进慢行交通系统的建设

创造以人为本、安全和可靠的步行空间，改善步行上学儿童所使用的学校路线；打造安全、舒适的骑车环境；建造优质步行空间，为人行道和休息设施建设提供支持，与美丽景观和丰富的自然与历史遗迹串联在一起，打造美丽街区。

（五）解决中小城市发展定位问题

1. 吸取经验教训，加强交通与城市空间协同发展

要求城市交通和城市规划部门紧密协调，发挥交通引导作用，建立城市控规动态维护机制；结合城市规模和功能布局，把线网布局、换乘枢纽、公交专用道、场站布局、用地规模和建设计划等作为城市规划的重要内容，并制订相应发展规划。

2. 因地制宜，探索中小城市适宜的交通发展路径

探索个性化、差异化的中小城市交通综合治理模式，分别整理总结适合旅游城市、工业城市、山地城市、平原城市、东部沿海、西部内陆等特色、特征明显的中小城市交通综合治理方法；鼓励中小城市公交多元化发展，发展常规公交、定制公交、社区公交等；探索利用行政手段、经济杠杆等方式引导居民出行方式选择，减少不可持续的交通方式出行。

交通运输部规划研究院、交通运输部科学研究院联合课题组

主要执笔人： 石良清　崔　敏　高　翠　王　婧　马衍军　陈宇毅　刘振国　陈徐梅

第二十五章　交通运输财务审计保障体系研究

交通运输部科学研究院

一、财务审计管理的现状及问题

（一）关于交通运输财务审计保障体系

财政是国家治理的基础和重要支柱，这凸显了财务工作的重要地位与作用。交通强国建设需要强有力的资金保障和财务审计服务工作支持。

财务审计保障体系是交通强国建设的重要支撑（保障体系）。交通强国建设需要强有力的资金保障和管理监督保障，交通强国建设重点任务中涉及的基础设施、交通装备、运输服务、科技创新、安全保障、绿色发展等体系都需要强有力的资金保障，否则交通强国建设任务将无法落地实施。交通强国建设涉及规模庞大的资金，依托资金形成规模庞大的资产，这些资金、资产需要安全、规范、高效使用，财务审计保障体系能够有效提供管理监督保障。

财务审计保障体系是交通强国建设的重要任务（是治理体系的重要组成部分）。财务审计体系建设需要进一步深化各项改革：如推进交通运输领域中央与地方财政事权和支出责任划分改革是理顺政府间财政关系的前提和基础，是推进行业治理体系和治理能力现代化的重要方面；深化政府投融资体制改革，需要重构行业投融资体制机制；深化预算管理制度改革，把部门预算从单纯控制收支的工具转变为政府从事国家治理、实现宏观调控、实现预算引导、优化资源配置的重要手段，更好发挥主管部门在国家治理中的职能作用。

可见，交通运输财务审计保障体系是行业治理体系的重要组成部分，是交通强国建设重要任务之一。

现代交通运输财务审计保障体系构建将围绕“资金”这一主线，建立两大体系：资金保障体系和管理监督体系（包括预算管理、资产管理、审计监督等），回答三个问题，即“资金从哪里来？资金用到哪里去？资金如何安全、规范、高效使用？”如图 25-1 所示。

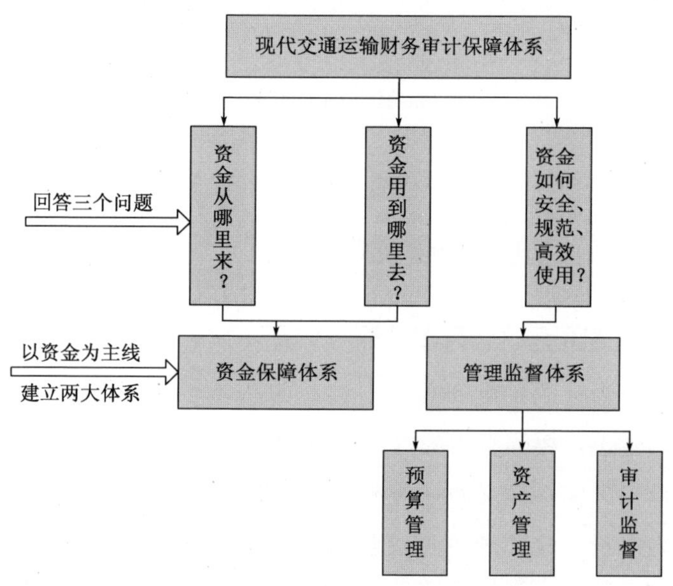

图 25-1　现代交通运输财务审计保障体系建设框架

（二）管理现状及存在问题

1. 管理现状

在财政事权与支出责任方面：国家铁路由中央承担支出责任，地方铁路由地方承担支出责任。公路实行以地方为主的管理体制，由地方承担主要支出责任，中央安排补助。港口实行属地化管理、市场化运作，由港口企业承担主要支出责任，其中港口公用基础设施建设由地方承担主要支出责任，中央安排补助；长江干线航道由中央承担支出责任；其他航道由地方承担支出责任，中央安排补助。中央负责民航安全管理、空中交通管理、机场规划、直属机场建设和管理等，地方机场建设和运营管理由中央与地方共同承担支出责任。中央承担邮政主干网络建设的支出责任，地方承担邮政末端网络建设的支出责任。

在资金保障方面：建立了交通专项资金保障机制（车购税、港建费、铁路建设基金、民航发展基金、成品油消费税转移支付资金等），为交通基础设施建设和养护提供了稳定的资金来源。出台了“贷款修路、收费还贷”政策，打破了公路建设完全依靠政府投入的单一投资模式，收费公路不断发展。设立了铁路发展基金（产业投资基金性质），以财政性资金为引导，广泛吸引社会投资人，实行市场化运作。积极争取政策性银行和商业银行等金融机构贷款支持。广泛吸引国有企业、民营资本、外资参与交通建设、运营、运输服务、交通装备制造、科技创新等领域。积极拓宽直接融资渠道，股票、债券等各种市场融资工具呈现出“井喷式”发展态势。

在预算管理方面：加强部门预算编制管理，全面推行综合预算，不断细化预算编制内容，推进预算定额标准体系建设，实施中期财政规划管理，强化支出规划的约束性，实行逐年滚动管理。强化预算执行，建立预算执行与预算安排挂钩等多项机制，有效提高了预算执行效率和效果。稳步推进预决算信息公开，提高了预算管理透明度。加大资金统筹整合，建立滚动预算项目库，优化资金支出结构。积极开展部门预算项目支出、整体支出、交通专项转移支付资金绩效评价试点，初步形成了具有交通行业特点的绩效评价制度框架、指标体系和工作程序，树立了绩效管理理念，提高了财政资金使用效益。

在资产管理方面：积极推进交通基础设施资产管理：加强收费公路权益转让管理，落实国家“放管服”改革要求，将收费公路权益转让由审批制改为备案制；组织开展交通基础设施资产确认、计量研究，积极开展交通运输政府资产报告编报试点；探索盘活交通基础设施存量资产。不断加强部属单位资产管理：建立了涵盖资产配置、使用、处置全流程的资产管理制度体系，加强资产日常管理和监督检查，规范对外投资行为；组织开展部属单位专用资产配置标准体系研究工作，制订发布了《海事测绘、长江航道测绘及应急救助专用资产配置标准管理办法（试行）》等专用资产配置标准。

在审计监督方面：不断深化领导干部经济责任审计，重点加强领导干部离任经济责任审计，在部层面实现了离任经济责任审计全覆盖，积极推进任期中经济责任审计。积极开展财务收支审计、基建项目跟踪审计等专项审计及调查等，提高了财政资金使用效益，规范了建设项目管理。注重建立审计整改长效机制，印发了《关于进一步加强审计整改工作的意见》，对审计发现问题建立了清单核销管理制度，强化整改问责。积极推进内控体系建设，初步建立了涵盖预算管理、资产管理、财务收支管理、政府采购、基本建设管理等各方面分层次的内部控制体系，加强内部控制。

2. 存在问题

当前，交通运输财务审计管理存在下列主要问题：交通财政事权与支出责任划分不清晰、不合理、不规范。中央交通专项资金政策存在不稳定性，收支缺口大，保障能力不足；新建项目经济效益较差，存在政策不稳定性，社会资本投入意愿下降；适应财税体制改革要求的新的筹融资机制构建缓慢、亟待规范完善；债务负担沉重，防范化解债务风险压力较大。部门预算管理科学化、精细化水平有待提升，交通专项转移支付资金使用效益亟待提高，绩效评价开展及结果应用尚需增强。交通资产管理与预算管理尚未有效结合，资产配置使用效益较低，交通基础设施资产管理亟待加强。审计监督方式方法亟待创新，审计覆盖面不够，内审独立性不强等。

（三）经验借鉴

1. 在资金保障体系方面

铁路的正外部效应决定了以美国、欧洲、日本为代表的发达国家和地区，对铁路项目建设运营都建立了显性的或隐性的补偿补贴机制，以增强铁路项目的盈利能力，吸引社会资本投资铁路建设。由于公路的公共基础设施属性，各国政府在公路发展中都发挥着主导作用；建立了公路使用者税资金保障制度，例如美国设立公路信托基金（政府性基金性质）支持全国公路系统发展，日本设立道路特定财源制度（征收各类税）作为非收费公路建设与维护专项资金；此外，直接融资成为公路市场化融资主渠道，其中以国家信用为基础的、低成本的债券融资（尤其是长期债券）成为重要的融资方式；依托级差效益适当发展收费公路，意大利、法国等绝大部分高速公路均实行收费制度。

在港口发展中市场化融资方式的地位作用日益提高，内河航道发展坚持以政府投资为主。国外比较典型的三类民航机场融资模式包括：以民营化融资为主的“英国模式”、以机场（收益）债券融资为主的“美国模式”和以政府财政融资为主的“日本模式”。国外发达国家普遍以法律形式明确规定了邮政普遍服务的要求，并设立了财政补偿机制，建立了普遍服务补偿基金，同时开拓多渠道的融资方式，取得了很好的成效。

2. 在财务审计管理体系方面

实行大交通综合预算管理，促进各种运输方式衔接协调发展；建立交通规划与财政预算协同平衡机制，增强预算资金对发展规划的制约和调控作用；推行全面预算绩效管理；不断细化预算信息公开内容。注重对交通基础设施资产的价值管理；借助信息化技术，开发交通基础设施资产管理系统，为资产运营维护提供决策支持；建立科学的资产管理绩效评价体系。内部审计由单纯财务审计向管理审计、综合审计发展；绩效审计是世界各国政府审计的主流；特别强调政府内部审计的独立性。

二、发展形势与总体要求

（一）发展形势

深化财税体制改革对交通运输财务审计保障体系建设提出的要求。深化财税体制改革，要求加快建立全面规范透明、标准科学、约束有力的预算制度，全面实施绩效管理，提升交通领域财政资源配置效率；要深化投融资体制改革，建立交通运输领域财政事权和支出责任相适应的制度，规范地方政府举债融资行为，充分发挥市场机制作用。在深化税收制度改革过程中，交通专项资金面临较大不稳定性。

审计管理体制改革对交通运输财务审计保障体系建设提出的要求。党中央组建了中央审计委员会，审计署恢复了内部审计司，审计署等部门出台了一系列指导和规范审计事业发展的政策文件，对新时期交通运输内部审计工作提出了新的更高的要求：要进一步明确内部审计工作定位，更好地发挥好审计工作的监督和保障作用；对公共资金、国有资产、国有资源和领导干部履行经济责任情况实行审计全覆盖；进一步创新审计方式方法，全面提升内部审计工作效能。

交通强国建设对交通运输财务审计保障体系提出的要求。交通强国建设需要构建多层次的资金保障机制：对于公益性较强的交通领域，要建立政府发挥主导作用的稳定的财政资金保障机制；对于经营性交通领域，要建立新型的市场化资金保障机制，更好发挥市场配置资源决定性作用；对于准经营性领域，需要政府发挥引导作用，相应建立财政资金引导机制。推进交通强国建设，实现交通运输高质量发展涉及规模庞大的资金，依托资金形成规模庞大的资产，这些资金、资产需要安全、规范、高效使用，需要构建与之匹配的管理监督体系。防范化解重大风险是党的十九大提出的“三大攻坚战”之一，是2020年决胜全面建成小康社会的迫切要求。在推进交通强国建设中，要处理好稳投资与防风险的辩证关系，合理规划交通大国向交通强国迈进的进程，既要防控债务风险，也要防止行业投资大幅波动，使交通强国建设建立在资金、资源、生态等生产要素可持续保障的基础上，促进交通运输发展合理的举债规模和结构，坚决守住不发生区域性、系统性债务风险的底线。

（二）总体要求

1. 指导思想

以习近平新时代中国特色社会主义思想为指导，按照深化财税体制改革、审计管理体制改革，建立现代财政制度和交通强国建设的各项目标、任务与要求，借鉴发达国家先进经验与做法，立足我国实际，围绕“资金”这一主线，构建现代交通运输财务审计保障体系，重点是建立资金保障体系和管理监督体系，为交通强国建设提供有力的资金保障和规范高效的管理监督保障。

2. 基本原则

坚持统筹谋划。紧紧围绕“安全、便捷、高效、绿色、经济的综合交通体系”建设，统筹谋划综合交通运输财务审计工作，为交通强国建设提供综合财务审计保障。

坚持改革创新。主动适应国家经济体制、财税体制、审计管理体制改革各项要求，加快推进交通运输领域中央与地方财政事权和支出责任划分，深化投融资体制改革和预算管理制度改革等，更好地发挥财务审计在行业治理体系和治理能力现代化中的重要作用。坚持理念创新，凸显财务审计的规范约束与引领发展作用。坚持方法创新，借助信息化手段，全面提升财务审计工作效能。

坚持全面覆盖。坚持目标导向、问题导向，构建覆盖资金、预算、资产、监督等关键要素的交通运输财务审计保障体系，重点是建立资金保障体系和管理监督体系，前者为交通强国建设提供多层次、强有力、可持续的资金保障机制；后者为交通强国建设提供安全、规范、高效的资金、资产管理监督保障。

3. 发展目标

到 2035 年，基本建成“保障有力、管理科学、监管有效、运行有序”的现代交通运输财务审计保障体系，交通运输行业资金、资产配置充分，财务管理科学化、精细化、高效化、透明化、信息化程度显著提升，审计监督严格有效，交通运输经济运行平稳有序，为基本建成交通强国提供有力的财务审计保障。

到 2050 年，全面建成与交通强国相适应的“保障有力、管理科学、监管有效、运行有序”现代交通运输财务审计保障体系，充分发挥其在优化交通资源配置、提供交通公共服务、调节交通收入分配、保护生态环境、维护交通安全等方面的调控作用，为全面建成交通强国提供强有力的财务审计保障。

三、重点任务

（一）资金保障体系建设任务

1. 建设目标

建立和完善交通运输发展“政府主导、分级负责、多元筹资、风险可控”的资金保障体系，对于公益性交通领域，强化政府投资主体责任，建立公共财政保障机制；对于经营性交通领域，着力构建多元化筹资机制，发挥市场配置资源的决定性作用，为交通强国建设提供多层次、强有力的资金保障。

2. 近期任务

（1）建立权责清晰、财力协调、区域均衡的交通运输领域财政事权与支出责任相适应制度体系。按照交通运输基本公共服务受益范围、影响程度，兼顾政府职能和行政效率的原则，充分调动各级政府积极性，科学划分交通运输领域中央与地方、省以下财政事权与支出责任。综合考虑改革的“成本”与“收益”，合理确定中央财政事权、中央与地方共同财政事权和地方财政事权履行方式。建立区域均衡的财力保障机制，确保各级政府有能力履行本级政府的交通财政事权，通过法律法规的形式将中央与地方政府间交通财政事权和支出责任、共同财政事权支出比例予以明确，从预算管理角度研究法定投资比例的执行机制，确保各级政府履行财政事权、承担支出责任规范化法制化。

（2）深化投融资体制机制改革，强化资金保障。

强化财政资金保障。继续稳定铁路建设基金、车购税、成品油消费税转移支付资金、港建费、民航发展基金等交通专项资金。将公益性交通基础设施作为政府一般公共预算资金和地方政府一般债券资金重点保障领域。完善收费公路专项债券政策，将专项债资金需求纳入中期财政规划，进一步明确多个项目整体能实现收益和融资自平衡即满足集合发行条件，允许在收费期内分阶段接续发行专项债券等。规范建立和完善铁路公益性运输补贴机制和邮政普服补贴机制。加大对交通科技创新基础性、战略性和公益性研究财政支持力度。在工程预算或概算中，加大对绿色交通和安全防护设施的投入。

充分发挥市场机制作用。继续用好铁路发展基金，加快推进多式联运产业投资基金设立，通过政府增信和适当让利，引导基金投向、吸引社会资本、扩大有效投资。继续规范有序推广运用 PPP（Public-Private-Partnership，政府和社会资本合作）模式，应用领域由收费公路拓展到铁路、港口航道、民航、综合交通枢纽、物流场站等领域和存量交通基础设施项目。进一步加强与有关金融机构的合作，畅通银行信贷融资渠道。支持各类交通企业采用企业债券、项目收益债券、公司债券、中期票据、私募债、融资租赁、资产证券化等金融工具，提高直接融资比重，降低融资成本。鼓励交通企业应用绿色信贷、绿色债券等创新金融工具，拓宽绿色交通发展融资渠道。创新交通科技投入方式，综合运用风险补偿、贷款贴息等多种方式，充分发挥财政资金的杠杆作用，引导金融资金和民间资本进入交通科技创新领域，完善多元化、多渠道、多层次的交通科技投入体系。

积极盘活存量资产资源。支持具有良好现金流和收益支撑的交通运输基础设施项目通过资产证券化、出让部分政府资产以及经营性国有资产权益等方式，盘活存量资产，提高流动性。鼓励将部分具有稳定现金流的政府性交通资产合规转化为交通企业经营性资产。探索将旅游、土地、矿产、能源、林地等优质资源，采取打包转让、挂牌出让、股权并购、融资租赁、资产证券化等方式形成增量资金，用于交通基础设施建设发展。

推进交通融资平台转型发展。支持融资平台公司转型为自负盈亏、自主经营的国有企业，转型后的国有企业通过市场化方式服务交通运输建设发展。加快推进各类融资平台公司建立健全现代企业制度、完善公司治理结构，加大改革力度，降低债务负担，增强自身经营实力和市场生存能力。对只承担政府融资任务且主要依靠财政资金偿还债务的“空壳类”交通融资平台公司，按照地方政府的统一部署，按法定程序撤销。

（3）服务供给侧结构性改革，优化资金支出结构。发挥投资对优化供给结构的关键性作用，优化中央交通专项转移支付资金分配机制。加大对“一带一路建设”“京津冀协同发展”“长江经济带发展”“雄安新区”“粤港澳大湾区”“精准脱贫”“四好农村路”等国家战略及国家重大决策部署的资金支持，确保对重点地区、重点领域和重点项目的支持力度，确保如期完成交通脱贫攻坚任务。加大对交通基本公共服务、普遍服务资金保障力度，全面提升交通基本公共服务均等化水平。加大对交通装备、运输服务、科技创新、交通安全、绿色交通等体系建设的资金保障与引导力度，引领新领域、新业态发展。

（4）防范和化解重大风险，守住债务风险的底线。妥善处理交通运输存量债务，积极争取地方政府和财政部门支持，按照应纳尽纳的原则，将此前尚未甄别为政府债务的具有政府债务本质属性的交通运输或有债务，及时纳入政府债务，通过发行地方政府置换债券等方式予以置换。对未纳入政府债务的交通运输存量债务，要加快筹资偿还；对债务偿还确有困难的，可通过债务展期等方式进行债务重组，也可采取市场化方式进行处置。严控交通运输新增和隐性债务，政府债务只能在法定限额内通过发行政府债券方式规范举借，不得通过任何形式违法违规举债或变相举债。切实加强重大交通建设项目资金保障能力论证，强化债务风险防控。

3. 中远期任务

（1）建立财政事权划分动态调整机制。根据经济社会发展需求、交通运输发展阶段性特征等情况，同时结合中央与地方、省级以下政府间交通财政事权履行中出现的新情况、新问题，建立交通运输领域财政事权划分动态调整机制，定期开展分析评估，及时调整完善。

（2）建立多层次资金保障机制。建立稳定的财政资金保障机制。结合交通运输领域中央与地方财政事权和支出责任划分改革，建立健全稳定的中央与地方财政资金投入保障制度，强化各级政府发展交通的主体责任。建立稳定的交通专项资金保障机制。完善一般公共财政保障机制，对没有收益的交通基础设施所需资金由一般财政预算予以保障，同时纳入地方政府一般债券融资渠道。建立稳定的中央与地方交通科技创新财政资金投入机制。在工程预算或概算中，建立稳定的绿色交通、交通安全应急等相关设施设备投入制度。

建立交通运输长期债券制度。对有一定收益的交通基础设施所需资金，纳入地方政府专项债券融资体系，建立健全交通基础设施长期债券制度，实现债券期限与项目收费期限相匹配；将专项债券用途由建设向债务置换、偿还延伸；扩大发行规模，探索以未来项目收益确定专项债券额度的办法，实现项目全生命周期预算管理，建立符合交通基础设施网络特性的债务风险防控机制，在一定区域内实现各类交通基础设施专项债券收益、融资整体平衡。

建立完善的市场化融资机制。对经营性领域，充分发挥市场在资源配置中的决定性作用，完善产权制度和要素市场化配置，着力打破行业垄断、清除市场壁垒，形成企业自主经营、公平竞争，商品和要素自由流动、平等交换的现代交通市场体系。放宽市场准入，鼓励引导社会资本参与交通强国建设。建立规范有序、运行高效的交通运输基础设施政府特许经营制度，营造良好的政策制度环境。推动铁路“网运分离”，打破垄断，建立合理清算制度和补偿机制，提升盈利能力以吸引民间资本广泛进入。运用 PPP 模式引导社会资本参与交通运输装备制造、交通科技创新、交通安全、绿色交通等领域基础设施建设及公共服务。

建立完善多渠道融资机制。鼓励金融机构按照市场化原则提供金融支持。鼓励各级政府出资发起设立交通产业投资基金，通过综合运用参股基金、融资担保、适当让利等多种方式，充分发挥基金的引导和带动作用。鼓励国有企业、民间资本发起设立市场化的交通产业投资基金。对于交通运输装备、运输服务、交通科技创新、绿色交通产业等领域，充分发挥企业在投融资方面的主力军作用，积极撬动社会资本尤其是民间资本持续稳定投入，必要时政府以财政性资金为引导，支持促进行业转型升级。利用多层次资本市场，鼓励各类具备条件的交通企业通过发行股票等方式公开募集资金。引导风险投资、私募股权投资等支持交通运输装备制造企业创新发展。形成财政资金、金融资本、社会资本多方投入的交通科技创新投入新格局。

深化体制机制改革。进一步深化铁路体制机制改革，积极推动铁路领域混合所有制改革和铁路资产资本化股权化证券化改革等。支持各地公路水路交通融资平台公司通过混合所有制改革、引入战略投资者等方式加快市场化转型，做实做大做优做强，发挥好交通国有企业市场化融资主体作用。鼓励民航机场通过 PPP 模式、一定期限内特许经营权转让、部分或全部股权出售等多种方式，逐步推进混合所有制改革，提高市场竞争能力。鼓励邮政企业通过引入社会资本特别是民营资本，建立健全现代企业制度；通过上市等多种方式，推进产权结构向股权化、多元化、证券化转变。

（3）建立债务风险防控长效机制。合理规划交通大国向交通强国迈进的进程，保持交通发展合理的举债规模和结构，做到财力与需求相匹配、规划与预算相适应，将防范债务风险的要求落实到交通基础设施规划审批、投资建设、绩效考核、审计监督全过程中，有效防范和化解交通政府债务风险。建立交通运输发展规划、计划与资金保障协同机制，科学测算融资需求，明确资金保障渠道及规模，做好资金保障能力论证评估，增强资金保障对发展规划、计划的制约和调控作用。全面实施交通建设项目资金保障能力论证。建立健全债务风险防范预警、应急处置、责任倒查与追究机制。

（二）管理监督体系建设任务

1. 建设目标

建立管理科学、运行有效、监管有力的交通运输财务审计管理监督体系，为交通强国建设提供有力的财务审计管理监督保障。

2. 近期任务

（1）预算管理。加强预算编制，提高交通运输中期财政支出规划对行业发展的统筹能力；加快推进铁路、公路、水路、民航、邮政项目支出定额标准体系建设；加强预算项目库管理，健全项目预算审核机制。继续强化预算执行，严格落实预算法，增强预算执行刚性约束；继续深化和完善国库集中支付制度改革，逐步将所有财政性资金都纳入改革范围；建立权责发生制政府综合财务报告制度；加强交通专项转移支付资金预算执行监管；健全内部控制体系，强化内部流程控制；加强会计核算与监督，推进管理会计广泛应用；大力推进部门预决算信息公开，指导地方公开专项转移支付预决算。推进铁路、公路、水路、民航、邮政等领域全面实施预算绩效管理，加强绩效目标管理，实施绩效运行监控，强化绩效评价结果的反馈与应用。

（2）资产管理。理顺财政事权与支出责任划分改革后的行业资产管理体制。健全政府收费公路资产管理体制，将其资产、债务归政府所有，探索设立政府收费公路资产运营管理机构或以委托经营的方式交由高速公路企业具体经营管理，全面提高政府收费公路建设运营管理效率。加强交通基础设施资产价值管理和资产报告工作。加强收费公路权益转让事中事后监管。探索交通运输部所属行政事业单位经营性国有资产集中统一监管模式。

（3）审计监督。突出审计工作重点，关注交通强国建设重大改革任务推进、重大政策落实、资金分配和使用等领域，紧盯权力集中、资金密集、资源富集、资产聚集的部门和岗位，有重点地开展审计工作。对交通强国建设重点项目开展全方位审计。推动领导干部经济责任审计向纵深推进，做到“有离必审，凡审必严”，实现离任经济责任审计全覆盖，积极推进任中经济责任审计。扎实开展重大政策措施落实情况跟踪审计，开展交通扶贫资金、交通基础设施 PPP 项目等专项审计。狠抓审计发现问题的整改落实，建立健全审计发现问题整改情况定期报告制度和整改督促检查制度，对整改不力、屡审屡犯的，特别是整改造假的个人和单位严肃追责问责。

3. 中远期任务

（1）预算管理。建立全面规范透明、标准科学、约束有力的交通运输部门预算管理体系。统筹推进包括铁路、公路、水路、民航、邮政在内的全口径部门预算管理，真正实现“一个部门、一本规划、一本预算”；建立权责发生制政府预算制度；推动政府采购工作向纵深发展，充分发挥政府采购政策功能，推动实施“互联网+政府采购”行动。推动全面实行国库单一账户集中收付制度，提升预算执行效益；构建适应财政国库管理体系要求的部门预算执行管理体系；开发中央交通专项转移支付资金信息管理系统，实施全过程全方位监管；积极推动建立“交通预算民主”制度，全面推进预算公开、透明。推动以结果为导向的预算绩效管理，全面签订公共服务协议，借助绩效评估工具实施全面绩效评估，设立绩效评价结果支出转移基金，建立严格的绩效评价追责问责机制。

（2）资产管理。建立配置科学、使用高效、处置规范的国有资产管理体系。实施资产绩效管理，进而引导资产科学配置和维护。拓展资产管理功能，建立交通基础设施资产动态监控系统，动态监测资产运行维护状况，为资产管理维护提供决策支持。加强经营性交通基础设施资产合理收益监管，建立合理回报、超额收益分成和超低收益政府补偿机制。拟订铁路、公路、水路、民航、邮政专用资产配置标准，推进资产管理与预算管理相结合。完成交通运输部所属行政事业单位经营性国有资产集中统一监管。

（3）审计监督。建立覆盖全面、重点突出、监管有力的审计监督体系。构建满足交通强国建设需要、适应综合交通运输行业发展的审计监督制度体系，实现审计监督制度全覆盖。建立健全与审计全覆盖相适应的工作机制，对交通公共资金、国有资产、国有资源和领导干部履行经济责任情况实现有重点、有步骤、有深度、有成效的审计全覆盖。建立健全内部审计机构，提升内审独立性。实现由单纯财务审计向综合审计转变，进一步拓宽审计内容，对国家重大政策措施贯彻落实情况进行持续跟踪审计，全面实施绩效审计，开展投资审计、领导干部自然资源资产离任审计等。创新审计方式方法，借助信息化手段，全面提高审计工作效能。

四、政策建议

1. 构建政府和市场并行的两个交通基础设施资金保障体系

对于没有收益的交通基础设施（如普通国省道、农村公路、内河航道、邮政普遍服务网络等）由交通专项税收、一般预算资金、地方政府一般债券资金全额保障。对有一定收益的交通基础设施（如铁路、高速公路、港口、民航机场、快递服务网络等），其中收益较好的项目采取特许经营的方式交由市场融资保障；收益较差的项目采取政府与社会资本合作的模式，政府给予一定补贴或资源支持；收益差的项目可通过发行地方政府专项债券解决。

2. 建立与交通运输发展阶段任务相适应的专项资金使用制度

根据交通强国建设阶段任务的不同，建立与之匹配的相对灵活的财政资金使用制度。随着交通发展由大规模建设阶段向稳定运营阶段的转变，适时将车购税等交通专项资金由建设资金向建设、养护、运营并用转变，促进交通运输建管养运协调发展。切实改变交通专项资金"普撒胡椒面"的分配方式，适当提高补助标准，加大对交通强国建设涉及的重大改革、重要政策和重点项目的支持力度，统筹安排财力，集中力量推进交通强国重点领域、重大项目建设。

交通运输部科学研究院课题组

主要执笔人：王先进　杨建平　王海霞　邹光华　刘　洋

第二十六章　海上大通道立体管控与服务保障网络研究

交通运输部规划研究院

一、立体管控与服务保障网络现状及问题

（一）关于海上大通道立体管控与服务保障内涵

海上大通道是保障我国经济和社会可持续发展的“生命线”，是国家利益的重要延伸，其畅通与否直接关系到国家安全。我国海上通道分布范围广，安全形势错综复杂，对海上大通道的立体管控和服务保障建设提出了新的要求。

海上大通道立体管控与服务保障是总体国家安全的重要领域，表现为国家对海上大通道安全的经营、控制和维护的能力，主要包括对海上交通安全监管、应急搜救、航海保障等。同时，海上大通道安全也是一种国际合作的安全，需要国际社会广泛参与。

海上大通道研究范围：从空间范围上，包括国内海上大通道和国际海上大通道。其中：国内海上大通道包括沿海南北大通道和南海海域大通道；国际海上大通道包括东、南、西、北四个方向的通道，以西、南向的“21 世纪海上丝绸之路”沿线通道和北极航道为重点；业务范围上，包括安全监管、航海保障、搜寻救助、溢油应急、反恐反海盗等方面；技术手段上，涵盖天、空、岸、海、潜五大领域，包括监控、定位、通信、导助航、智能控制等方面。

（二）现状及问题

我国沿海南北大通道立体管控和服务保障网络基本建成；南海海域大通道立体管控和服务保障网络刚刚起步建设；国际海上大通道的立体管控和服务保障目前仅局限于为中国籍船舶或委托我国实施帮助的船舶提供简单的通信导航和搜寻救助服务。总体来看，我国对于国际海上大通道在全球海域监控、深远海搜救、航海保障等方面均较薄弱，与世界海洋强国相比仍有不小的差距。

1. 沿海南北大通道

以 VTS、AIS、VHF、CCTV 和 LRIT 等多重手段协同监控的现代化监管系统，以船艇、飞机、基地、溢油设备库等综合布局的立体化巡航和快速反应监管机动力量基本建成。但在装备先进性及综合性能方面，还存在一定差距，同时，通信带宽较窄，传输速率较低，难以适应未来更为丰富的海上信息传输要求。

1）海上监管救助装备设施基本能够满足需求

海事船舶大型化速度加快，船舶质量和综合性能不断增强，有效提高了我国海事巡航监管能力。2018 年末，直属海事系统拥有海上巡逻船艇 467 艘，其中大型巡逻船 5 艘、中型巡逻船 66 艘；大型航标船 7 艘、中型航标船 17 艘；中型测量船 11 艘，溢油回收船等特种船舶 15 艘，年均巡航里程约 700 万海里，巡航时间约 80 万小时。已建成各类型海事监管基地 312 处，其中大型海事监管基地 7 处，中型海事监管基地 31 处；建成 41 处航标航测基地，其中大型航标基地 12 处。

一批专业救助船、救助直升机、抢险打捞船等装备设施相继投入使用。直属救捞系统共有专业救助打捞船舶 216 艘，专业救助航空器 22 架，其中：14000kW 的“东海救 101”“北海救 101”救助旗舰船以及一批 8000kW 新型海洋救助船相继列编；我国第一艘 300 米饱和潜水工作母船“深潜号”、5 万吨半潜打捞工程船“华洋龙”、溢油回收能力最强的作业船“德澋”轮等先后交付使用。在全国形成了 24 处救助基地、3 处打捞基地、6 处飞行基地的总体布局。总的来看，巡航救助装备设施已基本能够满足国内海上大通道监管救助需求。

2）海上搜救应急反应速度提升

海上安全应急搜救能力持续提升，人员救助成功率稳步提高，在我国及周边海域自然灾害、事故灾难的应急处置中发挥了关键作用。目前，海上安全监管及应急保障体系已具备监管和救助力量在9级海况下能够出动，保证在6级海况下能够实施有效救助，救助直升机能够在昼间复杂气象条件下实施有效人命救助，在飞行基地周边110海里以内海域实现全面覆盖。监管救助力量在沿海离岸100海里应急到达时间不超过90分钟，人命救助有效率大于96%。重点水域一次溢油综合清除控制能力达到1000吨，沉船整体打捞吨位达到10万吨，水下救援打捞深度达到300米。

3）海上交通安全监管信息体系初步形成

随着全球卫星技术的快速发展，水上交通安全卫星技术手段不断更新换代，基本实现VHF、中高频、海事卫星和应急宽带卫星等多种通信方式对沿海及近岸水域的覆盖。安全信息播发（NAVTEX）业务覆盖沿海250～500海里水域，HF工作电路覆盖范围可达近洋水域。

利用船舶交通管理系统（VTS）和船舶自动识别系统（AIS），对沿海南北通道船舶动态实时监控和提供保障服务；依托船舶远程识别与跟踪系统（LRIT）和船舶报告系统（CHISREP），对抵达港为中国港口的外国籍船舶的远程识别和定位；沿海已建成23座无线电指向标—差分全球定位系统/差分北斗定位系统（RBN-DGPS/DBD）台站，可实现近岸水域GPS/北斗差分信号多重覆盖。海陆空三位一体的立体船舶交通安全监管体系初步形成，基本实现了沿海近岸水域实时通信和监控。

4）导助航服务能力提升，航海保障体系基本形成

在全国沿海重点水域实施船舶定线制，通过合理规划航路，改善航行秩序，提高通航效率，降低事故风险，打造“水上高速公路网”。目前已在辽宁、河北、山东、上海、浙江、福建、广东、海南等水域建立了船舶定线制和报告制。

航标导助航体系基本形成。截至2018年底，我国基本形成了沿海干线灯塔成链，港口航道基本形成多重覆盖导助航系统。设置各类航标14861座，

其中，已实现遥测遥控的航标有6300余座，占航标总数的42%，航标维护正常率达到99.99%。

海事测绘装备水平不断提升，较为完善的海道测量和产品服务体系基本形成。测量范围从港口航道走向沿海航路，拥有各类测量船舶16艘，测量控制点2711个，水文站点62个。配置各类测深仪、声呐、水下机器人、磁力仪、定位设备和绘图印刷设备等近400台套。重要通航水域全部实现多波束全覆盖测量，较好地满足了船舶航行安全需要。2018年测量面积约2.6万换算平方公里。

5）装备设施综合性能低，新技术应用程度不高

海事船艇在装备先进性及综合性能方面还存在一定差距，小型船舶占比较大；基地布局功能单一，综合配套服务保障能力不强，难以满足大型巡逻船跨区巡航停靠泊作业；海事无人机应用研究起步较晚，与美国、日本等发达国家在飞行器配备的数量和质量等方面存在巨大差距；在卫星通信导航和遥感技术的应用起步较晚，并需要在人工智能、物联网、云计算、大数据等方面加快研究应用。

2. 南海海域大通道

监管救助装备设施不断完善，海事常态化巡航逐步开展，通信监管能力有所提升，导助航能力实现突破，国际合作不断推进，合作机制日趋完善。但总体来看，目前立体管控和航海保障能力较弱，不能满足监管要求。

1）监管救助装备设施不断完善，海事常态化巡航逐步开展

目前海事系统尚未配备长期驻泊南海海域专用巡航船，但“海巡21”和“海巡31”2艘100米级大型巡逻船以及60米级中型巡逻船均具备调配南海海域巡航执法的能力，可随时调往南海海域执行巡航任务；救捞系统专业救助力量在南海部署大型远洋救助船12艘、沿海快速救助船6艘、救助直升机5架；在海口、三亚设立救助基地，基本形成了空中快速救援、水面应急反应以及水下打捞救援的三位一体应急保障体系。海事部门逐步开展了对南海水域的定期巡航（每年1~2次），利用对海上通道进行巡航执法的机会对海域进行巡视，增强我国对海域的有效监控，对维护我国海洋权益具有积极意义。

2）通信监管能力有所提升

对南海的通信覆盖主要基于国际海事卫星（Inmarsat）、国际低极轨道搜救卫星（COSPAS-SARSAT）、地面无线电 MF/HF 海岸电台、NAVTEX 海上安全信息播发台等。其中，卫星系统能够完整覆盖南海海域，实现遇险报警、应急通信与遇险定位等功能；HF 电路能够覆盖南海海域；三亚、广州和南海 6 号岛礁 NAVTEX 海上安全信息播发电路信号能够覆盖大部分南海海域。对南海的船舶监管主要依靠 LRIT 系统和北斗系统，可获取中国籍船舶和目的港为中国的外国籍船舶信息。

3）导助航能力实现突破

我国自 2015 年以来，在南沙群岛已陆续建成了华阳灯塔、赤瓜灯塔、渚碧灯塔、永暑灯塔和美济灯塔等 5 座大型多功能灯塔。截至 2018 年底，南海三沙水域各岛礁上共建有灯塔、灯桩等各类航标设施共 12 座。航标包括灯塔、灯桩、灯浮标、临时导标、通过 AIS 基站配布的虚拟航标等类型。导助航等公益性服务设施的建设，为过往南海各岛礁的船舶提供导航与避险服务，有效提升了南海通航保障与服务能力，填补了南沙水域民用导助航设施的空白，也是中国履行相关国际责任和义务的重要体现。

4）国际合作不断推进，合作机制日趋完善

2017 年 8 月，在第 50 届东盟外长会上正式通过了“南海行为准则”框架，这是对 2002 年中国与东盟签署的《南海各方行为宣言》的推进和落实，强调在不损害国家主权的前提下，通过和平谈判解决争端，共同维护南海的和平稳定。中国与东盟还陆续签署了《关于非传统安全领域合作联合宣言》等一系列合作协议，探索在南海进行有关海上航行与交通安全、打击海盗和海上恐怖主义等非传统安全领域的合作。同时，我国一直积极推进与东盟国家海上搜救的务实合作，建立了多个搜救合作机制。

5）巡航装备设施不能满足监管要求，通信监管能力薄弱

南海海域大型巡航船、救助船等装备设施配备力量较弱，同时缺少功能完备的大型海事基地。装备及基地设施的不完善，制约了南海海事监管工作的有效开展。南海海域通信安全监管能力薄弱，VTS、AIS 等岸基通信手段无法实现对南海海域大通道的全覆盖。卫星通信作为南海海域目前主要通信方

式，主要依赖于国外卫星资源，难以适应区位敏感的南海海域通信要求。由于监管手段及装备的制约，海事监管工作对南海海域存在“看不见、听不着、到不了、救不起”等诸多现实问题。

3. 国际海上大通道

1）我国信息获取手段发展快速

对国际海上大通道上船舶的监控系统主要包括 LRIT、卫星 AIS、北斗等。我国已购买部分卫星 AIS 数据，能够有限度地获取海上大通道的船舶航行信息；北斗卫星导航系统能够为船舶提供全天候、全天时、高精度的定位、导航、授时和短报文服务，目前正在不断地完善自身的组网建设，2020 年将实现全球覆盖；高频地波超视距雷达技术可实现对约 200 海里范围内的海面目标进行探测，下一步将推广在交通领域的应用；LRIT 于 2009 年建成并投入运行，LRIT 数据中心可每隔 6 小时或不同的时间间隔获取 1000 海里范围内船舶信息。

2）海上通信系统逐步完善

我国对国际海上大通道的通信覆盖，主要通过海岸电台高频电路和卫星通信实现。目前，我国在沿海已建成 16 座中高频通信系统可覆盖沿海 100 海里水域，其中上海海岸电台数选值班电路实现了对第七搜救区西北太平洋海域及其他部分远洋水域的安全通信覆盖。

卫星技术以其具有的通信距离远、覆盖范围广、不受地面条件约束、传输带宽较高等优势，与水上交通安全点多、线长和面广的特点高度契合，是中远距离水上交通安全监管和应急搜救的首要选择。可用于海上大通道通信覆盖的卫星通信系统，主要包括海事卫星通信系统、国际搜救卫星系统、各类 VSAT 系统、北斗短消息等。海事卫星通信终端和国际搜救卫星终端（EPIRB）是船检规范要求配置的卫星通信手段，目前我国建有第四代国际海事卫星北京关口站和第五代国际海事卫星北京强制路由网关系统，能够实现我国领海、200 海里专属经济区和部分南中国海区域通信强制路由能力，能够实现全球海上大通道的覆盖（除两极）；在北京、香港建有低极轨道搜救卫星终端站，北京任务控制中心能够获取国际搜救卫星组织划设的“中国搜救服务区”内的报警信号，并及时转接至中国海上搜救中心。

3）北斗国际化应用取得突破

2014 年，我国提交的“船载北斗系统接收机设备性能标准”在 IMO 海上安全委员会第 93 次会议上获得正式批准，同年，第 94 次海上安全委员会审议通过对北斗卫星导航系统认可的航行安全通函，这是国际组织批准通过且在相关领域应用的第一个北斗卫星导航系统标准，标志着北斗卫星导航系统正式成为全球三大卫星导航系统之一，我国北斗全球化应用迈出坚实的第一步。2015 年，随着差分北斗导航系统和北斗海上精密定位服务系统的建设，北斗卫星导航系统在海事领域的应用取得重大进展。北斗短消息功能已在我国渔船上得到了较为广泛的应用，有效提高了对渔船航行安全的保障水平。

4）加强海上国际合作，国际履约能力逐步提高

海上合作是维护国际海上通道安全的重要途径。近年来我国在国际合作方面取得了巨大成就，积极参加相关国际组织，及时掌握最新国际发展动态。作为国际海事组织（IMO）A 类理事国，我国先后加入了国际海事组织制定的 43 项公约，利用国际组织平台，深化与“一带一路”沿线国家交流合作。推广中国经验，推动北斗导航系统海事应用国际化，制修订国际海事组织的示范课程，推进复合型国际海事人才培养，进一步提高了我国在重要问题讨论中的影响力，在引导国际公约新发展方面主动作为，在保障海上航行安全、保护海洋环境等方面发挥重要作用，为推动共建 21 世纪海上丝绸之路、加快推进海洋强国建设奠定了坚实基础。

5）具备国际通道调遣能力的监管救助装备有待加强

国际海上大通道远离大陆、范围广阔、海况多变，对监管救助装备设施要求高。目前，我国大型海事巡逻船在船舶续航力、直升机搭载等综合能力方面还存在一定差距；现有直升机有效覆盖范围以离岸 100 海里内海域为主，还不能满足远洋海域监管需要；救助船舶虽已具备一定的国际通道救援能力，但应对深远海重特大突发事件应急处置能力仍存在诸多不足。如，在执行“马航 MH370”海上搜寻任务时，发现现有救助船舶存在尺度偏小、海上补给困难，难以满足长时间深远海搜救要求等问题。

6）信息获取实时性及通信有效覆盖能力还不能满足“全天候、全方位提供支持”的需求

从信息获取能力来看，对国际海上大通道航行船舶的监管手段匮乏，信息获取实时性较差，难以全面掌握远海船舶动态和发现险情。LRIT 系统数据获取间隔时间过长，基本不能满足监管需要；我国卫星 AIS 技术的星载飞行试验上不充分，购买的国外卫星 AIS 数据受制于卫星数量及数据限制，尚不具备实际监管能力；北斗终端在商船的普及率极低，尚未形成规模化应用。

在安全通信方面，由于中高频通信稳定性相对较差且带宽很窄，难以适应未来海上安全通信需求；国际海事卫星等卫星通信系统均受制于国外，我国管控能力较弱。

（三）经验借鉴

1）美国已建立了完善的海上交通安全保障体系

美国一直把谋求海上霸权作为国家的基本战略，维护以美国为主导的世界新秩序，保护美国在全球的利益，确保“自由航行”是美国始终不变的观点。基于强大的综合国力，美国已控制了全球重要的海上战略通道，建立了完善的“三位一体”海上安全保障体系，即不仅能够保障美国的海上安全，也能保障其盟友的海上安全，还能遏制和打压竞争对手在海上的崛起和挑战。

2）海洋强国重视装备设施的配备

海洋强国都极其重视装备设施的配备，其飞机、船舶、通信、导航等设备和设施无论是数量还是质量方面都比较过硬。美国海岸警备队船舶总量虽与我国海事救助船舶数量相当，但其船舶综合性能、装备配备普遍较强。现有飞机机型和数量不仅远超我国，且性能非常先进和实用；日本海上自卫队拥有质量过硬的水面舰艇与航空巡逻机，其中，大型巡逻船无论在数量、吨位还是装备先进性方面，都居世界前列，具有较强的海上巡航及应急处置能力。我国需加大适合远海水域的巡航执法船艇、飞机等装备能力建设，增强对海上大通道管控和航海保障的内在实力。

3）海洋强国拥有可以覆盖全球海域的卫星通信及监控能力

美国海岸警卫队利用新一代高分辨率遥感卫星、全球定位系统（GPS）、卫星 AIS 系统，建立了海上监管和应急专用系统（C4ISR），依托该系统，通

过卫星、雷达、传感器、AIS 等实时感知全球船舶动态，对全球海域船舶航行和污染动态实现有效监控；日本海上保安厅充分借助卫星、机（船）载对空（海）搜索专用雷达对所辖海域船舶动态进行实时监控；俄罗斯也在进一步加强卫星通信与导航覆盖，海上监控与信息获取能力不断增强。

二、发展形势与总体要求

（一）发展形势

海上大通道在当今世界政治博弈、经济发展中占据重要地位。保障海上大通道的安全，对我国的经济安全、能源安全以及国家安全都至关重要。“一带一路”“海洋强国”“交通强国”等一系列国家发展战略赋予海上大通道新的使命；国际海上大通道安全形势严峻，面临着海洋权益争端、外来强国军事干预、海盗、恐怖主义等多种威胁与挑战；同时，我国海外利益的快速增长、智能航运形势的变化等对海上大通道的建设也提出了新的要求。

（二）总体要求

1. 指导思想

深入贯彻落实党的十九大精神及中央决策部署，以习近平新时代中国特色社会主义思想为指导，以落实总体国家安全观、服务“一带一路”建设、参与全球治理体系建设为宗旨，紧密围绕海上搜救履职与履约要求，对标国际一流发展水平，以资源统筹为手段，拓展空间布局，加强装备配置，推进国际合作，建立分水域、分层级的海上大通道立体管控与服务保障网络，全面管控国内通道，有效保障国际通道，为交通强国建设提供有力支撑与保障。

2. 发展目标

2035 年：基本建成天、空、岸、海、潜五维一体的立体管控与服务保障网络，初步实现全域通信、精准监控、快速反应、高效处置，国际影响力显著提升，国内海上大通道立体管控和国际海上大通道服务保障能力总体达到国际先进水平。

2050 年：全面建成现代化的海上大通道立体管控和服务保障网络，管控和服务全球海上大通道的能力总体达到国际领先水平。

三、主要任务

1. 沿海南北大通道

1）提升船舶飞机等装备设施性能，完善基地功能

着重发展吨位大、续航距离远的高性能巡航救助船，特别是建造带有直升机甲板和机库的巡航救助船；增加中远程固定翼飞机、无人直升机的配备；不断提升船舶和飞机任务载荷设备的装备水平，配备先进航空遥感设备和通信设备；进一步完善大型综合基地布局及功能。

2）加强通信保障与船舶动态监管能力建设

确保岸基通信能力，优化中高频海岸台站总体布局，加强海上安全信息播发覆盖能力；加强空基通信能力，升级改造交通 VSAT 通信系统，加快研究我国自主移动卫星通信系统，构建我国自主的海上交通安全应急通信体系；大力推进北斗系统在船舶定位、信息获取等方面的应用；充分利用 LRIT 等系统，加强船舶信息获取力度，提升沿海南北大通道船舶动态掌控能力。

2. 南海海域海上大通道

1）加强适应南海海域的装备设施建设

加快推进高性能船、无人飞机、远程通信监控系统、综合应急指挥系统、深海扫测打捞系统等新技术装备在南海海域的应用。增加南海海域大型巡航救助船舶配置，提升飞机配备数量，试点配置中远程无人机。加强能够适应南海海域作业条件的大型航标船及大型测量船建设。

2）布局监管救助综合基地

在海南现有海事、救助基地的基础上，结合国家在南沙海域的建设，可采用共享等方式，在西沙群岛、南沙群岛布局监管救助综合基地。

3）加强立体监管和航海保障服务能力

对我国实际控制海域进行定期执法性巡航，对有主权争议的水域，为保障海上交通安全、防止海洋环境污染、实施海上人命救助，可进行公务巡航。通过高频率的海上巡逻、海上监视等手段，加强我国海上执法力量在重要海上通道的存在，增强我国维护南海海域海上通道安全的能力。

4）提升海上动态获取能力和安全通信覆盖能力

充分利用现有的雷达、AIS、LRIT、中远距离通信等多种信息化手段，获取更加丰富的南海海域船舶航行动态信息，全面掌握船舶交通态势。按照GMDSS现代化和E航海的进程，主动掌握部分岛礁周边水域的船舶位置信息，建成船舶动态监控网络。增设水上通信台站，提升我国南海海域水上安全信息播发、遇险报警信息接收和处理能力，为航行在南海的船舶提供全面及时的海上安全信息播发服务。

5）构建南海海域海上搜救国际协作体系

利用海上应急搜救专业性较强、政治敏感度较低、国际合作空间大等特点，向南海周边各国提供实质性支持。落实中国—印度尼西亚应急救援保障基地建设，推进与其他周边国家在应急救援基地方面的合作；推动建立中国—东盟国家海上紧急救助热线，探索建立南海联合应急情报和协调中心，推动签订周边国家间海上搜寻和救助合作协议或条约；加强南海海上反恐、反海盗合作，开展区域性联合行动，共同维护南海海域通道安全。

3. 国际海上大通道

1）增强深远海搜救能力

加强中远程固定翼飞机建设，提升海上大通道快速搜救能力；完善大中型直升机配置，依托船载平台和战略支点，提升海上通道联合搜救能力；完善大型巡逻船舶信息集成、协调指挥和长期搜救等功能配置，提升大型航测船航路岛礁设标、通航环境信息采集能力；增强大型救助船舶耐波性、续航力和自持力；推进大型溢油应急船、大吨位抢险打捞船、大深度饱和潜水支持船建造，购置不同系列的深海扫测打捞成套装备。

2）提升全球信息获取能力

构建基于卫星的AIS系统、视频监控网络系统，全力推广北斗系统全球化应用，实现完全自主的全球卫星信息获取能力。

推进基于高分辨率遥感影像海上综合监管系统工程建设，提高海面目标跟踪识别、监控等能力；依托LRIT系统，按照全球范围开启港口国权利，按照1000海里范围内开启沿岸国权利，全面获取LRIT信息；推动卫星AIS建设，提高船舶跟踪与监管能力，逐步实现全球海上船舶监控；全力推广北斗系统全球化应用，综合发挥定位、导航、授时和短报文功能。将 LRIT、卫星 AIS 和北斗短报文信息进行融合处理，形成全球信息获取能力。

3）强化全球通信保障能力

确保岸基通信能力，重点加强空基通信能力，构建我国自主可控的全球卫星通信系统。推动国际海事卫星资源能力建设，提升交通应急通信 VSAT 系统通信服务覆盖范围和能力，开展深远海通信组网能力建设，突破“水下—空中”应急通信信息链构建，实现有线通信、无线通信、卫星通信等多种通信方式的组网融合和智能控制。

4）加强海上国际合作，建立广泛多元的国际合作机制

在优化现有合作机制的基础上，推动建立海上安全合作新平台。亚丁湾护航为我国参与海上战略通道安全合作提供了有利契机，应继续加强与重要海上通道所在国在打击海盗、反恐等领域的交流合作，建立海上安全合作的常态化机制；在海上联合搜救方面，加强与有关国家的合作，推动建立跨国跨区域海上搜救合作机制，提高海上搜救效率，共同维护海上人命安全；加强与海洋强国以及周边国家和地区的海事磋商与对话机制；积极参与有关重要国际谈判和国际条约的制定，逐步扩大我国在海上规则制定方面的话语权。

四、政策建议与保障措施

1）建立与海警局等相关部门协调联动机制

推动建立我国跨部门海上合作机制，形成协调联动。加强与海警局等相关单位的密切协同配合，充分发挥各自优势，以提高海上管控能力。建立与海警局联合执法与信息互联互通机制，探索信息的共建共享模式。同时，探索建立与国家海洋局、气象局等相关部门的合作机制。

2）加强新技术的推广与应用

加强海事监管、搜寻救助、航海保障等关键技术装备研发和科技成果转化应用；鼓励新技术、新装备、新工法的研发和创新应用，提高我国自主创新能力；完善科技创新机制，加强科技交流合作，采用多种形式与高校、科研机构和生产企业建立“产学研”相结合的体制机制。

3）加强国际法研究，积极参与国际规则制订

在积极履行相关国际公约、承担国际义务的同时，应当在引导国际公约新发展方面主动作为，扩大国际影响，深度参与和引领全球海上交通安全治理体系建设，充分利用公约的规定，运用国际法解决争端，保障国际海上大通道的安全。

4）完善相关法律法规条例

推进《海上交通安全法》《海上交通事故调查处理条例》的修订，进一步明确和规范交通运输部在领海以外的毗连区、专属经济区管辖职权，强化深远海海域交通安全监管和应急处置职权保障。将《海洋法公约》和 IMO 公约中有关海上搜救及维护国家权益的制度转化为国内立法，通过相关法律制度予以固化。针对不同海域性质和争议类型，实施不同内容和手段的海上交通安全管理措施。

5）加强人才队伍建设

重点培养安全监管、应急搜救、通信导航等高级管理人才和飞行员、船员、救生员、潜水员等高技能实用人才。一是要采取有效措施，形成吸引人才、稳定队伍的机制；二是要加强人才培训，特别是通过实操和演习训练，提高实战能力。

交通运输部规划研究院、交通通信信息中心联合课题组

主要执笔人： 牟学东　刘胜利　孙金莹　杨立波　王福斋　杨　雪
赵晋宇　乔春福

第二十七章　智能航运安全监管体系和服务保障体系研究

交通运输部水运科学研究院

智能航运是现代信息、通信、感知、大数据和人工智能等高新技术与传统航运要素深度融合而形成的航运新系统和新业态，是航运业未来发展的必然趋势。可以预见，智能航运不仅会把我们带入船舶货运无人化时代，还将导致传统航运业与船舶制造业的深刻革命，会为我国从航运大国走向航运强国提供重大机遇。

目前国内外智能航运技术都处在发展初期，未来 15 年，是全球智能航运技术发展的重要机遇期和关键赛程，谁掌握了智能航运的关键技术并实现了广泛的商业化应用，谁就掌握了全球智能航运发展的主导权。

智能航运作为一个崭新的大系统，包括智能化的船舶、港口、通航基础设施、服务保障、治理等多个子系统（以下简称体系）。本研究在分析智能航运发展动力、趋势与影响的基础上，揭示智能航运的发展意义、进程、规律，阐明发展智能航运与建设交通强国、航运强国的关系，系统介绍智能航运大系统的基本构成和主要要素，进而重点介绍服务保障体系和安全监管体系的具体构成，分析其在智能航运系统中的地位和作用，阐述建设这两个体系的总体要求、主要任务、保障措施和对策建议。

一、智能航运是航运业未来发展的必然趋势

（一）航运业正在经历的历史性困局与解决之道

1. 航运业正在经历的历史性困局

百多年来，国际航运一直呈现出明显的周期性，景气与不景气的比例是1∶1.71，每次的周期大约是5年。国际金融危机发生后，航运业近10年来均处于低迷状态，这是历史罕见的。国内外航运业面对极大的市场压力，做了大量降本增效和转型升级工作，其中有些措施是空前绝后的，但到目前为止，航运业的经营压力依然十分巨大，许多著名航运企业倒闭、重组，许多企业惨淡度日，就连马士基这样的“巨人”也在变革中几近亏损。与此同时，国内外政府和航运企业在航运转型升级中也采取了一系列的技术措施，尽管态度积极，也有些产生局部效果，但几乎所有的措施都障碍重重，落地缓慢。

2. 困局的长期性及走不出困局的主要原因

航运业长期走不出困局的原因很多，其中最主要的是两个方面：一是航运业没有走出对人力资源的传统依赖，导致整体人力资源成本过高；二是航运业没有走出对传统业态和行业架构模式的依赖，管理、销售、服务和网络体系等还停留在以往的概念上，没能跟上时代发展的步伐。出路在于依靠感知技术、信息通信技术、互联网技术和人工智能技术，实现航运业态再造和转型升级。

3. 智能航运技术是传统航运业走出困局的金钥匙

随着智能化技术的不断发展，航运业态再造将持续进行并不断完善。传统的海员职业不再那么重要，海员市场需求将发生根本性下降；航运企业或者成为物流平台运营商，或者成为物流平台运营商的听命者，传统的货运代理公司和揽货员职业可能消亡；传统的船舶管理企业可能在货运领域失去价值，未来必将被新的形式取代；航运监管必须采用与智能航运相适应的理念、思路和模式。

智能航运是航运业未来发展的一种新的业态，也是传统航运业走出困局的金钥匙。智能航运技术将使航运业摆脱对人力资源的过度依赖，可以提高

港航安全环保水平，还可以提高港航效率和降低航运业成本。航运业将在业态再造中实现转型升级，在转型升级中重新赢得优势。

（二）智能航运技术发展迅速

1. 智能船舶技术取得多方面突破，关键技术正在转向商业化应用

我国智能船舶技术在航行环境态势感知认知、机舱设备系统运行状态监测评估、航线自主规划等领域已取得突破，并已在“大智号”“明远号”等多艘船上应用。“智腾号”2019年5月16日在青岛成功实施了远程驾驶演示。芬兰“Suomenlinna Ⅱ”号冰级客渡轮2019年1月在远程遥控下，成功穿越了赫尔辛基港附近的测试区域。挪威康士伯公司、Yara公司和威尔姆森公司合作开发的全电动无人驾驶集装箱船Yara Birkeland远程驾驶与自主航行控制系统，将于2020年上半年投入商业化运行。

2. 国际海事组织开启了海面自主航行船舶合法化的进程

按照现行国际国内立法，如果配员达不到规定的标准，船舶在海上或内河航行是违法的。如果不修改现行公约、标准和法律，无论船舶无人驾驶技术如何先进成熟，都无法真正应用于营运船舶。国际海事组织（IMO）在2017年6月的第98届海安会上，正式启动海面自主船舶（Maritime Autonomous Surface Ship，简称MASS）合法化进程后，第100届海安会预测自主航行船5年内可能面世，第101届海安会批准MASS测试临时导则。

3. 集装箱码头作业实现了现场无人化，智能港口技术应用向新的领域延伸

厦门远海、青岛新前湾和上海洋山四期3个全自动化集装箱码头均已实现高度自动化，在码头装卸、水平运输、堆场装卸等环节实现了无人化操作。我国港口信息化得到了全面推进，有力地提升了港口管理、服务和安全生产水平。多个“智慧港口示范工程”促进了港口智慧物流的建设和港口危险货物管理与监管的智能化。

4. 航运交易平台化逐步普及，航运企业管理智能化和高度信息化步伐加快

新加坡Shipping Foundation发起建设的国际航运智能交易结算平台MBC作为全球唯一的国际航运（干散市场）智能交易平台，将区块链和人工智能技术深度植入国际航运干散市场，打造了真正服务于航运参与者的生态支付

系统。马士基航运通过在线订舱平台，为客户提供端到端的订舱服务，双方根据线上合约兑现彼此的承诺。纽约航运交易所（NYSHEX）为全球航运业提供数字化货运能力，并提供新的标准化数字货运合同。中国远洋海运集团有限公司整合航运、物流业务板块间数据，探索提升“航运 + 物流”交易链效率。金马云将传统航运与互联网深度融合，打造大数据支持、网络信息共享、船货智能匹配的航运生态圈。长江汇集水上电子商城、水上综合服务区、水上快递和水上船舶维修保养于一体，打造了我国首个专为船员、船舶、航运企业服务的综合性平台。上海亿通国际股份有限公司通过上海国际贸易单一窗口的应用，助力航运智能化。

（三）智能航运正在催生航运新业态

1. 智能航运技术将加速船舶货运无人化时代的到来

智能航运在技术上已经没有重大障碍，市场将会筛选出具备竞争力的技术和商业化解决方案。随着智能航运技术的不断成熟和商业化应用的不断深入，船舶货运将逐步实现无人化，港口生产将实现少人化，航海保障将实现高度数据化，航运交易服务将实现平台化，航运监管将实现感知化，航运业将从根本上改变对人力资源过度依赖的局面，航运效率、环保水平、安全性能都将得到大幅度提升，船舶货运将逐步进入无人化时代。

2. 智能航运技术将对航运业带来深刻影响

航运就业需求与结构将发生重大变化。海员、航运揽货员和港口作业人员等就业需求将逐步减少，航运业将逐渐摆脱过度依赖人力资源的现实困境。

国际航运治理、国家航运监管和航运企业内部管理将发生重大变化。如果船上不需要船员，船舶结构格局将发生重大改变，SOLAS、MARPOL、LOADLINE 等公约标准（对货船而言）都将发生重大调整，STCW 公约对于无人货船将失去意义，从事货运的航运公司管理模式、船舶安全管理体系和船舶管理公司都会被新的形式所取代。

航运法律关系需要部分重构。重点是智能航行船舶的碰撞民事责任归属与划分，以及承运人、托运人、港口服务人和第三方航运服务平台运营商之间的民事责任关系界定等。

（四）智能航运发展趋势展望

从有人货船走向无人货船，是一个在船船员逐渐减少最后至无人的过程。整个智能航运的发展也是一个由低到高、不断提升的过程。

智能航运发展在任何阶段都会存在差异化，不可能千篇一律。导致差异化的核心影响因素，是客观需求和对于投入产出比的考量。

有人船和无人船共存，是未来水上交通的一般形态。任何船舶都可以实现无人化，但这并不意味着所有船舶都要无人化。国际邮轮同样可以在技术上实现无人化，但若无人服务，还会有游客在邮轮上消费吗？从这个角度来看，我们也可以预见：未来的水上交通将会是有人船和无人船并存；未来的船舶工业要满足有人船和无人船两种造船需求；未来的航运监管要同时面对有人与无人两种船舶并存的治理与服务需求。

二、智能航运系统

（一）智能航运系统构成

传统航运系统（图 27-1）包括船舶运输、港口运营、通航资源、支持保障和航运治理等多个子系统，每个子系统又包含多个要素。船舶运输子系统包括船舶、船员、运输服务销售、经营管理等要素；港口营运子系统包括码头、锚地和进出港航道、装卸设施装备与操作人员、旅客上下船设施装备与操作人员、港口服务销售、港口经营管理等要素；通航资源子系统包括航道及其他通航水域、船闸等通航设施、助导航设施与维护、通航资源开发维护与管理等；支持保障子系统包括航海保障、应急救助、科技研发、教育培训、救助打捞等要素；航运治理子系统包括法律法规、标准规范、监督管理机构、监督管理设施手段、监督管理程序方法等要素。

与传统航运相比，智能航运系统的功能没有变化，依然是通过船舶运载工具等实现旅客和货物从甲地到乙地的位移。由于功能不变，其构成也基本一致。但是，由于智能航运是传统航运要素与现代高新技术的深度融合，其数据化、智能化等特征十分明显，甚至不需要有人从事现场操作，从而呈现出许多与传统航运明显不同的形态，因此智能航运也是一个崭新的系统。

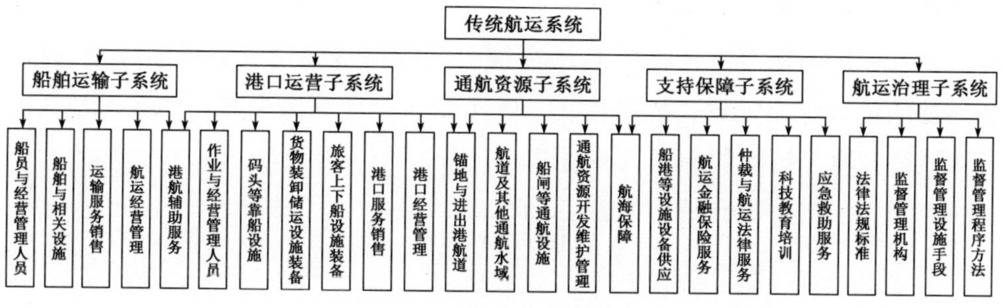

图 27-1　传统航运系统构成

从传统航运系统构成图中可见，五个子系统有多个要素，这些要素基本可以分为几大类，如遍布五大子系统的人力资源，无处不在的运载工具、装备设施和技术系统，自然与人工资源，销售与服务，生产作业和监管的流程控制，各子系统的内部管理等。

人力资源与人工智能等高新技术的融合，实际是教育培训问题；自然与人工资源与人工智能等高新技术融合的结果，是通航水域环境、通航设施和港口等陆域的电子化数据化问题；运载工具与人工智能等高新技术融合的结果，是智能船舶和港口作业和运输的智能车辆；装备设施和技术系统以及生产作业和监管的流程控制与人工智能等高新技术融合的结果，是智能化的作业与监管系统；港航销售和服务与人工智能等高新技术融合的结果，是智能化的港口、航运服务系统与平台；各子系统的内部管理与人工智能等高新技术融合的结果，是港口、航运公司、船舶、航道、航保、监管等机构内部管理的信息化。

把上述融合的内容带入图 27-2，我们可以勾勒出智能船舶、智能航运服务、智能港口、智能航保和智能航运监管等五大关键要素。

（二）智能航运系统关键要素简介

智能航运系统五大关键要素紧密相关，其中智能船舶在技术上扮演最为关键的角色，是核心要素。

1. 智能船舶

智能船舶是指利用传感器、通信、物联网、互联网等技术手段，自动感知和获得船舶自身、航行环境、物流、港口等方面的信息和数据，并基于计算机技术、自动控制技术和大数据处理与分析技术，在船舶航行、管理、维护保养、货物运输等方面实现自动决策、运行和自主安全航行的技术系统。智能船舶包括智能机舱、智能货载、智能能效管理等多个方面的技术，其中智能航行技术是智能船舶的核心技术。

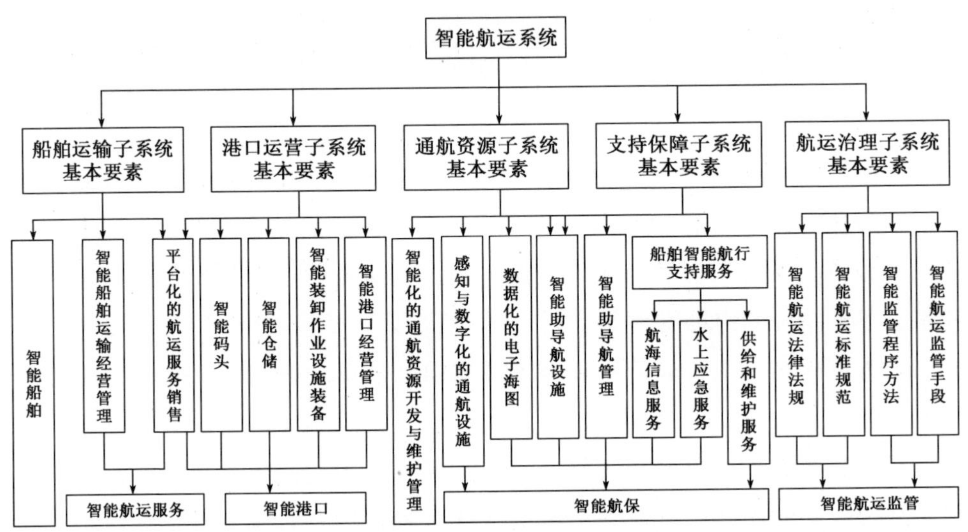

图 27-2　智能航运系统要素构成与关键要素

2. 智能港口

港口的智能化发端于自动化和信息化，代表性案例是全自动化集装箱码头。智能港口的发展重点，是港口管理高度信息化和大宗货物作业等方面的全自动化与智能化。

3. 智能航保

智能航保的基本功能与传统的航道和海上航海保障是一致的，但航道和导航服务必须数字化，信息服务必须更加及时、准确和全面，通信服务必须满足更高的带宽、速率和网络安全要求。

4. 智能航运服务

智能航运服务最显著的特征，是航运交易平台化和航运经营管理智能化。航运交易平台化可以避免航运服务选择与交易的多环节、高成本以及航运服务信息提供的不充分、不及时和高度分散，主要包括航运服务和航运辅助服务提供者自办的乙方平台，以及服务提供者、需求者以外的丙方平台这两种形式。

智能航运服务的另一个方面，是航运企业内部经营管理智能化，其实质是把日常由人来做的分析决策和流程控制等交给机器，从而提高流程的科学性与规范性，操作的标准化与合规性，避免人为的差异化与随意性，最大限度地提高效率。

5. 智能航运监管

智能航运监管是指用现代信息、移动通信和人工智能等高新技术手段，使航运监管模式、手段、方法和取证、应急决策等适应监管对象变化并促进其健康有序发展的航运监管形式。

（三）智能航运关键要素之间的关系

智能航运五大关键要素，相互间关联、影响、促进和依赖。具体见图 27-3。

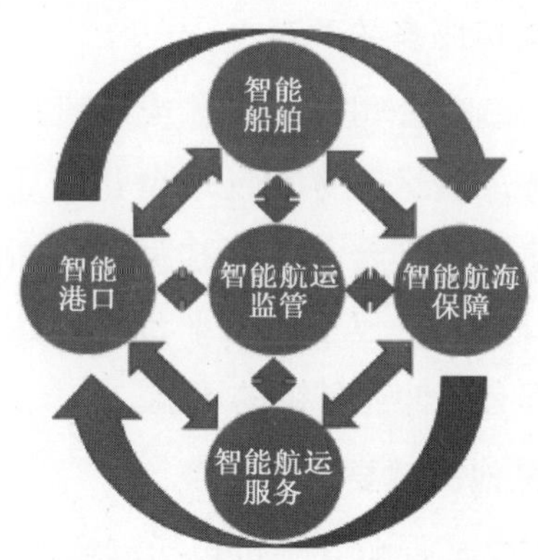

图 27-3　智能航运关键要素关系

1. 智能船舶与智能港口的关系

两个子系统之间为了旅客上下、货物装卸以及客、货进出港，需要有大量的信息交换。这不仅是作业协同的需要，也是便利旅客、货主和监管的需要。在传统船舶及其公司与港口之间嵌入智能，必定是围绕提高货物交接效率和强化信息交换畅通。智能船舶研发应充分为智能港口提升作业效率创造更加便利的条件；智能港口建设应为智能船舶进出港、靠离泊、多装快跑提供更加优越的设施条件和信息环境。

2. 智能船舶与智能航保的关系

智能船舶、智能航保是业务对接、技术关联、信息共享互为对象、互有依存的两个子系统。受地球和大气条件影响以及船载设备能力限制，船舶航行仅靠自身条件是远远不够的，航保系统向船舶提供广域、实时、精准的安全导航与信息服务是必然的选择。如果这两个子系统不互相关联，航运就会面临安全风险。通常来说，这两个子系统需要在充分关注对方发展的基础上，实现自身的发展。

3. 智能港口与智能航保的关系

港口、航保之间是总体相对游离、局部相对紧密的两个子系统。进入智能航运时代，双方最大的交集是港口和进出港航道，港口和航道、航保机构共同搭建的港区和进出港航道分布式感知系统，是保障航行安全和提高港口码头、航道利用率的重要手段。

4. 智能港口与智能航运服务的关系

港口首先是为船舶和航运公司服务的，或者直接提供大量的辅助性航运服务，或者聚集这些服务。航运服务交易平台化之后，有条件的航运企业依托自己的船队，可以搭建乙方平台并与所挂靠港口衔接融合。有条件的港口也可以依托所拥有的港口资源，建立乙方平台并与挂靠本港船舶的航运公司衔接和融合。相互之间都有延伸业务链的可能。

5. 智能航运监管与其他关键要素的关系

智能航运监管包括安全环保监管，也包括市场秩序和服务质量监管等。

智能航运监管与其他各关键要素之间，首先是监管与被监管的关系。监管机构必须及时掌握监管所需要的各种信息，保证必要的信息与数据的互联互通。

智能航运监管与智能港口之间，要确保船舶作业计划与船舶交通控制的协同性，也要保证危险货物储运、装卸船的高度协同。以港口 VTS 系统为例，既是智能监管的组成部分，也是智能港口不可或缺的重要内容。由于各有不同技术指向，却在港口有交集，两个子系统应注重功能对接、技术协同、信息共享，从而既满足海事交通指挥和监管的需要，也满足港口调度和引航服务的需要。

智能航运监管，特别是海事监管与智能航保在信息集中、整合以及监管设施与航保设施一体化等方面面临着新的需求。

三、智能航运是我国航运业由大到强的必由之路

（一）我国具有发展智能航运的条件与优势

1. 我国已经形成发展智能航运的政策环境

国务院 2017 年印发了《新一代人工智能发展规划》，明确将汽车、船舶和轨道交通自动驾驶等智能技术列为重点。

工业和信息化部、交通运输部、国防科工局 2018 年底联合发布了《智能船舶发展行动计划（2019—2021 年）》。

交通运输部、中央网信办、国家发展改革委、教育部、科技部、工业和信息化部、财政部 2019 年 5 月联合发布了《智能航运发展指导意见》，明确了我国未来 30 年发展智能航运的指导思想、基本原则、战略目标和主要任务。

2. 我国具备加快发展智能航运的产业和技术基础

我国是航运大国和造船大国，完整的航运产业体系和船舶工业体系，可以全面支撑智能航运发展。近年来智能航运创新能力和应用水平不断提升，发展智能航运的生态圈正在积极孕育。

高铁、大飞机、深海探测工程、北斗等重大系统和装备项目的成功经验，将会为智能航运特别是无人船的发展提供宝贵的经验和体制优势支持。

从机会角度而言，目前全球的船舶运输无人化技术研究应用都处于初期阶段，我国在智能航运技术发展上具有从跟跑到并跑，乃至领跑的历史机遇。

（二）航运业迈向交通强国的路径分析

习近平总书记 2018 年 11 月强调“经济强国必定是海洋强国、航运强国”。无论是航运业支撑建设交通强国，还是打造航运强国，一方面是纵向自我提升，另一方面是横向的国与国比较。从自我提升的角度来讲，航运业迈向交通强国，需要在基础设施、技术装备、服务质量、治理体系、开放程度

等各领域，实现满足打造经济强国所需要的显著进步。这决定了建设航运强国任务的多重性和广泛性，需要全行业全面深入理解我国建设交通强国的总体要求和重点任务，认真研究建设航运强国的指标体系和如何落实指标的步骤与措施。从国家间比较的角度来看，关键是要分析全球范围内的航运强国，现在的航运强国强在何处、强到何种程度，在未来几十年的发展进程中这些航运强国又会有哪些新的进步，既找准我们现在的差距，也预测到未来可能面临的新挑战，补齐短板，打造优势，在国家比较中胜出。

新中国成立 70 年特别是改革开放 40 多年来，我国航运业和造船业发展有目共睹，已成为名副其实的航运大国和造船大国，港口建设等水运工程建设已在多方面接近国际领先水平。但是，我们距离航运强国和造船强国还有较大差距。最为根本的是航运与造船没有从根本上改变长期以来的“技术跟随”地位，由于掌握的关键技术和高端制造能力不足，仍然没有走出航运与造船价值链的低端区域。而且，由于技术上的被动，对于航运规则和船舶技术标准的影响力不够，远未掌握主导权。所以，从国与国横向比较的角度来看，我国建设航运强国还面临非常严峻的挑战：如果我们不能在未来几十年掌握航运与造船的技术主动权，就无法大幅度提升航运规则影响力，进而就无法进入航运强国之列。

在未来 30 年里，我国经过持续努力，船队、海员、海事管理和港口等都可以达到国际先进水平，关键是决定这种先进水平的关键要素中，从国外进口的占多大比例。如果依然主要依靠进口或者很大程度上依赖进口，则我国在航运和造船技术方面依然处在产业价值链的低端区域，在规则和技术标准影响力上不会有明显提升。所以，依靠技术进口和购买先进设备，难以成为航运强国。

航运智能化是航运业一次新的技术革命。这次航运技术革命主要依靠传统航运要素与人工智能等高新技术融合，而非原有的航运与造船技术。因此，智能航运是一次新的机遇，只有抓住这次机遇，我国的航运业才会走上智能化的快车道，实现从航运大国走向航运强国的梦想。换言之，加速发展智能航运，是我国航运业迈向交通强国的重要途径，也是航运业建设交通强国的综合抓手。

四、智能航运服务保障体系

（一）智能航运服务保障体系概述

航运服务保障包括两方面的内容，一方面是为保障智能船舶高效、安全航行而提供的支撑；另一方面是围绕船舶运输所衍生的航运服务业和辅助服务业务，如航运金融与保险等。

智能航运服务保障是指在物联网、大数据、云计算、人工智能等技术与港口、船舶等航运要素深度融合的背景下，围绕船舶运输，通过构建充分智能化的支持保障装备和基础设施，搭建航运交易平台并推进航运经营管理智能化，从而为船舶智能航行、港口智能生产、运输智能组织、服务智能优化、监管智能实施等提供技术支撑、服务和保障。

智能航运服务保障体系由港口服务保障、船舶运输服务保障、船舶航行服务保障和航运衍生服务保障四个方面组成。见图 27-4。

（二）服务保障体系是建设智能航运系统的基础条件

航运服务保障体系涵盖港口服务、船舶管理、船舶供给、航运电商、航运法律等内容，它既是港口发展的重要内在要素，同时也是航运产业发展的重要外部基础条件。

智能航运服务保障体系将为船舶智能航行提供完善的导航、通信、测绘和信息服务，重构现有航行保障体系，快速提升船岸之间、船船之间信息交互的能力和频度。

智能航运服务保障体系将形成全新的航运服务模式。随着智能化与航运全链条各个要素的深度融合，传统的航运交易服务将逐步平台化，并且将形成基于大量真实实时数据的航运服务模式。

智能航运服务保障体系将推动科技创新和教育培训的发展，从而保证在智能航运发展过程中，提供源源不断的创新力量。

智能航运作为一种新的业态，既需要市场性的服务保障，也需要政府建立的公共服务保障。以数字航道、具有感知功能的通航设施和智能化的航海保障服务等作为公共服务保障，是智能航运发展的基础和前提条件。没有公共服务保障的先行，我国率先建成完善的智能航运系统的目标是无法实现的。

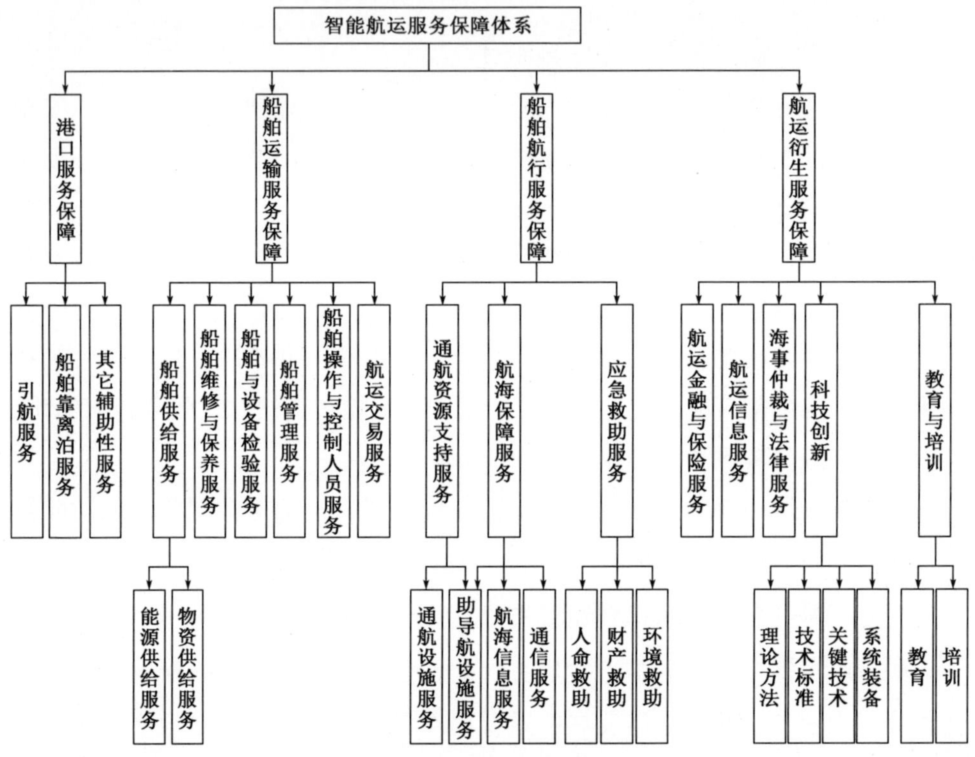

图 27-4　智能航运服务保障体系

五、智能航运安全监管体系

（一）智能航运安全监管体系概述

1. 智能航运安全风险

智能航运安全风险主要包括交通安全、港口生产安全和网络信息安全三类。

交通安全主要指水上交通安全，与水上事故相关的安全，包括船舶的碰撞、搁浅、进水、沉没、倾覆、船体损坏、火灾、爆炸、主机损坏、货物损坏、船员伤亡以及海洋污染等，基本上等同狭义“海事”范畴的安全。

港口安全主要是指与货物装卸、仓储、转运及其他港口经营业务的事故相关的安全。它与水上交通安全的大致界线，可以按照“船港界面”划分。

网络信息安全。网络安全、信息安全、网络空间安全这三个词语在相关文献资料中被提及最多，含义相近且各有侧重，而信息安全则是这三个安全的根本。根据《信息安全辞典》的解释，信息安全是指保障国家、机构、个人的信息空间、信息载体和信息资源不受来自内外各种形式的危险、威胁、侵害和误导的外在状态和方式及内在主体感受。智能航运网络信息安全，是指智能航运系统相关信息保持保密性、可用性和完整性的状态。智能航运业态下的网络信息安全至关重要，关系到水上交通安全和港口安全，其安全措施的应用和管理，可以确保航运相关业务的正常开展以及发展目标的实现。

2. 智能航运安全监管体系

智能航运安全监管体系包括法律法规、标准规范、监督管理设施手段、监督管理程序方法和监督管理机构等五个部分。体系架构见图 27-5。

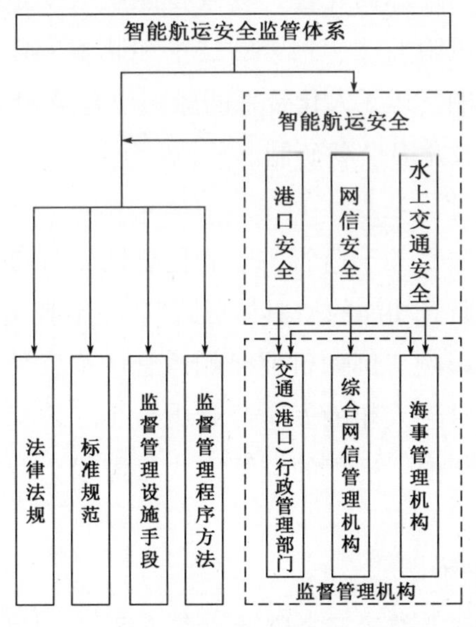

图 27-5　智能航运安全监管体系

（1）法律法规

法律法规是智能航运监管体系的监管依据，是航运体系保持安全稳定运行所遵循的“规则”，是安全监管体系的有力保障，立法先行的原则贯穿安全监管过程的始终。人工智能等技术与传统航运要素融合后，现行的很多法规标准不再完全适用。如关于船舶配员的相关规定，对于无人船舶就不再适应。这些法规必须做出部分或整体性调整。

(2) 标准规范

安全监管标准与规范是智能航运监管活动及相关设备设施配备和使用是否合规的依据与准绳。标准规范对于保障智能航运系统的发展至关重要。未来的智能船舶航行于不同国家、地区的港口之间，与不同监管机构之间的沟通报告及相关操作，必须基于统一的标准进行。智能航运的相关标准规范体系应具备动态调整机制，以适应智能航运系统的快速发展需求。

(3) 监督管理设施手段

监督管理设施手段是指监管系统实现监管功能的工具、装备、设施和技术系统等。智能航运监管设施手段应主要解决智能航运安全风险的新问题。人工智能技术的不透明性和内化性，导致智能航运安全风险具有难以预测等特点，智能航运安全风险监测、预警的技术和装备应作为技术设施手段建设的重要内容。针对船舶货运无人化带来的船舶位置及相关状态信息获取问题，应加快船舶远程监控技术及装备研制。

(4) 监督管理程序方法

监督管理程序方法是关于监管主体和监管法规标准、技术手段的体制安排，是监管系统实现监管功能的“具体形式”，受到监管对象特点以及技术装备发展水平等因素的影响。例如目前船舶监管中惯常使用的登船检查、现场监管模式，在未来针对无人船的安全监管中就不一定适用。由于无人船舶的技术性能特点，使得集中、远程的监管模式可能成为智能航运监管中的重要方法。

(5) 监督管理机构

监督管理机构是智能航运安全监管的责任机构，是监管活动实施的主体。监管机构的职责应满足智能航运安全风险的发展变化。若智能航运安全监管涉及多个部门，则必须明确各个部门、机构的权责范围，避免出现重复监管或监管盲区。监管机构的内部结构及人员专业构成，也应适应智能航运的发展需求。伴随智能航运的发展成熟，安全风险也会发生变化，监督管理机构功能与机构职责也应相应调整。智能航运业态下的水上交通安全机构，主要还是海事部门，其监管模式和监管技术手段等也应随着智能航运发展带来的监管需求变化而进行相应调整，监管系统的智能化也有助于监管能力的进一步提高。港口安全的监督管理机构主要是交通运输管理部门的港航管理机构，部分监管职责可能涉及应急管理部门的安全、消防等管理机构和部门，以及市场监督管理部门的特种设备监管机构等。智能航运业态下的网络信息安全的监督管理部门，包括综合和行业两个方面，除了类似于中央、省、市网信部门外，智能航运的网络安全专业性和处置及时性很强，可能需要在行业内的监管机构承担起日常职责。

（二）安全监管体系是智能航运发展和科学治理的重要前提

构建智能航运安全监管体系，制修订相关法规标准，满足智能航运发展需求，打破阻碍智能航运技术创新的“藩篱”，营造有利于智能航运发展的法律环境，是智能航运可持续发展的先决条件。

构建智能航运安全监管体系，应根据智能航运要素及其关系的发展变化，研究明确智能航运安全监管主体及其权责，消除安全监管“盲区”，避免安全风险失控。创新安全监管模式，以适应智能航运新业态下航运生产变化，营造智能航运创新发展环境，促进智能航运发展。

构建智能航运安全监管体系，研究智能航运安全风险评估理论与方法，实现智能航运安全风险科学评估，防范智能航运系统运行过程中发生“失控行为”，避免人工智能系统的不确定性形成“技术恐怖”，进而阻碍智能航运技术创新与推广应用，避免安全问题影响智能航运发展。

开发监管新技术及装备，适应智能航运监管对象的技术特性，形成智能航运安全风险管控能力，实现智能航运安全风险科学管控。

构建智能航运安全监管体系，树立科学安全观。合理对待智能航运技术的研发、试验、测试和推广应用的失误，消除“绝对安全”的认识误区，避免条件反射式的监管冲动影响智能航运发展，引导智能航运治理走向科学治理道路。

六、智能航运安全监管体系服务保障体系建设总体要求

（一）指导思想

以习近平新时代中国特色社会主义思想为指导，深入贯彻党的十九大精神，牢牢把握交通强国是社会主义现代化强国的先行领域和战略支撑，以促进引领智能航运发展为目标，以改革创新为动力，推动智能航运新业态下的航运服务保障体系和安全监管体系建设，为加快智能航运建设并使其成为水运领域交通强国建设的综合抓手奠定基础和前提条件。

（二）发展目标

到 2025 年，突破一大批制约智能航运发展的安全监管和服务保障关键技术；初步构建促进智能航运发展的安全监管和服务保障法律法规与技术标准体系，完成基础性、先导性法律法规和技术标准；完成智能航运安全监管和服务保障基础设施装备先行工程建设。

到 2035 年，全面掌握智能航运安全监管和服务保障核心技术，智能航运法律法规体系和技术标准体系比较完善，基本完成智能航运安全监管和服务保障基础设施装备建设。

七、智能航运安全监管体系服务保障体系建设重点任务

（一）智能船舶远程监控技术研究

研究智能船舶远程监控技术，推动智能船舶远程监控中心建设，研究监控技术衍生服务创新，促进智能航运监管模式优化。

（二）智能船舶实验测试条件建设

推动建立智能船舶测试技术体系，研究智能船舶相关技术测试标准；研究开发智能船舶技术测试系统，将虚拟现实技术用于智能船舶航行系统技术测试，基于数字孪生等技术，开发虚实结合的智能船舶技术测试平台，用于智能船舶测试评估和认证，将智能船舶实验测试过程中对交通环境的影响及相关风险降低至可接受程度。加强船舶智能航行系统测试认证管理，把好智

能船舶安全准入关。将智能船舶的测试和评估作为其投入实际运营前提条件，把好智能船舶航行风险预控关，保障智能船舶可持续发展。

积极推进智能船舶测试场建设。在青岛等沿海水域选定若干环境条件适宜区域，建设沿海智能船舶测试场；在长江干线等内河水域选择条件适宜航段，建设内河智能船舶测试航段。研究推进测试场和测试航段空间布局优化，以及相关配套设施建设，包括岸基船舶监控设施、船舶导助航设施、船岸通信设施等；推进相关测试水域扫测及底质勘测等工作。

（三）水上交通安全监管和处置能力

完成船舶智能航行安全风险管控基本对策与方法研究，出台船舶智能航行安全风险管控指导文件。构建智能实时安全预防控制体系，包括智能航运新业态下安全治理机理、超前预测、主动预警，探索智能航运监管新模式。研究智能航运系统运行中的突发事件类型、性质及后果严重程度，研究应急应对机制，并持续改进。研究水上交通安全风控和事故隐患的智能识别预测、预警、研判、评估、处置技术。探索智能航运业态下，船舶故障和突发事件的应急处置策略与国际合作机制。

（四）网络和信息安全防护能力

针对船舶智能航行，开展功能安全、网络安全和信息安全的核心技术研究，支持安全防护、漏洞挖掘、入侵检测和态势感知等系列安全产品的研发与应用。研究智能船舶、通信网络、岸基平台的全要素的安全检测评估体系，提出安全风险等级划分标准方案；研究网络与信息安全应急策略，提出网络与信息安全技术要求。创新智能航运网络与信息管理服务体系，从制度上降低网络安全风险。

（五）船舶航行服务保障体系建设

综合应用卫星通信、岸基蜂窝移动通信、高频/甚高频数字通信等多种手段，完善全覆盖、全天候的通信网络，满足高通量、高速率、高可靠、低延时、多连接的智能航运通信需求。分阶段、分区域推进助导航基础设施和通航基础设施的数字化改造和新建，推进虚拟航标应用。加快电子海图和内河电子航道图标准化步伐，扩大覆盖范围，提高数据精度；加强海事测绘数据、航行要素数据、航海保障数据、地理环境数据等多源信息的融合。

（六）公共信息数据资源开放共享

开展智能航运安全监管和服务保障数据体系构建研究，创新数据开放共享机制。融合、汇聚、梳理、分析海上航行信息数据，鼓励跨行业、跨部门的数据交换与共享。以数据为依托，推进信息服务应用创新，构建区域性的航运综合信息服务平台，并探索船舶管理运营创新与航运贸易服务创新。

（七）船舶智能航行港口服务保障能力

针对船舶智能航行，研究船岸协同作业对港口的技术要求，研发港口与智能船舶间的分布式船港协同感知、智能调度、智能引航、智能系泊、智能装卸等关键衔接技术及设备。

（八）船舶运输服务保障平台化

支持大型航运企业建立航运交易与服务平台，实现订舱、租船、货物跟踪、单证处理、营销宣传等一站式服务。支持大型港口建立港口公共物流服务平台。依托新兴信息技术公司、货代公司、航运交易所、物流电商平台、贸易电商平台等第三方机构，建立航运交易与服务平台，对接航运服务需求与供给，整合航运服务资源，为中小微航运企业和广大客户提供线上交易服务、信息服务和延伸服务，例如用户体验、船舶租赁和销售、船舶管理等，并实现平台与外部航运服务的衔接协同。

（九）航运辅助服务信息化智能化

运用信息化、智能化手段，提升现有航运辅助服务效率、功能、质量以及便捷水平。研究分析在智能航运新业态下，可能产生的对于航运辅助服务的新需求，逐步拓展智能航运辅助服务新模式。

（十）智能航运法规标准体系

围绕无人驾驶船舶自主航行的避碰伦理和民事法律责任关系，无人驾驶船舶船东与第三方远程操控管理服务商之间的安全环保责任关系，承运人、托运人、港口服务人和第三方航运平台服务商之间的民事责任关系等智能航运业态下的法律责任与关系问题，抓紧组织开展深入研究，适时提出海事相关法律的修正案。制定智能航运技术标准体系表，构建智能航运法规标准体系。

（十一）国际公约与规则研究制定工作

积极参与国际事务，开展国际合作，基于智能航运系统功能要求，研究现行国际海事公约规则对于无人驾驶船舶航行的适用性；根据智能航运发展的不同阶段的不同需求，分析智能航运系统风险，梳理现有国际海事公约对智能系统风险控制措施的有效性，具有前瞻性地提出国际海事公约和规则的制定或修订建议方案，引领国际海事治理体系建设。

八、对策与措施建议

（一）找准发展路径

智能航运涉及多系统、多要素、多环节、多领域，需要结合我国国情和发展现状找准发展路径，明确发展目标，先期在沿海、内河进行自主技术研发与试点示范项目推广，发挥市场示范效应。为保障智能航运安全有序发展，可聚焦智能航运安全监管、公共服务保障中的技术特点和重点难点，组织开展监管模式、服务模式、监管系统与平台等区域性体制机制或项目试点示范，重点解决技术限制、法规标准限制、体制机制不适应等方面的问题。

（二）明确职责分工

推动建立交通运输部牵头，科技部、工业和信息化部和国家发展改革委等单位共同参加的部际发展智能航运工作协作机制，制定和适时发布我国发展智能航运中长期发展行动计划，支持建立智能航运创新联盟，促进资源整合与合作，协同承担重大任务。明确交通运输部内各司局、研究机构任务分工，明确系统部署、关键技术创新、规则制修订、标准化、试点示范、国际交流合作谈判等系列举措。

（三）注重科技创新和技术研发

分析智能航运系统的运行特点与规律，明确新需求下的技术空白领域和环节，提升促进智能航运发展的技术手段和方法，搭建技术平台，保障智能航运持续稳定发展。全力争取国家重点研发计划的“人工智能”“智能机器人”“综合交通与智慧交通”“海洋环境安全保障”“高新技术船舶”等科技专项，认真组织申报和实施。在交通运输科研项目计划中，安排智能航运安全监管体系和服务保障体系研究项目。

交通运输部水运科学研究院课题组

主要执笔人：张宝晨　史世武　耿雄飞　李亚斌　文　捷　于巧婵

第二十八章　交通运输应急体制机制改革创新研究

交通运输部科学研究院

一、改革创新的发展现状及问题

（一）交通运输应急体制机制的内涵

1. 应急管理体系和应急体制机制的定义和内涵

应急管理体系是公共安全体系的核心部分，主要包括应急法律法规、应急管理体制和机制、应急预案、应急政策思路和举措等许多层面。我国的应急管理体系主要是以“一案三制”为核心建立的。

其中，应急管理体制主要是指应急管理机构的组织形式，即应急管理组织、各专项应急管理组织以及各地区、各部门的应急管理组织，以及各自的法律地位、相互间的权力分配关系及其组织形式等。应急管理机制是指突发事件发生、发展和变化全过程中各种制度化、程序化的应急管理方法与措施。从实质内涵来看，应急管理机制是一组以相关法律、法规和部门规章为依据的政府应急管理工作流程。

应急管理体制与机制的关系体现在：一方面，体制内含机制，应急组织是应急管理机制的“载体”，应急管理体制决定了机制建设的具体内容和特点，机制建设是应急管理体制的一个重要方面，要通过体制和法制的建设来保障其实施。另一方面，应急管理机制的建设对于体制建设具有补充作用，体制的建设具有滞后性，尤其当体制还处于完善与发展的情况下，机制的建设有助于完善相关工作制度，从而有利于弥补体制的不足，并促进体制的发展与完善。

2. 交通运输应急体制机制的定位和作用

交通运输是国民经济和社会发展的基础性、先导性和服务性产业，在全面建设社会主义现代化强国的新征程中，发挥着重要的服务保障作用。交通运输应急管理是国家突发事件应急体系的重要组成部分，事关人民群众生命财产安全，事关国民经济发展和社会和谐稳定。交通运输应急工作不仅承担着公路抢通保通、海上人命救助、重大海上溢油应急处置等职责，还在自然灾害、公共卫生事件和社会安全事件应急处置中，承担着生命通道保通保畅、应急物资和救援装备紧急运输、受灾群众的快速转运等职责，在汶川地震救援、“东方之星”号客轮翻沉事件处置、“桑吉”轮碰撞燃爆事故处置等重特大突发事件应急处置中，发挥了重要作用。

（二）现状及问题

1. 交通运输应急体制现状

交通运输部在交通运输突发事件应急管理工作方面的职责主要涉及海上搜救、重大海上溢油应急处置、网络安全事件处置、公路和航道抢通、道路运输和城市公共客运事件处置、公路水运工程生产安全事故处置和应急运输保障等内容，以及特殊的政治、军事、救灾抢险等交通运输保障任务。

交通运输部层面建立了由部突发事件应急工作领导小组负总责，部应急办综合协调，部内各司局及相关单位按照行业领域和职责各司其职的应急管理工作体系。

2. 交通运输应急机制现状

针对海上突发事件，交通运输部牵头成立了海上搜救和重大海上溢油应急处置部际联席会议。中国海上搜救中心（中国海上溢油应急中心）与交通运输部应急办公室合署办公，负责国家海上搜救和国家重大海上溢油应急处置部际联席会议的日常工作。国家海上搜救部际联席会议负责统筹研究全国海上搜救和船舶污染应急反应工作，讨论解决海上搜救工作和船舶污染处理中的重大问题，组织协调重大海上搜救和船舶污染应急反应行动等。其成员单位由交通运输部、外交部、工业和信息化部、公安部、民政部、自然资源部等 18 个部门和单位组成。国家重大海上溢油应急处置部际联席会议在国务院领导下，研究解决国家重大海上溢油应急处置工作中的重大问题，组织、协调、指挥重大海上溢油应急行动。其成员单位由交通运输部、外交部、国家发改委、工业和信息化部、公安部、财政部、中国石油、中远海运等 22 个部门和单位组成。

交通运输部还与生态环境部、国家卫健委、海军等部门签订了合作备忘录，深化双边合作，共同在海上突发事件应急处置、保障海上通航安全以及维护生态环境安全等方面发挥重要作用。

地方层面，省级交通运输主管部门与气象部门、公安交警部门、武警部队等建立了应急联动机制。同时，区域应急联动机制也在不断建立和完善。目前，已经建成京津冀、泛珠三角、苏皖鲁豫、沪苏浙、东北 4 省、黄河中游 4 省、西部 13 省、黄渤海、中部地区等省级跨区域综合应急管理合作机制。

3. 交通运输应急体制机制存在的问题

（1）部际联席会议机制权威性有待提升。

交通运输部承担着国家海上搜救和重大海上溢油应急处置部际联席会议牵头单位的职责。现阶段，以交通运输部部长作为联席会议召集人，组织协调国家各部委、军方及相关企业共同开展应急行动的模式，指挥层级不够高，对成员单位缺乏约束力，各单位之间的联动存在“联而不紧”的现象，需要更高层级的机构或领导组织协调，以便更有力地调用各单位力量资源，发挥各单位优势，形成应急处置工作合力。

（2）跨部门、跨区域联动机制有待进一步加强。

当前，综合交通运输“一张网”逐渐形成。但是综合交通应急处置能力与当前行业发展需求、人民群众期待相比，还存在一定差距，跨部门和跨区域应急联动机制建设需要进一步加强，交通运输部门与公安交警、应急、自然资源和气象等部门的协调联动机制仍需进一步深化完善。

（3）体制的差异导致部省之间应急工作协同不畅。

部、省交通运输部门的应急管理机构设置、工作机制上存在一定差异，上下级业务对应急管理工作方面的职责界定往往也存在差异。部级层面，部应急办与中国海上搜救中心（中国海上溢油应急中心）合署办公；省级层面，大部分省（自治区、直辖市）交通运输厅（局、委）应急办公室都挂靠在安监处，实行两块牌子一套人员，既要负责安全生产工作，又要兼顾应急管理工作。由于省级层面行业管理部门划分较多、分工较细，在应急处置中，牵头负责单位向部报送信息存在选择性，易出现漏报、错报、迟报等问题，以及上下联系不畅等问题。

（4）系统内应急协作机制有待进一步规范。

部内司局之间、省级业务部门之间，尚缺乏应急协作方面的制度规定和操作性强的联动程序。各主体在突发事件应急管理的模式上仍是以垂直管理为主，横向之间常态化的沟通协调机制不完善，应急联动方面没有形成法制化和规范化的体系，应急信息和资源在危急情况下难以实现高效整合。

二、发展形势与总体要求

（一）形势需求分析

1. 交通强国建设的要求

党的十九大提出要建设交通强国，这是以习近平同志为核心的党中央立足国情、着眼全面、面向未来作出的重大战略决策，是实现“两个一百年”奋斗目标的重要支撑。交通强国建设对新时代交通运输行业发展提出了新的要求，指明了发展的方向，同时也对交通运输应急体制机制建设提出了新的更高的要求。要建设人民满意、适应时代发展的交通强国，就必须健全完善现代化的交通运输应急管理体系，提升交通运输突发事件应急处置能力。

2. 国务院体制改革的趋势

2018 年国务院机构改革，成立了应急管理部，体现了大应急、大安全、大统筹的综合应急管理理念，并将消防救援、森林防火、地震应急救援等原本分属不同行业领域和部门的力量高度整合起来，形成应急处置工作的合力，进一步提升综合应急救援能力，提高综合应急救援队伍的职业化和专业化水平。

交通运输行业涉及公路、铁路、水路、民航、邮政等多领域，综合交通运输体系建设是当前乃至未来交通运输行业发展的主要方向。强化交通运输应急体制机制建设，提升综合应急能力，既是落实大应急、大安全、大统筹理念的需要，也是提升交通运输应急处置能力的重要途径。

3. “一带一路”倡议的要求

为推进“一带一路”倡议和构建人类命运共同体，交通运输行业应以推进“一带一路”倡议为契机，积极参与国际交通运输应急和海上搜救事务，进一步加强行业在对外应急协作方面的体制机制建设，并在海外撤侨、国际救援等国家层面的应急救助行动中，发挥更重要的作用，形成常态化的响应机制，贡献中国智慧和中国方案，提升我国的话语权和影响力。

（二）总体要求

1. 指导思想与基本原则

以习近平新时代中国特色社会主义思想为指导，深入贯彻党的十九大精神，统筹推进“五位一体”总体布局，协调推进“四个全面”战略布局，按照构建安全、便捷、高效、绿色、经济的现代化交通运输体系的要求，坚持目标和问题导向，着力补短板、织底网、强核心、促协同，推进交通运输应急管理工作的协同化、规范化、精细化、信息化，有效提升突发事件应急处置能力，最大程度减少突发事件造成的损失，为建成人民满意、保障有力、世界前列的交通强国，全面建成社会主义现代化强国、实现中华民族伟大复兴中国梦提供可靠的交通应急保障。

1）坚持资源整合、突出重点。在充分利用各部门和社会已有应急信息和救援资源的基础上，强化核心应急救援队伍和装备建设，深化完善信息和资源共享机制，提升核心应急救援能力、社会协同应对能力和基层基础保障能力。

2）坚持底线思维、有备无患。着眼最严峻最复杂局面，深入研究突发事件发生发展的动态演化规律，以问题为导向，提出交通运输突发事件应急体制机制需求，有针对性地做好各项应急准备，牢牢把握主动权。

3）坚持政府主导、社会协同。推动属地责任落实，完善各方联动机制，加强区域协同、城乡协同、行业领域协同、军地协同、专群协同。更加注重发挥市场机制作用，充分调动群众的积极性、主动性和创造性，强化社会参与。

4）坚持全球视野、合作共赢。积极服务于“一带一路”倡议为引领的全方位开放新格局，提高交通运输行业服务保障我国境外公民和机构的能力；加强交通运输应急管理国际交流合作，积极承担国际责任和义务。

2. 发展方向与目标

第一阶段（2020 年到 2035 年），基本建成高效、协调的现代交通运输应急管理体系。交通运输应急管理组织体系健全、法规制度预案完善、反应机制顺畅科学、能够有效防御和妥善应对新时代交通运输各类突发事件，形成政府统一领导、部门各司其职、密切配合、快速反应、防救结合的应急工作格局。总体水平达到国际先进水平，满足和适应我国经济社会发展和交通强国建设需要。

第二阶段（2036 年到本世纪中叶），全面建成高效、协调的现代化交通运输应急管理体系。总体水平达到国际领先水平，满足和适应交通强国和社会主义强国建设需要。

三、政策建议

1. 完善一部三局间应急会商机制和信息统一发布机制

一是建立健全综合交通运输应急会商机制。探索推进涉及综合交通运输突发事件的一部三局综合交通运输应急会商机制，重特大综合交通运输突发事件发生时，事件涉及的部各业务司局、直属单位以及铁路、民航、邮政 3 个部管局立即召开应急会商会议，各部门协同配合，通力合作，共同应对处置突发事件；各司局及部管局突发事件应急处置信息第一时间共享，对事故采取的措施按事件应急处置的需要，进行共同会商和研判，应急所需的资源统筹进行调配，应急处置期间所需事务相互支持保障等。

二是建立完善信息统一发布机制。重特大综合交通运输突发事件发生后，应急处置信息、重大预警信息或其他需要向外界及公众发布的信息，要坚持正确导向、及时准确、公开透明的原则，统一拟定口径，明确信息发布机构，统一对外权威发布。

2. 完善公路应急管理部省协同、区域互动、跨部门联动的工作机制

建立健全部际应急资源共享机制，深化与国土、公安、应急管理、气象等部门的协作，通过部际间的突发事件信息、应急资源、应急数据、应急视频等资源共享，提高应急资源利用率，节约应急资源建设成本，提升突发事件处置能力。深化部省、区域、省际应急联动协作机制，畅通信息报送和通报渠道，形成职责独立、协同有力的共管、共处、共治合力。建立路段基层联合、省际机构联动、部际部门会商的跨部门、跨区域、多层级的体制机制，特别是加强路警联动机制建设，在突发事件应对处置中，有效提高应急处置工作效率。

3. 完善国家海上搜救和国家重大海上溢油应急处置部际联席会议机制

一是强化法制建设，出台海上应急救援相关法律法规。多年来，我国还未出台一部关于海上搜救工作的专门法律法规，各方职、权、责不清晰，处置程序缺乏法律依据。早在 20 世纪 70 年代，英、美、日等国家就从法律层面对海上搜寻救助工作进行了规范，在立法方面我们与发达国家存在一定差距。应加快推进海上搜救的相关立法工作，明确海上搜救的法律地位和权责边界，保证搜救指挥系统的合法性、权威性，为海上搜救工作、海上搜救部际联席会议提供基本制度保障。

二是研究提高国家海上搜救和国家重大海上溢油应急处置部际联席会议的指挥层级。目前，国家海上搜救和国家重大海上溢油应急处置部际联席会议均由交通运输部部长作为召集人，在各部门之间平等协商的基础上，完成海上突发事件应急协调事项，在协调效率和指挥层级上还有待提高。建议提升部际联席会议指挥层级，研究由国务院领导作为召集人，或成立更高层级的议事协调机构的可行性，组织各相关部委和单位，共同做好海上搜救和重大海上溢油应急处置工作。

三是进一步加强部际联席会议成员单位之间的协调联动能力。加强各部门应急相关规划和预案的衔接、应急资源信息的互通有无，定期组织部际联席会议成员单位开展联合演习等，提高各部门之间的协同应对能力。

4. 建立军民融合的应急机制

完善军队和武警部队参与交通运输突发事件应急处置的协调机制，明确需求对接、兵力使用的程序，建立交通运输主管部门请求军队和武警部队参与抢险救灾的工作制度，明确工作程序，细化军队和武警部队参与抢险救灾的工作任务。建立军地联合演练机制，实现交通运输主管部门与军队定期开展联合演练，在演练中发现并解决问题。另一方面，建立交通运输行业支撑军事国防的应急联动机制，必要时为军事国防提供交通运输保障，包括重要物资运输保障机制、交通工具军事国防紧急征用机制、公路水路铁路军事国防运输保通保畅机制等，积极做好平时和战时的资源调配。

5. 完善征用补偿机制

在交通运输突发事件应急处置中，经常需要临时对单位和公民的财产进行征用，比如客货车辆的紧急征用、客货船舶的紧急征用、海上应急清污设备物资的紧急征用等。但是目前，尚未建立突发事件应急征用补偿机制，会给被征用单位和个人造成一定的经济损失，也影响了社会力量参与突发事件应急处置工作的积极性。建立完善征用补偿机制，对完善交通运输应急管理体系、提升突发事件应急处置能力具有重要促进作用。建议尽快建立完善应急资源征用补偿机制，并重点做好以下工作：一是明确应急资源征用补偿的工作程序；二是制定应急资源征用补偿的标准；三是规范应急资源征用补偿的经费管理，按照“分级负责、属地管理”的原则，根据突发事件等级、责任主体以及当地经济发展状况，采取分级负担、地方为主的管理方式，建立政府投入负担机制；四是建立各级交通运输主管部门之间、主管部门与企业之间合理的风险分担机制，明确各自的风险责任；五是建立健全应急征用补偿的监管制度，强化事前、事中、事后监管。

6. 交通运输部参与国际救助机制

交通运输部与有关国家、联合国机构、区域组织等建立了良好的合作关系，向有关国家提供了力所能及的紧急人道主义援助，并实施了防灾监测、灾后重建、防灾减灾能力建设等援助项目，务实合作不断加深，有效服务了外交战略大局，充分彰显了中国负责任的大国形象。建议在交通运输部参与国际搜寻救助机制建设方面采取以下措施：一是积极履行国际公约义务。在低敏感的海上搜救、打捞、溢油应急合作上承担更多的项目，有针对性地开展更多演习、提高实战能力，打通各个海区、区域救助救援的渠道，展示海洋强国的实力和作为；二是深化与相关国家和地区的应急救援合作，构建多层次、多方位、多领域的国际交流合作格局；三是积极参与国际搜救事务、国际交通运输相关应急救援组织活动，贡献中国智慧和中国方案，提升我国话语权和影响力，为推进“一带一路”倡议和构建人类命运共同体认真履职、贡献力量。

交通运输部科学研究院、中国交通通信信息中心、交通运输部路网监测与应急处置中心联合课题组

主要执笔人：潘凤明　姜　瑶　陈济丁　翁大涛　姜一洲　彭建华
王安军　闫明月